集人文社科之思　刊专业学术之声

中国人民大学法律文化研究中心
北京市法学会中国法律文化研究会   主办

曾宪义法学教育与法律文化基金会   资助

《法律文化研究》编辑部

主　任： 马小红（中国人民大学）
副主任： 姜　栋（中国人民大学）
　　　　　尤陈俊（中国人民大学）
　　　　　李　伟（山东科技大学）

成　员（以姓氏拼音为序）：

曹　磊（中国人民大学）
柴　荣（北京师范大学）
陈新宇（清华大学）
邓建鹏（中央财经大学）
方　明（中国人民大学出版社）
高汉成（中国社会科学院法学研究所）
高仰光（中国人民大学）
顾文斌（东华理工大学）
何志辉（澳门科技大学）
洪　荞（中国人民大学）
黄春燕（山东政法学院）
黄东海（北京邮电大学）
姜　栋（中国人民大学）
姜晓敏（中国政法大学）
蒋旭杲（澳门科技大学）
金　欣（陕西师范大学）
李德嘉（北京师范大学）

李　伟（山东科技大学）
李雪梅（中国政法大学）
马凤春（山东政法学院）
马小红（中国人民大学）
娜鹤雅（中国人民大学）
邱少晖（安庆师范学院）
芮素平（社会科学文献出版社）
王　立（国家法官学院）
王振东（中国人民大学）
吴佩林（曲阜师范大学）
夏新华（湖南师范大学）
尤陈俊（中国人民大学）
张琮军（《政法论坛》编辑部）
张世明（中国人民大学）
张勇凡（中国人民大学）
赵　晶（中国政法大学）
朱　腾（中国人民大学）

总主编 马小红

法律文化研究

RESEARCH ON LEGAL CULTURE

第十六辑

中华法系司法案例专题

Symposium on Traditional Chinese Law Cases

主　编　王　立
副主编　付宁馨

社会科学文献出版社
SOCIAL SCIENCES ACADEMIC PRESS (CHINA)

原 序
从传统中寻找力量

出版发行《法律文化研究》（年刊）酝酿已久，我们办刊的宗旨当然与如今许多已经面世的学术刊物是一致的，这就是繁荣法学的教育和研究、为现实中的法治实践提供历史的借鉴和理论的依据。说到"宗旨"两字，我想借用晋人杜预《左氏春秋传序》中的一段话来说明："其微显阐幽，裁成义类者，皆据旧例而发义，指行事以正褒贬。"即通过对历史上"旧例""行事"的考察，阐明社会发展的道理、端正人生的态度，记述历史、研究传统的宗旨就在于彰显复杂的历史表象背后所蕴含的深刻的"大义"。就法律文化研究而言，这个"大义"就是发掘、弘扬传统法的优秀精神，并代代相传。

然而，一部学术著作和学术刊物的生命力和影响力并不只取决于它的宗旨，在很大程度上，它是需要特色来立足的，需要用自身的特色力争最好地体现出宗旨。我们定名为《法律文化研究》（年刊）有这样几点考虑，第一，我们研究的对象是宽阔的，不只局限于"法律史"，从文化的角度，我们要探讨的甚至也不仅仅是"法"或"法律"。我们的研究对象包括法的本身与产生出不同模式的法的社会环境两个方面。因此，我们在考察法律的同时，要通过法律观察社会；在考察社会时，要体悟出不同国家和地区的法律特色之所在，以及这些特色形成的"所以然"。第二，在人类的历史长河中，传统文化的传承、不同文化间的交流与融合，构成了人类文明不断发展的主旋律。一个民族和国家的传统往往是文化的标志，"法律文化"研究的重点是研究不同民族和国家的不同法律传统及这些传统的传承；研究不同法律文化间的相同、相通、相异之处，以及法律文化的融合、发展规律。

因此，我们的特色在于发掘传统，利导传统，从传统中寻找力量。

在此，我们不能不对近代以来人们对中国传统法律文化的误解作一辩白。

与其他学科相比，法学界在传统文化方面的研究显得比较薄弱，其原因是复杂的。

首先，近代以来，学界在比较中西法律文化传统时对中国传统法律文化基本持否定的态度，"发明西人法律之学，以文明我中国"是当时学界的主流观点。对传统法律文化的反思、批判，一方面促进了中国法律的近代化进程，另一方面也造成了人们的误解，使许多人认为中国古代是"只有刑，没有法"的社会。

其次，近代以来人们习惯了以国力强弱为标准来评价文化的所谓"优劣"。有一些学者将西方的法律模式作为"文明""进步"的标尺，来评判不同国家和地区的法律。这种理论上的偏见，不仅阻碍了不同法律文化间的沟通与融合，而且造成了不同法律文化间的对抗和相互毁坏。在抛弃了中国古代法律制度体系后，人们对中国传统法律的理念也产生了史无前例的怀疑甚至予以否定。

最后，受社会思潮的影响，一些人过分注重法学研究的所谓"现实"性，而忽视研究的理论意义和学术价值，导致传统法律文化虚无主义的泛滥。

对一个民族和国家来说，历史和传统是不能抹掉的印记，更是不能被中断或被抛弃的标志。如果不带有偏见，我们可以发现中国传统法律文化中凝聚着人类共同的精神追求，凝聚着有利于人类发展的巨大智慧，因此在现实中我们不难寻找到传统法律文化与现代法律文明的契合点，也不难发现传统法律文化对我们的积极影响。

就法的理念而言，中西传统是不谋而合的。东西方法治文明都承认"正义"是法律的灵魂，"公正"是法律追求的目标。只不过古今中外不同的文化对正义、公正的理解以及实现正义和公正的途径不尽相同。法国启蒙思想家伏尔泰说："在别的国家法律用以治罪，而在中国其作用更大，用以褒奖善行。"西方文化传统侧重于强调法律对人之"恶性"的遏制，强调通过完善的制度设计和运行来实现社会公正与和谐。中国传统法律文化的主流更侧重于强调人们"善性"的弘扬、自觉的修养和在团体中的谦让，通过自律达到和谐的境界。在和谐中，正义、公正不只是理想，而且会成为可望也可即的现实。

就法律制度而言，中国古代法律制度所体现出的一些符合人类社会发展、符合现代法治原则的精华也应该引起我们的关注。比如，尊老恤弱精神是传统法律的一个优秀之处。历代法律强调官府对穷苦民众的冤屈要格外关心，为他们"做主"。自汉文帝时开始，中国古代"养老"（或敬老）制度逐渐完善，国家对达到一定岁数的老者给予税役减免，官衙还赐予米、布、肉以示敬重。竞争中以强凌弱、以众暴寡在中国传统文化中被视为大恶，也是法律严惩的对象。这种对困难群体的体恤和关怀，不仅有利于社会矛盾的缓和，而且体现了法律的公正精神，与现代法律文明完全一致。再比如，中国古代法律中对环境开发利用的限制也值得我们借鉴。《礼记》中记载，人们应顺应季节的变化从事不同的工作和劳动，春天不得入山狩猎，不得下湖捕捞，不得进山林砍伐，以免毁坏山林和影响动植物生长。这一思想在"秦简"和其他王朝的法律典籍中被制度化、法律化。这种保护自然、保护环境的法律法规，反映的是"天人合一"的观念、对自然"敬畏"的观念及保护和善待一切生命的理念等，而这些观念与现代法治中的环境保护、可持续发展精神也是吻合的。

在现代法治的形成过程中，从理念到制度，我们并不缺乏可利用的本土资源，我们理应对中国源远流长的传统法律文化充满信心。我们进行研究的目的，也是希望能够充分发掘传统法律文化的价值，从中找到发展现代法治文明的内在力量。

我们也应该切忌将研究和弘扬传统法律文化理解为固守传统。任何一种对传统的更新都不可能在故步自封中完成。只有在与现实社会相联系的淘汰与吸收中，传统才能充满活力，完成转型。传统法律文化也是如此，古今中外，概莫能外。

就中国法律而言，现代社会已经大不同于古代社会，我们的政治、经济环境和生活方式已经发生了巨大的变化，古代的一些法律制度和理念在确立和形成的当时虽然有其合理性，但随着时代的变迁，这些制度和理念有些已经失去了效用，有些甚至走向发展的反面，成为制约社会进步的因素。在对传统法律文化进行改造和更新时，我们要注意积极地、有意识地淘汰这样的制度和理念，注意学习和引进外国的一些先进的法律文化，并不断总结引进外国法律文化的经验和教训。近代以来，我们在引进和学习西方法律文化方面有过成功，也有过失败。比如，罪刑法定主义的确立就值得肯定。1764年，意大利法学家贝卡里亚出版了《论犯罪与刑罚》一书，对欧洲封建刑事法律制度的野蛮性和随意性提出了谴责，从理论上提出了一些进步的刑法学说，其中罪刑法定的原则影响最大。罪刑法定，即犯罪和刑罚应由法律明文规定，不能类推适用。近代以来，这一原则逐渐为各国刑法承认和贯彻。1948年联合国大会通过的《世界人权宣言》和1966年的《公民权利和政治权利国际公约》都规定了罪刑法定原则。罪刑法定主义的学说在清末传入中国，此后，在颁行的一些刑法中也得到原则上的承认。但是，由于种种原因，这一原则在司法实践中或难以贯彻实行，或类推适用一直被允许。直到1997年修订《中华人民共和国刑法》，才明确规定了"法律明文规定为犯罪行为的，依照法律定罪处刑；法律没有明文规定为犯罪行为的，不得定罪处刑"。类推适用在立法上被彻底废止，司法实践则在努力的贯彻之中。罪刑法定原则的确立，对促进中国法律的发展和提升中国的国际形象有着重要的意义。

世界文明兴衰史雄辩地证明，一个民族、一种文明文化唯有在保持其文化的主体性的同时，以开放的胸襟吸收其他文明的优秀成果，不断吐故纳新，方能保持其旺盛的生命力，保持其永续发展的势头，并创造出更辉煌的文明成果。其实，近代西方法律传统转型时也经历过一个反思传统—淘汰旧制—融合东西—形成新的传统并加以弘扬的过程。在许多启蒙思想家的法学经典著作中，我们可以看到西方法学家对中国法律的赞扬和批判、分析和评价。孟德斯鸠《论法的精神》、伏尔泰《风俗论》、魁奈《中华帝国的专制制度》、梅因《古代法》、黑格尔《历史哲学》等都对中国的法律有着精湛的论述。即使现代，西方的法治传统仍然处在变化"扩容"之中，中国的一些理念不断地融入西方法治中。一些现代欧美法学家或研究者更是将中国法律制度作为专门的领域精心地进行研究。比如费正清《中国：传统与变迁》、D. 布迪等《中华帝国的法律》、高道蕴《中国早期的法治思想》以及欧中坦《千方百计上京城：清朝的京控》、史景迁《王氏之死》等。一些中国传统法律的理念，比如顺应而不是"征服"自然，弱者应该得到或享有社会公正，以和睦而不是对立为最终目标的调解，等等，在吸纳现代社会气息的基础上，在西方法治体系中被光大。如同历史上的佛教在印度本土式微而在中国的文化中被发扬一样，这些具有价值的思想和理念在中国却常常因为其是"传统"而受到漠视或批判。

因此，我们应该发扬兼容并蓄、与时俱进的精神，在融合中西、博采古今中改造和更新传统法律文化，完成传统法律文化的现代转型。

近代以来，中国传统法律文化的断裂是一个不争的事实，但是，另外一个不争的事实是，近年来，中国传统文化越来越受到社会的广泛重视，不仅政府致力于保护各种文化遗产，学术界也从哲学、史学、社会学等各个方面对传统文化进行研究。中国人民大学首创全国第一所具有教学、科研实体性质的"国学院"，招收了本科学生、硕士研究生和博士研究生，受到国人的广泛关注。此前，武汉大学在哲学院建立了"国学班"，其后，北京大学建立了"国学研究院"和"国学教室"，中山大学设立了"国学研修班"，国家图书馆开办了"部级干部历史文化讲座"。鉴于各国人民对中国传统文化的热爱和兴趣，我国在世界许多国家和地区设立了近百所"孔子学院"。2005年底，教育部哲学社会科学重大攻关项目"中国传统法律文化研究"（十卷）正式启动，这个项目也得到国家新闻出版总署的重视，批准该项目为国家重大图书出版项目，从而为传统法律文化的研究工作注入了新的推动力。我作为项目的首席专家深感责任重大。孔子曾言"人能弘道，非道弘人"，我们希望能从传统中寻找到力量，在异质文化中汲取到法治营养，并为"中国传统法律文化研究"（十卷）这个项目的顺利进行营造学术环境，努力将这一项目做成不负时代的学术精品。

《法律文化研究》是学术年刊，每年出版一辑，每辑约50万字，这是我们献给学人的一块学术园地，祈望得到方家与广大读者的关爱和赐教。

曾宪义
2005年

改版前言

《法律文化研究》自2005年至2010年已经出版六辑。时隔三年，我们改版续发，原因是多方面的。

《法律文化研究》停发最为直接的原因是主编曾宪义教授的不幸去世。此外，近年来我本人新增的"做事"迟疑与拖沓的毛病也是这项工作停顿的原因。

2004年我调入中国人民大学不久，曾老师告诉我他有一个计划，就是用文集的方式整合全国法史研究的资源，展示法史研究成果。不久曾老师就联系了中国人民大学出版社并签订了六辑出版合同。后来，作为教育部重大攻关项目"中国传统法律文化研究"（十卷）的首席专家，曾老师明确将年刊与《百年回眸——法律史研究在中国》定位为重大攻关项目的配套工程。

在确定文集的名称时，曾老师斟酌再三，名称由"中国传统法律文化研究"改为"传统法律文化研究"，再改为"法律文化研究"。对此，曾老师在原序《从传统中寻找力量》中解释道："我们研究的对象是宽阔的，不只局限于'法律史'，从文化的角度，我们要探讨的甚至也不仅仅是'法'或'法律'。我们的研究对象包括法的本身与产生出不同模式的法的社会环境两个方面。因此，我们在考察法律的同时，要通过法律观察社会；在考察社会时，要体悟出不同国家和地区的法律特色之所在，以及这些特色形成的'所以然'。"

时光荏苒，转眼近十年过去了，当时我所感受到的只是曾老师对法史研究抱有的希望，而今天再读"原序"中的这段话，则更感到曾老师对法史研究方向或"出路"的深思熟虑。

感谢学界同人的支持与关注,《法律文化研究》自出版以来得到各位惠赐大作与坦诚赐教。近十年来"跨学科""多学科"研究方法的运用,已然使曾老师期冀的法律文化研究"不只局限于'法律史'"的愿望正在逐步成为现实,而唯有如此,"法律史"才能与时俱进,在学术与现实中发挥它应有的作用。我本人在编辑《法律文化研究》的过程中,在跟随曾老师的学习中,也认识到"学科"应是我们进入学术殿堂的"方便门",而不应是学术发展的桎梏,研究没有"领地"与"边界"的限制,因为研究的对象是"问题",研究的目的是解决学术和实践中的问题而不只是在形式上完善学科。

为此,在《法律文化研究》再续时,我与学界一些先进、后锐商议,用一个更为恰当的方式反映法律文化研究的以往与现实,于是便有了这次的改版。改版后的《法律文化研究》,不再设固定的主编,每辑结合学术前沿集中于一个专题的研究,由专题申报者负责选稿并任该辑主编,每一辑都力求能反映出当前该专题研究所具有的最高学术水准与最新研究动向。每辑前言由该辑主编撰写"导读",后附该辑专题研究著作与论文的索引。这样的形式不仅可以使研究集中于目前的热点、难点问题,而且可以使更多的学者在《法律文化研究》这个平台上发挥作用。

编委会与编辑部的工作机构设于中国人民大学法律文化研究中心与曾宪义法学教育与法律文化基金会。希望改版后的《法律文化研究》能一如既往地得到学界的赐稿与指教。

马小红

初稿于 2013 年仲夏

再稿于 2014 年孟春

目　录

主编导读 / 1

主题一　裁判方法和司法原则

袁紫雪：汉代"春秋决狱"再审视及其当代价值 / 17
江　怡、沈玮玮：以比决事：东汉指导性案例编撰考论
　　——从《嫁娶辞讼决》切入 / 33
邓　勇：从陆襄、范西堂、翁运标所判诸案看古代杰出司法官
　　惩恶扬善之智慧 / 51
贾雨啸、张静楠：宋代司法活动中的持"经"达"变"
　　——从《名公书判清明集》中涉孤寡孤幼案件判词切入 / 66
马友鹏：以说服为目的
　　——从"葛行德冒祖争山案"看徐士林的裁判说理 / 85
陈冠宏：中国传统法律适用中的形式与实质
　　——以清代驳案为例 / 100

主题二　法律制度和司法实践的互动

周东平：唐玄宗开元十年裴景仙乞赃案评析 / 115
肖　飞：传统复仇法制研究
　　——在制度与理论之间 / 128
宋　鋆：标准的"悬浮"：清代文字狱"谋大逆"案量刑研究 / 153
秦　晋：从故杀外姻缌麻尊属看义绝与擅杀的适用 / 165

逯子新：清代刑部定例的考量因素
　　——以"强占良家妻女"例文和案件为视角 / 178
陈锐佳：从王必俭案看服制与量刑 / 189

主题三　习惯法和诉讼程序

郑显文、张媛媛：从"康失芬行车伤人案"看唐代的诉讼审判程序 / 205
韩　敬：从"伪批诬赖"案看宋代法官民事证据审查 / 223
王奥运：清代存留养亲制度程序之发展 / 234
刘格格：传统社会家庭暴力中女性救济的法律困境
　　——性别空间视域下的传统女性 / 256
春　杨、巩　哲：从"亚圣府与生员户籍结讼案"看清代特殊主体的诉讼特点 / 270
付宁馨：清代"虚假诉讼"的治理
　　——以"徐公谳词"为中心 / 284
牛驰宇：四川东乡血案
　　——清末社会问题的缩影 / 302
夏婷婷：从原业另卖纠纷探清末奉天省不动产先买权的顺位习惯 / 315

中华法系案例·文献与研究索引 / 326

编辑部章程 / 347

征稿启事 / 349

主编导读

"求木之长者，必固其根本；欲流之远者，必浚其泉源。"(《谏太宗十思疏》)回首来处，我们前行得更自信。正如习近平总书记所言："中华优秀传统文化是中华民族的精神命脉，是涵养社会主义核心价值观的重要源泉，也是我们在世界文化激荡中站稳脚跟的坚实根基。增强文化自觉和文化自信，是坚定道路自信、理论自信、制度自信的题中应有之义。"[①] 深化中华优秀传统文化的挖掘和阐发，推动中华民族最基本的文化基因与当代文化相适应、与现代社会相协调，把跨越时空、超越国界、富有永恒魅力、具有当代价值的文化精神弘扬开来，当代学者使命所系，责无旁贷。中国古代司法案例研究兴如是风气，行如是道路，著如是文章，在力所能及的范畴奉献资治、资研、资学"三资"之鉴，以飨同仁。

以研究成果作镜鉴，是一项需要底气的工作。是的，我们正在做这项工作，因为我们有三个底气。

一 在研究客体上坐拥举世绝无仅有之底气

中国传统文化讲究经世致用，就是说学问必须有益于国事。放在今天的语境里，就是为了提高国家治理能力和治理水平。正是由于这个根本目的长期主导，诸子百家以降，除玄学等影响甚微的少数学派外，儒家、法家、墨家、农家、兵家、医家、阴阳家、名家、杂家、小说家、纵横家等一贯提供习引前人经验、文章和行事，治事济世，担当资政化民的社会责

[①] 《习近平关于全面建成小康社会论述摘编》，中央文献出版社，2016，第121页。

任，普遍反对不切实际的空泛伪学，因而记录前人事件、经验、学说，稽古编史，汇编思想理论从而形成不朽传世之作二十四史、《资治通鉴》、《永乐大典》与《四库全书》等，编纂案例以资学习研究，这是中国传统文化铸就的优良教学习惯和传统学术品格。事实上，流传至今的案例汇编或介绍司法案例的文献浩如烟海，2000多年间数不胜数的典章古籍蕴养着一座案例教学法的精神宝藏，现择其代表性作品，略列几例以释疑惑。

作为"国考"法定教材的案例集——《龙筋凤髓判》。这是唐朝的张鷟以骈体文写就的判词，系为通过科举考试、将参加吏部选试的人士准备的"考试参考用书"，说它是案例教学教材史上的巅峰也不为过。全书按照《唐六典》"官领其属，事归于职"的原则编排，共分为四卷79条判例案由：第一卷共收集中书省、门下省等十二个中央部门的22条判例案由，第二卷共收集修史馆、金吾卫等十个中央与地方部门的18条判例案由，第三卷共收集礼部、祠部曹等十一个中央部门的21条判例案由，第四卷共收集左右卫率府、太庙等十七个中央与地方部门的18条判例案由。《龙筋凤髓判》是中国古代拟判或骈判的代表，也是研究唐朝司法制度的重要文献，更重要的是，它不仅可以用于一般意义上的教学，而且可以用作国家统一考试的教材。时至今日，它在案例教学史上的地位，各国的案例教学教材仍然难以企及。

作为"名家"经典案例教材的案例集——《名公书判清明集》。这也是一部判词汇编，收辑了南宋时期著名官吏如朱熹、真德秀、吴毅夫、陈子华、徐清叟、王伯大、蔡抗、赵汝腾等28人担任官吏期间所作的一些判词，与《龙筋凤髓判》相比，这部判词汇编全部来源于真实的案例，文体上更加"接地气"，是中国古代散判或实判的代表，也是研究南宋时期经济、法律制度的宝贵文献，由于荟萃名家判词，在文化、法律领域具有极高的传世价值。

成为"国家宝藏"的钦定案例集——《折狱龟鉴》。这是中国古代一部著名的案例汇编，又名《决狱龟鉴》，由南宋郑克编著，在五代时和凝父子的《疑狱集》基础上改编而成，原书20卷。清代收入《四库全书》时，加以校订并重新整理，分为8卷，共276条395例，分为释冤（上、下）、辨诬、鞫情、议罪、宥过、惩恶、察奸、核奸、擿奸、察慝、证慝、钩慝、察盗、迹盗、谲盗、察贼、迹贼、谲贼、严明、矜谨等20类。该书提出了"情迹论","情"指案情真相,"迹"指痕迹、物证,主张通过物证来推断案情真相。"情迹论"是物证理论出现的标志。因此,该书是了解和研究中国古代司法实践的一份重要参考材料。除了可以用作案例教学的教材地位崇高外,它还具备以下三个特征:一是理论价值高,学理分类严谨缜密;二是收例时代跨度大,反映法律正义与政治经济文化互动关系之多样复杂深邃;三是精选汇集案例足量多类,案例代表性极强。这种超越欧美许多国家历史生命跨度的案例集,在西洋学术中难以想象。

源出历代典籍的历史经典案例集——《折狱龟鉴补》。这是清人胡文炳编辑的一部历代案例汇编,是继南宋郑克编著《折狱龟鉴》之后的又一部较为全面的案例汇编,从古代典籍中选出有研究价值的判例,是了解和研究中国古代司法实践的重要参考资料,收例719则,按照触犯法律类别分门别类编辑成卷,分犯义(卷一)、犯奸(上下卷、卷二、卷三)、犯盗(卷四)、杂犯(上下卷、卷五、卷六),总计约26万字。

帝王亲力亲为钦定进入平民生活的"全民普及版"案例集——《明大诰》。它是由明太祖朱元璋亲自指导编纂、以诏令形式颁发的特别刑法案例汇编。共4编236条,先后颁布于洪武十八年(1385)到洪武二十年(1387),其中"大诰"74条、"大诰续编"87条、"大诰三编"43条、"大诰武臣"32条,由案例、峻令、训导三方面内容组成。明初要求每一家都要有一本《明大诰》。而且,科举考试会涉猎《明大诰》内容。在朱元璋死后,《明大诰》基本上没有了法律效力,但影响仍在,如明末,如果有人家还保存《明大诰》,那么在犯流罪以下罪行时可以减轻一等处罚。这样的法定案例教材版本,其权威效力和社会普及程度即使放在当今都相当高了。

可称为卷帙浩繁的案例教材工程的案例集——《刑案汇览》。这是由清代祝庆祺编辑的案例汇编。共辑录了乾隆元年(1736)至道光十四年(1834)由中央司法机关审理的刑案5640余件,按《大清律例》的门类编排,共88卷,书后附有"刑部事宜"及"拾遗备考"二节,道光十四年刊行。后又补辑了《续增刑案汇览》16卷,主要收录1821～1850年中央司法机关审理的刑事案件1670余件。另外还有吴潮等编辑的《刑案汇览续编》32卷,收录了1828～1871年中央司法机关审理的案件1696件;潘文舫等编辑的《新增刑案汇览》16卷,辑录了1842～1885年中央司法机关处理的案件291件。

对"单一类别案例"作文心雕龙式管研锥剖的案例研讨集——《九朝律考·春秋决狱考》。《九朝律考》是中国近代从事法制史研究的大家程树德先生的代表作,辑公元前2世纪至公元7世纪尚存的各种零散的法律资料,并逐一考订,按朝代依次分类。其中的《春秋决狱考》列举了汉代大儒董仲舒以《春秋》的微言大义作出判决的案例,以及汉代以"春秋决狱"为原则处理的若干案例。如案例:"甲父乙与丙争言相斗,丙以佩刀刺乙,甲即以杖击丙,误伤乙,甲当何论?或曰:殴父也,当枭首。论曰:臣愚以父子至亲也,闻其斗,莫不有怵惕之心。挟杖而救之,非所以欲殴父也。《春秋》之义,许止父病,进药于其父而卒。君子原心,赦而不诛。甲非律所谓殴父,不当坐。"这些案例是研究西汉时期"春秋决狱"的经典案例,也是后世学习"引经决狱"的绝佳样本。程树德先生这一力作,不单是国人以新式法学范式研究传统法律对象的划时代作品,也是学人对特定类别法律现象、问题和案例进行研究的高屋建瓴式标志,迄今为止,对1300~2100年前的单一类别案例进行呕心沥血的研究探讨并形成名作的,在可信学术材料范围内可谓罕有。

二 在研究力量和研究成果上充满底气

本书辑录的20篇文章,就是从典章古籍中选取典型个案或类案,通过对于个案或类案的介绍对案件涉及的历史背景、法律问题进行深层解析,阐发案件折射的法律文化现象,总结经验教训及对当代的影响和启示,显示出所涉广泛、见解独到、植根史实而又关联现实的一系列成果及其背后之目光敏锐、功底扎实的著述群体。

(一)第一部分:裁判方法和司法原则

裁判方法是法官审理案件的基础,就是法官根据所掌握的证据认定案件事实、适用法律进而得出案件处理结果的过程和手段。裁判方法的运用既要有宏观的把控,又要有微观的体察,也就是说法官在审理案件过程中,不仅要在认定事实的基础上准确地适用法律规定,还要根据每个案件的不同具体情况作出符合实际的正确判决。这个过程说易实难,要想作出一个明法析理、胜败皆服的判决，需要建立在对社会、法律、人性、文化等充分知悉的基础上，需要法官对法律的精髓和核心要义有精准的把握，需要法官对社情民意有深刻的认识。中国古代社会所形成的法律体系被称为"中华法系"。汉武帝时期，确立"罢黜百家，独尊儒术"方针，推动法律儒家化，始出现春秋决狱，即依据儒家经典《春秋》等著作的精神原则审判案件，实行"论心定罪"，犯罪人若主观动机不违背儒家"忠""孝"精神，即使行为构成社会危害也可以减免刑事处罚，反之，若主观动机违背儒家精神，即使没有造成严重危害后果也要遭严惩，这开启了"引经决狱"先河。魏晋南北朝时期以经注律的律学迅速发展，礼与法的结合从理论上得到深入研究与进一步解释，因而许多规范被立法者直接纳入律典中。礼的直接入律为中华法系注入了伦理色彩，故有人称中国古代律法为"伦理法"。中国古代的裁判方法，更多地强调天理、国法、人情的有机统一。

司法原则则是指导司法实践，并贯穿于司法过程始终的基本遵循。因此，注重亲情、体现人文关怀就成为中国古代社会最具"温情"的司法原则，也体现了中国古代司法文明的程度。从东西方法治文明的发展进程中可以清晰地看到，大约千年之后，欧洲人才在启蒙运动中酝酿出人文主义萌芽。相关司法原则主要包括以下两个。

1. 亲属相隐不为罪

亲属相隐不为罪，是指除谋反、谋叛、谋大逆等严重犯罪外，亲属之间互相隐瞒犯罪的，不追究刑事责任。此说法源出孔子："叶公语孔子曰：'吾党有直躬者，其父攘羊，而子证之。'孔子曰：'吾党之直者异于是。父为子隐，子为父隐，直在其中矣。'"（《论语·子路》）至西汉时，董仲舒提出"罢黜百家，独尊儒术"，被汉武帝采纳，儒家思想融合其他思想成为占据统治地位的封建正统思想，将这些思想纳入法律规定中，以"一准乎礼"为立法原则，亲属相隐不为罪则是礼律结合的典型。

亲属相隐不为罪，又被称为"亲亲得相首匿"。董仲舒以儒家经典《春秋》为判案依据时，即使用过这一原则。时有疑狱曰："甲无子，拾道旁弃儿乙养之以为子。及乙长，有罪杀人，以状语甲，甲藏匿乙。甲当何论？"仲舒断曰："甲无子，振活养乙，虽非所生，谁与易之！《诗》云'螟蛉有子，蜾蠃负之。'《春秋》之义，'父为子隐'，甲宜匿乙。"诏不当坐。汉宣帝时下诏:"父子之亲,夫妇之道,天性也。虽有患祸,犹蒙死而存之。诚爱结于心,仁厚之至也,岂能违之哉!自今子首匿父母,妻匿夫,孙匿大父母,皆勿坐。其父母匿子,夫匿妻,大父母匿孙,罪殊死,皆上请廷尉以闻。"(《汉书·宣帝纪》)亲属相隐不为罪正式成为一项法律原则。至唐朝,亲属相隐的范围扩大至同居相隐,"诸同居,若大功以上亲及外祖父母、外孙,若孙之妇,夫之兄弟及兄弟妻,有罪相为隐;【疏】议曰:'同居',谓同财共居,不限籍之同异,虽无服者,并是"(《唐律疏议·名例》)。

2. 老幼废疾者犯罪减免刑事处罚

尊老怜幼是中华民族的传统美德。这一美德体现在古代法律规定中,就是老幼废疾者犯罪减免刑事处罚。有文献记载,西周时期即有这一内容的规定:"八十、九十曰耄,七年曰悼。悼与耄,虽有罪不加刑焉。""壹赦曰幼弱,再赦曰老旄,三赦曰蠢愚。"(《礼记》)

汉代将儒家尊老怜幼的道德原则法律化,惠帝时下诏:"民年七十岁以上十岁以下有罪当刑者,皆完之。"唐代将这一制度具体化:"诸年七十以上,十五以下及废疾,犯流罪以下,收赎。八十以上,十岁以下及笃疾,犯反、逆、杀人应死者,上请;……九十以上,七岁以下,虽有死罪,不加刑。"(《唐律疏议·名例》)

该部分共有6篇文章,包括袁紫雪《汉代"春秋决狱"再审视及其当代价值》、江怡与沈玮玮《以比决事:东汉指导性案例编撰考论——从〈嫁娶辞讼决〉切入》、邓勇《从陆襄、范西堂、翁运标所判诸案看古代杰出司法官惩恶扬善之智慧》、贾雨啸与张静楠《宋代司法活动中的持"经"达"变"——从〈名公书判清明集〉中涉孤寡孤幼案件判词切入》、马友鹏《以说服为目的——从"葛行德冒祖争山案"看徐士林的裁判说理》、陈冠宏《中国传统法律适用中的形式与实质——以清代驳案为例》,从不同角度出发,研究了不同时期的个案或类案的处理,分析了中国古代司法审判实践的裁判方法和司法原则,展现了司法裁判者赋予司法审判"人情味"以彰显情理法的有机融合。

(二)第二部分:法律制度与司法实践的互动

法律制度的制定和完善是通过具体的司法实践活动来实现的。法律制度的确立对司法实践起到了规范和引导作用,司法实践反过来促进了法律制度的发展。司法实践通过适用具体的裁判方法和司法原则进行对个案的审理。中国古代的法律制度和司法实践既有封建社会的时代特征，又有明显的伦理法特征，给后人留下警示和思考，也给后人带来力量和启迪。

1. 刑法谦抑主义

刑法谦抑主义是指立法者应当力求以最小的支出——少用甚至不用刑罚（而用刑罚替代措施）来获得最大的社会效益——有效预防和控制犯罪。也有学者提出，刑法谦抑性的新内涵是在立法、司法过程中的谦抑情怀，带有具体和动态的特征，而且它不仅是刑法本身的特性，更是对立法者与司法者的要求，是在立法和司法的全过程中对谦抑理念的现实升华，包含克制与宽容的精神要求。刑法谦抑原则被视为现代刑法学的基本原则，而早在中国古代，无论是法律思想，还是法律规定和司法实践，都有着与此原则相似的理论内容和做法。

（1）明德慎罚

明德慎罚思想是周公旦针对商朝末期滥用刑罚的情况首先提出的："孟侯，朕其弟，小子封。惟乃丕显考文王，克明德慎罚，不敢侮鳏寡，庸庸，祗祗，威威，显民，用肇造我区夏。"（《尚书·康诰》）其目的是维护西周奴隶主贵族的统治，缓和尖锐的阶级矛盾。明德，是对统治者提出的执政要求，即要"以德配天"和"明德保民"；慎罚，则是对统治者提出的立法和司法要求，即刑罚要宽简，要谨慎用刑。

明德慎罚思想体现到立法和司法实践中有三点。一要罚当其罪，不滥用刑罚。"司寇苏公、式敬尔由狱，以长我王国，兹式有慎，以列用中罚。"（《尚书·立政》）二要区分故意与过失、惯犯与偶犯。"人有小罪，非眚，乃惟终，自作不典，式尔，有厥罪小，乃不可不杀。乃有大罪，非终，乃惟眚灾，适尔；既道极厥辜，时乃不可杀。"（《尚书·康诰》）三要注重教化。"以至于帝乙，罔不明德慎罚，亦克用劝。要囚，殄戮多罪，亦克用劝。开释无辜，亦克用劝。"（《尚书·多方》）明德慎罚思想为春秋战国时儒家所继承，并发展为"为政以德"的德治思想。西汉正统法律思想中的"德主刑辅"也是由此演化而来的。中国古代的许多法律规定和司法实践均受此思想的影响。

（2）死刑复奏

死刑复奏制度是指执行死刑判决前奏请皇帝批准的制度，于北魏太武帝时正式确立。《魏书·刑法志》记载："当死者，部案奏闻。以死不可复生，惧监官不能评，狱成皆呈，帝亲临问，无异辞怨言乃绝之。诸州国之大辟，皆先谳报乃施行。"至隋朝确定为死刑须经"三复奏"方准执行。《隋书·刑法志》载："（开皇）十五年制，死罪者三奏而后决。"唐太宗因怒杀大理寺丞张蕴古和交州都督卢祖尚后追悔莫及，"下制，凡决死刑，虽令即杀，仍三覆奏"。"人命至重，一死不可再生。昔世充杀郑颋，既而悔之，追止不及。今春府史取财不多，朕怒杀之，后亦寻悔，皆由思不审也。比来决囚，虽三覆奏，须臾之间，三奏便讫，都未得思，三奏何益？自今已后，宜二日中五覆奏，下诸州三覆奏。"（《旧唐书·刑法志》）唐律对此作了更加详细而严格的规定："诸死罪囚，不待覆奏报下而决者，流二千里。即奏报应决者，听三日乃行刑，若限未满而行刑者，徒一年；即过限，违一日杖一百，二日加一等。【疏】议曰：'死罪囚'，谓奏画已讫，应行刑者。皆三覆奏讫，然始下决。若不待覆奏报下而辄行决者，流二千里。'即奏报应决者'，谓奏讫报下，应行决者。'听三日乃行刑'，称'日'者，以百刻，须以符到三日乃行刑。若限未满三日而行刑者，徒一年。即过限，违一日杖一百，二日加一等。在外既无漏刻，但取日周晬时为限。"明代死刑皆三复奏，清代至乾隆时改为朝审三复奏、秋审一复奏。

（3）会审决疑

实行会审决疑是中国古代极具特点的司法运作方式，当遇有重大疑难案件时，须由多方官员共同进行审理。会审活动的制度化，早在西周时期即已出现，当时称为"三刺"，即出现重大疑难案件时要经过"一曰讯群臣，二曰讯群吏，三曰讯万民"的司法程序。在汉代称为"杂治"，即在遇有重大案件时，皇帝以诏敕的形式命有关官员会同审理。在唐代称为"三司推事"和"三司使"，前者主要由刑部尚书、御史台御史、大理寺卿共同审理重大疑难案件；后者是指当地方有重大疑难案件不能审断但又不便移送中央时，由皇帝派出大理寺评事、刑部员外郎、监察御史到案件原审地审理。必要时，皇帝还会命令刑部与中书、门下实行都堂集议制。在明代正式称为会审，分为九卿会审（圆审）、会官审录、朝审、大审等多种会审形式。清代最著名的会审为秋审，因秋天集中审理各地上报的斩监候和绞监候的案件而得名，被视为"国家大典"，同时存在朝审、热审、九卿会审等形式。

2. 维护皇权和司法特权

（1）八议

八议起源于《周礼》的"八辟"，是指八种人犯死罪，必须奏报皇帝，经审议后确定执行的刑罚的制度。当然，"十恶"罪不在此限。最早在法律中规定八议制度的是三国时期的魏律。此后的两晋、南北朝、隋等朝代的法律均沿用了这一制度。《唐律疏议》对八议制度作出了详细的规定，八议中的八种人分别是：亲，"皇帝祖免以上亲及太皇太后、太后缌麻以上亲，皇后小功以上亲"；故，"故旧"；贤，"有大德行"；能，"有大才艺"；功，"有大功勋"；贵，"职事官三品以上、散官二品以上，及爵一品者"；勤，"有大勤劳"；宾，"承先代之后为国宾者"。唐律还对八议制度的适用作出了具体的规定："诸八议者犯死罪，皆条所坐及应议之状，先奏请议，议定奏裁"；"流罪以下减一等，其犯十恶者不用此律"；"议者，原情议罪者，谓原其本情，议其犯罪。称定刑之律而不正决之者，谓奏状之内。唯云准犯依律合死，不敢正言绞斩，故云'不正决之'"。八议制度与"刑不上大夫"的精神相一致，维护了封建贵族、官僚的司法特权，在唐代后，其他各朝代也都沿袭这一制度，直到清末法律改革时，该制度随着《大清新刑律》的颁布而废止。

（2）十恶

十恶指的是中国封建社会十种最严重的犯罪行为。《北齐律》首次出现"重罪十条"，隋朝的《开皇律》改为"十恶"，《唐律疏议》明确指出："五刑之中，十恶尤切。亏损名教，毁裂冠冕，特标篇首，以为明诫。其数甚恶者，事类有十，故称'十恶'。"十恶包括：谋反（谋危社稷）、谋大逆（谋毁宗庙、山陵及宫阙）、谋叛（谋背国从伪）、恶逆（殴及谋杀祖父母、父母，杀伯叔父母、姑、兄、姊、外祖父母、夫、夫之祖父母、父母者）、不道（杀一家非死罪三人及肢解人，造畜蛊毒厌魅）、大不敬（盗大祀神御之物，乘舆服御物；盗及伪造御宝；合和御药，误不如本方，及封题误；若造御膳，误犯食禁；御幸舟船，误不牢固；指斥乘舆，情理切害，及对捍制使，而无人臣之礼）、不孝（告言诅詈祖父母、父母；祖父母、父母在，别籍异财；若供养有阙；居父母丧，身自嫁娶；若作乐、释服从吉；闻祖父母、父母丧，匿不举哀；诈称祖父母、父母死）、不睦（谋杀及卖缌麻以上亲，殴告夫及大功以上尊长、小功尊属）、不义（杀本属府主、刺史、县令、见受业师；吏卒杀本部五品以上官长；闻夫丧匿不举哀，若作乐、释服从吉及改嫁）、内乱（奸小功以上亲、父祖妾及与和者）。

3. 准五服以制罪

五服是指死者的亲属按照与其血缘关系的亲疏尊卑穿戴不同丧服之制度，分为斩衰、齐衰、大功、小功、缌麻。准五服以制罪就是按照上述五等丧服，即按照亲属之间的亲疏远近来确定亲属之间犯罪的轻重大小程度，并确定定罪量刑的标准。《晋律》最早规定"峻礼教之防，准五服以制罪也"。这是中国封建社会礼法结合的典型表现，对后世影响深远，这一规定为晋以后的历代法典所继承，清律卷首画五服图，强调"准五服以制罪"的原则。"准五服以制罪"原则的适用就是：服制愈重，以尊犯卑者，处罚愈轻，以卑犯尊，处罚愈重；服制愈轻，以尊犯卑，处罚相对加重，以卑犯尊，相对处罚减轻。

该部分选取的周东平《唐玄宗开元十年裴景仙乞赃案评析》、肖飞《传统复仇法制研究——在制度与理论之间》、宋銎《标准的"悬浮"：清代文字狱"谋大逆"案量刑研究》、秦晋《从故杀外姻缌麻尊属看义绝与擅杀的适用》、逯子新《清代刑部定例的考量因素——以"强占良家妻女"例文和案件为视角》、陈锐佳《从王必俭案看服制与量刑》，从不同角度反映了法律制度在司法实践中的运用，进而有助于了解和掌握具体案件的审理过程。

（三）第三部分：习惯法和诉讼程序

传统文化重视"和"的价值，"和"的思想升华为哲学的基本范畴。儒家倡导"和为贵"，诸子百家诸多著述也普遍关注、认同"和"的社会关系调谐作用。正因如此，"无讼"观念深入人心，社会治理讲求的是依靠习惯和乡规民约，明太祖朱元璋于洪武五年（1372）在州县各里创设申明亭，里民有孝不悌、犯盗犯奸、一应为恶之人，姓名、事迹俱书于板榜，以示惩戒，而发其羞恶之心，能改过自新则去之。民间词讼，除犯十恶、强盗及杀人外，户婚田土等事，许老人里甲在亭剖决，融读法、明理、彰善抑恶、剖决争讼小事、辅弼刑治为一体，这开启了乡村治理的官方模式。明律明确规定：拆毁申明亭房屋及毁板榜者，杖一百，流三千里。清承明制，也有相同规定。这一做法影响深远，由此形成的民间调解，成为中国智慧、中国经验。

与中国宗法制度中承祀习惯做法联系最密切的法律制度就是存留养亲。存留养亲简称"留养"，是指被判徒刑和流刑的罪犯，若家有年老或生病的祖父母或父母而无其他男丁赡养时，可以停止或免除刑罚的执行，允许其返家赡养老人。存留养亲制度是中国古代法律制度中具有鲜明伦理法色彩的内容之一，由北魏孝文帝拓跋宏在太和十二年（488）下诏创制："犯死罪，若父母、祖父母年老，更无成人子孙，又无期亲者，仰案后列奏以待报，著之令格。"《北魏律·法例》规定："诸犯死罪，若祖父母、父母年七十以上，无成人子孙，旁无期亲者，具状上请。流者鞭笞，留养其亲，终则从流，不在原赦之例。"唐律将存留养亲称为"权留养亲"，规定得更为详细："诸犯死罪非十恶，而祖父母、父母老疾应侍，家无期亲成丁者，上请。""犯流罪者，虽是五流及十恶，亦得权留养亲。会赦犹流者，不在权留之例。其权留者，省司判听，不须上请。""诸犯徒应役而家无兼丁者，徒一年加杖一百二十。不居作，一等加二十。"清律规定："凡犯死罪非常赦所不原者，而祖父母、父母老疾应侍，家无以次成丁者，开具所犯罪名，奏闻，取自上裁。若犯徒、流者，止杖一百，余罪收赎，存留养亲。"

该部分选取的郑显文与张媛媛《从"康失芬行车伤人案"看唐代的诉讼审判程序》、韩敬《从"伪批诬赖"案看宋代法官民事证据审查》、王奥运《清代存留养亲制度程序之发展》、刘格格《传统社会家庭暴力中女性救济的法律困境——性别空间视域下的传统女性》、春杨与巩哲《从"亚圣府与生员户籍结讼案"看清代特殊主体的诉讼特点》、付宁馨《清代"虚假诉讼"的治理——以"徐公谳词"为中心》、牛驰宇《四川东乡血案——清末社会问题的缩影》、夏婷婷《从原业另卖纠纷探清末奉天省不动产先买权的顺位习惯》，既有对中国古代程序法的介绍，又有对案件审理过程中习惯法适用的分析，反映了审理具体案件从而实现社会治理的过程，为我们生动展现了古代司法实践的场景。

三　在方法论上具足优秀传统文化的底气

司法审判是为了实现对社会的治理，也是为了构建和谐、稳定的社会秩序。学习和研读中国古代司法案例，我们必须要树立正确的学习理念，正如习近平总书记指出，中华优秀传统文化中的思想和理念，"不论过去还是现在，都有其鲜明的民族特色，都有其永不褪色的时代价值"①。因此，和而不同的研究理念，当然也是学习和阅读理念，孔子在阐述和而不同时说："君子和而不同，小人同而不和。"（《论语·子路》）这是人与人、人与社会共存之时遵循的一种规则。《说文解字》就指出："和，相应也。从口。""和"最初是指声音相应，与"唱"对应，后来演化出和谐、和睦、和平等义。在先秦时期，"和"思想成为中国古代哲学的基本范畴。

用辩证思维去看待和而不同。求同存异的目的是实现和谐。习近平总书记曾说："和谐，从本义上解释，是指矛盾着的双方在一定条件下达到统一而出现的状态。在这种状态下，自然界内部、人与人、人与社会、人与自然之间以及社会内部诸要素之间实现均衡、稳定、有序，相互依存，共生共荣。这是一种动态中的平衡、发展中的协调、进取中的有度、多元中的一致、'纷乱'中的有序。琴瑟和鸣，黄钟大吕，这是音律的和谐；青山绿水，山峦峰谷，这是自然的和谐；天有其时，地有其财，人有其治，天人合一，这是人与自然的和谐；尊老爱幼，夫妻和睦，邻里团结，谅解宽容，与人为善，这是人与人之间的和谐；社会各个阶层、各个行业相互平等、相互依赖，社会各种组织兼容而不冲突、协作而不对立、制衡而不掣肘、有序而不混乱，这是社会分工和社会内部的和谐。"②

从发展角度去完善和而不同。习近平总书记指出，中国优秀传统文化中的"思想和理念，既随着时间推移和时代变迁而不断与时俱进，又有其自身的连续性和稳定性"③。富强、民主、文明、和谐，自由、平等、公正、法治，爱国、敬业、诚信、友善的社会主义核心价值观，就是对和而不同的继承和发展，使讲仁爱、重民本、守诚信、崇正义、尚和合、求大同等中华优秀传统文化在新的历史条件下得到弘扬和传承。

坚持创新理念去发展和而不同。创新是一个民族进步的灵魂，是一个国家兴旺发达的不竭动力，也是中华民族最深沉的民族禀赋。创新贯穿党

---

① 《习近平关于社会主义文化建设论述摘编》，中央文献出版社，2017，第116页。
② 习近平：《干在实处走在前列——推进浙江新发展的思考与实践》，中共中央党校出版社，2016，第237页。
③ 《习近平关于社会主义文化建设论述摘编》，中央文献出版社，2017，第116页。

和国家一切工作。习近平总书记指出："治理和管理一字之差，体现的是系统治理、依法治理、源头治理、综合施策。"① 通过创新社会治理的理念，实现和而不同，从而实现"人与人和谐相处，社会才会安定有序"和"人民安居乐业，国家才能安定有序"的目标。

以开放共享的态度去推动和而不同。习近平总书记指出，要"促进和而不同、兼收并蓄的文明交流"②。文明是包容的，人类文明因包容才有交流互鉴的动力。习近平总书记强调，"我们要尊重各种文明，平等相待，互学互鉴，兼收并蓄，推动人类文明实现创造性发展"③，"坚持拆墙而不筑墙、开放而不隔绝、融合而不脱钩，……要以公平正义为理念引领全球治理体系变革"④，从而"各美其美，美美与共"，天下大同。

---

① 《习近平关于全面建成小康社会论述摘编》，中央文献出版社，2016，第142页。
② 《习近平谈治国理政》第三卷，外文出版社，2020，第20页。
③ 《习近平谈治国理政》第二卷，外文出版社，2017，第525页。
④ 《习近平谈治国理政》第四卷，外文出版社，2022，第485页。

主题一　裁判方法和司法原则

汉代"春秋决狱"再审视及其当代价值

袁紫雪*

摘　要：春秋决狱始于汉代中期，由西汉著名政治思想家和政治哲学家董仲舒首创，是汉代以儒学经义为判案依据的司法审判活动。通过现存的六则案例，梳理春秋决狱制度产生的历史背景，分析具体的适用依据和适用原则，以法理学的视角探寻春秋决狱案件审判活动对社会生活的积极影响和消极影响。任何制度都是特定历史背景的产物，在建设中国特色社会主义法治体系的当下，对某一法律制度或某一法律现象进行研究的意义就在于观其利弊、以古鉴今，探寻其当代价值，最终真正推进依法治国与以德治国相结合。

关键词：春秋决狱；董仲舒；原心定罪；亲亲尊尊；依法治国与以德治国

"春秋决狱"是指汉代司法实践中以儒家经典《春秋》中的原则和精神为判案根据的司法活动。《诗经》《尚书》《礼记》《周易》等儒家经典同样也被应用于司法，故而又称"经义决狱"。春秋决狱始于汉代中期，开创者是西汉著名政治思想家和政治哲学家董仲舒。《后汉书·应绍传》记载："故胶（东）[西]相董仲舒老病致仕，朝廷每有政议，数遣廷尉张汤亲至陋巷，问得失。于是作春秋决狱二百三十二事，动以经对，言之详矣。"①《春秋决狱》一书已经失传，后人从史料中勾勒出董仲舒亲断的六则案例，分别是："子误伤父""夫死改嫁"记载于《太平御览》，"监

---

* 袁紫雪，北京师范大学法律硕士。
① 《后汉书》卷48《杨李翟应霍爰徐列传》，中华书局，2010，第1088页。

守自盗""纵麑为傅"记载于《白孔六帖》,"父为子隐""不能长育"记载于《通典》。这六则案例成为研究春秋决狱的重要史料。

一 "春秋决狱"的历史背景

公元前209年,陈胜、吴广揭竿而起,开启了秦末农民起义的序幕,而导致这场农民起义的原因之一,正是秦朝法律的严苛。秦朝自商鞅变法以后便以法家思想为尊,以法治国的经验不可谓不丰富,但秦朝法律存在两个致命缺陷:一是立法过于严酷,尤其体现在刑罚制度上;二是司法过于僵化,客观归罪的现象普遍存在,导致大量案件得不到公正的判决。

汉代建立之初,经历了长期战乱,经济凋敝,百废待兴。汉初统治阶级通过总结秦以"专任刑罚""以刑去刑""以杀止杀"为代表的重刑主义思想的经验教训,确立了黄老之学"无为而治"的立法指导思想,具体体现为"轻徭薄赋"和"约法省刑",一方面旨在休养生息,另一方面旨在纠正秦法的繁杂和严苛。汉初无为而治的推行使国家生产力有所发展、政权逐步稳定,可以说取得了显著成效。汉武帝统治时期,为实现"大一统"的治世理念,在国家经济发展稳中向好且已经具备了雄厚的经济基础的条件下,武帝改消极的"无为而治"为积极的"有为而治",采纳董仲舒"罢黜百家,独尊儒术"的政治主张,将儒家思想奉为至尊。

西汉时期儒学享有崇高的地位,据《汉书·武帝纪》,建元五年(前136)春,置五经博士。[1] 汉武帝在"罢黜百家,独尊儒术"的基础上,正式以《诗》《书》《礼》《易》《春秋》五部书籍为"法定"经典,并设立博士。博士职位统一由儒家学士担任,他们对儒家经典的解释成为具有法定权威性的官方解释。自此,以《春秋》为代表的儒家经典被视为政治生活和家庭生活的理论指南,对全社会方方面面的问题进行规范和调整,具有至高无上的地位。

随着社会不断向前发展,社会关系也愈发复杂化,这就要求承担调整社会关系职能的法律所确立的各项制度也顺应时代发展,使律法条文及时跟进,具有时代适配性。但从宏观角度看,汉代处于中国历史早期,相较

---

[1] 司马朝军:《〈经史杂记〉辨伪》,武汉大学出版社,2018,第180页。

于后世来说,汉代立法活动、司法实践的经验都略显不足,具有时代局限性,主要体现在两点。一是法律条文过于繁杂,不能穷尽。据《汉书·刑法志》载,当时"律令凡三百五十九章,大辟四百九条,千八百八十二事,死罪决事比万三千四百七十二事。文书盈于几阁,典者不能遍睹"①。可见若想根据已有律法判案,执掌司法的官员需要对法律条文做到烂熟于心,这是十分困难的。二是立法技术粗陋,法律条文存在交叉冲突的现象,不甚严谨。据《晋书·刑法志》载,"汉承秦制,萧何定律"②。统治者采用的是黄老的无为之术,但是法律的内容由于沿袭秦朝,体现的是法家的思想,这种指导思想与法律内容不一致的情况一直延续,其间也进行了一些对法律的修改,废除了一些残忍的刑罚,如汉文帝废除了肉刑,但是并没有形成新的具有汉代特色的法律体系。

这就导致汉代的法律制度乃至整个法律体系都呈现出无序的特点,明显落后于现实社会生活的发展趋势,实际适用法条时也呈现出僵化的特点,对特殊的案件事实缺乏针对性。因此,当国家拿不出完备的制定法,并且短时期内也不可能编纂制定出完备的儒学法典时,以儒家经典为断狱的准则和依据也是特定历史背景下的一种十分巧妙的应对方式。

董仲舒是将儒学经义应用于法的第一人,换言之,"春秋决狱"正是由董仲舒首创的。春秋决狱制度设立的目的在于当现行法律适用于具体案件有违常情常理时,即可通过《春秋》等以"礼"为核心的儒家经典来缓和律法条文的僵硬,矫正自秦至汉司法领域当中的客观归罪倾向,实现法与情的统一。

二 "春秋决狱"的适用

现存的春秋决狱案例有六则,具体如下。

案例一"子误伤父":"甲父乙与丙争言相斗,丙以佩刀刺乙,甲即以杖击丙,误伤乙,甲当何论?或曰:'殴父也,当枭首。'议曰:臣愚以父子,至亲也,闻其斗,莫不有怵怅之心。扶伏而救之,非所以欲诟父也。

---

① 转引自(清)沈家本《历代刑法考(律令卷)》,商务印书馆,2017,第66页。
② 转引自何勤华《中国法学史》第1卷,法律出版社,2000,第297页。

《春秋》之义，许止父病，进药于其父而卒。君子原心，赦而不诛。甲非律所谓殴父也，不当坐。"①

案例二 "夫死改嫁"："甲夫乙将船，会海盛风，船没，溺流死亡，不得葬四月。甲母丙即嫁甲。欲当何论？或曰：'甲夫死未葬，法无许嫁，以私为人妻，当弃市。'议曰：'臣愚以为《春秋》之义，言夫人归于齐。言夫死无男，有更嫁之道也。妇人无专制恣擅之行，听从为顺，嫁之者归也。甲又尊者所嫁，无淫衍之心，非私为人妻也。明于决事，皆无罪名。不当坐。"②

案例三 "监守自盗"："甲为武库卒，盗强弩弦，一时与弩异处，当何罪论？曰：兵所居比司马，阑入者，髡，重武备，责精兵也。弩蘖机郭，弦轴异处，盗之不至，盗武库兵陈。论曰：大车无輗，小车无軏，何以行之？甲盗武库兵，当弃市乎？曰：虽与弩异处，不得弦不可谓弩矢射不中，与无矢同，不入与无镞同。律曰：此边鄙兵所赃值百钱者，当坐弃市。"③

案例四 "父为子隐"："'甲无子，拾道旁弃儿乙养之以为子。及乙长，有罪杀人，以状语甲，甲藏匿乙。甲当何论？'仲舒断曰：'甲无子，振活养乙，虽非所生，谁与易之？……《春秋》之义，"父为子隐"，甲宜匿乙。'诏不当坐。"④

案例五 "不能长育"："甲有子乙以乞丙。乙后长大而丙所成育，甲因酒色谓乙曰：'汝是吾子。'乙怒，杖甲二十。甲以乙本是其子，不胜其忿，自告县官。仲舒断之曰：'甲生乙，不能长育以乞丙，于义已绝矣。虽杖甲，不应坐。'"⑤

案例六 "纵麑为傅"："君猎得麑，使大夫持以归。大夫道见其母随而鸣，感而纵之。君愠，议罪未定，君病恐死，欲托孤幼，乃觉之，大夫其仁乎，遇麑以恩，况人乎，乃释之，以为子傅。于议何如？……仲舒曰：君子不麑不卵，大夫不谏使持归，非义也。然而中感母恩，难废君命，徙

---

① （宋）李昉：《太平御览》第六册卷640，河北教育出版社，1994，第42页。
② （宋）李昉：《太平御览》第六册卷640，河北教育出版社，1994，第42页。
③ （唐）白居易：《白孔六帖》卷91，文渊阁四库全书本。
④ （唐）杜佑：《通典》卷69，中华书局，1988，第1911页。
⑤ （唐）杜佑：《通典》卷69，中华书局，1988，第1911页。

之可也。"①

（一）"春秋决狱"的适用依据

春秋决狱的主要依据是儒家的经典作品，代表性著作有《春秋》《诗经》《尚书》《礼记》《周易》等。其中以《春秋》为主要依据，后世称为"春秋决狱"。

"春秋"的词源，涉及春秋二季分法和春夏秋冬四季分法的争议，其中春秋二季分法是指一年的时间涵盖春秋两个季节。一年三百六十五天只有春分与秋分的昼夜时间是相等的，《春秋》作为一部对历史进行补充、解释、阐发的作品，将书名定为"春秋"是为了追求明公正义、堂堂正正。以《春秋》为代表的儒学经义体现出来的关于"礼"的思维和见解，对国家治理和社会治理，特别是对国家治理中的法律应用问题和政治治理问题，具有指导意义。故而，《春秋》成为司法实践活动中定罪量刑的衡平标尺，这也是《春秋》能够影响司法实践活动的重要原因——公平正义正是法之价值的重要内容。

《春秋》作为后世经义决狱的主要依据，其中心要义就是渲染"君权神授"，主张建立君臣尊卑上下有序的秩序，以此来维护封建君主专制的集权统治，维护统治阶级的利益。汉代初期，先有异姓王封侯，后有同姓王叛乱，为巩固大一统的专制王朝，基于君主集权的迫切需要，《春秋》被视为最合适的理论依据。《史记·太史公自序》对此作出评价："故有国者不可以不知《春秋》，前有谗而弗见，后有贼而不知。为人臣者不可以不知《春秋》，守经事而不知其宜，遭变事而不知其权。……为人臣子而不通于《春秋》之义者，必陷篡弑之诛，死罪之名……故《春秋》者，礼仪之大宗也。"②

（二）"春秋决狱"的适用原则

春秋决狱的主要原则包含"原心定罪"和"亲亲尊尊"两方面。这两项司法原则不仅在当时的社会环境下促进了西汉经济大发展，而且从长远

---

① （唐）白居易：《白孔六帖》卷26，文渊阁四库全书本。
② 《史记》卷130《太史公自序》，中华书局，2009，第2492页。

来看对后世的司法实践产生了深远的影响，成为中国古代传统司法的两大特色。

1. "原心定罪"

司马迁评价《春秋》是"礼义之大宗也"。用《春秋》来明辨是非会不可避免地受主观因素的影响，特别是判断行为人实施行为的主观动机是否符合"礼"的道德准则。而将《春秋》应用于司法实践当中，便形成了"原心定罪"这一原则。

"原心定罪"，又称"论心定罪"，是指将《春秋》等儒学经义运用于断狱中作为准则和依据时，将考察犯罪客观事实和追究内心主观动机相结合来确定行为人有无罪过或罪过轻重。董仲舒通过《春秋》决狱创制了"原心定罪"原则，《春秋繁露·精华》曰："《春秋》之决狱也，必本其事而原其志。志邪者不待成，首恶者罪特重，本直者其论轻。"[①] 在董仲舒看来，所谓原心定罪，就是断狱除考虑犯罪行为的客观事实外，还要根据行为人的主观善恶来对案件进行综合判断，以此定罪量刑。

上述六则案例当中，最能明确体现原心定罪原则的只有"子误伤父"这一则案例，而其他五则案例的审判，还或多或少地考虑了其他方面的因素。"子误伤父"的案情是甲的父亲乙和丙发生言语摩擦，后演变成肢体冲突，在过程中丙刺伤了乙，甲见此就用棍杖击打丙，但误伤了父亲乙。该案的难点在于对误伤父亲的甲如何定罪。其时，现行法律规定：殴打父母尊长，应处枭首。但董仲舒认为，作为儿子的甲看到自己的父亲有危险，其本能反应一定是焦急又恐惧，出于保护父亲的心理却不小心误伤了父亲，甲的行为并不是带着恶意故意伤害乙。《盐铁论·刑德》曰："《春秋》之治狱，论心定罪。志善而违于法者免，志恶而合于法者诛。"[②] 董仲舒援引《春秋》中的一则案例，许止在父亲吃药时没有亲口先尝，父亲吃错药便死了，后认为许止进药是孝心的表现，未先尝药只是一种过失，并不是存心毒害父亲，所以免罪。董仲舒从"许止进药"的故事中体会出"君子原心，赦而不诛"，许止并不是故意毒害父亲，不属于不孝，不应认定为犯罪。

---

① 《春秋繁露》卷3《精华》，上海书店出版社，2012，第130页。
② 转引自（清）沈家本《历代刑法考（律令卷）》，商务印书馆，2017，第91页。

其他五则案例，还考虑了其他的事实因素。案例二"夫死改嫁"中妇人甲对其丈夫并非有意不葬，而是客观上无法完成丧葬，以及妇人甲是在服丧期满后由母亲做主改嫁，符合儒家的丧制和孝道主张。案例三"监守自盗"中，"独处之弦"与"不中之箭""不入之箭"一样，"没有弦的弩"与"射不中的箭""箭射而不能穿"一样，均不具有"兵器"的杀伤力，而"盗武库兵"指的是偷盗武库中的"兵器"，甲所盗之物不能算作"兵器"。因此甲的行为不构成"盗武库兵"罪，但甲身为看守武器仓库的士卒，所盗之物又是武库内部之物，这使其罪与普通盗窃罪区分开来，应当按"边鄙盗"论罪，甲所盗弦线如果价值超过一百钱，应当斩首弃市。董仲舒通过该案讨论的是罪名以及罪刑相适应的法律适用问题。案例四"父为子隐"中甲和乙之间是抚养与被抚养关系。虽然二人并不是亲生父子，但甲从小收养乙并把乙养大，实际上甲乙之间的关系和亲生父子关系并无差别，已然如同亲生，应当视为父子关系。案例五"不能长育"中甲虽然生了乙，是乙的亲生父亲，但他未抚育乙长大成人，即存在甲放弃对乙的抚养义务的客观事实。案例六"纵麑为傅"涉及君臣之礼，即臣子应如何对待违礼的君命以及君主应如何处置违命的臣子的问题。董仲舒认为，"君猎得麑，使大夫持以归"，大夫应进行劝谏，这是义的表现。在此案中，大夫不但没有劝谏君主，接受了君命，还在回程路上释放了小鹿。错在"非义"和"废君命"，前者为臣不义，后者违反国法。

但即使存在其他事实因素，原心定罪原则依旧对案件性质的认定发挥主导作用，具体体现如下。案例二"夫死改嫁"中妇人甲改嫁实为生活所迫，本身并无淫衍之心，故不宜以犯罪论处，是其"不当坐"的先决条件。案例三"监守自盗"中甲盗武库的行为已被断定有奸邪之心，毫无疑问构成盗罪，这是定罪的先决条件，只因汉代针对不同性质的盗罪有不同的处置方式，所以才需判断甲的行为构成哪一种盗罪。案例四"父为子隐"中乙虽不是甲的亲生子，但为甲所养，同亲生父子一样。所谓"父为子隐，子为父隐，直在其中矣"，甲为乙隐瞒罪行之所以值得首肯，正是因为"直在其中矣"。案例五"不能长育"中甲对乙"义已绝"的既定事实对应乙缺乏"故意殴打亲生父亲"的心理状态，这才能判定乙"虽杖甲，不应坐"。案例六"纵麑为傅"中"遇麑以仁"的"仁"即为君主对大夫的主观评价，这才会影响董仲舒考虑到案情特殊，减轻了处罚。

上述五则案例，虽应用了原心定罪原则，但同时还穿插进对其他事实因素的考量，案件的处理结果是在主客观因素的共同作用下得出的。由此可见，原心定罪原则虽不能涵盖春秋决狱的全部精神内涵，但该原则一直作为一条主线贯穿决狱的全过程，体现了董仲舒的思维方法。

在对《春秋》主张的原心定罪进行理解时，务必注意一个误区，即原心定罪强调行为人的主观动机，并不意味着主张单纯根据行为人的主观善恶定罪量刑，更不意味着可以因此滥施刑罚，实际上包含着主客观因素相统一的含义。"必本其事，而原其志"是原心定罪原则的中心思想，要求在全面掌握案件事实的基础上，以事实为依据，再对行为人的主观心理状态及实施行为的动机和目的进行分析判断，最终厘清案件的性质和情节，予以裁判。

但在原心定罪原则的实际应用中，出于维护封建专制统治的目的，基于部分官吏滥用司法权力的事实，主观因素的重要性开始走向极端，逐步发展为仅靠行为人的主观罪过来断罪定刑，完全忽略了客观归罪的要求，致使原心定罪原则逐渐成为司法腐败的工具。

2. "亲亲尊尊"

儒家主张以"礼"治国，治国理政均以"礼"为衡量的标尺。汉初律法沿袭秦，对礼制的规定不甚完备，因此春秋决狱时要用"亲亲尊尊"对法律进行补充和矫正。"亲亲尊尊"源于西周的宗法等级制度，是儒家伦理体系当中非常重要的组成部分，也是儒家坚持的立法原则。

"礼"蕴含两层深意：一是抽象的精神原则，二是具体的礼仪形式。作为抽象的精神原则的礼，即可归纳为"亲亲"与"尊尊"，分别体现以"忠""孝"为核心的等级秩序。"亲亲"要求在亲族内，人人皆亲其亲，长其长，做到父慈、子孝、兄友、弟恭、夫义、妇听，每个人都应依自己的身份行事，不能以下凌上、以疏压亲，其旨在维护家庭内部的伦理关系，且"亲亲父为首"，全体亲族成员都应以父家长为中心。"尊尊"，则要求在全社会，君臣、上下、贵贱应该恪守名分，讲求君臣之义，君为臣纲，既强调臣下对君主的忠诚，也强调下级对上级的尊重，臣民均以君主为中心，维护皇权的至尊地位，即"尊尊君为首"。

春秋决狱以"亲亲尊尊"为基本原则，具体体现有"亲亲相隐不为罪""君亲无将，将而诛焉""大夫出疆，由有专辄""诸侯不得专地"等原则，其中最主要的是"亲亲相隐不为罪"和"君亲无将，将而诛焉"这两项断狱准则。

（1）"亲亲相隐不为罪"，即亲亲得相首匿，是春秋决狱的基本原则，源于孔子"父为子隐，子为父隐，直在其中"的思想。首匿，指隐匿窝藏罪犯的首谋者。叶公语孔子曰："吾党有直躬者，其父攘羊，而子证之。"孔子曰："吾党之直者异于是，父为子隐，子为父隐，直在其中矣。"（《论语·子路》）

亲亲得相首匿指家庭亲属之间的犯罪应当相互隐瞒，不告发或不作证的行为不应视为犯罪，反之则要定罪。汉武帝时期曾颁布"重首匿之科"。汉宣帝时期有诏令规定，在直系三代血亲之间和夫妻之间，除犯谋反、大逆以外的罪行，均可因互相隐匿犯罪行为而免于刑罚。汉宣帝时期明确规定：子女隐匿父母、妻子隐匿丈夫、孙子隐匿祖父母的罪行，皆不追究刑事责任；父母隐匿子女、丈夫隐匿妻子、祖父母隐匿孙子罪行的，对一般犯罪不追究刑事责任，如果隐匿的罪行是死罪，则上请廷尉，由廷尉决定是否追究首匿者的罪责。案例四"父为子隐"中，按照汉朝律法的规定，甲明知乙杀人却帮助藏匿乙，应构成犯罪。然而董仲舒认为，主观上甲将乙视为亲生子，客观上甲已然尽到父亲的责任，甲的行为符合儒学经义中"亲亲"的基本原则，不应归于犯罪行为，不应受到刑事处罚。这体现出春秋决狱中"情法，互为轻重"的特点。

（2）"君亲无将，将而诛焉"，此语出自《春秋·庄公三十二年》及《公羊传·昭公元年》。

"将"指将有叛逆之意。按照儒家伦理观念，臣对君绝不能冒犯、忤逆、作乱，君主的绝对性权威体现于臣下不能有一丝一毫的违逆之意，臣下对君主的叛逆行为，即使只有作乱犯上的预谋存于思想，并没有实际的行动，也是罪大恶极、死路一条，必须以极刑论处，甚至是皇亲国戚触犯这条原则也要依法处置，如武帝元狩元年（前122）淮南王刘安谋反。当时，胶西王刘端便议曰："安废法度，行邪辟，有诈伪心，以乱天下，营惑百姓，背畔宗庙，妄作妖言。《春秋》曰：'臣毋将，将而诛。'安罪重于将，谋反形已定。臣端所见，其书印图及它逆亡道事验明白，当伏法。论国吏二百石以上及比者，宗室近幸臣不在法中者，不能相教，皆当免，削爵为士伍，毋得官为吏。其非吏，它赎死金二斤八两，以章安之罪，使天下明知臣子之道，毋敢复有邪僻背畔之意。"皇帝因此采纳了刘端的建议，根据《春秋》经义而重惩淮南王刘安。"未至，安自刑杀。后、太子诸所与谋皆收夷。国除为九江郡。"① 该项原则作为汉代统治阶级维护封建专制统治的坚实政治保障，为审判威胁皇权尊严和统治安全的案件提供了理论依据，是司法官吏在审判实践中贯彻亲亲尊尊原则的具体表现。

"君亲无将"的"亲"代指父母尊长，因此"君亲无将，将而诛焉"这一原则不仅适用于侵犯皇权的犯罪，还适用于侵犯亲权威严的犯罪，是为"忠孝一体"，后世律法中对卑幼侵犯尊长加重处罚的制度即源于此。

当然，除了"原心定罪""亲亲尊尊"这两大原则外，春秋决狱制度中还存在许多其他司法原则，如"宽宥""同情女子""善善及子孙""恶恶止其身"等。这些原则相辅相成，合力发挥着重要作用，最大限度地推进了法律儒家化的进程。

三　"春秋决狱"产生的社会影响

（一）积极影响

1. 调处息争，降低司法成本

春秋决狱注重通过调解来缓和矛盾，追求"和息纷争，无讼是求"，中华民族伦理思想的核心价值追求一直以来都是人、社会与整个宇宙自然规律的和谐。在传统观念中，诉讼活动被视为破坏社会和谐秩序的极端行为。在儒家"以和为贵"思想的影响下，在相当长的历史时期里，"无讼"一直是立法者和司法者共同追求的目标，这对传统社会的法律实践活动特别是诉讼、纠纷的解决产生了深远的影响。由此可见，春秋决狱制度对缓和社会矛盾、降低社会成本、肃清滥讼现象从而达到社会整体和谐的局面，无疑是具有重要贡献的。

2. 进行司法解释，弥补法律漏洞

法律具有天生的稳定性和滞后性，而社会生活却是不断发展变化的，春秋决狱可以以判例的形式弥补制定法的僵硬，将相对确定的法律规范适用于不断变化的法律实际，使法律更好地适应社会发展的潮流。

---

① 《汉书》卷44《淮南衡山济北王传》，中华书局，2007，第463页。

春秋决狱制度在汉代司法审判领域极具存在感，法律未明文规定或虽规定但现行条文与儒家思想相抵触时，春秋决狱就会援引儒家经典中出现过的故事和案例作为裁判的标准和依据，以儒家经义解释实在法律，从而形成新的司法审判模式。案例三"监守自盗"一案中董仲舒对"弩"的解释，即为应用法律解释弥补立法漏洞的典型。董仲舒认为，箭发不能中的和没有箭矢实质相同，射中而不能穿透和没有箭头实质相同，这说明弦和弩是不一样的，没有弦的弩就不是弩，对于甲不能按"盗武库兵"罪定罪，应当按照一般盗窃罪处罚，根据甲所盗赃数决定其处罚，超过一百钱才能判处弃市，不足一百钱就不能弃市。按照董仲舒的判决，甲还有可能免于一死。

此外，董仲舒将其审判的案件汇编成了《春秋决事比》，它同儒学经典一样被广泛地应用在司法实践活动中。在当时社会，援引案例来判案断狱的灵活司法模式，有助于纠正制定法的不足，起到查缺补漏的作用。成文法具有一定的滞后性，这个特点是由其本质决定的，在当时社会要想改变无法可依甚至是无良法可依的状态，就必须采用能够对成文法的缺陷进行纠错和补充的灵活的审判方式，而引用判例来断案恰好发挥了这一功能。

同时，这种审判方式，使成文法与案例法相辅相成、相得益彰，共同发挥优化司法审判的功能，这对我国现代司法审判模式也具有极强的借鉴意义。

3. 完善犯罪构成理论，推动法制体系完善

春秋决狱提倡的原心定罪原则既重视对客观事实的考察，又重视对主观动机的窥察，呈现出"主客观相一致"的归罪模式的雏形。这种归罪模式对保证司法审判活动中定罪量刑结果的合理性和无误性，避免冤假错案的出现有着不容小觑的重要意义。

根据我国现代的犯罪构成理论，任何一种犯罪的成立都必须具备四个要件：犯罪主体、犯罪主观方面、犯罪客体和犯罪客观方面。如果缺乏其中一个要件，就不能构成特定的犯罪。犯罪构成理论为罪与非罪的区分提供了明确而具体的法律标准，也为划清此罪与彼罪的界限提供了法律标准。就如案例五"不能长育"中乙依当时的法律似乎应当枭首，根据犯罪构成四要件说进行分析，乙的行为具备了犯罪主体、犯罪客体和犯罪客观方面，但是乙并不知道甲是自己的父亲，因此没有"殴父"的故意，缺乏犯罪主观方面的要件，因此不构成"殴父"罪。而董仲舒的断案结果也是"不当坐"。

从以上分析可知,董仲舒春秋决狱的结果与现代刑法犯罪构成要件理论的结论并无不同。董仲舒并没有提出犯罪构成要件的理论,但是其分析犯罪行为时不自觉地运用了现代刑法理论中的主观方面要件,由此可见春秋决狱对古代犯罪构成理论的完善起到了积极的推动作用,整个法制体系也愈发完善和健全,具有极强的历史意义。

(二) 消极影响

1. 经义晦涩难懂,同案不同判

春秋决狱以原心定罪为主要原则,对客观行为和主观心态进行综合考虑,具有一定进步意义。然而从更深层次考虑,对于本来应当由法律来明确规定的事项,却以经义为判案的依据,这种偏主观主义的归罪模式具有任意性的特点,似乎更像是一种人为的主观治理,而不是按照现行法律制度进行治理。以《春秋》为代表的儒学经典从性质上应归属于文学著作,内容基本上是用文言文表达的,具有极高极强的精练度和概括性,与按照正当程序制定的规范性法律文件存在质的差别,不具备法律文本应有的明确性和规范性。

词汇的多义性决定了语言的模糊性,这就导致在审判过程中需要先对经义的内涵进行解读,然后才能具体运用。解释是一项充满主观能动性的活动,不同的司法官吏在解释儒学经义的内涵时,会根据自己的理解得出不同甚至相反的结论,从而对相似甚至完全相同的案件得出完全不同的最终结果,案件的结论很大程度上取决于司法官吏的主观选择,这使司法官吏有随意解读和引用儒家经典的可能性,或导致"或同罪而异论,奸吏因缘成市,所欲活则傅生议,所欲陷则予死比"的罪刑擅断现象,助长司法官吏肆意定罪的气焰,极大损害行为人的权利和社会整体利益,长此以往只会导致整个司法大环境的失序,使春秋决狱最终沦为统治阶级专制统治的工具。章炳麟对此评价说:"独董仲舒为春秋折狱,引经附法,异夫道家儒人所为,则佞之徒也。……仲舒之折狱二百三十二事,……上者得以重秘其术,使民难窥;下者得以因缘为市。然后弃表埻之明,而从縿游之荡,悲夫! 经之虮虱,法之秕稗也。"①

---

① 章太炎著,吴铭峰编《章太炎论学集》,商务印书馆,2019,第315页。

2. 极端主观归罪，致使司法腐败

虽然董仲舒所强调的原心定罪既注重主观动机又注重客观事实，但实际司法活动中对主观因素的重视程度逐渐走向极端化，将行为人的动机意图放在绝对的起决定性作用的位置。《盐铁论·刑德》曰："《春秋》之治狱，论心定罪。志善而违于法者免，志恶而合于法者诛。"行为人的主观心态符合儒家伦理精神的，即使违反了法律也可以得到赦免；与儒家伦理精神相悖的，哪怕是符合法律规定亦要受处罚。

决断案情的适用规则应当是明确的、具体的，而儒学经义则是抽象的、概括的，加之孔子有意在字里行间隐藏他的观点，儒学著作晦涩难懂，极其容易使人穿凿附会、任意解释。这种极端的主观归罪模式，往往导致同案不同判的现象出现，随意性很强。司法官吏可以心怀恶意而滥杀无辜，也可以以动机纯善为借口来徇私枉法，这就不可避免地导致司法的无序，难以实现法律对公平、公正价值目标的追求。刘师培曾言："及考其所著书（指董仲舒《春秋决狱》），则又援'公羊'以傅今律，名曰引经决狱，实则便于酷吏舞文。时公孙弘亦治春秋……缘饰儒术，外宽内深，睚眦必报……掇类似之词，曲相附合，高下在心，便于舞文，吏民益巧，法律以歧，故酷吏由之，易于铸张人罪，以自济其私。"① 由此可见，春秋决狱极大便利了酷吏舞文现象的发生，只要不与春秋大义相冲突，便可肆意徇私枉法，置司法秩序于不顾，形成"人治"高于"法治"的局面，加剧司法腐败。

3. 模糊法律和道德的界限，破坏法律权威性

汉代统治者为维护专制主义、中央集权和大一统，极力主张儒家伦理道德在社会各个层面发挥作用，进而逐步渗透到法律层面。程树德就在《九朝律考》中指出："汉时去古未远，论事者多傅以经义。"② 这就使法律退居次要地位，儒家经义反而"荣登榜首"，极大削弱了法之权威，使法律成为儒家经义的附庸。

自春秋决狱制度实施以后，法律与道德的界限变得模糊，两者从并立局面逐步发展为后者凌驾于前者之上，这导致法治精神的缺失和道德状况

---

① 《刘师培全集》第 3 册，中共中央党校出版社，1997，第 321 页。
② 程树德：《九朝律考》，中华书局，2003，第 160 页。

的混乱，显然无法实现统治者的立法目的。将道德凌驾于法律之上，后果有二：一方面，司法官吏享有较大的自由裁量权，裁判结果难以服众；另一方面，将标准远高于法律的道德强加在百姓身上，加重百姓负担，致使百姓基本权利受损。

法律和道德都是进行社会治理的重要手段。缺少其中任一，都难以维持社会的和谐稳定。虽然法律与道德的价值追求以及对社会关系的调整范围十分相似，但法律不是道德，道德也不是法律。春秋决狱制度的存在使两者界限无法分明，必然导致司法实践的无序，大大削弱了法律制度的权威性。

四 "春秋决狱"的当代价值

古今对"春秋决狱"的评价向来毁誉参半，但事实上，古代和现代的法律制度同为上层建筑，都是特定时代背景下的产物，都必定有积极的一面和消极的一面。我们分析和研究某一法律制度或某种法律现象，其意义在于寻找积极的一面中的优势来解决我们遇到的问题，并尽可能规避消极的一面，反思总结现有法律制度，防止出现漏洞和弊端。

（一）科学立法

"法者，缘人情而制，非设罪以陷人也。"（《盐铁论·刑德》）法律的制定必须要顺应人情风俗，法律的内容必须要反映人之常情，不能将设立各种罪名陷害于人视为立法的目的。透过春秋决狱相关的案例，我们不难发现，汉代立法从本质上违背了天理和人情，基于这种不晓天理人情的制度，只有通过春秋决狱才能得出合理的结论。董仲舒在此过程中，并不拘泥于僵硬的律法条文，而是根据案件的具体情况，注重法律和天理人情的统一。

案例二"夫死改嫁"中，甲的丈夫去世后无法安葬，依据当时的法律规定，甲没有再嫁的资格，如果甲私自再嫁，应当处以弃市之刑。董仲舒则引用了《春秋》中"夫人归于齐"的典故，认为二者有相通之处。甲并非私自决定再嫁，而是顺从母亲的决定。甲的新婚姻并不是私相授受，并没有"淫衍之心"，甲不是私为人妻，因此不构成犯罪。

法律是治国之重器，良法是善治之前提。全面推进依法治国，首先就要做到国有良法可依。建设中国特色社会主义法治体系，必须坚持立法先行，深入推进科学立法、民主立法、依法立法，发挥立法的引领和推动作用。

习近平强调，推进科学立法工作，要"提高科学立法、民主立法、依法立法水平，不断完善中国特色社会主义法律体系"①。科学立法的核心在于尊重和体现客观规律；民主立法的核心在于一切为了人民、依靠人民；依法立法的核心在于以宪法为依据，依照法定的权限和程序制定或修改法律法规。

严肃的法律与温暖的常情并不相斥，完善且高质量的良法能处处体现出常理和常情，违背常理常情的法律必然不能被人们信仰，而不被人信仰的法律必将形同虚设。春秋决狱告诉我们法律天生的稳定性所导致的僵化和滞后是不可避免的，但是每个人与生俱来的是非分明的常理心却可以帮助法律克服内在缺陷。立足当代，春秋决狱的经验教训警醒着立法者们不断增强立法的针对性、及时性、系统性，建设全国统一的法律规范体系；同时广泛听取各方面意见和建议，健全立法征求意见机制，扩大和增强公众参与的覆盖面和代表性；依照法定的权限和程序制定或修改法律，从国家和人民利益出发，维护社会主义法治的统一、尊严、权威。只有这样，法律才能准确反映经济社会发展要求，才能更好协调各方利益关系，这对推进中国当前的法治进程也具有重要意义。

（二）公正司法

董仲舒曾言："罪同异论，其本殊也。"（《春秋繁露·精华》）法律明文规定了各种罪名及其应适用的刑罚，但具体到个案判决，同为符合构成要件的行为最终会产生不同的判决结果。法官作为中立的裁判者，其行使自由裁量权的依据不仅是现行法律规定，还包括天理和人情。

案例一"子误伤父"中，董仲舒运用"原心定罪"的原则认定甲的行为性质其实就是我们现今所谓的"过失伤人"。根据当时的刑法规定，甲主观上存在过失，是为了帮助父亲，同时考虑到甲与被害者是父子关系，综合各种情形，甲应属于情节显著轻微，危害性不大，不认为是犯罪的情

---

① 习近平：《在中央全面依法治国委员会第一次会议上的讲话》，载习近平《论坚持全面依法治国》，中央文献出版社，2020，第233页。

形。曾引发人们对道德和法律大讨论的辱母杀人案,在定罪量刑时就对主观因素及具体情节有所考量,是典型的平衡国法与天理人情的案件。

公正是法治的生命线。司法不公,则权利受损、社会不稳、法治不存。就如英国思想家培根所言:"一次不公正的裁判,其恶果甚至超过十次犯罪。因为犯罪虽是冒犯法律——好比污染了水流,而不公正的审判,则毁坏法律——好比污染了水源。"① 习近平指出:"所谓公正司法,就是受到侵害的权利一定会得到保护和救济,违法犯罪活动一定要受到制裁和惩罚。如果人民群众通过司法程序不能保证自己的合法权利,那司法就没有公信力,人民群众也不会相信司法。法律本来应该具有定分止争的功能,司法审判本来应该具有终局性的作用,如果司法不公,人心不服,这些功能就难以实现。"② 在依法治国、建设社会主义法治国家的当下,深化司法体制改革,强化对司法权力的制约监督,提高司法公信力,是法治的基本要求,也是社会主体普遍关注的焦点。

天理人情绝不能凌驾于法律之上,当它们之间发生冲突时,在定罪量刑时考虑人民群众的切身感受,考虑公平正义的价值观念,做到法律效果和社会效果相统一,也并不困难。立足当代,春秋决狱的经验教训启发司法者们在司法实践活动中坚持符合国情和遵循司法规律相结合,坚持问题导向、勇于攻坚克难,坚定信心、凝聚共识、锐意进取、破解难题;聚焦人民群众反映强烈的突出问题,加快构建规范高效的制约监督体系,把对司法权的法律监督、社会监督、舆论监督等落实到位,保证法官、检察官做到"行光明正大之事",把司法权力关进制度的笼子。也只有这样,司法实践活动才能够赢得人们发自内心的认可,才能够赢得司法公信力。

汉代"春秋决狱"独特的司法活动为当今中国提供了借鉴和指引,法与情的整合交融是古往今来所有人民的希望。我们要不断完善体现道德与伦理、集"常识、常理、常情"于一体的良法,让立法与司法科学地兼顾天理、人情,最终真正实现依法治国和以德治国的有机融合。

---

① 〔英〕弗兰西斯·培根:《培根人生论》,何新译,浙江教育出版社,2017,第176页。
② 习近平:《全面推进科学立法、严格执法、公正司法、全民守法》,载习近平《论坚持全面依法治国》,中央文献出版社,2020,第22页。

以比决事：东汉指导性案例编撰考论
——从《嫁娶辞讼决》切入

江 怡　沈玮玮[*]

摘　要：以比决事乃汉代司法之惯例。为了规范用比，汉代日渐形成了编撰决事比之风。决事比有如当下的指导性案例，最初以刑事判例为主，《春秋决狱》最为经典。及至东汉，司徒鲍昱的《嫁娶辞讼决》开创了民事类决事比编撰之先河，可谓最早的民事类指导性案例汇编。之后发展成包含刑民和行政诸事的综合类指导性案例汇编——《辞讼比》，经奏呈皇帝后颁行天下。在此影响下，综合类指导性案例编撰在东汉多有建树，为后世立法形成"诸法合体"的律典结构提供了理论之基和实践之源。

关键词：东汉；决事比；指导性案例；《嫁娶辞讼决》；鲍昱

一　汉代决事比的适用之风及编撰研究

先秦之际就有判例出现，汉代称决事比，类似当下的指导性案例。早在武帝之时，汉律已经呈现出令人震惊之状："其后奸猾巧法，转相比况，禁罔（网）浸密。律令凡三百五十九章，大辟四百九条，千八百八十二事，死罪决事比万三千四百七十二事。文书盈于几阁，典者不能遍睹。是以郡国承用者驳，或罪同而论异。奸吏因缘为市，所欲活则傅（附）生议，所欲陷则予死比，议者咸冤伤之。"[①] "奸猾巧法，转相比况"已表明

---

[*]　江怡，暨南大学法学院博士研究生；沈玮玮，法学博士，华南理工大学广东地方法制研究中心研究员。

[①]　《汉书·刑法志》，浙江古籍出版社，2000，第424页。

武帝之后的司法群体皆以比附为能事，依靠比附之权而行司法交易之事，尤其是"死罪决事比"数量更是巨大。比的兴盛实乃儒家推动之功。汉律自武帝元光五年（前130）或六年（前129）张汤、赵禹完成《越宫律》《朝律》的编撰后，篇目再也没有增加，此后历朝主要围绕具体律条进行修订，①而据《晋书·刑法志》引曹魏制新律十八篇序曰："旧律所难知者，由于六篇篇少之故也。篇少则文荒，文荒则事寡，事寡则漏罪，是以后人稍增，更与本体相离。今制新律，宜都总事类，多其篇条。"② 因此，以比决事成为此后汉代司法应对"篇少文荒事寡漏罪"的惯常之法。董仲舒在汉武帝时以《春秋决狱》（又称《春秋决事比》）重振儒家之地位，正是借用《春秋》作为"比"的法外之源，革除了当时定谳过于苛刻之弊。此后，用比成习，愈发不可收拾，至成帝河平年间（前28～前25年）再次下诏曰："……今大辟之刑千有余条，律令烦多，百有余万言，奇请它比，日以益滋，自明习者不知所由，欲以晓喻众庶，不亦难乎！"③ 帝王越是下诏强调滥比之果，越是表明比的适用难以控制。在董仲舒《春秋决狱》之后，编撰整理决事比旨在贯彻帝王之旨意，东汉司徒鲍昱等人进行的决事比编撰即是重要一例。

陈顾远先生早在1947年即指出读汉史必然会遇到"决事比"，但并未有学者对决事比作深入研究。他进而认为"决断狱事所用之比"的"决事比"之原本含义，即"廷尉所不能决，谨具为奏，傅所当比律令以闻"。断案所依据的"比"必然会增多，官方便会对其加以整理规范，因此就产生了关于"比"的编撰成果，即"后汉章帝时，司徒鲍昱上有辞讼比即决事都目，此或决事比整理工作之首见者"④。就此而言，陈顾远先生认为，决事比在狭义上仅指断案所依据的判例，广义上则扩展至有关"比"的编撰合集。当代学者亦认为《东观汉记》所载司徒鲍昱"奏定《辞讼》七卷"乃东汉最早的判例集，⑤ 这是继西汉董仲舒《春秋决狱》之后又一相当重要的决事比编撰事件。秦代已将比作为重要的司法断案思维和判决技

---

① 杨振红：《从〈二年律令〉的性质看汉代法典的编纂修订与律令关系》，《中国史研究》2005年第4期。
② 《晋书·刑法志》，中华书局，1974，第924页。
③ 《汉书·刑法志》，浙江古籍出版社，2000，第425页。
④ 陈顾远：《汉之决事比及其源流》，《复旦学报》1947年第3期。
⑤ 程政举：《新资料和先秦及秦汉判例制度考论》，《华东政法大学学报》2009年第6期。

术，即以类比之法弥补成文法典之不足。① 西汉除了加以继承之外，例如"腹诽之比"，还把秦代用作动词的"比"名词化，发展出"决事比"这一指导性判例形式。有学者试图将汉代的"决事比"分为三类：一是作为一般性判例的"决事比"，二是董仲舒所撰"春秋决事比"，三是在《奏谳书》中起"比"之作用的"奏谳决事比"。这种分类方法显得十分杂乱，且没有统一的标准，并不能涵盖汉代决事比的多元形式，例如"腹诽之比"这类刑事比、"轻侮法"这类行政比以及其他尚属孤例的比。② 有学者认为上述提及的决事比和辞讼比是比的两种集合形式。③ 亦有学者据此分类进一步推论：决事比主要是判例，而辞讼比则是案例，二者都是用来比照判案的典型判例。④ 然而，究竟如何区分判例和案例尚不明确，但至少当代学者已经认定汉代的"决事比"和"辞讼比"并非同一所指。与之不同的是，民国法学家程树德先生在《九朝律考》中将"辞讼比"列于"决事比"之内，表明二者并非并列关系，而是包含关系。当代亦有学者将汉代引经决狱与决事比并列而论，但未道出二者的本质差别，⑤ 反倒忽视了"春秋决事比"本质上属于决事比的事实。

当前学界围绕东汉司徒鲍昱编撰的《嫁娶辞讼决》的相关研究几乎空白，但对《嫁娶辞讼决》之后的《辞讼比》则有些零星的研究。有学者认为《辞讼比》的作者非鲍昱而是陈宠，⑥ 其以《汉杂事》所载"陈宠为司徒掾，科条辞讼，比率相从，撰为八卷，至今司徒治讼察吏，常以为法"⑦为证。而身为司徒属官的陈宠编撰八卷与《辞讼比》七卷并不相符。也有学者通过解读汉代"讼狱"类名，将《辞讼比》定性为民事类判决合集，但认为《辞讼比》在《晋书·刑法志》中称为《嫁娶辞讼决》，⑧ 不过，《辞讼比》与《嫁娶辞讼决》显然并非同一典籍。还有学者认为据史料所

---

① 沈玮玮、赵晓耕：《类推与解释的缠绕：一个类推的刑法史考察》，《华东政法大学学报》2012年第5期。
② 马凤春：《论传统中国法"比"》，《政法论丛》2015年第5期。
③ 程政举：《新资料和先秦及秦汉判例制度考论》，《华东政法大学学报》2009年第6期。
④ 吴秋红：《论汉代"比"广泛适用的原因及影响》，《海南师范学院学报》（社会科学版）2004年第4期。
⑤ 何勤华：《秦汉时期的判例法研究及其特点》，《法商研究》1998年第5期。
⑥ 刘笃才：《汉科考略》，《法学研究》2003年第4期。
⑦ 《北堂书钞》，天津古籍出版社，1988，第280页。
⑧ 徐世虹：《汉代民事诉讼程序考述》，《政法论坛》2001年第6期。

载,与七卷《辞讼比》同时被呈奏皇帝且"奉以为法"的八卷《决事都目》是以《法比都目》为参考删减而作的。此观点有待商榷,① 但这一新近研究至少表明东汉《辞讼比》在各类决事比经典中的独特之处,其研究价值不言而喻。简言之,当前对东汉司徒鲍昱与《辞讼比》的关系研究,多掺杂在汉代判例制度的研究之中,对其关注不够,难以深入探究《嫁娶辞讼决》及《辞讼比》等在整个汉代判例发展过程中的地位。本文试图回归到鲍昱所处的时代,以"同情之理解"考察以《嫁娶辞讼决》为代表的东汉民事类指导性案例汇编的诞生过程,进一步厘清其与汉代决事比之关系,以及其在汉代判例发展过程中的作用,以此还原东汉民事判例编撰之因,并据此探究其对东汉指导性案例编撰的重大影响。

二 由狱到讼:民事类指导性案例的编撰

(一) 司徒鲍昱及其《嫁娶辞讼决》

西汉最早的刑事类指导性案例当数董仲舒的《春秋决狱》,"故胶西相董仲舒老病致仕,朝廷每有政议,数遣廷尉张汤亲至陋巷,问其得失。于是作《春秋决狱》二百三十二事,动以经对,言之详矣"②。董仲舒将儒家礼法道德引入司法决狱,开创了儒家引经决狱之局面,破解了法家"不别亲疏、不疏贵贱、一断于法"的酷吏执法难题,及时改善了汉武帝执政刻薄寡恩之形象。③ 到了东汉鲍昱之时,引经决狱已经被普遍接受且成为断案的必备锦囊,无须理论说服,只需要编撰可操作性较强的"比"即可。当然,自董仲舒撰写《春秋决狱》始,决狱之比广为发展,而且十分丰富。相反,民事类比的编撰则较为欠缺,加之东汉经济凋敝,民生愈发艰难,故而才有鲍昱这一亲民之司徒,专注于嫁娶官司之比的编撰,借此拯救苍生。

《晋书·刑法志》载:"又汉时决事,集为令甲以下三百余篇,及司徒

---

① 孙振田:《姚振宗〈后汉艺文志〉疑失考辨》,《山东图书馆学刊》2018 年第 5 期。
② 《后汉书·应劭传》,太白文艺出版社,2006,第 357 页。
③ 沈玮玮:《西汉司法:法儒两家的多轮交锋——董仲舒春秋决狱的背后》,《人民法院报》2016 年 4 月 29 日,第 7 版。

鲍公撰嫁娶辞讼决为法比都目，凡九百六卷。"① 此记载亦见于《文献通考·刑考三》。"及司徒鲍公撰嫁娶辞讼决为法比都目"的正确断句应当结合前一句"集为令甲以下三百余篇"，二者是并列的动宾短语。而对前一句断作"集为《令甲》以下三百余篇"是没有疑问的，此处的"集为"是"集中整理为"，用作动词，接宾语。后一句"及司徒鲍公撰嫁娶辞讼决为法比都目"的"及"是并列连接词，当是"集为"之后同《令甲》并列的名词短语。应断作"集……为……"，才符合并列动宾短语之表述。因此，后一句的正确断句应该是"及（集）司徒鲍公撰《嫁娶辞讼决》'为'《法比都目》"，而不是"及司徒鲍公撰《嫁娶辞讼》决为《法比都目》"。司徒鲍公编撰的正是《嫁娶辞讼决》而非《嫁娶辞讼》。另外，"撰"即编撰，可撰写编者观点，比较强调原创性。因此，鲍公所撰《嫁娶辞讼决》类似董仲舒的《春秋决狱》，并不完全是重新编排已有材料而不作任何主观评价的"编纂"。司徒鲍公何许人也？《后汉书·百官志一》载："司徒，公一人。本注曰：掌人民事。凡教民孝悌、逊顺、谦俭，养生送死之事，则议其制，建其度。凡四方民事功课，岁尽则奏其殿最而行赏罚。"② 因此，司徒所辖乃民政礼仪之制，涉及民事法律事务。若其不兼领"录尚书事"，则其权力大大低于尚书。另外，与西汉不同，东汉九卿分别隶属三公，其中太仆、廷尉、大鸿胪三卿属司徒。为了制衡廷尉和司徒掌管的刑民司法事务，特设尚书及附设二千石曹。据查，两汉担任司徒一职的鲍公只有鲍昱（74~79年在任）一人。鲍昱，字文泉，约王莽始建国二年（10年）生，上党屯留（今山西长治屯留）人，东汉司隶校尉鲍永之子。建武初年因剿平太行山中剿匪而知名，后担任泚阳长，因施行仁政，治理地方有道，于建武中元元年（56年）拜为司隶校尉。永平五年（62年），因救火迟延获罪，之后贬为汝南太守。在太守任上，鲍昱加固堤防，令当地"水常饶足，溉田倍多，人以殷富"③。永平十七年（74年），鲍昱获司徒之职。汉章帝继位后（75~88年在位），建初元年（76年）天下初定，法制处于草创阶段，审判之法多有缺失，冤案错案多发。时年大旱，章帝向鲍昱询问减灾之法，鲍昱对曰："刑政未著，如有失得，

---

① 《晋书·刑法志》，中华书局，1974，第922~923页。
② 《后汉书·百官志一》，太白文艺出版社，2006，第799~800页。
③ 《后汉书·鲍永传》，太白文艺出版社，2006，第217页。下同。

何能致异?"接着根据地方任职经历道出各地刑案任意牵连,流放罪犯无所归依,民心不定之情状。"一人呼嗟,王政为亏",鲍昱认为楚王刘英谋反牵连千人,或入狱或流放,以致罪责刑不相适应,易致政权不稳。唯有"一切还诸徙家,蠲除禁锢,兴灭继绝,死生获所",才能让民众恪守本分,确保社会安定、国家兴旺,以安然度过天灾之年。当时盛行天人合一的儒家理论,鲍昱能够坚持儒家仁义为政,宽厚爱民,对民事类法律的注重也就顺理成章。加上决事比风靡一时,为了改革用法之弊,他自然会对编撰决事比之事上心。鲍昱在建初四年(79 年)转任太尉,卒于建初六年(81 年)。

在学术或其他领域颇有建树的汉代名流均通过家教传授子女学问,以延续家族地位。鲍昱一生勤勉务实,屡迁高位,颇受百姓爱戴,乃得益于其家学渊源。祖父鲍宣为官一身正气,勤政务实,"常上书谏争,其言少文多实",曾就西汉外戚斗争导致社会动乱向汉哀帝上书:"民有七亡而无一得,欲望国安,诚难;民有七死而无一生,欲望刑措,诚难。"① 这便是其闻名于世的"七亡七死"之言。父亲鲍永曾弹劾光武帝刘秀叔父刘良大不敬之罪,得到皇帝支持,令"朝廷肃然,莫不戒慎"②。鲍昱"少传父学",秉承家风,诚如《后汉书·鲍永传》所载:"昱在职,奉法守正,有父风。"建武初年太行山盗贼横行,太守戴涉因"闻昱鲍永子,有智略"③,寻求治理之法,鲍昱借此成名。

即便家学教育在汉代颇受重视,然鲍氏三代皆为司隶校尉在当时也实属罕见。汉代司隶校尉之职涉及监察、治安、领兵、议政、荐举、社会事务管理,关系一国政治端直,只有足够了解国家政治体制和官僚组织生态之人才能胜任,当从有一定从政经验的官员中选拔。具体而言,司隶校尉的基本选拔条件包括"因功提拔,不拘泥资历""量才使用,不求全责备"④,二者乃是对政绩和品格方面的具体要求。东汉为了产生监察的震慑效果,司隶校尉必须"不动而威",个人声望需求变得更旺盛。鲍宣"有

---

① 《汉书·鲍宣传》,浙江古籍出版社,2000,第 941 页。
② 《后汉书·鲍永传》,太白文艺出版社,2006,第 217 页。
③ 《后汉书·鲍永传》,太白文艺出版社,2006,第 217 页。
④ 王尔春:《汉代司隶校尉选拔标准的量化分析》,《南都学坛》(人文社会科学学报)2017 年第 3 期。

直项之名"①、鲍永"矜严公平"②、鲍昱"奉法守正"③,三人极有声望。在汉帝看来,一直传承正统家学的名门望族能够将其后代培养成个人修养和家国情怀兼具的人才,因为累世名门最是关注其声望,这就是东汉重视门第阀阅的传统。担任东汉司隶校尉,其人其家都必须得到皇帝认可,鲍氏三人正是可靠人选。在受命传送文书时,鲍昱之名亦破例注明在通官文书上,皇帝对此解释,"吾故欲令天下知忠臣之子复为司隶也"④,其意在表彰鲍永的忠贞并表达对鲍氏一族的厚爱。鲍昱之后,其子鲍德"修志节,有名称",在南阳任太守时兴礼乐教育,为人所称,其孙鲍昂则有重孝义之名节,足见鲍氏一脉的士族之风。

(二)《嫁娶辞讼决》的编撰动因

讼乃民事案件之统称,辞讼即民事裁判文书,《嫁娶辞讼决》即类似于婚姻家庭领域的民事类指导性判例,目的是解决嫁娶纠纷之疑难问题。其所含案例多达600余件,数量极为可观,这就意味着当时在婚姻家庭领域出现了各种疑难新情况。加上东汉初年对整顿礼仪法度的重视,作为最高司法决策者以及国家礼法规范守护者的鲍昱,及时整理编撰民事类指导性案例便顺理成章。男尊女卑是中国古代传统家庭的常态,不过汉代处在帝制初期,女性所受到的钳制尚不严格,地位总体上较后世高。汉代大体上还是认为男性主导婚姻家庭事务,女子一般要做处于从属地位的"相夫教子"的贤内助,能奉其夫。不过在某些情况下存在例外,尤其是在涉及女性皇室成员特别是公主的婚姻中,公主骄横跋扈、待夫如奴,与夫尊妻卑的主流观念截然不同。东汉的郦邑公主因"骄妒",阴城公主因"贵骄淫乱"至"与嬖人居帷中",皆彻底激怒了其夫而惨遭杀害。此类案件的司法处理无疑会偏向皇室,郦邑公主之夫阴丰及其父母均判死刑,阴城公主之夫班固被腰斩后,同产的兄弟姊妹也被"弃市"。⑤ 皇室公主婚姻虽只是极为个别的例外,但皇室女性嫁娶官司纠纷之审判结果,当会潜移默化

---

① 《汉书·息夫躬传》,浙江古籍出版社,2000,第711页。
② 《东观汉记》,齐鲁书社,2000,第124页。
③ 《后汉书·鲍永传》,太白文艺出版社,2006,第217页。
④ 《后汉书·鲍永传》,太白文艺出版社,2006,第217页。
⑤ 彭卫:《汉代婚姻形态》,中国人民大学出版社,2010,第118页。

地让汉代妇女重新考虑嫁娶官司的防范和应对,从而使嫁娶诉案的数量增加、审理难度加大。

汉代的普通妇女并不完全依附于丈夫,她们从事的职业遍布各行各业,其中不乏骑兵、官员、商贾这样的男子专职之业。如此,在一些家庭中,妻子就成了一家生产力的主力,丈夫不得不言听计从。例如《后汉书·列女传·乐羊子妻》载,东汉平民乐羊子外出求学期间,其妻"常躬勤养姑,又远馈羊子",负担家庭的大部分经济来源。乐羊子辍学回家后,妻斥责他求学半途而废,辜负妻子的付出,乐羊子只能俯首听命。① 另外,传统所看重的妇道、贞节等约束女性的伦理在汉代尚处于初步发展阶段。即便到了皇帝已经开始重视"贞"的东汉,"三纲五常六礼"仍未在社会生活中产生明显的作用,只不过是儒家推崇的道德理想罢了。总之,不同于后世男性绝对主导的固化的婚姻形态,两汉时期的女性能够相对自由地掌握自己的嫁娶,女性在嫁娶"交易"过程中尚具备一定讨价还价的能力,故而嫁娶官司出现的概率较大。嫁娶因关系礼仪教化和家庭稳定,对稳固皇权统治十分关键。对于执掌一国司法尤其是民政礼仪审判的司徒鲍昱而言,编撰《嫁娶辞讼决》以方便指导司法系统内的民事婚姻家庭疑难案件审判就变得十分必要且急切。

经过西汉的发展,律典已经在刑法上取得了诸多突破,尤其是在汉初削藩的斗争中出台了一系列单行律,这为汉代律典刑法内容的完善提供了相当多的素材。② 而在决事比的数量上,刑事判例居多,这与传统律典将民事关系刑法化的思路相关。到于定国为廷尉(前69~前51年,汉宣帝在位期间)时,"集诸法律,凡九百六十卷,大辟四百九十条,千八百八十二事,死罪决比,凡三千四百七十二条,诸断罪当用者,合二万六千二百七十二条"③,此时距鲍昱担任司徒的公元74~79年,已经过去了百余年,刑事决事比增多。然而,单独规范民事审判的决事比则未成体系,民事判例几被忽视。鲍昱在呈奏皇帝时明确提出了"蠲除禁锢,兴灭继绝,死生获所"之论,这表明他已经意识到在规范不足或不当的前提下处理有

---

① 彭卫:《汉代婚姻形态》,中国人民大学出版社,2010,第125页。
② 沈玮玮、殷瑞轩:《西汉削藩改革及其法政影响》,《民主与法制时报》2019年4月21日,第7版。
③ 《魏书·刑罚志》,中华书局,1974,第2872页。

关百姓利益的案件的严重后果,所以他才萌生了编撰《嫁娶辞讼决》这类民事判例集之想法。一方面,他是为了确保自己依法断案而不受追究;另一方面,他则是为了在自己职责范围内尝试消除汉代律法对民事纠纷关注不够的弊病。因此之故,他才称其为"决"而非"比"。或因在司徒任上功勋卓越,深受官民爱戴,鲍昱于建初四年(79年)转任太尉,颇得帝王宠信,卒于建初六年(81年),得以善终,其中便有编撰民事类指导性案例之功。①

三 从决到比:综合类指导性案例的编撰

(一)鲍昱与属官合撰的《辞讼比》

以决事比为判案依据成为西汉末年至东汉的风尚,司徒鲍昱也一直适用决事比,然"司徒例讼久者至数十年,比例轻重,非其事类,错杂难知"②。《嫁娶辞讼决》经年累月自然会有轻重不当、归类错乱、难以查阅之弊。为了统一法律适用标准,他开始编撰包括民事类判例在内的综合决事比,以解决断案引例错综复杂、甄别事类失当的司法难题。

根据《后汉书·陈宠传》的记载,"宠为昱撰《辞讼比》七卷,决世科条,皆以事类相从",这是陈宠被当作《辞讼比》真正作者的直接证据,但此句有"为昱"二字,即《辞讼比》是在鲍昱的要求或指导下完成的"职务作品",二人应当是共同作者。《辞讼比》成书于鲍昱任司徒期间,结合陈宠的上书时间,可以推测约在公元75~76年完成。在陈宠初步编撰完成后,《辞讼比》经鲍昱认可,最后才由"昱奏上之,其后公府奉以为法"③。陈宠要完成如此艰巨的任务,至少需要遍阅之前包括鲍昱《嫁娶辞讼决》在内的所有民事判例,再从中筛选最恰当之案例重新编排,所费时间和心力不可小觑。另外,之所以《辞讼比》需要二人共同完成,或是因为鲍昱家族虽世代掌管司法之职,但在立法上的学问可能不及陈宠家族,也即鲍昱可能并不具备将民事决事比体系化、简明化以满足当时社会立法

---

① 沈玮玮、龙舒婷:《东汉时期的民事指导性案例》,《检察日报》2021年3月24日,第7版。
② 《东观汉记》,齐鲁书社,2000,第125页。
③ 《后汉书·陈宠传》,太白文艺出版社,2006,第340页。

需求之能力。

陈宠生年不详，卒于公元106年，字昭公，其曾祖父陈咸在西汉以律学专长担任尚书，之后因王莽政变拒绝出仕。"于是乃收敛其家律令书文，皆壁藏之。咸性仁恕，常戒子孙曰：'为人议法，当依于轻，虽有百金之利，慎无与人重比。'"① 教育子孙用刑必须得当，从重议罪须谨慎。陈宠自幼明习家业，深得其家族律学与处世精髓。公府辟士是高级官吏任用属员的一种制度，始于西汉，盛于东汉。两汉公府自丞相（或司徒）、御史大夫（或司空）、太尉（或司马）、大将军至九卿（如光禄勋、太常等）皆可自辟掾属，被召者佐主官治事，试用之后，主官可直接向朝廷推荐，或依诏令所定科目察举，内补中央官员或出长州郡，该制度成为汉代选官与入仕的重要途径之一。公府属员官位虽低，却易于显达，故为士子所艳羡。陈宠"少为州郡吏，辟司徒鲍昱府"②，虽为司徒掾，然而事必躬亲，"宠常独亲事"③，谨慎周密，不以慎独为苦，谢绝人情往来，"是时三府掾属专尚交游，以不肯视事为高。宠常非之，独勤心物务，数为昱陈当世便宜。昱高其能，转为辞曹，掌天下狱讼。其所平决，无不厌服众心"④。这说明陈宠十分珍惜这一职位，勤奋用心，这在"三府掾属专尚交游，以不肯视事为高"的年代尤为难得。鲍昱颇重陈宠才能，故而将其转任为辞曹。辞曹"主辞讼事"⑤，即专门处理民事诉讼，"其所平决，无不厌服众心"⑥。可以说陈宠在前期已经积累了相当丰富的民事审判经验，为后来编撰民事类决事比打下了基础。陈宠还曾为鲍昱多次进言且切中时局要害，此种才能是后来鲍昱放心让其代理狱讼所必需，也足见当时对司法职业者的能力和素养有极高的要求。面对浩繁的决事比，需要综合各方考量，并以勤勉之心、识时务之睿智应对。决事比之编撰也正是司徒为了弥补当时多数司法官员技能不够的缺陷所为。

就此而言，主属二人皆受儒家经学影响，同有悲天悯人的情怀，在东汉盛行"谶纬"思想、看重报应观的感召下，体察民情，洞察世事，很能

---

① 《后汉书·陈宠传》，太白文艺出版社，2006，第340页。
② 《后汉书·陈宠传》，太白文艺出版社，2006，第340页。
③ 《太平御览·职官部》第三册，河北教育出版社，1994，第48页。
④ 《后汉书·陈宠传》，太白文艺出版社，2006，第340页。
⑤ 《后汉书·百官志一》，太白文艺出版社，2006，第799页。
⑥ 《后汉书·陈宠传》，太白文艺出版社，2006，第340页。

一拍即合,以编撰决事比宽刑罚、慰人心、行仁政。肃宗初即公元 75 年陈宠升任尚书。当时处理狱讼多偏严酷,陈宠于是奏请削除前朝繁苛之法,主张在严明之后济之以宽,"宜因此时,隆先圣之务,荡涤烦苛,轻薄棰楚,以济群生,广至德也"①。永元六年(94 年)获任廷尉,后升为司空,虽专法律,而兼通经书,奏议温粹,号为任职相,乃当时儒吏和循吏的代表。主属二人法律理念相似,都追求立法均衡、宽严有度、断案明晰、待民仁爱。身为律学世家传承者且长年躬耕司法的陈宠官至尚书,对国家的立法得心应手,也有相当的话语权。有此出身于律学世家又志同道合者,综合类决事比之编撰自然水到渠成。

《嫁娶辞讼决》以篇计,《辞讼比》以卷计,依靠现有资料已无法查证"篇"和"卷"的区别,但从命名而言,"嫁娶"应当只涵盖婚姻家庭类的民事判例,经鲍昱奏呈的《辞讼比》则在此基础上囊括全部民事类判例。《辞讼比》的目的是颁行天下,故而当简约而成体系,易懂而能操作,以达到"齐同法令,息遏人讼"之目的。按卷进奏亦是为了分门别类,便于查询适用。而简单以篇成稿的《嫁娶辞讼决》很可能只是鲍昱为了便于处理日常司法事务留心积累后直接成书的。最后经鲍昱奏呈的《辞讼比》应当是在《嫁娶辞讼决》的基础上,进一步简化凝练之果。此后又编撰《法比都目》,即是为了规范通行适用的令和比,形成令比合纂的判案(决事)指南,显然比《辞讼比》更加包罗万象。只不过《法比都目》并没有选择已经过鲍昱删选的《辞讼比》为底稿,而是慎重起见,回到了《辞讼比》所参照的第一手资料《嫁娶辞讼决》,以之为基础重新编撰,以免有所遗漏。

(二) 鲍昱之后指导性案例的编撰

在鲍昱去世后的永元六年(94 年),已升任廷尉的陈宠建议精简律法:"汉兴以来,三百二年,宪令稍增,科条无限。又律有三家,其说各异。宜令三公、廷尉平定律令,应经合义者,可使大辟二百,而耐罪、赎罪二千八百,并为三千,悉删除其余令,与礼相应,以易万人视听,以致刑措

---

① 《晋书·刑法志》,中华书局,1974,第 919 页。

之美，传之无穷。"① 从陈宠的建议可以看出，宪令即律令，科条即科，事即决事比，它们构成了自西汉一直延续到东汉的律令科比基本法律形式。陈宠关于整理决事比的建议并没有被采纳，因为世人在面对如此可观的法律体量时难有有效的简约之法，连皇帝也只能采取简单直接的方法象征性地暂时抵挡来自注律的法律增长势头。"若此之比，错糅无常。后人生意，各为章句。叔孙宣、郭令卿、马融、郑玄诸儒章句十有余家，家数十万言。……天子于是下诏，但用郑氏章句，不得杂用余家。"② 权臣及其属官也开始自发地编撰决事比，规范早已泛滥成灾的比附之法。

陈宠之子陈忠跟随其后，安帝初（106年之后）辟司徒府，三迁廷尉正。以明习法律，擢尚书，居三公曹，执法宽详，于汉代法制多有建树。延光三年（124）累迁司隶校尉，中官外戚，近幸惮之。"忠后复为尚书，略依宠意，奏上三十三条，为《决事比》，以省请谳之弊。"③ 陈忠不仅子承父业，而且大致上遵从父亲思想，继续编撰决事比以消除审判弊病。这说明至少在公元125年之后，决事比依然是解决定谳之弊的重要方案。

与陈宠同朝为官、同样出身于律学世家并与父亲均担任过司隶校尉的应劭于建安元年（196年，曹操挟天子以令诸侯）建议删定律令，上表奏曰："今大驾东迈，巡省许都，拔出险难，其命惟新。臣窃不自揆，辄撰具《律本章句》、《尚书旧事》、《廷尉板令》、《决事比例》、《司徒都目》、《五曹诏书》及《春秋折狱》，凡二百五十篇，蠲去复重，为之节文。又集《议驳》三十篇，以类相从，凡八十二事。"④ 应劭乃借移都许昌之际提出整理法律的建议，将所有律令科比按照职能部门重新整理。在应劭看来，到东汉末年，法典形成了以传统《律本章句》为核心，以司徒、廷尉、尚书所出令、科、比为辅助的完整系统。在此整理过程中，主要针对的是决事比。所谓《五曹诏书》，李贤注曰："成帝初置尚书员五人，《汉旧仪》有常侍曹、二千石曹、户曹、主客曹、三公曹也。"⑤ 汉成帝在尚书四曹的

---

① 《后汉书·陈宠传》，太白文艺出版社，2006，第341页。
② 《晋书·刑法志》，中华书局，1974，第923页。
③ 《晋书·刑法志》，中华书局，1974，第920页。
④ 《晋书·刑法志》，中华书局，1974，第920页。
⑤ 《后汉书·应劭传》，中华书局，1985，第1613页。

基础上增设了三公曹主断狱事，东汉三公曹改主岁终考课州郡事，辞讼改归二千石曹。① 因此《五曹诏书》和《尚书旧事》均属于尚书的诏令和案例汇编，《司徒都目》则属于司徒之法比。南宋吏部侍郎凌景夏曾言："尝睹汉之公府有辞讼比，尚书有决事比，比之为言，犹今之例。"② 汉代公府至少包括丞相（司徒）府、太尉（司马）府、御史大夫（司空）府等，编撰《辞讼比》的自然是司徒府。为了制衡丞相权力，东汉设置尚书以分丞相之权，尚书编撰《决事比》，更说明《决事比》和《辞讼比》不仅是汉代"比"的两种形式，而且似存在竞争制衡关系。《廷尉板令》和《决事比例》应该是掌管王朝最高司法权的廷尉经审判所出的诏令和决事比，还包括被奉为经典的董仲舒春秋决事比之《春秋折狱》。诚如龚自珍所说："劭著书多，自劭以前，未之有也。"③ 应劭的能力和勤奋对两汉法律编撰评述之功甚大。

除了编撰完整的法律体系、精简决事比之外，应劭还删定律令为《汉仪》，针对不同见解者，特撰《议驳》三十篇，且以类相从，共八十二例，这些都是为了更好地比附断案。同时，他撰写有关儒家经义的著作，《风俗通义》即是代表。此乃他能够整理司徒和廷尉以及尚书及其曹官的刑民事决事比的重要前提。他在著述中所引经决狱的"经"种类多且涉及面广，如《诗》《书》《礼》《易》《春秋》《论语》《孝经》等，尤以《春秋》为最，这得益于西汉董仲舒以后的引经决狱传统，其内容涉及吏治、选举、家族、民族、谋逆等诸方面，特别是《风俗通义》对风土人情、礼仪名物等传统民事法源之分析颇有见地。

四 东汉指导性案例编撰的内容及影响

（一）东汉指导性案例之内容辨析

《嫁娶辞讼决》内容已经无法考证，只能通过《辞讼比》来反推。

---

① 《晋书·职官志》，中华书局，1974，第730页。
② 《宋史·选举志》，中华书局，1985，第3714页。
③ 王利器：《龚自珍最录汉官仪》，载（汉）应劭撰，王利器校注《风俗通义校注》下，中华书局，2010，第647页。

《辞讼比》早已失传，而南宋官府尚有珍藏《辞讼比》。关于《辞讼比》的内容，目前学者大都只能从清代沈钦韩《后汉书疏证》查证的《太平御览》所引《风俗通义》探知一二。① 《风俗通义》原本三十卷，是东汉应劭（约153~196年）所著，现存十卷《风俗通义》由北宋苏颂取官私藏本校对后写定。该书记载了三则"辞讼比"的佚文，应劭与鲍昱生活的年代相距不远，属同时代人的案例评判，较为可信，现全文抄录如下。

第一、二则记载于《饮食部四·使酒》：

> 陈国有赵祐者，酒后自相署，或称亭长督邮。祐复于外骑马，将绛幡，云："我，使者也！"司徒鲍昱决狱，云："骑马将幡，起于戏耳，无他恶意。"
>
> 又曰：汝南张妙，酒后相戏，遂缚捶二十下；又县足指，遂至死。鲍昱决事云："原其本意，无贼心，宜减死。"

第二则的记录有疑义，经查阅《太平御览》卷846引《风俗通义》等校勘如下：

> 汝南张妙，酒后相戏，逐缚杜士，捶二十下，又悬足指，遂至死。鲍昱决事云，原其本意无贼心，宜减死。

第一则是一起行政案件，鲍昱认为官员赵祐醉酒降幡不过是酒后的玩笑话，并无恶意。第二则是较为简单的刑案，该案也起因于醉酒，鲍昱认为汝南人张妙在嬉戏中致杜士死亡，并无杀人故意，应当减免其死罪。据此而言，鲍昱遵循的依然是董仲舒《春秋决狱》的思路，即"原心定罪"。

第三则记载于《刑法部六·决狱》：

> 南郡㵸女子何侍为许远妻，侍父何阳素酗酒，从远假求，不悉如意，阳数骂詈。远谓侍："汝翁复骂者，吾必揣之。"侍曰："共作夫妻，奈何相辱？揣我翁者搏若母矣。"其后阳复骂，远遂揣之。侍因上堂搏姑耳再三。下司徒鲍昱，决事曰："夫妻，所以养姑者也。今

---

① 张晋藩主编《中华法学大辞典（法律史学卷）》，中国检察出版社，1999，第134页。

婿自辱其父，非姑所使。君子之于凡庸，不迁怒，况所尊重乎，当减死论。"

此则所载"下司徒鲍昱"，另有版本①记载为"下司徒鲍宣"，但据《汉书·鲍宣传》等，鲍宣并未担任过司徒一职，故可判定上述引文属实。该案属于家庭纠纷，鲍昱的裁判透露出其内心固存的家族伦理观念，并以之为断案依据。有学者认为，这则案例体现了限制家庭内部争斗之目的。② 从这个角度考虑，《辞讼比》有关民事判例的内容大多是汉代民事规范的缩影。在鲍昱看来，何侍搏姑源于其夫许远揣翁，不能简单将之作为普通的以卑殴尊案。行为人的主观心理在量刑时要加以考量，因此晓之以理，最终让何侍"减死"。鲍昱秉持着维护家族和谐之伦理，以控制家庭内部争斗为目的，弥补了汉律之漏洞。正是鲍昱及时洞察并妥善解决了这些审判疑难才有东汉民事类指导性案例史无前例的问世。

以上三则案例颇具代表性，作为经典被《风俗通义》引用，且被后来的《太平御览》收录，这正反映了《辞讼比》作为判例集的全面性和系统性。在编撰的过程中，鲍昱极有可能先保留了自己审理的经典案例，再融合了陈宠等志同道合者所断之案。因此，《辞讼比》不仅吸纳了此前鲍昱自己编撰的《嫁娶辞讼决》，还加入了陈宠等人的行政和刑事判例，使其更加全面而系统。如此说来，鲍昱对东汉司法审判的规范化，尤其是对民事法律的发展功不可没。应劭的《风俗通义》效法了鲍昱和陈宠。《风俗通义》总结过往，旨在借鉴当下，以考证历代名物制度为主，对两汉民间风俗多有驳正。为了体现作者应劭所主张的"持法平"之司法观念，《风俗通义》转载评述了西汉邴吉、何武、鲍宣、薛宣、黄霸，东汉鲍昱、胡广等人的决狱智慧，对赏罚失当之判决，则严加批评。③ 就此而言，《风俗通义》是以此前的经典判例集为批驳对象，或褒或贬，评论的对象便是《辞讼比》这类几乎包罗各类司法案件的决事比汇编。这从侧面引证了《辞讼比》所含判例乃行政、刑事和民事之集合的推测。并且，《风俗通

---

① 《太平御览》第六册，河北教育出版社，1994，第42页。
② 彭卫：《汉代婚姻形态》，中国人民大学出版社，2010，第121页。
③ 华友根：《试论应劭的法律思想及其影响》，《法学研究》1989年第5期。

义》的诸多观点甚至影响了《唐律疏议》职制、户婚、卫禁、斗讼等四篇，例如《唐律疏议·户婚》规定子孙不得别籍异财，民国法学家董康即将其思想渊源追溯到应劭，认为这是以应劭所主张的"凡同居，上也，通有无，次也；让其下耳"① 为依据的。董康坚持认为民国民法应当规定同居不得别籍，他为之辩驳："吾国今已颁继承之法，然只及财产一项。而别籍与否，不予限制。宗法观念较唐益薄，为维持东方家庭之团体计，固有规复《唐律》之必要也。"② 与其说这是应劭的思想主张，倒不如说这是司徒鲍公编撰民事类决事比之法律实践的深远影响。

（二）东汉指导性案例之价值影响

西汉《九章律》之"户律"的内容主要包括户籍、田宅、析产、继承等民事法律规范。沈家本在《汉律摭遗》中虽将婚姻制度归入"户律"，但也只是参照《唐律疏议·户婚》的内容推测之，诚如他所言："《户律》目无可考，唐《户婚律》四十四条，前廿十五条并户事，余条略依其次序编入。"汉代之后的律典基本继承了《九章律》"户律"的内容，自曹魏《新律》将"户"作为第十二篇后，③ 西晋《泰始律》和南朝《梁律》皆将"户"作为第十二篇，④ 南陈也沿用之。再看北朝的《北魏律》二十篇，⑤ 尚存十五篇篇名，也有户律。以上诸律都在"户律"中逐渐增加关于婚姻的规定。例如《泰始律》禁止以妾为妻，并惩罚居丧婚嫁宴请，《北魏律》有抑买良人为婢的规定。直至公元563年颁行的二十五篇北周《大律》首次将"婚姻"单列为第五篇，位于第六篇"户禁"之前。"婚姻"能单独成篇亦得益于北周增加律篇。公元564年颁行的十二篇《北齐律》则综合前代律典，首次将"户"与"婚姻"合为一篇，将第三篇定名为"婚户"。婚户融合旨在满足北齐缩减篇目之需要。隋代《开皇律》则将《北齐律》的"婚户"改为"户婚"，且移至第四篇，《唐律疏议》

---

① （汉）应劭撰，王利器校注《风俗通义校注》上，中华书局，2010，第200页。
② （清）董康：《刑法宜注重礼教之刍议》，载何勤华、魏琼主编《董康法学文集》，中国政法大学出版社，2005，第626页。
③ 龙大轩、梁健：《曹魏〈新律〉篇目与篇次考》，《法学杂志》2015年第4期。
④ 《唐六典》卷6《刑部郎中员外郎条注》，中华书局，2014，第180页；《隋书·刑法志》，中华书局，2019，第452页。
⑤ 《隋书·经籍志》，中华书局，2019，第596页。

及之后的宋元明清律相沿不改,"户婚"始成为正律的固定篇目。

为何"婚姻"作为律名出现得如此之晚？主要原因在于婚姻之规范均在传统礼的涵盖范围之内，并无必要在律典中作专门规定。再加上汉代以来的律典并非包罗万象，有旁章、单行律、科条、决事比等法律渊源辅助之，根本不需要发展为综合性的法典。东汉章帝建初四年（79年）编纂的《白虎通德论》又专设第九篇"嫁娶"详细规定了婚姻礼仪制度，恰在司徒鲍公所作《嫁娶辞讼决》及进奏《辞讼比》之后。二者似有关联，也即在掌管户婚事务的最高官员开始推行民事类指导性案例汇编之后，朝廷不得不重新审视当时出现的民事法律适用新动向，于是开始重新整理以往的民事礼仪规范。尤其是当时出现的今古文之争，让世人对以往和当时所认知的礼法规范产生了疑问，故而需要国家出面论证并发布权威指南。可以说，《白虎通德论》正是汉代士大夫与帝王达成的政治共识，作为王朝政治的政典，其根本目的是确立国家的政治制度、治理原则和礼乐文化等基本制度和重大原则，[1] 这就奠定了《白虎通德论》的"国宪"地位。[2] 如前所述，《辞讼比》完成于公元75~76年，而汉代经学的今古文之争直至东汉末年而未息，尤其是在鲍昱和陈宠等人所处的时代更加激烈。司徒鲍公即在此背景下着手进行司法案例汇编，且多有后继者跟进，由此可看出在这一重大学术之争对全面重整律法的重要促进作用。

户婚篇的融合意味着国家日益从积极方面规制婚姻家庭关系，肯定家庭秩序对国家秩序维护的正面作用。[3] 可以说，古代律典能够实现纳礼入律、一准乎礼，进而实现国与家的关系协调，可归功于最早专注婚姻关系规范化的司徒鲍昱。总之，在东汉司徒鲍昱开创性编撰了民事类指导性案例汇编《嫁娶辞讼决》后，官方逐渐走上了日益成熟的综合类指导性案例编撰道路，以《辞讼比》《法比都目》《司徒都目》为代表。魏晋隋唐之际，指导性案例的司法实践内容逐渐被立法吸收，终成"诸法合体，刑民

---

[1] 朱汉民：《〈白虎通义〉：帝国政典和儒家经典的结合》，《北京大学学报》（哲学社会科学版）2017年第4期。

[2] 王健：《论〈白虎通〉对制度伦理的阐发及其历史定位》，《山东师范大学学报》（社会科学版）2021年第4期。

[3] 沈玮玮、赵晓耕：《家国视野下的唐律亲亲原则与当代刑法——从虐待罪切入》，《当代法学》2011年第3期。

有别"的律典体例。可以说，正是东汉鲍昱首倡民事类指导性案例的编撰，在此基础上注重推动综合类决事比的编撰，从而形成了东汉指导性案例编撰的官方传统，才为后世律典的完善与发展提供了民事之法则，使正律达至礼律融合之完满形态。

从陆襄、范西堂、翁运标所判诸案看古代杰出司法官惩恶扬善之智慧[*]

邓 勇[**]

摘 要：古代杰出司法官引导着整个中华法系的运行，他们以情理精神实现惩恶扬善，深具智慧。总体而言，正常的君主和官吏都向此方向努力。陆襄、范西堂、翁运标等贤善司法官审判智慧的内容即是融合天理人情的情理精神。陆襄为政六年使吴郡得以大治，范西堂训诫贪婪之徒，翁运标大义凛然、感化民众等，皆是深厚文化底蕴所致。经深层分析可知，其法律思维与治国智慧可圈可点，他们洞明世事、通达人情、仁慈高洁，故有令人口服心服之效。他们对天理人情的深入了解、认真运用来自德行修养，这使中华法系正常地维系着稳定向善的社会秩序和文化秩序，大益于长治久安。古老东方的法律生活中，吾国吾民之文化自信实源于此。

关键词：惩恶扬善；情理精神；中华法系；法律思维；治国智慧

从整个古代历史看，在源远流长的文化河流中，传统法文化在其中闪烁着熠熠光辉。这种光辉不仅体现为思想观念，而且体现在无数真实案例之中，从中可见中华民族历代圣贤的法律思维与治国智慧，足以发人深省，垂范后世。古代杰出司法官的文化精神，集中体现为法律实践中惩恶扬善的真实智慧，此深广智慧凝聚为情理精神，遍及古人法律生活，引导

---

[*] 本文系吉林大学基本科研业务费哲学社会科学研究种子基金项目"论情理模式的中国文化特色"（2019ZZ013）的阶段性研究成果。

[**] 邓勇，吉林大学法学院讲师，法学博士。

治国理政，影响世道人心。仅仅正史资料就记载了很多案例，说明古代中等以上的君主和官吏确实努力地以情理精神惩恶扬善，追求国泰民安。实际上，下等的君主和官吏也不敢公然反对情理精神与惩恶扬善。古代贤善司法官的这种追求，不仅感化了当时人，也感动了、感化了千秋万世的吾国吾民，因为其中蕴含着颠扑不破的文化精神、历久弥新的文化自信。由史实可知，中华法系通过融合天理人情的法律精神，基本稳固地维系着吾国吾民的和谐向上。本文从众多案例中选取三位贤善司法官的可贵审判，作为中华法系惩恶扬善之典范，学习和研究其真实智慧。

一 陆襄善言解冤仇案

> 有彭李二家，先因忿争，遂相诬告，襄引入内室，不加责诮，但和言解喻之，二人感恩，深自咎悔。乃为设酒食，令其尽欢，酒罢，同载而还，因相亲厚。民又歌曰："陆君政，无怨家，斗既罢，仇共车。"在政六年，郡中大治。①

陆襄（480~549年），字师卿，吴郡吴县人，南北朝时期南梁名臣。据《梁书》记载，梁武帝大同元年（535）他任鄱阳内史时，地方上有彭、李两家，起先因为怨恨而争斗，后来竟互相诬告。此案之关键，是陆襄劝导的态度和内容非常良善，导致彭、李二人十分感激其恩德，深深自责，表示后悔。表面看，此案似乎是比较普通的调解案件。实际上，如果身临其境，方知大不简单。案件当时的效果已非同一般，当事人能够把酒言欢；然后，坐同一辆车回家；再后来，彭、李两家关系居然达到很亲厚的程度。陆襄以此案精神为政，得到当时民间的普遍赞扬，民谣之意为："陆君之为政，百姓无怨家，仇人争斗后，同坐一辆车。"

此案的法律思维和治国智慧，需要深入探索，并非很多人所想象之简单调解，似乎只要随意劝导几句，或各打五十大板，或恐吓一番，就能产生和解之效。实际上，此案在当时和后来的深远治理效果，很难用我们的习惯思维去揣测和想象。在我们近现代人习惯的法律思维中，或许会有奇

---

① 《梁书》卷27《列传第二十一》，中华书局，1973，第410页。

怪之感，既然是诬告，教训一番或者按照反坐处理即可；甚至有些人可能会怀疑，陆襄司法官的处理是否真有史书上记载的那种效果？调解是否真有如此巨大的威力？若深入思考，可知此案智慧非常深广，否则达不到被普遍赞扬敬佩的效果。

首先，真正能令当事人真心叹服的是司法官的德行，而不是权势或其他。如果纠纷达到互相诬告的程度，说明当事人之间怨仇很深，并非普通几句话即能平息。显然，陆襄所言是非常明理的善言，否则无法产生良好效果。据《梁书》记载，① 陆襄向来很有德行，他的父兄被叛军残酷杀害，他一直悲痛忧伤：

> 父闲，齐始安王遥光扬州治中。永元末，遥光据东府作乱，或劝闲去之。闲曰："吾为人吏，何所逃死。"台军攻陷城，闲见执，将刑，第二子绛求代死，不获，遂以身蔽刃，刑者俱害之。襄痛父兄之酷，丧过于礼，服释后犹若居忧。

陆襄之父在扬州治中任上去世，他即不愿再任此职，此种心愿，真实不虚：

> 昭明太子闻襄业行，启高祖引与游处，除太子洗马，迁中舍人，并掌管记。出为扬州治中，襄父终此官，固辞职，高祖不许，听与府司马换廨居之。

陆襄对母至孝，丁母忧时，昭明太子为之担心，日日派人慰问，感人甚深：

> 累迁国子博士，太子家令，复掌管记，母忧去职。襄年已五十，毁顿过礼，太子忧之，日遣使诫喻。

其次，陆襄颇有政绩，威望很高。此案已提及，他在鄱阳为政六年，郡中得以大治。据《梁书》载，郡人李现等四百二十人到朝廷拜见皇帝，奉上表章，陈述陆襄之德政教化。另外，陆襄善守城池，正直审案，明辨

---

① 《梁书》卷27《列传第二十一》，中华书局，1973，第409~410页。以下关于陆襄之记载皆引自该列传。

是非, 史迹俱在:

> 七年, 出为鄱阳内史。先是, 郡民鲜于琛服食修道法, 尝入山采药, 拾得五色幡眊, 又于地中得石玺, 窃怪之。琛先与妻别室, 望琛所处, 常有异气, 益以为神。大同元年, 遂结其门徒, 杀广晋令王筠, 号上愿元年, 署置官属。其党转相诳惑, 有众万余人。将出攻郡, 襄先已帅民吏修城隍, 为备御, 及贼至, 连战破之, 生获琛, 余众逃散。时邻郡豫章、安成等守宰, 案治党与, 因求贿货, 皆不得其实, 或有善人尽室离祸, 惟襄郡部枉直无滥。民作歌曰:"鲜于平后善恶分, 民无枉死, 赖有陆君。"

其德行从一生而言更加明显。陆襄二十岁遭遇家祸, 从此一直到去世, 他都素食布衣, 不听音乐, 口不言杀生害命之语约五十年:

> 襄弱冠遭家祸, 终身蔬食布衣, 不听音乐, 口不言杀害五十许年。侯景平, 世祖追赠侍中、云麾将军。以建义功, 追封余干县侯, 邑五百户。

因此史书对陆襄评价甚高, 公认他为治国之名臣。陆君孝心淳厚, 留下万世美名, 成为世人楷模:

> 陈吏部尚书姚察曰: 陆倕博涉文理, 到洽匪躬贞劲, 明山宾儒雅笃实, 殷钧静素恬和, 陆襄淳深孝性, 虽任遇有异, 皆列于名臣矣。

以上从史实角度说明此案处理确不简单。下面从法律思维和治国智慧角度论证此案的深层内涵, 从其惩恶扬善旨趣可见中华法系之文化精神。

其一, 作为父母官, 陆襄的仁慈之意, 体现了中华法系悲天悯人的仁恕精神。此种精神源于古代礼义, 此案之效正因其行符合孝道仁心。对民众之间的仇恨诬告, 不同的人观念大异。治国者对于自己治下的百姓, 有视为负担者, 有视为利益工具者, 甚至有视同仇人者, 其难能可贵者, 则视百姓为家人, 得清官循吏之称。不同观念必致不同治理, 视百姓为利益工具乃至仇人之司法官, 绝不可能和言相劝, 即便表面和气, 当事人亦不会真心听从。古代的德礼政教, 所追求者确实是如同父母对

待子女一般的治理。① 陆襄践行了此种境界，所以才有解冤释结的真实效

---

① 《官箴集要》曰：
夫郡守县令，为牧民之官。所以牧之为言养也。居是邦必是牧养是邦之民。以父母论之，其爱子之心为何如哉？亲民之官，于百姓鳏寡孤独饥寒疾苦者，无一不阙于心。故曰：爱百姓如妻子。又曰：一民之溺，犹己溺之，一民之饥，犹己饥之。（汪天锡辑《官箴集要》，载官箴书集成编纂委员会编《官箴书集成》第1册，黄山书社，1997，第278页。）

古代这种爱民如子之精神具有深厚依据，《孝经·广至德章》说明了古人非常普遍的共识：

子曰：君子之教以孝也，非家至而日见之也。教以孝，所以敬天下之为人父者也。教以悌，所以敬天下之为人兄者也。教以臣，所以敬天下之为人君者也。《诗》云："恺悌君子，民之父母。"非至德，其孰能顺民如此其大者乎？（《孝经》，北宋刻本，第9页。）

为《孝经》作注疏的思想家代有其人，他们从不同角度挖掘此章深意，比如：

夫子言君子之教人以孝也，非家至而户到耳提而面命之也，亦在施得其要而已。必教之以孝，使凡为子者皆知尽事父之道，即所以敬天下之为人父者也。教之以悌，使凡为人弟者皆知尽事兄之道，即所以敬天下之为人兄者也。教之以臣，使凡为人臣者皆知尽事君之道，即所以敬天下之为人君者也。盖致吾之敬者终有限，惟能使人各自致其敬者，斯无穷也。又引泂酌之诗曰：君子有如此恺悌之德，民爱之如父母，盖能以至德惟教顺天下之心，故其效如此其大也。（董鼎：《孝经大义》，清康熙十九年通志堂经解本，第19页。）

礼的精神即是"敬"，需要真实修养才能达致。"敬"的层次有深有浅，作者希望此致敬从有限发展为无限，抓住了君子至德之核心。

爱人者不敢恶于人，敬人者不敢慢于人，君子之不敢恶慢于人，非独为其父兄也，臣妾妻子犹且敬之。要其本性，立教则必自兄始也，自父兄始者，所以帅天下子弟而君之，犹其子弟之天也。以子弟之天悦天下之子弟，以子弟之君敬天下之父兄，其事不烦而其至一。故有父之尊，有师之严，有兄之爻（笔者注："爻"即古文"友"字），而又有天之神焉。是天之所以立君也，天之立君以教天下，如其生杀则雨露霜霆，且优为之也，惟是冠婚丧祭礼乐之务，非天子不能总其家政，故天以家帅其子弟而寄家令焉。……（黄道周：《孝经集传》卷3，明崇祯十六年刻本，第329页。）

爱敬存心之道，修身立德之大道也！

关于"恺悌君子，民之父母"与"非至德其孰能顺民如此其大者乎"，古人解释了将"乐易君子"和天下苍生比拟为父母子女关系之因，即君子"推其诚心"能够令父、兄、君也产生恭敬之心，揭示了"敬"的产生之道，顺民即是顺其天理：

元宗曰：恺悌（笔者注：经查，此处应脱漏三字"恺，乐也"），悌，易也，义取君以乐易之道化人，则为天下苍生之父母也。司马曰：恺悌（笔者注：经查，此处应脱漏三字"恺，乐也"），悌，易也，乐易谓不尚威猛而贵惠和也。能以三道教民者，乐易之君子也。三道既行，则尊者安乎上，卑者顺乎下，上下相保祸乱不生，非为民父母而何？……范曰：君子所以教天下非人人而论之也，推其诚心而已。故教民孝则为父者无不敬之，教民弟则为兄者无不敬之，教民臣则为君者无不敬之矣。君子所谓教者，孝而已矣，施于兄则谓之弟，施于君则谓之臣，皆出于天性，非由外也。恺以强教之，悌以悦安之，惟其职是教也。父母之于子未有不爱而教，乐而安之也。至德者善之极也，圣人无以加焉。故曰顺民，而不曰治民。孝者，民之秉彝，先王使民率性而行之，顺其天理而已矣，故不曰治。（丁晏：《孝经述注》，颐志斋丛书本，第44页。）

果。历史上这种事例不胜枚举。①

其二，陆襄善于劝解，说明他修身明理，通达世事人情。若无洞明世事、练达人情之修养，当事人的仇恨将无法得到化解。双方本意是向司法官证明对方错误，都想以诬告方式伤害对方，内心恨意难消，所以只靠官员的权力和威吓，不可能真正和解。此案的和解显然发自内心，因为离开衙门后的亲厚和睦关系，非官府所能维持。如果陆襄的劝解不能感动其心，其必定无法产生亲厚关系。陆襄的智慧劝诫，是清官循吏的典型，唯上等官吏方能为之。

其三，此案中的仁慈观念，具有深厚传统，乃民心所向。对于某些人而言，此案似为天方夜谭。实际上，古代立法中的仁慈之意非常明显，唐律"一准乎礼"即是典型。在司法案件中，亦有直接表现，很多案件的精神类似此案。中华法系的主要目的绝非打击罪犯本人，比之更重要者乃是惩恶扬善。古代中国的审判，人们推崇的一直是以"哀矜勿喜"之心断狱，②力图在惩罚的同时感化违法犯罪者。唯有激发人们心中的善性，才能真正让之改过自新。所以，正常司法官会仁慈对待违犯者，宽猛结合，引导其重新做人。陆襄的仁爱精神，正是古法智慧之集中体现，普通司法官不一定能做到陆君之程度，但努力礼待违犯者的方向一致。所谓"哀敬折狱""惟良折狱"③，实际上一直是古代法律的主流，确有诸多司法官往此方向努力。下面另举两例，说明古代贤善司法官与正常司法官对惩恶扬善的追求，一直存在于古人法律生活之中。

---

① 比如，诸葛亮治蜀，魏征辅佐唐太宗，范仲淹数次为相，包拯为官俯仰无愧……无数的贤善司法官爱民如子，不负社稷黎民，史迹班班可考，在当时已经具有感天动地的治理效果，后世成为国人永恒的楷模。
② 古人解释《易经》"噬嗑"卦曰：
  盖人君止于仁，不以明断称，以皋陶宁失不经，曾子哀矜勿喜之言观之，则不在明断审矣。（朱轼：《周易传义合订》卷4，文渊阁四库全书本，第62页。）
  此种"哀矜勿喜"之心，显然不是放纵罪犯，而是悲悯他们无知犯罪，希望他们改过，其意甚明。这是古代司法的主流精神之一，当然会有人误用和误解此种精神，违反中国文化深厚的哀矜之意，但那无损于哀矜折狱的真实光辉。
③ 《尚书》，慕平译注，中华书局，2009，第321页。

二　范西堂判互争田产案

　　赵宏植产于宜黄，卜居于安庆，相去隔远，不可照应，托弟掌管，甚合人情，若无官物少欠，不可谓之逃亡。赵焕以兄之田，视为己物，初以献于县学，继复献于郡庠，前后反复，已自可恶，且俱不出田主本意，不可谓之合法。今田在官司，庄名贡士，其事已久，似未易动。赵宏之男赵永持安庆公文，就本州陈乞，执出干照，具述前事，欲还元业。拖照佥厅所拟，谓既是祖业分明，官司难以拘执，使府照行，给付管业，可谓用意之厚，施行之当。张椿乃佃田之人，辄敢固执，欲归于官，以贪耕作之利，观其状词，以赵永为别派，非是赵宏之子。彼执安庆公文，非无所据，而张椿敢于虚言，且谓委送本州，各被买嘱。夫在城官府，盖郡僚属，岂无特立独行，而张椿肆无忌惮，以至于此。逃田之法，自许归业，况非逃亡，岂容没官。今官司已系给还，佃人乃敢缴驳，殊为可怪。欲乞照佥厅元拟施行，再敢有词，重行照断。①

此案案情简单，但审判理由难以表达。纠纷根源，是赵焕代管兄长田产，却未经同意即献于官办学校，张椿从官府处租田耕种，不愿把田还给本主。案情如此清晰，似乎简单审判即可结案。上述判词却不厌其烦说明理由，道理充分，让人心服口服。从中可见范西堂司法官说理简明扼要而又透彻深刻。

第一，简单几句说明托管田产之合理。赵宏委托弟弟管理田产，因离住地很远，符合常情，其田产非逃亡之田。

第二，官府归还之理也很清楚。赵焕未经田主同意而献田，并不合法，官府自然应当归还。

第三，问题出在租该田之佃户，有胡搅蛮缠之感，让父母官很是为难，如想合情合理审判，确需真正文化智慧。判词首先指明，佃户张椿诬赖狡辩，仅为"贪耕作之利"，切中要害。其次，含有警诫规劝之双重心

---

① 《名公书判清明集》，中国社会科学院历史研究所宋辽金元史研究室点校，中华书局，1987，第101~102页。

意,殊为难得,具有中国文化特色。张椿确为贪婪之徒,司法官严厉呵责,言其"肆无忌惮",乃敢狡辩,警告他"再敢有词,重行照断"。从近现代法律观念看,似无此种必要。实质而言,此乃最要之处,因为中华法系之重点非查明事实、判明归属,而是努力实现惩恶扬善,促使当事人今后不生恶意、避免为非作歹。这与我国文化精神、治国安邦有直接关联。

范西堂之审判智慧,隐藏甚深,一般人未必能知,甚或以为斥责训诫无有必要。此案训诫甚为必要,其深度智慧至少有二。一方面,此案的善恶判断,具有教人明辨是非之用。赵焕献田办学表面上似为善行,可能他自己亦不知有错,实际上拿别人之物献给官府不是贪名即是求利,至少是心中糊涂,并非真正善行,所以司法官要让他明辨是非、改恶向善。另一方面,斥责张椿实乃用心良苦,法官考虑其长远未来,希利世道人心。佃户张椿伪造证据,肆意诽谤,他本该知错,却想侥幸得利,贪欲蒙蔽其心。此种行径比较邪恶,但其程度不重,不足以施加刑罚。但若听之任之,此人将会更加猖狂,其后作恶更加严重,所以训斥非常必要。中华法系认为,如若不从犯罪根源入手,即便暂时审结案件,也无长久效果,不能长治久安,因为人有七情六欲,恶劣心理易生难控,让人不断为非作歹,无有尽期。由此可知,此案说理之智,其实深刻。如果着眼长远,此种训诫不可或缺。不仅此案如此,中华法系千百年来一贯传统如此,正常法官都很注重此种善恶取舍,此种取舍或直接或间接导人向善,令违犯者无形之中改过迁善,从而改善世道人心。

中华法系认为,违法犯罪与纠纷之源,乃七情六欲对人之控制。如果对此不从小处加以斥责惩戒,当事人会误以为是,导致之后一直重犯此错,不但加重罪错心理,而且加深对他人乃至社会的伤害,显然非正当治国之道。据《礼记·礼运》,孔子言,礼乃生死存亡关键,欲正天下国家,非礼不可。①《礼记·坊记》说得更加明确:"子言之:'君子之道辟则坊与!坊民之所不足者也。大为之坊,民犹逾之,故君子礼以坊德,刑以坊

---

① "夫礼,先王以承天之道,以治人之情,失之者死,得之者生。故圣人以礼示之,天下国家可得而正也。"唐代杜佑在《通典》卷41《礼一·沿革一》(清乾隆武英殿刻本,第473页)中,如此引用了《礼记·礼运》的中心意思,省略了部分文字。这说明此种思想一直被士大夫提倡并且落实为典章制度,在古代得到了广泛赞同和深刻实践。

淫，命以防欲。'"① 礼、刑皆为防止人们品行不足、作奸犯科。无论贫富贵贱，普通人皆易趋于愤怒骄傲怠惰等恶劣心理，由此产生诸多问题，其中最严重者即是违法犯罪，所以须用礼刑节制，防非止恶。"子云：'小人贫斯约，富斯骄。约斯盗，骄斯乱。礼者，因人之情而为之节文，以为民坊者也。故圣人之制富贵也，使民富不足以骄，贫不至于约，贵不慊于上，故乱益无。'"② 若无礼刑之约束导正，一般人皆无法克制私欲，往往为其一己私利，侵犯别人乃至社会。违法犯罪的此种人性根源，其实古今中外都存在。能够对此根源努力遏制，是法律之根本作用。若按正确方法，国家即可得到有效治理，社会个人都能向善，不断回归正道。所以，于一般民众而言，法律引导非常重要。对于违法犯罪者更是如此，其严重罪恶已经造成伤害后果，确实需要国家法律惩罚引导，当事人或违犯者才能回归常人正轨——这通过礼制法刑才能实现。

不过，即便有礼与刑，还是会有违法犯罪，因为违法犯罪的人性根源不能完全消除（人类社会至今尚无国家做到）。于普通人而言，此为人之常情。人人皆有七情六欲，自律能力往往不够，因此需要法律进行规范。能把违法犯罪控制于一定范围，国民即可看到治理希望，国家于是向善发展，成为众所向往之美好社会。此须法律法官认真努力，若为政者听之任之，而不矫正治理邪恶行径，久而久之，违犯者愈来愈多，社会必定走向衰落战乱，乃至改朝换代。国家兴盛确实需要众多范西堂之类的杰出法官。无论沧海桑田，无论国家兴衰，中华法系一直存在惩恶扬善之智慧，总会出现贤善法官，不论人数多寡，吾国吾民一直有此文化追求，引导世人改恶向善。因此，四大文明古国唯我中国延续至今，说明惩恶扬善之智永不过时，深具颠扑不破力量。

三　翁运标感化息讼三案

　　翁运标……乾隆八年，知湖南武陵……有兄弟争田，亲勘之，坐田野中，忽自掩涕。讼者惊问之，曰："吾兄弟日相依，及来武陵，吾兄

---

① 王文锦译解《礼记译解》，中华书局，2001，第755页。
② 王文锦译解《礼记译解》，中华书局，2001，第755页。

弟已不及见。今见汝兄弟,偶思吾兄,故悲耳。"语未终,讼者亦感泣,以其田互让,乃中分之。又有兄弟争产,父殁,弟以其兄为父养子,分以瘠壤,使别居。其兄控诉,状中有父嗜酒得疾语。运标怒其暴亲过,笞之;仍斥其弟割腴田以畀兄……邓、康二姓争湖洲利,斗杀积数十年,久不服。运标亲往勘其地,会大雨,二姓人皆请少避。运标曰:"尔辈为一块土,世世雠重法不顾,予何爱此身乎?"植立雨中,逾时坚不去,遂皆感动,划界息讼。①

翁运标县令乃古代杰出司法官之典型,其审案方式非常符合中国文化。此处记载三个案件,足以感化当时,警醒后来。

兄弟争田,古代非常罕见,一旦出现,确实难以解决。此与常人之间争产不同,为了些许财产不顾手足之情,常人及当事人皆难以接受,非常恶劣。兄弟争讼之时,争讼者往往指责对方不顾兄弟手足之情,似乎自己未犯此过,标榜自己兄友弟恭,大体如此。中国文化、古代法律致力于维护家庭伦理、手足亲情,举国皆有共识,其因甚深,理由充分。实践中,欲维护之,甚为不易。双方总是不知己错,指责对方。故此,兄弟争田关键非证据,而是如何对待亲情伦理。即使真有证据表明田产属于某方,依此作出判决,此对兄弟亦难和好,自然趋势乃是积怨愈来愈多、愈来愈深,仇恨难消。案件虽能审结,家庭亲情、正当伦理却破坏无疑,严重违反惩恶扬善,吾国吾民不愿见此发生。古代司法官之智,即是做到翁县令之高尚行谊,令人肃然起敬。兄弟为财产翻脸,手足之情显然问题严重,然后争执吵闹于法庭,已经不知最基本之善恶,不明是非。对此冥顽不灵者,高明法官常用感化方法。案件一中,翁县令至诚地回顾自己兄长,让争田兄弟心生惭愧,发现自己的错、恶。兄弟争产案中,此种方式深刻有效,大大优于指责处罚,因为常人总是是己非人,不知过错在于己之贪心超过手足亲情,法官以情感人,让兄弟各自发现自己的问题,从而圆满解决争讼。

一般而言,兄弟争产,双方皆有问题。不过,有时或是一方有错,有时或是各自错误轻重不同,若要合情合理,并不容易。案件二中弟弟无情无义,故意侵犯兄长财产,明显可见如此,似乎直接判决即可。但从实际

---

① 《清史列传》卷75《循吏传二》,王钟翰点校,中华书局,1987,第6180页。

而言，此案有理之兄也缺乏孝道，他得财产之后，很可能依旧不知善恶，觉得弟弟完全不顾手足之情，自己完全正确，因为判决结果肯定自己一方。翁县令观察仔细而知此人有错，当场处罚，让其知对错明是非。此人当众宣说父母之过，尤其是公开自己亡父之过错，不孝之心明显，因为其已经忘记父母生养之恩，毫无顾忌地责备自己父亲于公众场合（法庭上）。司法官鞭打是让他警醒，约束自己，今后不要发展到严重的忘恩负义。刑律"十恶"中的不孝大罪其实是由一般的不孝累积发展而成的，一定要在问题比较小的时候进行防范，翁县令的处罚，符合此理，令人佩服。

案件三中的智慧和前两个案件一样来自司法官之德行，其中包含了仁、智、勇之成分。智慧和仁慈、勇敢三者其实分不开，一般而言，法官审判中智的成分相对明显，也易被今人了解，所以本文用"治国智慧"或"法律智慧"表达仁智勇兼具之情况。治国智慧其实也包含仁慈、勇敢。司法官智慧确实包含此种仁慈、勇敢，在此处案件一、案件三这两案中很是明显。

案件三乃是常人仇恨心理之扩大，两大族姓居然为了土地互相争斗格杀几十年，是非常不理性、非常恶劣的行径。双方如此不理性，宁愿触犯国家重法也要争到一块土地，要解决起来确实困难，稍不小心就会让当事人觉得不合理，然后继续争斗下去，问题终究无法解决。本来双方已经几十年不顾国法，证据和对错都很难弄清楚，无论怎么处理都难令双方满意，因为双方都觉得自己有理有据。如果想强行划清土地界限，双方也会难以接受。但是，人人皆有恻隐之心，贤善的司法官终于感化了互相斗杀的两个家族。为了争夺一块土地，不顾国法，几十年互相斗杀，若此司法官不能让他们佩服，土地界限就无法划定。翁县令在大雨中站立很久，不是事先设计之举，说明是有至诚帮助当事人之心；不顾自己生病与否，让争讼者警醒，不要为一块土地伤害各自身体，让他们看到各自的愚痴之处，为了小利而互相斗殴杀伤。更感人者，翁县令与此两大族姓没有私人恩怨，居然愿意为了陌生人站在大雨中很久，正常人容易因此生病。可见，"为政以德"[①] 效果巨大，虽然很不容易，但是做到即可真实感化别人。其中包含的古代司法官的德行效果及方法，说明中华文化的力量真实不虚，感人肺腑。

---

① 《论语注疏》卷2，清嘉庆二十年南昌府学重刊宋本十三经注疏本，第55页。

四　惩恶扬善的法律追求，古今仰望的情理精神

从以上案例中可以看出，上述杰出司法官的审判智慧，令人敬佩，合情合理的法律精神，让人信赖，而其深远考虑、忧国忧民之心，令人动容，天地可鉴。古老东方文化的仁智勇之光，古今共同仰望。分析这些司法官的共性，可以发现，其审判标准具有高度一致性，即围绕着基本的恶善运行，正常的案件都追求惩恶扬善。司法官们通过情理精神努力实现惩恶扬善。这种情理精神，能够让所有人看到天下治平的希望，因此能够得到上下古今一致赞同。

那么，这些杰出司法官身上体现的法律精神，是否在中华法系中普遍存在？从古代法律的整体看，回答是肯定的。如果我们从总体上概览古代司法官的追求，以及吾国吾民发自内心的渴求，这种情理精神确实占据着主导地位，在不同时期不同程度地实现了惩恶扬善，维系着中国社会稳固存在至少五千年。即使在混乱黑暗的乱世时期，中华法系的情理精神也没有消失，一旦改朝换代，人心思治，社会又回归正轨，整个法律确实努力地以情理精神追求惩恶扬善之实现。在正常时期，情理精神占据主导地位，在太平盛世更是如此。众所周知的成康之治、文景之治、光武中兴、贞观之治、开元盛世、康雍乾盛世等，都实现或者基本实现了合情合理的法律精神，产生了刑措乃至国泰民安的效果。这些时期政治稳定，经济繁荣，文化兴盛，天下大治。史载，"成康之日，政简刑措"[1]，"汉文帝竟不登封，而躬行俭约，刑措不用"[2]，"帝即位四年，岁断死二十九，几至刑措，米斗三钱"[3]。记载很多，此不赘言。

十二年前，笔者曾经对中华法系进行过初步研究，得出结论：

"中华法系"者，上求天道天理，下体人情民心，得到了当时社会上下广泛尊重和仰信的，要求治理主体合情合理地对待治理对象、深切体谅人之常情的，通过惩恶扬善，力图恢复被为非作歹者破坏的

---

[1] 《史记》卷4《周本纪第四》，清乾隆武英殿刻本，第180页。
[2] 《旧唐书》卷23《志第三·礼仪三》，清乾隆武英殿刻本，第441~442页。
[3] 《新唐书》卷97《列传第二十二》，清乾隆武英殿刻本，第885页。

社会秩序和文化秩序，从而促使个人、社会回归和谐乃至趋归天道天理，在实践中有效奉行了"仁义（善良）面前人人平等"的伟大法系也。确确实实，中华法系作为世界五大法系之一，曾经有过辉煌灿烂的历史，其光芒照耀过整个东亚乃至全世界的儒家文化圈。①

要实现惩恶扬善，立法应当合情合理，司法官身上的情理精神也非常重要。古今国人都非常赞同合情合理的治理，都希望被合情合理地对待，这是古今情理能够沟通的重要基础。"情理"这个古代概念甚至能够穿越时空，被当代国人发自内心地接受。此概念在古代使用得非常广泛，在法律领域更是经常用到，古代的诸多案例经常或直接或间接地提及。"情理精神"则是现代用语，指运用情理标准进行立法和司法的精神，从古人实际运用的与情理相关的思想观念出发，通过对"天理（天道）""人情""情理"概念之归纳总结，笔者在博士学位论文中对"情理"和"情理精神"界定如下：

> "情理"是古人法律生活中衡量一切的标准，它是具体人情与做人道理的结合，是古代对于人们行为最起码的仁义要求，以及更高仁义的要求与提倡。……"情理精神"是指治理主体对治理对象的具体人情依据天道天理进行主动把握的良善精神，即在治理过程中谨慎判断治理对象是否符合起码仁义或者浅层仁义，然后根据天道天理，针对治理对象的具体人情作出符合常情常理与倾向天理善情的处理。②

在上文的诸多案例中，情理精神非常明显。陆襄司法官的调解，通达世事而又仁慈悲悯，融合了天理和人情，所以能让当事人心服口服。他的德行和大治效果，更是天理善情的直接体现。范西堂司法官对孝道的深入理解，对劝说分寸的拿捏，确实产生了真实的劝善效果，在小案件中体现了大智慧，结合了天理和人情。翁运标县令之审判和处理，为什么能够感

---

① 邓勇：《试论中华法系的核心文化精神及其历史运行——兼析古人法律生活中的"情理"模式》，法律出版社，2010，第1页。
② 后收入笔者专著。邓勇：《试论中华法系的核心文化精神及其历史运行——兼析古人法律生活中的"情理"模式》，法律出版社，2010，第400~401页。

天动地？因为符合天地规律，顺应了人之常情，起到了惩恶扬善的效果。一般的司法官虽然达不到这种感化的程度，但是追求的方向完全一致。在无数其他案例中，只要是正常的君主和官吏，都追求合情合理的审判，坚定不移地维系稳定向善的社会秩序和文化秩序。

这是从文化精神角度得出的结论，其意并非每个案件都合情合理，而是说中等以上的司法官和几乎所有国民都有这种追求。实际上所有的理想几乎都不可能完美地实现，古今中外皆如是。尽管古代法律从制度层面看已经过时，不能适应现代社会，但是其情理精神颠扑不破。传统法文化的精神，由于来自中国文化而具有永恒魅力，由于体现于杰出司法官身上而闪耀着实践的光辉。中华民族的先祖，确实具有真实的文化自信。如果一个法律体系没有精神追求，将很难有长久效果，长治久安只能成为空言。如果国民没有文化自信，将很难找到生命的方向。惩恶扬善是法律不可或缺的标准，中国文化中的情理精神，内化于明君贤相、清官循吏之身，代表着正常司法官的追求，指引着吾国吾民的方向。因此，情理精神在人类法文化的星空中，具有永恒的价值。

五　结语

《唐律疏议》是古代法律的杰出典范，它在"名例"中说，"德礼为政教之本，刑罚为政教之用"[①]。以精神实质上看，这与《论语·为政》所言完全一致："道之以政，齐之以刑，民免而无耻。道之以德，齐之以礼，有耻且格。"[②]千百年来，中华法系追求的就是这种德主刑辅或礼主刑辅。古代法律都以德礼为根本，力图通过政事法、民事法与刑事法来实现惩恶扬善，古代杰出司法官正是实现惩恶扬善的优秀代表。古代当然有贪官污吏，有作奸犯科之徒，有豪强恶霸，有权力斗争等，那些正是中华法系治理的对象。古代也有黑暗的严重违反德礼的乱世，但是，在治乱循环中，吾国吾民一直在追求德礼的实现，即使在乱世中，也有惩恶扬善的坚持、情理精神的表现。在古代中国，确实不是所有案件都会实现惩恶扬善，但

---

① 《唐律疏议》，法律出版社，1998，第3页。
② 《论语注疏》卷2，清嘉庆二十年南昌府学重刊宋本十三经注疏本，第56页。

中等以上的君主和司法官都追求情理精神。通过合情合理的文化精神，以法律正人心，正是中华法系不懈的追求。陆襄、范西堂、翁运标这样的贤善司法官，代表着中华法系与中国文化的精神，令人永远景仰。他们对人情事理的通达，对犯错人的悲悯引导，体现了深广的治国智慧。这种合情合理的智慧，包含着永恒的治国之道、真实的文化自信。

任何时代和国家，都存在无数的法律问题、文化问题和人生问题，要面对和解决这些问题，需要真实的智慧，需要融合天理人情。从中华法系的真实案例中，能够看到古代贤善司法官的审判智慧达到了难以想象的高度。"为政以德，譬如北辰，居其所而众星拱之。"[①] 为政以德的效果，在无数司法案例中都闪烁着光芒，真实不虚。要想树立高尚德行，成为杰出司法官，向陆襄、范西堂、翁运标这样贤善的司法官学习，以他们为楷模，是古今皆适用之通途。

[①] 《论语注疏》卷2，清嘉庆二十年南昌府学重刊宋本十三经注疏本，第55页。

宋代司法活动中的持"经"达"变"
——从《名公书判清明集》中涉孤寡孤幼案件判词切入

贾雨啸　张静楠[*]

摘　要：经权思想自春秋战国始，经历代先贤的不断完善，至南宋已形成较为成熟的哲学思想，朱熹在此基础之上又提出了独特的经权辩证观。面对宋代日益复杂且多变的民间纠纷与矛盾，经权思想不可避免地成为影响案官开展司法活动的重要因素。案官通过因事因情因人用"权"，变通适用法律之"常经"，以求"情、理、法"之圆融，从而平息民间纠纷，化解社会矛盾，实现息讼止争的社会效果。

关键字：经权思想；名公书判清明集；孤寡孤幼

一　引言

经权思想作为中国古代儒家思想中重要的哲学范畴，自孔子首次提出"可与立，未可与权"的概念始，经孟子、汉儒、唐儒、宋儒等历代儒家学者的研究与讨论，最终形成了比较完整的经权思想体系。尤其是宋代理学大师朱熹在批判和继承前人观点的同时，更是论证了"经是万世常行之道，权是不得已而用之"[①]"经是已定之权，权是未定之经"[②] 等经与权之间的辩证关系。这对指导人们日常生活实践具有重要的意义。两宋之际，

---

[*] 贾雨啸，中央民族大学法学院 2023 届法学理论专业硕士；张静楠，中央民族大学法学院 2023 届法学理论专业硕士。

[①] 徐时仪、杨艳汇校《朱子语类汇校》卷 37，上海古籍出版社，2014，第 1044 页。

[②] 徐时仪、杨艳汇校《朱子语类汇校》卷 37，上海古籍出版社，2014，第 1048 页。

商品经济与市民文化愈加发达与繁荣，俨然是我国古代历史发展中的一座高峰。在如此大背景之下，社会矛盾的加深速度与复杂程度已然超越前代，沿用唐代的法律体系与司法制度已经不能适应日益复杂多变的民间纠纷和矛盾。因此除国家通过更加合理且有效的司法制度来调整各种社会关系之外，在司法实践中，各地案官以儒家经典为指引，以"经、权"圆融的思想为路径，① 通过巧妙的变通方式适用刻板的法律规定，形成符合具体情境、处理复杂案情的司法判决，以平息民间纠纷，化解社会矛盾，从而反哺社会经济的长期发展、社会秩序的稳定和谐。本文聚焦于《名公书判清明集》中的涉孤寡孤幼案例的判词，以期通过对宋代民间典型案例的研究，探寻经权思想对宋代司法的具体影响。

二 宋代经权思想和问题的提出

（一）宋代经权思想概述

"常经"与"权变"是我国传统的价值观念之一。从"经"与"权"的本义出发，"经"在《说文解字》中释为"织也。从糸，巠声"②。后世引申为"常"，有遵循、治理、常规之义，是指一般情况下应当遵循的基本原则，具有恒定性和普遍性。"权"（古字为"權"）在《说文解字》中释为"黄华木。从木，藋声。一曰反常"③。后世多用其"反常"之义。《论语》载："可与立，未可与权。"④《孟子》云："执中无权，犹执一也。"⑤ 其中之"权"便有通达权宜、权变反常之义，可以说，"权"是指在特殊情况下结合具体情境对"经"的灵活变通。二者所形成的经权规则是指处理常道与变通二者关系的哲学学说，是关于原则性与灵活性关系的思辨，是指行为主体在道德冲突时作出自由选择的价值遵循。这种观念逐渐成为一种指导人们日常生活，甚至影响司法活动的思想体系。

---

① 张文勇：《传统"经、权"观与宋代司法》，载姜锡东主编《宋史研究论丛》第十九辑，河北大学出版社，2016。
② 《说文解字》，中华书局，1963，第271页。
③ 《说文解字》，中华书局，1963，第117页。
④ 杨伯峻译注《论语译注》，中华书局，2012，第135页。
⑤ 《孟子》，中华书局，2010，第271页。

"经"与"权"二者的概念与关系在我国历代学者的研究与探讨之下、批评与继承之中不断得到深化。早在先秦时期，儒家学者已有了初步思考。《论语·子罕》记载："子曰：'可与共学，未可与适道；可与适道，未可与立；可与立，未可与权。'"① 此句表明儒家经权观注重在德行实践中对规章条例进行权衡改变，主张经权互补、因时而变，经与权二者不可偏废。从历史上看，孔子提出行权问题后，孟子对权变思想多有论说。在《韩诗外传》中孟子曰："夫道二，常之谓经，变之谓权。怀其常道而挟其变权，乃得为贤。"② 经为常行之道，权为变通之法，贤者须能在礼教制度不适用于具体情境时对"经"有所突破，如"嫂溺不援，是豺狼也。男女授受不亲，礼也；嫂溺，援之以手，权也"③，强调在道德两难之际，应正视应变方法，作出合乎时宜的变通选择。不同于孟子之经权观对个人道德领域的关注，《春秋公羊传》则主要着眼于社会政治领域，借祭仲行权④一事从义理层面肯定"权"的一时之用，明确提出"反经行权"思想。汉儒董仲舒对于反经行权亦有精审之论。对于适权前提，他认为"明乎经变之事，然后知轻重之分，可与适权矣"⑤，同时特别强调权变的适用范围，并预设"可以然"之范围，"夫权虽反经，亦必在可以然之域。不在可以然之域，故虽死亡，终弗为也"⑥，旨在说明"权虽反经"，但符合人之常情，契合儒学道义，就并非背离经旨，反经之权便可以行之。在行权的基本原则上，他主张行权要不失大道，即"权，谲也，尚归之以奉钜经耳"⑦。总之，董仲舒关于经权之道的思想符合公羊学"行权有道"的立场，未出公羊学"反经合道"的诠释思路，对反经行权思想做了进一步推进。

及至两宋，在重文轻武的大时代背景之下，由北宋的程颐、程颢两兄弟与南宋理学大师朱熹所开创的程朱理学再一次将儒学推向了高峰。同时两宋的经权思想也较前朝而言有了更为深刻且系统的论断。从儒家经权思想的进程来看，从汉儒提出"反经合道"到程颐提出"权便是经"再到朱

---

① 杨伯峻译注《论语译注》，中华书局，2012，第135页。
② 许维遹校释《韩诗外传集释》，中华书局，1980，第34页。
③ 《孟子》，中华书局，2010，第142页。
④ 参见《十三经注疏·春秋公羊传注疏》，北京大学出版社，1999，第98页。
⑤ 《春秋繁露》，中华书局，2012，第123页。
⑥ 《春秋繁露》，中华书局，2012，第130页。
⑦ 《春秋繁露》，中华书局，2012，第130页。

熹提出"经是已定之权，权是未定之经"，① 呈现出一个辩证发展过程。②

程颐的经权思想是建立在对汉儒"反经合道"的批判之上的，其提出："汉儒以反经合道为权，故有权变权术之论，皆非也。权只是经也。自汉以下，无人识权字。"③ 可见，程颐反对使权脱离于经的"反经合道为权"论，而提出"权便是经"的经与权相统一的论断。其试图把经放到绝对的高度以实现以经统权，从而避免和瓦解后世以行权为借口而可能出现的脱离经的束缚、以下犯上的异端倾向。正如朱熹所说："伊川（程颐）见汉儒只管言反经是权，恐后世无忌惮者皆得借权以自饰，因有此论耳。"④ 另外，程颐又以汉文帝杀薄昭之例论证了权是如何通过合义提升为经的。薄昭作为刘恒舅父，在刘恒入主长安为帝一事中可谓立有汗马之功，但织侯薄昭为非作歹，史料并未记载薄昭确切死因，对文帝杀薄昭定不能凭空论罪，须据以尺度。若因与汉使饮酒愤怒而杀之也，则作为姐姐的薄太后护亲要以死（绝食）相逼；但若因其斩杀汉使而论罪，则是大逆不道之罪，即使有至亲之关系其罪亦不可免也。此等做法便是权其轻重。⑤ 正如程颐所言："权只是经所不及者，权量轻重，使之合义，才合义，便是经也。今人说权不是经，便是经也。"⑥ 经作为绝对性纲领，难免无法处理多变的世事，因此在具体应用的过程中需要以权变的方式灵活恰当地予以处置，同时权则必须严格限定在经所许可的范围之内。

作为南宋的理学大师，朱熹的经权思想从整体上来看更具有辩证色彩。其有关经权思想的句子，多收录于《朱子语类》卷 37 "可与共学"⑦ 章。稍加归纳，我们可以得出以下几点结论。

首先，朱熹同意程颐反对经、权相分的观点，即"汉儒谓'权者，反经合道'，却是权与经全然相反。伊川（程颐）非之，是矣"⑧。同时，朱

---

① 徐时仪、杨艳汇校《朱子语类汇校》卷 37，上海古籍出版社，2014，第 1048 页。
② 岳天雷、岳洋洋：《程颐"权"说析论——以结构分析为视角》，《中原文化研究》2021 年第 4 期，第 69 页。
③ 《四书章句集注》，中华书局，1983，第 116 页。
④ 徐时仪、杨艳汇校《朱子语类汇校》卷 37，上海古籍出版社，2014，第 1044 页。
⑤ 《二程集》，中华书局，1981，第 234 页。
⑥ 《二程集》，中华书局，1981，第 234 页。
⑦ "可与共学"出自《论语·子罕》："子曰：'可与共学，未可与适道；可与适道，未可与立；可与立，未可与权。'"这也是儒家关于经权问题的最早论述。
⑧ 徐时仪、杨艳汇校《朱子语类汇校》卷 37，上海古籍出版社，2014，第 1046 页。

子曰:"汉儒'反经合道'之说却说得'经'、'权'两字分晓,则他说权遂谓反了经,一向入于变诈,则非矣。"① 程子曰:"汉儒以反经合道为权,故有权变权术之论,皆非也。"② 可以看出,朱熹否定将权归为权术变诈之流的观点与程颐亦是一致的。朱熹虽师从程颢、程颐的三传弟子李侗,但并未完全同意二程关于经权的观点。面对程子云"权即经也",朱熹给出的回答是"固是不同","孟子分明说:'男女授受不亲,礼也;嫂溺援之以手者,权也。'权与经岂容无辨!"③ 朱子借《孟子·离娄下》之句回应了经权之间亦是有所区别的,从而评价程子"权即经"的观点太不活络,"说'经'字太重,若偏了"④,以至于混淆了经与权的界限⑤。当然,朱熹认为程颐得出这样的结论是因为"伊川(程颐)见汉儒只管言反经是权,恐后世无忌惮者皆得借权以自饰"⑥。

其次,朱熹基于对汉儒的批判与对程颐的部分否定,凝结出自己的观点。朱熹提出"经"与"权"并非一个概念、一个事物,"经自经,权自权",言"权与经,不可谓是一件物事。毕竟权自是权,经自是经"⑦。在经与权的实践应用方面,朱子曰:"经是万世常行之道,权是不得已而用之,须是合义也。"⑧"经是常行道理,权则是那常理行不得处,不得已而有所通变底道理。"⑨"经只是一个大纲,权是那精微曲折处。"⑩ 此三句足以说明,朱熹认为经在实践中处于为纲为本的地位,是一般遵循的常理,并且万世不会动摇;权则围绕于纲与本,是处理常理所未能及的精微手段,并且是暂时、不会长久的。为此,朱熹借天气、治病、饮水等众多生动的历史与生活案例阐释了经与权在实践中的具体关系与应用。在经与权的辩证关系方面,朱子曰:"经是已定之权,权是未定之经。"⑪"经有不可

---

① 徐时仪、杨艳汇校《朱子语类汇校》卷37,上海古籍出版社,2014,第1047页。
② 《四书章句集注》,中华书局,1983,第116页。
③ 徐时仪、杨艳汇校《朱子语类汇校》卷37,上海古籍出版社,2014,第1044页。
④ 徐时仪、杨艳汇校《朱子语类汇校》卷37,上海古籍出版社,2014,第1047页。
⑤ 刘增光:《汉宋经权观比较析论——兼谈朱陈之辩》,《孔子研究》2011年第3期。
⑥ 徐时仪、杨艳汇校《朱子语类汇校》卷37,上海古籍出版社,2014,第1044页。
⑦ 徐时仪、杨艳汇校《朱子语类汇校》卷37,上海古籍出版社,2014,第1043页。
⑧ 徐时仪、杨艳汇校《朱子语类汇校》卷37,上海古籍出版社,2014,第1044页。
⑨ 徐时仪、杨艳汇校《朱子语类汇校》卷37,上海古籍出版社,2014,第1045页。
⑩ 徐时仪、杨艳汇校《朱子语类汇校》卷37,上海古籍出版社,2014,第1047页。
⑪ 徐时仪、杨艳汇校《朱子语类汇校》卷37,上海古籍出版社,2014,第1048页。

行处而至于用权,此权所以合经也"①"权者,乃是到这田地头道理合当恁地做,故虽异于经而实亦经也。"②"经自是经,权自是权。但是虽反经而能合道,却无背于经。"③ 从此四句中我们可以看出,朱熹认为经与权之间存在不可分割的关系,"如人两脚相似,左脚自是左脚,右脚自是右脚,行时须一脚先,一脚后,相待而行,方始行得。不可将左脚便唤做右脚,右脚便唤做左脚"④。所行之权并未离经叛道,反而在一定程度上与经无异,甚至会转化为经。朱熹认为:"权是最难用底物事,故圣人亦罕言之。"⑤ 在经与权之上朱熹又以"义"的概念加以限制:"义可以总括得经、权,不可将来对权。义当守经则守经,当用权则用权,所以谓义可以总括得经、权。"⑥ 在朱熹看来,义不仅是"经与权过接处"⑦,更是可以囊括经与权的最高标准,"义"字兼经、权而用之。

综上所述,二程与朱熹认为,汉儒的经权关系步入了一个极端,即夸大了二者的分别,以至于其各行其是,使权脱离于经的范围。朱熹又提出二程"权即经"的观点失之偏颇,虽提升了经的地位却忽视了权在处理具体事务方面的本身价值。因此,朱熹认为正确的经权关系应是"权自是权,经自是经",经权虽有别,但在具体实践中,经是万世常行之道,权则是不得已而为之的,经与权之间存在"经是已定之权,权是未定之经"的辩证关系。正如李泽厚所说:"儒家不强调一成不变的绝对律令、形式规则,而重视'常'与'变'、'经'与'权'的结合。"⑧ 可以说,朱熹辩证的经权思想十分完美地体现了这一观点。

(二) 问题的提出

由上文来看,儒家"经权思想"的核心在于,在严格遵循既定规则(法律、道德原则)的同时,由于现实环境的多变性,又要在义(或道)

---

① 徐时仪、杨艳汇校《朱子语类汇校》卷37,上海古籍出版社,2014,第1043页。
② 徐时仪、杨艳汇校《朱子语类汇校》卷37,上海古籍出版社,2014,第1047页。
③ 徐时仪、杨艳汇校《朱子语类汇校》卷37,上海古籍出版社,2014,第1050页。
④ 徐时仪、杨艳汇校《朱子语类汇校》卷37,上海古籍出版社,2014,第1050页。
⑤ 徐时仪、杨艳汇校《朱子语类汇校》卷37,上海古籍出版社,2014,第1046页。
⑥ 徐时仪、杨艳汇校《朱子语类汇校》卷37,上海古籍出版社,2014,第1045页。
⑦ 徐时仪、杨艳汇校《朱子语类汇校》卷37,上海古籍出版社,2014,第1050页。
⑧ 李泽厚:《论语今读》,安徽文艺出版社,1998,第237页。

的统筹下，做到异常情形下的通达变通。为探寻经权思想在宋代基层司法实践中的影响，笔者特以中华书局1987年出版、2002年重印的《名公书判清明集》为蓝本，分别以"孤幼""孤寡"2词进行全文检索，得到43个结果，除去目录、标题等干扰项，共有23篇判词。笔者通过仔细研究这些判词，发现变通适用法律作出判决的案例并不在少数，限于篇幅，笔者又从中挑选6篇典型的判词，将有相同之处的判词两两成对，分为3组进行比较分析，以探讨案官在具体司法实践中如何实现以"权"变"经"、屈"经"就"权"。比较的第一组为"陈如椿论房弟妇不应立异姓子为嗣"与"宗族欺孤占产"，在这两份判词中，案官均顾及加害者的身份以及加害者与受害者的亲属关系，在经权思想的影响下并未依法对加害者进行严厉处罚，而是将其释放并加以告诫。比较的第二组为"欺凌孤幼"与"叔父谋吞并幼侄财产"，两案的基本案情均为至亲兄弟强占其兄财产，在矜恤老幼的观念之下，案官以经权思想为变通法律的路径，最终实现老有所终、幼有所养。比较的第三组为"继绝子孙止得财产四分之一"和"命继与立继不同"，两案均涉及遗产的分割问题，考虑到不至于使家庭关系破碎以及引发宗族矛盾，案官以经权思想为引，巧妙变通法律，既分割了遗产，保护了孤幼利益，又缓和了家庭与家族矛盾，同时持续跟进案件执行，使讼争得以平息，并且实现一劳永逸。

三 因亲异罚，各安其所

从传统礼法规范来看，为保障宗族血脉的纯粹，若继绝无嗣则可收养亲族的侄男为嗣，但不允许收养异姓子。全因传统血缘主义下，异姓子为嗣会"侵染"本宗血脉，碍于宗祧延续，故而古代礼法传统中异姓不嗣为根本原则。及至宋代，虽不排斥否定血缘主义，但律文对异姓子的收养作了一定的变通规定，这也从侧面反映出宋代对经权学说的继承与发展。《宋刑统》载："其遗弃小儿年三岁以下，虽异姓，听收养，即从其姓。""议曰：异姓之男，本非族类……本生父母遗弃，若不听收养，即性命将绝。故虽异姓，仍听收养，即从其姓。"① "李良佐诉李师

---

① 《宋刑统》，中华书局，1984，第193页。

膺取唐氏归李家"一案提到律文:"在法,祖父母所立之子,苟无显过,虽其母亦不应遣逐。"① 可见宋时立异姓为嗣虽是不得已的权宜之计,但在特殊情境下受到法律的承认与保护。此种对传统礼法原则的变通适用,也体现出权变思想在宋代的运用,即经权理论承认暂时性违背一般情景下应普遍遵守的道德准则的权变行为的合理性。司法实践中经权观亦影响审判人员的价值权衡,并指导现实的法律活动,这表现为对法律中刻板条文的灵活运用。

(一)"陈如椿论房弟妇不应立异姓子为嗣"与"宗族欺孤占产"判词比较

"陈如椿论房弟妇不应立异姓子为嗣"与"宗族欺孤占产"两案判词,如表 1 所示。

表1 "陈如椿论房弟妇不应立异姓子为嗣"与"宗族欺孤占产"判词比较

判词名称	陈如椿论房弟妇不应立异姓子为嗣*	宗族欺孤占产**
案由	二陈诬告孤寡叔母收养异姓子	梁万三侵占弟媳阿曹财产
基本案情	陈如椿伙同陈敏学诬告弟妇刘氏立异姓子为嗣,妄图立继陈敏学的儿子,以吞并刘氏的财物。	刘传卿及儿子季六、女儿季五相继身故以后,梁万三作为刘家赘婿妄图趁弟媳与幼侄无法做主时占据全部家产,对丧葬之事一概不问。
律文	卷 23"斗讼":诸告小事虚,而狱官因其告,检得重事,及事等者,若类其事,则除其罪,离其事,则依本诬论。***	卷 12"户绝资产":【准】《丧葬令》:诸身丧户绝者,所有部曲、客女、奴婢、店宅、资财,并令近亲转易货卖,将营葬事及量营功德之外,余财并与女。无女均入以次近亲,无亲戚者官为检校。若亡人在日,自有遗嘱处分,证验分明者,不用此令。****
"权"变	陈如椿……此市井破落之常,不足深责。辰溪知县陈敏学身为士夫,不顾义理,不念刘氏乃其叔母,亦敢移文本州,与破落陈如椿挟同妄诉,欲以吞并叔父之业,廉耻道丧,莫此为甚!	梁万三便合科断,毕竟尚是亲戚,未欲遽伤恩义。

---

① 《名公书判清明集》,中国社会科学院历史研究所宋辽金元史研究室点校,中华书局,1987,第 605 页。

		续表
判决	合将陈如椿重行勘断，念其于刘氏之子有族伯之亲，申解使府，乞将陈如椿责戒释放，仍牒辰溪知县知委，庶其少知改悔，以全士大夫之名节。余人放。	如阿曹果能守节，而春哥又果是抚养之子，即将见存产置籍印押，责付阿曹管业，不许典卖，以俟其子之长。但于其间会计所费，给之资，速将其夫李六安葬，仍略支拨钱物，责付梁万三自葬其妻。所有梁万三已据占典卖田业，仍合理还，庶几天理人情，各得其当。如梁万三尚敢恃强，欺凌占据，即请申解，切将送狱研究，照条施行。仍榜市曹，以示劝戒。

* 《名公书判清明集》，中国社会科学院历史研究所宋辽金元史研究室点校，中华书局，1987，第 582~583 页。

** 《名公书判清明集》，中国社会科学院历史研究所宋辽金元史研究室点校，中华书局，1987，第 236~237 页。

*** 《宋刑统》，中华书局，1984，第 363 页。

**** 《宋刑统》，中华书局，1984，第 198 页。

（二）"经、权"思想在两案中的体现：因亲异罚，考量身份

两案均为宗族亲属欺凌孤儿寡母、妄图霸占家产的典型案例，司法官员在判案时均对当事人的身份有所考量。

在"陈如椿论房弟妇不应立异姓子为嗣"案中，从客观方面来看，二陈贪图继绝立嗣，意在谋取刘氏财产，妄加控告弟妇立异姓子为嗣，根据法律规定，若事事皆实，性质相似，或诬告罪名轻于犯罪事实，则不予反坐，免除诬告之罪。然而该案中经查明二陈确有吞并刘氏财产目的，诬告之事不实，应各自定罪，参考诬告他人的罪名承担相应责任。但从判词来看，司法官员对于共同犯罪的二人却有不同的司法考量，陈如椿因为市井之人，吞并弟钱财物尚可理解，不足深责，且考虑到他与刘氏之子有叔伯之亲，最终责戒释放。陈敏学身为士大夫，在宋代受优待也相当明显，尽管其不顾义理、亲情，有诬陷叔母的不义不孝之举，最终仅是"仍牒辰溪知县知委，庶其少知改悔，以全士大夫之名节"。可见，宋代官员在审理案件时多考量当事人的身份及亲属关系，对士人百姓的违法行为多加以劝勉，因人因事而异，以"情理"变通法律之"常经"，综合考虑当事人之间的多方面因素，最终作出判决。

"宗族欺孤占产"案中亦有对当事人身份的情理考量。该案中梁万三作为刘家赘婿，非但不秉持真诚怜悯之心，悼念亡者为其主办丧事，反而在死

者尸骨未寒之际,欺凌孤儿寡母,见利忘义。对此种恃强占据家产之人,本应立即将其解送,移交狱官审问,依法追究,但案官却考虑到梁万三为阿曹亲戚,判案时不想尽伤彼此恩义,仅责令梁万三将已经占据、典卖的田产依法返还,并予以警示,意在"庶几天理人情,各得其当"。

以上两案均起因于宗族亲属见利忘义,妄图占据亲族产业。两案中孤儿寡母的遭际令人感伤,从感性层面上梁万三欺孤占产、陈如椿、陈敏学诬告寡妇,如此怙恶不悛之辈理当严惩,才能惩恶扬善,维护公道。然而聚焦两份判词的说理部分,案官均对当事人的具体身份有所衡量,笔者认为此为儒家"经权观"对司法官员现实选择的影响,是"经、权"圆融思想在审判实务中的表现之一。两案中审判者无一不考虑加害者与受害人的特殊社会关系,这种基于人伦秩序维护的心理偏好,本质是我国古代法律文化对秩序和稳定的追求,映射到司法实践中表现为司法以威慑、教育警诫为主,对法律的适用有所选择变通。司法官员在判案时注重利益平衡和对原有社会关系的恢复,当依照成文法规定裁判会破坏既有的稳定秩序时,运用权变之术便成为审判者的现实选择。故而经权思想对审判活动的影响常表现为因亲异罚,考量当事人的身份地位,变通适用法律规定。总而言之,司法实践中以"权"变"经"对宗族关系的和谐具有工具性价值,这一定程度上满足了古代司法对秩序的追求,迎合了稳定社会的需要,从中国传统社会的特质出发,具有一定合理性。

四 矜恤弱者,合于道义

《礼记·礼运第九》言:"使老有所终,壮有所用,幼有所长,矜寡孤独废疾者,皆有所养。"[①] 自汉以后引礼入律,矜恤老幼等弱势群体便成为我国古代司法活动中的一条重要原则,体现了我国古代法律文化中浓厚的人文主义情怀。两宋时期,商品经济的发展使财产方面的诉讼成为民事诉讼的重要组成部分,并且争讼之人多为至亲至近之人,这种行为极大地违背了儒家所主导的和亲睦族的价值观念。尤其是在面对孤幼且家有余财的案件中,行道之人尚且怜悯,但亲人、邻人却对道德仁义置若罔闻,强占

---

① 《十三经注疏·礼记正义》,北京大学出版社,1999,第658页。

之事多有发生。宋代案官面对此类案件，并非严格地适用法律，而是从传统的"矜老恤幼"的观念出发，将同情与保护老幼等弱者的观念贯彻于司法实践之中，多以检校制度①维护其财产，从而使家庭矛盾得到解决，同时稳定了社会关系，净化了社会风气。为探讨宋代案官面对孤幼案件的具体实践，笔者以《名公书判清明集》中"欺凌孤幼"与"叔父谋吞并幼侄财产"两案判词为代表来进行细致分析。

（一）"欺凌孤幼"与"叔父谋吞并幼侄财产"判词比较

"欺凌孤幼"与"叔父谋吞并幼侄财产"两案判词，如表2所示。

表2 "欺凌孤幼"与"叔父谋吞并幼侄财产"判词比较

判词名称	欺凌孤幼*	叔父谋吞并幼侄财产**
案由	尤彦辅强行过继妄吞其兄家产	叔父及子吞并幼侄李文孜财产
基本案情	尤彦辅在其兄尤彬垂老濒死之际，胁以官司，强行将其八岁之孙荣哥过继给其兄为后。彬死后，彦辅又兴户绝检校之诉。彬妻阿陆不平，拨部分财产将荣哥归还本家抚养，带女百三娘剃发为僧，弃屋为寺。	李文孜怙恃俱亡，叔父李细以己之子为其兄之子，据其田业，毁其室庐、服食、器用之资，鸡、豚、狗、彘之畜，毫发丝粟，莫不奄而有之。遂使兄嫂之丧，暴露不得葬，孤遗之侄，逃遁而无所归。
律文	卷12"户绝资产"：【准】《丧葬令》：诸身丧户绝者，所有部曲、客女、奴婢、店宅、资财，并令近亲转易货卖，将营葬事及量营功德之外，余财并与女。无女均人以次近亲，无亲戚者官为检校。若亡人在日，自有遗嘱处分，证验分明者，不用此令。***	在法，所养子孙破荡家产，不能侍养，实有显过，官司审验得实，即听遣还。 准敕：诸身死有财产者，男女孤幼，厢耆、邻人不申官抄籍者，杖八十。因致侵欺规隐者，加二等。 又敕：诸路州县官而咆哮凌忽者，杖一百。 又律：诸斗以兵刃斫射人，不着者杖一百。
"权"变	庶几安老怀少，生死各得其宜，否则八岁之孙，无所抚恤以俟其长，八十岁之祖母，无所依倚而速其亡，尤彬亦不安于地下矣，彦辅安乎哉？	今其不孝不友如此，其过岂止于破荡家产与不侍养而已，在官司亦当断之以义，遣逐归宗。 子听于父者也，李少二十一岂知子从父令之为非孝。

---

① "揆之条法，所谓检校者，盖身亡男孤幼，官为检校财物，度所须，给之孤幼，责付亲戚可托者抚养，候年及格，官尽给还，此法也。又准敕：州县不应检校辄检校者，许越诉。"见《名公书判清明集》，中国社会科学院历史研究所宋辽金元史研究室点校，中华书局，1987，第228页。

续表

判决	除已拨田亩钱屋与荣哥外，欲告示阿陆，先竭力安葬其夫、其女，仍将见在田产，再拨一半，作尤彬赡坟田，令荣哥为主，不许典卖，目今权责付彦辅父子，为其孙主张，以俟出幼，于理亦顺。所有阿陆身既为尼，屋既为寺，应随身浮财及所余一半田产，合从其便，终老其身。	合是数罪，委难末减。但子听于父者也，李少二十一岂知子从父令之为非孝。原情定罪，李细二十三为重，李少二十一为轻，李细二十三决脊杖十五，编管五百里，李少二十一勘杖一百，押归本生父家，仍枷项，监还所夺去李文孜财物、契书等。李文孜年齿尚幼，若使归乡，必不能自立于群凶之中，而刘宗汉又是外人，亦难责以托孤之任，此事颇费区处。当职昨唤李文孜至案前，问其家事，应对粗有伦叙，且曰有以授之，然亦见其胸中非顽冥弗灵者，合送学府，委请一老成士友，俾之随分教导，并视其衣服饮食，加意以长育之。其一户产业，并从官司检校，逐年租课，府学钱粮，官与之拘榷，以充束脩服食之费，有余则附籍收管，候成丁日给还。

*《名公书判清明集》，中国社会科学院历史研究所宋辽金元史研究室点校，中华书局，1987，第229～230页。

**《名公书判清明集》，中国社会科学院历史研究所宋辽金元史研究室点校，中华书局，1987，第285～287页。

***《宋刑统》，中华书局，1984，第198页。

（二）"经、权"思想在两案中的体现：矜老恤幼，心生恻隐

两篇判词在《名公书判清明集》中体量篇幅较为适中，且两起案件的基本情形均是至亲兄弟意图以己之后强行过继于其兄，从而霸占其亡兄所留家产田业。在"欺凌孤幼"一案中，析居各爨已有十多年的弟弟尤彦辅趁其兄尤彬垂死之际，通过官司强行将他的孙子荣哥过继为其兄之后。并在尤彬去世后，断然提起检校之诉，吞并财产之心昭然若揭。心中不平的尤彬之妻阿陆，在送归荣哥回本家之后，携女百三娘削发为尼。在"叔父谋吞并幼侄财产"一案中，文孜年幼，父母俱亡，叔父李细非但无矜恤之心，反而强行以其子为其兄之子，霸占其兄嫂所留下的田业，捣毁兄嫂房屋，家中用度、器物、家畜、粮食皆据为己有，兄嫂曝尸荒野，使孤遗之侄李文孜逃遁而无所归。在判词的叙述中，我们亦可以看到"不义之心""无矜恤之心""灭绝天理"等道德评价字眼。判决结果上，前案案官本拟依律让阿陆还俗，检校财产，接荣哥为后，不许彦辅插手干预。但基于阿陆年长的考虑，其至亲之女业已死亡，"夺其出家之志，是增其忿而速其死"，因此只好作罢。最后立

荣哥为其夫之后，分部分田产给荣哥作尤彬赡坟田，虽权责付于彦辅父子，但不得典卖，待其孙长大，于理亦顺。余财则供阿陆终老其身。可见这样的判决，虽于律法不合，但极尽巧妙地处理了亲戚之间的矛盾纠纷，使少有所养，老有所归，泉下亦有所知。在后案中，李细对上欺骗官府，对下欺凌孤幼，其罪难逃。后又纠集党羽，恐吓主簿，暴力拒捕。案官认定李细"合是数罪，委难末减"，但对李少罪行的认定上，则考虑"子听于父""岂知子从父令之为非孝"等事由，原情定罪，罪行较轻。而对于受害者李文孜，案官认为其尚年幼，挟所退回的财产归乡，无异于刚出狼群又入虎口。在亲自答问之后，观其灵敏，因此决定送于府学，委任老成士友照料其起居，教导以功课。所还钱财充府学服食之费，有余则附籍收管，候成丁日退还。可以说，此判决部分依法而论，部分以情理轻判，最重要的在于对孤幼的考量，本可让其回归乡里，但考虑到"怀璧其罪"，安排其于府学之中长大无疑是最为稳妥的选项。

聚焦于判决结果，为何案官均未依律法而裁定，笔者认为这与宋代"经权思想"的传播有一定的关联。律法为"经"，是国家所颁行的常行之道，权乃不得已而为之。面对如此案件，家破人亡，孤幼受虐，行道之人亦闻之叹息，但至亲之人为贪得身后之利，全然不顾纲常礼法、道义亲情，或胁以官司或强行抢夺，实乃灭绝天理。前案中，如果依律法判决，阿陆愤而早死，尤彬亦会无后。李文孜依宋律"诸鳏寡孤独、贫穷老疾，不能自存者，令近亲收养。若无近亲，付乡里安恤"[1]，本该安恤于乡里，但觊觎其遗产之人亦是数不胜数，不如居于学府。孟子曰，"恻隐之心，人皆有之"[2]，"无恻隐之心，非人也"[3]。朱子在《仁说》中说道："故人之为心，其德亦有四，曰仁义礼智，而仁无不包，其发用焉，则为爱恭宜别之情，而恻隐之心无所不贯。"[4]"惟是有恻隐之心，方会动；若无恻隐之心，却不会动。惟是先动了，方始有羞恶，方始有恭敬，方始有是非。动处便是恻隐。若不会动，却不成人。"[5] 案官在判决中，遵循着"矜老恤

---

[1] 《宋刑统》，中华书局，1984，第190页。
[2] 《孟子》，中华书局，2010，第218页。
[3] 《孟子》，中华书局，2010，第59页。
[4] 《朱子全书·文集》，安徽教育出版社、上海古籍出版社，2002，第3279页。
[5] 《朱子语类》，中华书局，1986，第1297页。

幼"的儒家传统观念,对老幼等弱势群体在案件中所遭遇的情形心生恻隐,自然而然对其产生同情与保护的心理。因此,案官以经权思想为灵活适用法律的路径与渠道,将其恻隐心理在司法实践中加以贯彻。其判决虽离于"经",但更符合于"经权"之上的"道"与"义",不仅化解了案中所缠绕的矛盾与纠纷,更为涉案众人寻得归宿,不仅使一次案件得以了结,维护了孤幼的合法财产权,更是对民众行为遵于律法、合于道义的告诫。这样的判决亦对矜恤老幼社会氛围的养成,社会秩序的和谐安定具有积极的作用。

五 息讼止诉,定分止争

作为中国法律文化遗产中的一项重要内容,息讼意在从根本上避免新的纠纷,协调邻里关系。故而在司法实践中,尤其是解决宗族亲属之间的事务时,秉持息讼理念,采取妥协、退让方式解决矛盾冲突,可以尽可能地避免宗族或者亲属之间因为诉讼而形成"老死不相往来"的局面。在以下两个案例中,我们便可以看到两位案官通过巧妙的方式化解宗族中的遗产分配纠纷,以实现情理兼备,平息止讼。

(一)"继绝子孙止得财产四分之一"与"命继与立继不同"判词比较

"继绝子孙止得财产四分之一"与"命继与立继不同"两案判词,如表3所示。

表3 "继绝子孙止得财产四分之一"与"命继与立继不同"判词比较

判词名称	继绝子孙止得财产四分之一*	命继与立继不同**
案由	田县丞遗产分割	江齐戴确立继承人
基本案情	田县丞有两子,一为抱养之子世光,一为亲生子珍珍。县丞逝世定财产二子均分。但不料世光早逝。县丞弟弟田通仕,妄图将自己之子世德过继给世光为子从而独占世光一方的全部财产。刘氏(县丞之妾)不满,因此状告于官府,随着案情的推进,案官发现世光留有侍妾秋菊及所生二女,田县丞与刘氏亦有二女。	江齐戴没有子嗣,按辈分来说,可立江瑞为子嗣,但江瑞已经被立继为江齐孟的子嗣,不可再承担为他人后嗣的责任,此外江禧辈分不顺,其他人也聚讼纷纭,使其承嗣不合宗族亲属的意见,得不到众人支持。如若官府仓促为江齐戴立嗣,恐会生出事端,造成继嗣者的困扰。

续表

律文	在法：诸户绝人有所生母同居者，财产合听为主。 考之令文：诸户绝财产尽给在室诸女。 又云：诸已绝而立继绝子孙，于绝户财产，若止有在室诸女，即以全户四分之一给之。	检照淳熙指挥内臣僚奏请，谓案祖宗之法，立继者谓夫亡而妻在，其绝则其立也当从其妻，命继者谓夫妻俱亡，则其命也当惟近亲尊长。立继者与子承父分法同，当尽举其产以与之。命继者于诸无在室、归宗诸女，止得家财三分之一。又淮户令：诸已绝之家立继绝子孙谓近亲尊长命继者，于绝家财产者，若止有在室诸女，即以全户四分之一给之，若又有归宗诸女，给五分之一。止有归宗诸女，依户绝法给外，即以其余减半给之，余没官。止有出嫁诸女者，即以全户三分为率，以二分与出嫁诸女均给，余一分没官。
"权"变	大凡人家尊长所以心念者，则欲家门安静，骨肉无争，官司则欲民间和睦，风俗淳厚。	命继有正条在，有司惟知守法，而族属则参之以情，必情法两尽，然后存亡各得其所。 再三绅绎，欲合情，欲息讼，必当酌其法之中者而行之，斯可矣。
判决	县丞二女合与珍郎共承父分，十分之中，珍郎得五分，以五分均给二女；登仕二女，合与所立之子共承登仕之分，男子系死后所立，合以四分之三给二女，以一分与所立之子。如此区处，方合法意。但刘氏必谓登仕二女所分反多于二姑，兼登仕见未安葬，所有秋菊二女，照二姑例，各得一分，于内以一分充登仕安葬之费，庶几事体均一。 以法论之，则刘氏一子二女，合得田产三分之二，今止对分，余以浮财准折，可谓极天下之公平矣。	今欲照上条帖县，委官将江齐戴见在应干田地、屋业、浮财等物，从公检校抄札，作三分均分：将一分命江瑞以继齐戴后，奉承祭祀，官司再为检校，置立簿历，择族长主其出入，官为稽考，候渐幼日给，江渊不得干预；将一分附与诸女法，拨为义庄，以瞻宗族之孤寡贫困者，仍择族长主其收支，官为考核；余一分没官。

* 《名公书判清明集》，中国社会科学院历史研究所宋辽金元史研究室点校，中华书局，1987，第251～257页。

** 《名公书判清明集》，中国社会科学院历史研究所宋辽金元史研究室点校，中华书局，1987，第265～268页。

（二）"经、权"思想在两案中的体现：平息止讼，兼备情理

两篇判词均系《名公书判清明集》中为数不多的大型判词，不仅对整个事件的来龙去脉予以详述，更是对律文引用、具体说理予以仔细阐释。

两个案件都起因于家族中遗产的继承，最后也均以合理分配遗产、平息家族矛盾告终，可见，两案具有一定的可比性。针对两案案情的具体分析、判词中所涉律文的考证，学界早已著述颇丰。笔者意图另辟蹊径，试图于判词的只言片语、法律的变通适用中探究案官如何在经权思想的影响下实现息讼止诉的判决目的。

在"继绝子孙止得财产四分之一"一案中，我们可以看到："尽以县丞全业付刘氏，二女长大，必又兴讼，刘氏何以自明？兼目下置秋菊于何地，母子无相离之理。"① "如此区处，刘氏必又与秋菊有争……今珍郎刘氏所出，二女秋菊所出，既非一母，自合照法摽拨，以息日后之讼。"② 这两句判词出现于案官发现尚有秋菊二女以及刘氏并非县丞正室而是侧室等新的事实之际，刘氏在之前的讼词中绝口不提世光尚存两名幼女，可见其亦有吞并全部家财之心。案官还了解到刘氏在田县丞在世时，便恃宠跋扈，视秋菊等人为妾媵。因此如果现让刘氏管理田县丞的全部遗产，秋菊母女必会为生计所困，世光之女长大后必会不满从而到时又会兴讼来争夺遗产。因此，案官将"县丞财产合从条令检校一番，析为二分"③。另外，在这样判决的结果下，刘氏势必会因侄女所得多于两个姑姑（秋菊二女所得财产多于刘氏二女）而不满，为此案官考虑到世光未及安葬，可将秋菊两女所分财产按份额各抽一份用作世光安葬费用，如此处理公允均衡。这样既保障了刘氏母子与秋菊母女的生活，同时又避免了日后争讼的隐患。在"命继与立继不同"案的判词中，我们亦可以看到"庶几觊觎之望塞，争竞之心息，人情、法理两得其平，而词诉亦可绝矣。……照得上件事争诉日久，今若委县尉检校，或有差出，恐致拖延，又惹词诉"④ 等词句。此句出现于案官判决已下、准备执行期间，联系前文可知，此案在前期的处理过程中，案官便试图通过宗族内部调解的方式平息此事，但调解并未达

---

① 《名公书判清明集》，中国社会科学院历史研究所宋辽金元史研究室点校，中华书局，1987，第253页。
② 《名公书判清明集》，中国社会科学院历史研究所宋辽金元史研究室点校，中华书局，1987，第254~255页。
③ 《名公书判清明集》，中国社会科学院历史研究所宋辽金元史研究室点校，中华书局，1987，第253页。
④ 《名公书判清明集》，中国社会科学院历史研究所宋辽金元史研究室点校，中华书局，1987，第267页。

成，俗称"清官难断家务事"，可见此案的棘手程度。案官以命继三分之法结案，使此案兼具人情法理。虽说如此，但考虑到此案争讼日久，恐县尉有差池而拖延，久则生变，因此亲派府衙专员执行，以避免再生诉讼。

  在法律的适用中，两案也均采取巧妙的变通之法以达成息讼的目的。"继绝子孙止得财产四分之一"一案，出现众多法律关系与数名当事人，案情尤为复杂，历经两位案官，其进行数次审判，几经改判，并积极推进执行事宜，可谓情法兼备，旨在合乎人情，以求平息讼争。① 当随着案情的推进，案官在发现刘氏与田县丞尚有二女时，依宋律本应该采用"男二女一法"②将县丞全部遗产等分作三进行分配，但考虑到刘氏掌握田县丞浮财，若官府强查，刘氏不肯交出，纠缠不清，必至破家，故而并未将浮财列入检校。采用"诸子均分法"③，仍将县丞遗产一分为二。在分配世光所继承的遗产时，案官并未采用《宋刑统》所规定的"子承父分（继绝亦同）"④条款，而是以"绝户子得四分之一条令"将世德的继承财产压缩为四分之一，秋菊两女共承四分之三。《宋刑统》是"终宋之世行而未变"⑤的法典，案官在裁决过程中忽略如此重要的法律依据，而用"绝户子得四分之一条令"（此处先不论及其效力等级如何），笔者认为案官在这里更偏向于对秋菊二孤幼的保护。对于这样的判决，即使田通仕父子因未达到吞并世光全部财产的目的有不满，但至少拿到四分之一，其立继目的业已达成，会不插手县丞家事。况且强行立世德为世光之子本就于昭穆不顺，案官只是恐世光无后，又因是同房近亲，姑且准许承嗣。另外，从案官后续执行来看，抓阄、置留世德所得一份田产，目的便在于阻止田通仕父子再行捣乱，以使遗产顺利分配，世光得以顺利发丧。世德分不分得那一份财产，只在案官一念之间。至此，庞杂的遗产案件得以解决，亲戚间的矛盾与纠纷得以平息。案官以经权思想为路径灵活变通适用法律，使孤

---

① 参见马子政《从〈建昌县刘氏诉立嗣事〉分析南宋遗产继承的法律适用》，《法律适用》2020年第10期。
② "在法：父母已亡，儿女分产，女合得男之半。"见《名公书判清明集》，中国社会科学院历史研究所宋辽金元史研究室点校，中华书局，1987，第277页。
③ "《户令》，诸应分田宅者，及财务，兄弟均分……兄弟亡者，子承父分。（继绝亦同。）兄弟俱亡，则诸子均分。"见《宋刑统》，中华书局，1984，第197页。
④ 《宋刑统》，中华书局，1984，第197页。
⑤ 《宋刑统》，中华书局，1984，"出版说明"第2页。

幼皆有所养，使家庭矛盾得以化解，如此分配确实达到了平息止讼、定分止争的目的。在"命继与立继不同"一案中，对于江齐戴后嗣的选择面临种种困境，如若立江瑞为嗣，则因其已为齐戴之兄齐孟之嗣而有违"不可以一人为两家之后"的原则，并且江瑞之父江渊有争夺产业之嫌；如若立江禧为嗣，则于昭穆不顺、于辈分不合；如若选江氏其他人为嗣，则又不能得到宗族亲属的认可。因此，江齐戴立继一事须慎重考虑，如根据律条正文仓促为其立嗣，恐失族党之意，难得众心，今后难免再生事端、诉讼纷纷。案官在宗族调解未果的情况下，基于"合情""息讼"的考量，斟酌法律条文的准确含义并检照祖宗成法，得出立江瑞为嗣应适用命继的规定而不应当适用立继的规定。此外，案官变通命继条例，将齐戴遗财分作三份，一份命江瑞为齐戴之后，奉承祭祀，以圆齐戴身后之事，一份参照诸女法①，拨给义庄，赡养宗族孤寡贫困者，以考虑宗族和人情，防止族党争斗以至于再生讼事，余一份没入官府。如此判决，案官并非死板适用法律，而是融入经权的考量，既顾及法理，又顺应情理，以实现平息止讼的目的。正如其在判词中所言："再三绅绎，欲合情，欲息讼，必当酌其法之中者而行之，斯可矣。"②

在地方长官兼理司法的时代，案官在审判时还需考虑案件对社会秩序及地方治理的影响。两案中司法活动的进行伴随着对社会普遍遵循之道德规律的平衡，案官所遵循的并非单一的法律，所追求的正义并非权利义务的对等，而是在适用法律的过程中试图消弭社会矛盾，实现社会秩序公正和谐和对天下无讼价值理念的追求。笔者认为，这种在审判过程中形成的独特正义观及息讼止诉的价值追求受到权变思想的影响。经权思想可以说是为息讼的实践提供了变通适用法律的路径，尤其是在涉及宗族及亲情的案件中，司法官员在审判时结合实际情况及具体情景，在伦理秩序下遵循较高价值准则，勇于变通适用法律规定并施行正确道德权变，以实现矛盾的化解与纠纷的平息。

---

① "命继者于诸无在室、归宗诸女，止得家财三分之一。"见《名公书判清明集》，中国社会科学院历史研究所宋辽金元史研究室点校，中华书局，1987，第266页。
② 《名公书判清明集》，中国社会科学院历史研究所宋辽金元史研究室点校，中华书局，1987，第266页。

六 结语

　　法律是社会的产物，是社会规范之一，能够反映某一时期、某一阶段的社会结构，而司法审判则是遵循法律规定，就案件实体问题所作的决定，除既定的法律外，常受到特定历史时期的风俗习惯、道德秩序、伦理规范等因素的影响。宋代案官在开展司法活动时亦受到以伦常为中心的传统儒家经权思想和朱子辩证经权思想的影响，在司法实践中会权衡分析而将经权观加以运用，因事因情因人用"权"，努力追求"情、理、法"的圆融，从而变通适用法律之"常经"。但在司法实践中审判者并非将人情与其所一贯倡导的道德准则妄然置于法律之上，其变通法律所依据的原则也并不是单一的，从上述案例分析来看，案官坚守道义立场，既有对息讼止诉、定分止争的价值追求，又有对因亲异罚、矜恤弱者的情理考量，而其中贯穿的权变思想和人本情怀是我国古人留下的宝贵文化遗产，在法治文明日趋成熟的当代中国仍然具有独特意义与作用。

　　"规矩，方员之至也"①，法律规则在社会运行中具有不可或缺的作用，但现代社会瞬息万变，规则若不能适应事态发展，则极易成为我们的桎梏。对宋代孤寡孤幼案件中经权思想的研究，或许能为我们今日在了解历史的基础上再行思考经权关系提供新的思路。法律适用不应拘泥于"常经"，而须在遵循更高价值准则的前提下结合具体情形作出适当变通，唯其如此，方能适应事态发展。

---

① 《孟子》，中华书局，2010，第 130 页。

以说服为目的

——从"葛行德冒祖争山案"看徐士林的裁判说理

马友鹏*

摘　要：判词作为司法裁判活动的一种重要载体，其说理活动可以视为法官推理过程的书面化呈现。因而判词说理的优劣与说服力的强弱直接影响当事人对判决结果的态度。不仅如此，判词更承载着长久以来儒家对"无讼"理想的追求和期待。在清代留存的大量判词文集中，徐士林的判词不仅长于说理而且有很强的说服力。故本文就以徐士林对"葛行德冒祖争山案"的判词为例，对其说理活动进行分析，以期为当代裁判文书的说理活动提供镜鉴。

关键词：无讼法律文化；判词说理；《徐雨峰中丞勘语》

　　判词作为传统司法活动的一种重要载体，就其本身而言，不仅表达了一个具体案件的判决结果，更以书面的形式记载和显示了法官从采纳证据到认定事实、适用法律再到最后作出裁判的全过程。从这个意义上来讲，判词不仅是一个记载裁判结果的文书而已，它更是法官整个断案和推理过程的具体化和书面化。换言之，法官书写判词的过程也是对整个案件进行复盘、重新推理的过程。因此，判词的说理水平不仅显示出法官的写作水平，更反映法官的司法素养和逻辑推理能力。

　　就其社会作用而言，判词的说理水平还直接影响双方当事人能否真心

---

* 马友鹏，中国政法大学人文学院2023级博士研究生。

接受裁判结果，进而影响百姓能否切身地感受到司法的公平正义。如果判词的说理能够使人信服，则不但少生讼端，还能借此起到教化百姓、畏服民志的作用，进而最后实现无讼的儒家社会理想，是"能听讼而后能够至于无讼，圣人之所以大畏民志者"① 的具体体现。

一份判词要起到这种良好的社会作用，对其说理水平无疑有极高的要求，这也是一份判词最难实现的部分。所以黄六鸿才会认为"审语之难不在合式，在原被之匿情肤诉、两证之左祖饰虚而我能折之，使彼此输心允服，因笔之以为不可移易之为难也"②。但是，难以实现并不意味着不能实现，在中国历史上仍有不少文理优长的判词在一定程度上达到了这一目标。

基于此，对判词进行深入的研究有其不可忽略的价值，不仅为观察古代法官司法活动提供了范例，也为提高当下裁判文书的说理水平、努力实现"让人民群众在每一个司法案件中感受到公平正义"的目标提供了一定的借鉴。

一 "葛行德冒祖争山案"基本情况

明清是中国古代判词的成熟阶段。③ 清代更是留存了大量优秀的判词和判词集。因此，对于研究判词的说理这一目的而言，明清时期的判词无疑是很好的研究对象。其中，徐士林所书写的判词不仅文辞精练而且长于说理。时人称其判词"握一狱之关键，晰众口之异同，而折以是非之至当，揆之天理而安，推之人情而准，比之国家律法而无毫厘之出入"，认为其"足以垂诸天下后世而为听讼者所诵法于无穷矣"。④ 故本文就以徐士林对"葛行德冒祖争山案"所作的判词为例，对他的说理活动进行分析。

---

① （清）武进、李祖年：《徐雨峰中丞勘语序》，载国家图书馆出版社影印室编《明清法制史料辑刊》第11编，国家图书馆出版社，2008，第4页。
② （清）黄六鸿：《福惠全书》卷12，载官箴书集成编纂委员会编《官箴书集成》第2册，黄山书社，1997，第347~348页。
③ 汪世荣：《中国古代判词研究》，《法律科学（西北政法学院学报）》1995年第3期。
④ （清）武进、李祖年：《徐雨峰中丞勘语序》，载国家图书馆出版社影印室编《明清法制史料辑刊》第11编，国家图书馆出版社，2008，第3页。

（一） 案情介绍

该案基本案情为，在安庆府潜山县境内有一塑牛庵，庵右有山，山上有无主旧墓两座并立。其墓一有碑，一无碑。雍正八年（1730），监生程正迪葬妻无碑墓旁，民人葛行德对此不满，于同年上控潜山县，认为程正迪将妻子葬在他们家的坟地上，是一种"窃棺盗葬"的行为。

潜山县令准控后勘验审理。经县令查得程正迪供称有碑旧墓的主人是他的五世伯程中保，而无碑旧墓的主人是程中保之妻杨氏。葛行德则供称有碑旧墓的主人是他的两位外婆程氏和杨氏，无碑旧墓的主人是他的母亲汪氏。

因为对两座旧墓主人的认识分歧巨大，潜山县令无法对该案作出决断，只好要求原告和被告具结同意挖坟验尸的文书并上报知府徐士林。徐士林看后，通过对案件相关证据的梳理，认为即使不用挖坟验骨也能够查明案件真相，于是决定提审该案。

（二） 相关判词

徐士林审断该案之后所作的判词就是本文所关注的判词，现将该案判词中的部分说理内容摘录如下：

> 查行德供称，顺治十三年伊祖妣傍太外祖妣安葬，欲辨祖妣墓之真假，先辨太外祖妣墓之虚实。
>
> 据行德称伊太外祖妣墓碑原题"故显妣程氏保杨氏纪女府君之墓"，保、纪乃二氏乳名，系继舅汪宗思所立。不思伊之继舅即属二氏之继子，子为其母立碑，岂有直书乳名之理？其谬妄者一。
>
> 既云显妣，何以又称府君，如谓府君之上有一女字遂可为太外祖妣之证，更不思古今以来谁有以女府君称其妣者？其谬妄者二。
>
> 又查行德抄呈康熙年间巡司断案内载葛铉口供，伊嫡外祖母姓程，庶外祖母杨因无子以侄承继等语。夫庶母无子不得以母称，伊舅于嫡母现在承嗣，胡为称杨氏以母？乃与嫡母程氏并葬，俱题为显妣乎？其谬妄者三。
>
> 行德叠词俱称伊祖母汪氏系太外祖妣程氏所生，故尔傍母安葬。

查墓碑建自万历二年,岁在甲戌,行德祖母汪氏谱载生于万历癸卯年,癸卯后甲戌二十九年,岂程氏归窆已久而鬼产汪氏?其谬妄者四。

乃于雍正九年四月经巡司李天禄审详,指摘伊祖母生年不符,后词始改称外祖艰嗣,始娶程氏继娶杨氏,夭亡并葬。后又娶胡氏收通房程氏,生伊祖母。抑思前词曾称太外祖君璜乏嗣,遗太外祖妣程氏杨氏相继而亡。父因祖母程氏所生,故将山后己山送继舅安葬。曰遗妣曰继亡,明明以为外祖先故,今则何由复生而娶胡氏并收程氏耶?况送山继舅安葬,必怜其孤且贫也。外祖既存,尚能续弦纳宠,非孤非贫,何竟无一抔之土安置二氏而必待亲戚予以葬地?或庶母或继母杨氏之称谓何者属真,或嫡母或通房汪氏之生身全然未确,其谬妄者五。

且葛谱行德曾祖远鸣生于万历三年,岁在乙亥,是万历二年程杨二氏安葬之日尚无亲翁,焉有女婿,送葬之说,岂非鬼语?其谬妄者六。

正迪呈验汪姓家谱,君璜生万历丙子,乃在万历二年后,岂有先葬妻而后生夫之理?且谱载娶江氏胡氏,并无程杨二氏。行德勾无藉之汪鸣高冒充君璜后嗣,插词具控,以告为证,乃天败其奸,串谋未妥。始称伯祖娶程氏杨氏,生男宗思,再室聂氏生女配葛。与行德继男宗思,程氏生女之语相矛盾。继而止言程杨二氏,并不言及聂氏。合葛汪供词并汪姓家谱计之,君璜之妻竟不计其数,其谬妄者七。

是揆之于理既扭捏不经,征之以据复舛错多端。此即碑字明白尚不足深信,而况显字歪斜,妣字阔而凹,女字过小。程氏保之氏字乃系什字,程什保杨氏纪两行六字模糊难凑,不清不匀,非葛姓凿改而何?且立墓碑人之姓,最为紧要关键,行德指为汪宗思,正迪指为程宗思。又称葛姓凿改汪字,验其字画糊涂,显有斧凿痕迹。而以墨摹之、以灰填之,仍系程字,并非汪字。夫行德指太外祖乃汪姓非程姓也,程姓呼汪妇为妣,有是理乎?盖立墓碑者属程,则墓决不属汪,不属汪而汪姓之女又焉得附葬于他人之墓旁?太外祖墓既虚,则旁葬之祖妣假矣。①

---

① (清)徐士林:《徐雨峰中丞勘语》卷1,载国家图书馆出版社影印室编《明清法制史料辑刊》第11编,国家图书馆出版社,2008,第54~58页。

观察上述判词的内容,不难发现,徐士林的这部分判词有以下三个特征:第一,就内容而言,其关注核心在于供词的审断,即主要通过对葛行德供词的审断建构和还原事实;第二,就说理的依据而言,其说理对人情、事理、法律兼用并重;第三,就推理的特征而言,其推理逻辑清晰并且十分注重细节。而这三个特征又服务于一个共同的目的——说服看到这篇判词的人相信案件裁判结果的公正性。以下即对这三个特征及其目的进行说明。

二 该案判词的特征分析

(一) 判词内容以审断供词为重点

1. 注重剖断供词内容

观察这部分判词,不难发现,第一个突出特点即在于重视对供词的审理和剖断。在该段判词中,为了说明有碑之墓不是葛行德外婆的墓,徐士林罗列出了七个"谬妄"之处。而观察徐士林指出这七处"谬妄者"的结构,则不难发现,虽然徐士林间或参考了葛家家谱与汪家家谱上所记载的不同人的生卒年月等证据,但在分析的逻辑上,徐士林始终是以葛行德的供词为基础展开的。换言之,在判词中,徐士林将葛行德在供词中所指出的或者说所建构的事实关系作为对判词进行事实分析的起点,在这个起点上,徐士林展开了对葛行德供词内容是否真实、是否符合常理以及是否自洽的审查。

判词所指出的七处所谓的"谬妄者",就是徐士林对供词进行剖断和审查的结果。其中,有通过基本的尊卑礼节和称呼规则说明葛行德供词中给出的人物关系与证据中显示的称呼用语相矛盾的"谬妄者一"和"谬妄者二";有借助家谱所记载的生卒年月说明葛行德供词中给出的下葬时间和并葬缘由属于杜撰和伪造的"谬妄者四"和"谬妄者五";有说明不同供词的前后矛盾之处的"谬妄者五";有说明虽然供词有汪鸣高的诉讼作为佐证,但是佐证与供词之间存在冲突,反而更加确认葛行德供词不可信的"谬妄者七"。

而徐士林之所以在判词中列出这七处"谬妄者",并且以"谬妄"称之,就是要一一分析并且说明葛行德供词的问题所在,证明葛行德的供词并不是一份能够取信于法官的供词。而这正是该部分的判词的重点。

2. 以审断供词为重点的目的

虽然徐士林通过指出供词的矛盾能够很好地反驳葛行德的诉求,但从判词的后半段来看,徐士林似乎有更好也更为省力的方式。毕竟葛行德的决定性证据——那块记载了墓主身份的墓碑,并不是一份具有足够证明力的证据。

这块墓碑不仅有明显的凿改痕迹,而且经过徐士林的鉴定和甄别,已经基本能够通过墓碑记载认定立碑人程宗思的身份,并确认两座旧墓系程家祖坟。就该案而言,至此已经足可让徐士林剖明该案的是非,并认定葛行德冒认祖坟的行为性质。

由此,就引出一个需要思考的问题:既然徐士林仅仅从墓碑就可以确认墓主的身份,那么,徐士林又为何要在判词中将大量的笔墨用以一一驳斥葛行德的供词呢?

对此,方大湜在《平平言》中的一段话或许能够提供一个可能的解释,他认为:

> 愚民差处,原不难于分剖;只需令其倾筐倒箧,畅所欲言,则差处自见,就其差处而剖之,果能分晰明白,彼必俯首无辞。刁民差处,亦不难于判断。当其信口侈陈、词多扭捏,必有弥缝不到之处,所谓言多必失也。待其词毕而驳诘之,则真情出矣。①

从这段话来看,一部分清人似乎是将供词作为审断的案件的核心内容之一看待的。甚至在证据相对而言已比较清晰时仍然如此。而如此,就是要让两造能够尽陈其辞,尽张其情。通过这种方式,法官使两造尤其是两造中自以为受冤屈者和动机不良、奸计百出者能尽抒其意。

就前者而言,法官是为了让其将自己心中冤屈述明,使其心中受到压制的冤抑情绪得到发泄,并在接下来的裁判中相信法官的公正,以减少因为怀疑司法公正而再兴讼端的可能。就后者而言,则是为了让其在审案的过程中尽张其虚伪怪诞之谈,以使法官发现供词中的矛盾疏漏之处,然后一一进行诘驳,待其词穷之后,法官正可借此查明案件真相,并通过指明

---

① (清)方大湜:《平平言桑蚕提要》,吴克明点校,湖南科学技术出版社,2010,第101页。

言辞漏洞的方式使百姓对结果心服口服。

先让心怀不轨者在诉讼过程中尤其是在审案过程中尽施其谋，之后法官再通过盘问诘驳的方式将阴谋揭破。这无疑是一种树立法官善断而不可欺的形象的方法。百姓既然知道法官不会被欺骗，那么自然不敢以虚伪怪诞的无情之辞在审案过程中欺骗法官。通过这种方法，那些冒认、诈伪的诉讼自然就会平息。这正是《大学》所推崇的"无情者不得尽其辞。大畏民志"① 的一种展现方式，是部分清人追求无讼理想的一种方法。

这种听讼断案的思想反映到判词当中来，就转变成在判词当中注重对供词进行分析和剖断的思想。于是，剖断供词并指出其中的疏漏之处也就成为判词说理的一个重要部分。这也就是万维鶲所谓的"自理词讼，批断不妨详尽，能将两造情伪指出，则直者快、曲者畏，渐渐心平可以息争，亦使民无讼之一道"②，或者《刑幕要略》所强调的"凡案情支离、疑窦甚多者，必须用诘问以破其疑。出供后必须用查笔处处抉摘、步步挑剔，然后用据供疏解，再加众证以实之，再用总笔收束。此案只是此情，实无疑义案方结实，凡有疑窦之处我先预为说破弥缝。庶阅者之惑自解矣"③。

在判词说理中，法官将"无情之辞"的种种矛盾与疏漏之处一一指破，使无实情而妄兴讼者明白官不可欺，心怀诡计者就不敢以诈伪、冒认等方式欺压良善。这样，良善之民得以安居乐业，恶民不敢侵扰。最后也就能够实现儒家所追求的和谐与无讼的社会理想。

徐士林对该案的判词就是如此，他从称呼习惯、礼法规则、生卒年月、丧葬习俗和风水吉凶等方面对葛行德供词中的七大矛盾和疏漏之处一一指摘，层层诘驳，剖明是非，使葛行德"无可置喙"。

不仅如此，撰写判词的这种思想在清人的其他判词文集中同样有所反映，如邓廷桢在为《府判录存》所作的序文中就认为判词"一经抉诵，顿使狡狯者无从置喙，而朴愿者竟得代言其所不能言。天下快事，无有过于是者。诚使尽得若人，分布郡县，则善良吐气，鬼蜮潜踪，吏治民风行见

---

① （宋）朱熹：《四书章句集注》，中华书局，2012，第 6 页。
② （清）万维鶲：《幕学举要》卷 1，载官箴书集成编纂委员会编《官箴书集成》第 4 册，黄山书社，1997，第 732 页。
③ （清）佚名：《刑幕要略》，载官箴书集成编纂委员会编《官箴书集成》第 5 册，黄山书社，1997，第 5 页。

蒸蒸日上。盖听讼而进而可使无讼，孰使之？惟无情者不得尽其辞，则不期无而自无"①。

就此来看，徐士林不惜大费笔墨也要在判词中对葛行德的供词进行驳斥的做法，实际上就是儒家思想中无讼理想的一种具体实现方式。

（二）兼用情理法的说理

徐士林判词的第二个大的特征体现在说理依据上。他同时将国法、事理及人情作为自己推理的基础依据。

1."庶母无子不得以母称"的法律规定

"庶母无子不得以母称"一句出自《大清律例·服制·齐衰杖期》对庶母的定义，其原文为："庶母，父妾之有子女者，父妾无子女不得以母称矣。"② 这段话的本意是确定庶母能否成为嫡子的服丧对象，在该案中，被徐士林用以否定汪宗思作为承嗣继子向杨氏服丧的法律依据。

在此，有必要说明的是，依照清律的规定，通常嫡子对父妾不需要服丧，只有在妾成为庶母时，嫡子才对父妾服丧。并且在这种情形下，只服齐衰杖期，而不是斩衰三年。

而对于如此规定的原因，汪琬在论及嫡子为庶母服齐衰杖期这一服制时曾给出解释，他认为"父妾之男，吾谓之昆弟矣，其女则吾谓之姐妹矣。昆弟姐妹之母犹吾母也，故谓之庶母，舍是则不得被此名也"③。也就是说，这种服制的规定主要是为顾全嫡子与庶子和兄弟姐妹之间的情义，而与妾本身无关。

如果说汪琬的观点是从礼的角度进行分析的，那么薛允升在《读例存疑》中对庶母的身份问题的说明，则可以在一定程度上证明清律如此规定就是出于这样的考虑。他认为"八母名目载在律图，嫡子、众子为庶母齐衰杖期，注谓父妾之有子女者，亦载在服制图内。推原律意，盖谓所生之子女既与伊为姊妹兄弟，则兄弟姊妹之母，岂得不以母视之，故称为庶

---

① （清）邓廷桢：《府判录存序》，载国家图书馆出版社影印室编《明清法制史料辑刊》第18编，国家图书馆出版社，2008，第383页。
② 《大清律例（同治九年）》，陈颐点校，法律出版社，2022，第73页。
③ （清）汪琬：《尧峰文钞》卷7，载宋卫平、徐海荣主编《文渊阁四库全书》第1354册，人民出版社，2015，第177页。

母，持服期年"①。

或许有人认为，如果仅从律文上看，徐士林在此引用的律文并不准确，因为徐士林所说的乃是"庶母无子不得以母称"，但是律文却要求"父妾之无子女"，综合该案的可见证据，汪宗思作为承嗣的继子似乎只能说明杨氏无子，至于杨氏是否无女却不得而知。但徐士林却在没有进一步说明杨氏有没有女儿的情况下就否认了杨氏"庶母"的身份，这么做违背清律中对判断服制的要求。

但这种理解未必正确，因为《大清律例》律文规定"称子者男女同"②。亦即在清律中称"子"时，"子"不仅可以指代儿子，还同时可以指称女儿。从这个角度看，徐士林在谈及杨氏无子这一事实时所说的"庶外祖母杨因无子以侄承继"一语可能已将杨氏没有女儿的情况包括在内。

回到徐士林的判词中，该案汪宗思既然是继子，并且杨氏是汪君璜的妾，而汪宗思又以无子承嗣，那么自然可以合理推断出杨氏无子的结论。既然杨氏无子，那么杨氏就不能被承认为汪宗思的庶母，既然杨氏没有庶母的身份，那么依律，汪宗思就不能以待庶母之礼待之，自然也就不能将杨氏与程氏葬在一处，并用"显妣"共称。

2. 一般事理

除了以国法为依据之外，一般的事理也成为徐士林进行说理的论据。如在指摘葛行德供词的第二处疑点时，徐士林就以基本的子对母的称呼规则为论据。他以子不得以乳名称呼其母为理由，再度诘驳葛行德所称的继舅汪宗思葬继母程氏和杨氏的说法。在这里需要说明的是，虽然考诸常理和实践，子女为父母立碑时应当称呼其名，但笔者并未找到有足够说服力的具体文献的记载对此提供支撑。事实上，基于乳名本身就是尊长对卑幼的一种称呼这一点来看，为子的汪宗思在为其母所立的墓碑上就不能将其母的乳名写在碑上，而只应书其正式的名。除了称呼乳名这一点之外，在"府君"的这一称谓上也是如此。虽然这些称呼用语在实践中皆有较为固定的使用习惯，但一般并不存在一个统一的和具体的规则文本对用语加以

---

① （清）薛允升：《读例存疑》卷37，载胡星桥、邓又天主编《读例存疑点注》，中国人民公安大学出版社，1994，第664页。
② 《大清律例（同治九年）》，陈颐点校，法律出版社，2022，第113页。

限制。① 故而，此处笔者只能以"一般的事理"来概括徐士林进行分析的依据。

除了在事实部分以事理的规则进行说理之外，在最后的法律说理中，徐士林同样将事理作为宽减对葛行德之子葛一安的惩罚的依据。在该案中，葛一安为帮助父亲葛行德冒认祖坟、抢占坟地，援引"小君""太君"等典故来说明"女府君"这一称呼存在的合理性。基于上述行为，葛一安本来也应受到惩处，但徐士林考虑到葛一安与葛行德原系父子，儿子帮助父亲的行为，究诸事理情有可原，便以"念系尔父兴讼"为由，对葛一安进行从宽处理，没有追究葛一安的罪责。②

3. 习惯与人情

除了国法与事理之外，徐士林在事实推理的部分还将习惯与人情作为自己说理的依据。如在指摘崔法楷控诉葛家盗葬坟地之事时，他就将安庆当地的丧葬习俗和风水观念作为依据。所谓"斩罡塞阳，皖人深忌"等就是从当地的丧葬习俗和风水观念出发考虑问题的，并由此推断出葛家愿意将祖坟出卖给崔家本身并不符合基本的人情，单单为了风水考虑，葛家也不会将坟地卖给崔家，让崔家破坏自家的风水。基于这种人情和习惯上的依据，徐士林更加确证了崔法楷上告呈控时所依据的卖契为假这一事实。

虽然这一类丧葬习俗和风水观念并不能作为法律，甚至不能作为一种强有力的规则，但恰恰是这种看起来并没有什么强制力的规则在当地百姓的心中有巨大的力量，并且与当地百姓的生活息息相关。援引这样的规则作为说理的依据不仅不会减损说理的说服力，还会因为与当地百姓生活习惯、朴素的道德情感和基本的正义观念相契合而更加具有说服的力量。

事实上，观察上述推理过程，不难发现，引用情理法等诸多规则为自己的推理提供论据并进行论证的过程，实际上也是用情理法来重新校正自己推理的过程。毕竟，只有在推理不论是事实推理还是法律推理都符合这些规范的要求时，才能以之为说理的依据并论证自己的推理结果。

---

① 王全营：《简论父、祖墓碑的碑文》，《决策探索》（上）2018年第3期。
② （清）徐士林：《徐雨峰中丞勘语》卷1，载国家图书馆出版社影印室编《明清法制史料辑刊》第11编，国家图书馆出版社，2008，第65页。

(三) 逻辑清晰，重视细节的推理

徐士林判词的第三个特征就是论证本身具有清晰的逻辑性和重视案件细节的严谨性。

1. 清晰的逻辑性

在逻辑性上，就以本文所引的这段判词为例，徐士林在开始论证时，首先就指出解决该案的争议焦点也就是墓主人身份问题的关键在于确定有碑之墓中墓主人的身份。所以在其后的整个事实推理过程中，徐士林始终围绕这一点展开。他对葛行德供词的反驳也是在这个关键问题上展开的。而证明墓主人身份的关键就在于墓碑的碑文记载，所以他在假定墓碑为真的基础上，对碑文上内容的不合理性开始分析，并一一指出碑文内容与葛行德供词的矛盾之处。

在说明墓碑记载即使为真也不足凭信的基础上，徐士林紧接着又通过墓碑碑文几经凿改、碑文字体大小明显不同、字与字之间差异较大等证据本身的疑点对墓碑记载的真实性进行否定。最后他通过技术手段还原墓碑记载的真实内容，来确定有碑之墓的墓主人身份，进而确定两座旧墓的墓主人身份，并由两座旧墓的归属推断出整片坟地的归属。论证和说理的思路非常清晰明确，并且层层递进，让观者在一层层强有力的说服与论证之下认同和接受徐士林所认定的事实和给出的裁判。

其进行推理和判断的整个过程可简要概括为图1。

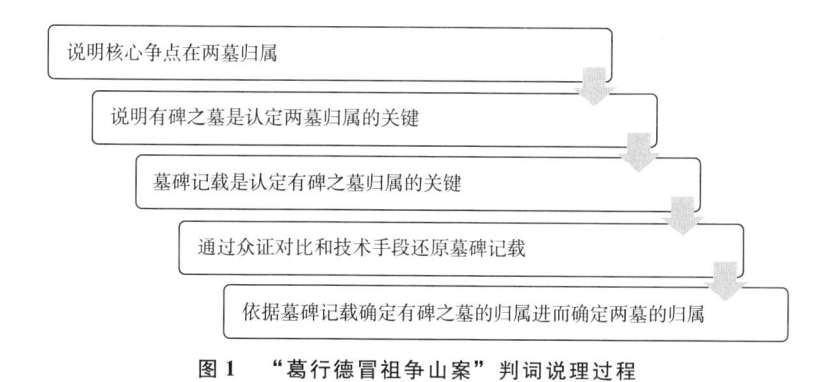

```
说明核心争点在两墓归属
    ↓
说明有碑之墓是认定两墓归属的关键
    ↓
墓碑记载是认定有碑之墓归属的关键
    ↓
通过众证对比和技术手段还原墓碑记载
    ↓
依据墓碑记载确定有碑之墓的归属进而确定两墓的归属
```

图1 "葛行德冒祖争山案"判词说理过程

2. 细节的严谨性

在重视细节这个方面，就以分析矛盾点五时的那一段判词为例，不难

看出在进行推理时,徐士林对于案件各种细节的重视。例如,在判断程氏究竟是亡于汪君璜之前还是亡于汪君璜之后这个问题上,徐士林就紧抓葛行德供词"太外祖君璜乏嗣,遗太外祖妣程氏杨氏相继而亡"一句中"遗"字这个措辞上的细节,指出葛行德供词中的前后矛盾之处。在用语上,只有在汪君璜死后,才能将"遗"字冠在汪君璜的妻子程氏、杨氏之前,而既然已经用"遗"字,就说明汪君璜死于程氏和杨氏之前。所以徐士林就从这一个细节出发,点出葛行德新改供词的舛误之处。"曰遗妣曰继亡,明明以为外祖先故,今则何由复生而娶胡氏并收程氏耶?"

而不论是徐士林这种清晰顺畅的逻辑性还是他不放过丝毫细节的严密性,都是判词在推理过程中尤其是在事实推理的过程中所应重视的。从这一点上来看,武进和李祖年在序言中称其判词"足以垂诸天下后世而为听讼者所诵法于无穷矣"一句,虽然夸张却不无道理,并不是作序者的纯粹夸耀和溢美之词。①

三 以说服为目的的判词研究的当代价值

(一) 以说服为目的的判词的价值取向

通过对上述特征的分析和总结,不难发现,徐士林的这篇判词有很强的说服目的。在该案的判词中,他不仅给出裁判结果,还着重给出裁判理由,不仅给出理由,还用这些理由说服两造接受裁判的结果。该判词有如下特点:注重对供词的诘驳,允许葛行德多次修改和反复自己的供词,并且针对葛行德每次更改之后的供词进行诘问;兼采人情、国法、天理作为裁判的依据,并以之为自己的说理提供正当性与合法性;说理显示出清晰顺畅的逻辑和对案件各种细节的重视。可以说,就上述种种来看,徐士林对该案的判词就是一篇以说服为目的的判词。

而徐士林的判词表现出这种鲜明的说服性特征,则与当时对判词作用的认识密不可分。至少在部分清人看来,像判词这一类的文书,一个十分重要的作用就是说服。这种说服包含向上与向下两个层次的作用:向上,

---

① (清) 武进、李祖年:《徐雨峰中丞勘语序》,载国家图书馆出版社影印室编《明清法制史料辑刊》第11辑,国家图书馆出版社,2008,第3~4页。

即使是自理案件，判词这一类的文书也时常会因百姓上控而被上司要求向上呈供，此时判词就有了说服上司相信裁判结果是正当的这一作用；向下，如前所述，判词作为一定程度上承载儒家"无讼"理想的工具，本身就被赋予说服原告、被告和教化百姓的重大期许。

对于判词向上的说服作用，王又槐在《办案要略》中就有所提及。他认为，判词、批词这一类的文书"果能批驳透彻，即有刁徒上控，上司一览批词，胸中了然，虽妆饰呼冤亦不准矣"①。这段话虽然是针对批词的文书说的，但将之应用在判词中也并无不妥。

除了向上的这种说服作用之外，判词的说服作用还体现在向下的说服中。而这种向下的说服作用，同样也可分为两个层次：一是有利于解决纠纷、实现公正裁判而使百姓畏服，满足维护社会秩序的现实需要；二是用以推进和实现儒家所追求的"无讼"理想。

在现实需要层面，在"无讼思想"和"无冤理想"的影响下，中国早在唐代就有了禁止告状不受理的规定。清律中同样有"告状不受理"一条，对司法官员不受理诉讼的行为进行惩罚。这就导致如果百姓不能接受案件的处理结果，或者对案件的处理结果不服，那么他们就很有可能在心中怨气的影响下不断地提出诉讼并进行重复诉讼，并且他们也完全能够做到这一点。在这种背景下，减少和压制这种诉讼行为就成了一种非常现实的需要。而通过判词的说理使两造对裁判结果"输心允服"，进而不再重复兴讼，也自然成为一种几乎可以说是最理想的选择。当然，这并不是说判词的说理就能完全解决这一问题，但这一问题的存在却无疑使判词的说理作用变得突出起来。

就此而言，判词，尤其是州县自理案件的判词，就尤为注重对两造的说服效果。清代的法官不仅需要在实体层面尽量实现公正，还需要将个案的公正表达出来，使两造能够切身感受到司法公正的实现。这种想法有些类似于夫马进先生所概括出的"无冤"的司法理念，即"为官者必须尽力通过公正的判决而消除民间的'冤'即'怨气'，同时自身也需要防患于

---

① （清）王又槐：《办案要略》卷1，载官箴书集成编纂委员会编《官箴书集成》第4册，黄山书社，1997，第770页。

未然，避免因诉讼造成冤情，引发或扩大民众对自己的怨气"①。或许正是在这种理念的影响下，黄六鸿才会有"审语之难不在合式，在原被之匿情肤诉、两证之左袒饰虚而我能折之，使彼此输心允服，因笔之以为不可移易之为难也"② 的感慨。

而一旦法官的判词不能起到良好的说服效果，或者其说理不能说服原告和被告，甚至在案件处理结果本身的公正性上都出现问题的话，就难免出现重复诉讼甚至不断上控的结果。对此，《幕学举要》中有颇为精妙的论述，判词"若不能洞见肺腑，无以折服其心。或持论偏枯、立脚不稳，每致上控。小事化为大事，自理皆成宪件矣。即或不至上控，造入词讼册内，亦难免驳查"③。

除了这种避免重复诉讼和不断上控的现实需要之外，对于一些法官而言，判词还是可以促进息讼进而实现无讼理想的工具。因而，判词的说服作用又具有促进社会理想实现的效果。不过此点在本节的第一小节中已有说明，故在此不再赘述。

（二）对当代司法裁判活动的启示

要实现"努力让人民群众在每一个司法案件中感受到公平正义"的要求，对于司法工作者而言，在处理每一个司法案件时不仅要实现公平正义，还要让人民群众感受到这份公平正义。而这一目标的实现，其中一步就在于裁判文书中法官的说理活动具有足够的说服力，法官能通过其说理证成自己的判决，让当事人相信判决的理由是正当的并且结果是正义的。公平正义不仅要实现，还要以能够被人感受到的方式实现，而裁判文书的说理活动正是展现正义的一种方式。

随着裁判文书的进一步公开和媒体的不断发展，司法裁判活动变得愈加公开化和透明化，并且也越来越成为社会公众关注的一个重要领域，不少重要的司法案件都曾引起过公众的大讨论。而相比于整个案件审理过程

---

① 〔日〕夫马进编《中国诉讼社会史研究》，范愉、赵晶等译，浙江大学出版社，2019，第19页。
② （清）黄六鸿：《福惠全书》卷12，载官箴书集成编纂委员会编《官箴书集成》第2册，黄山书社，1997，第347~348页。
③ （清）万维鹣：《幕学举要》卷1，载官箴书集成编纂委员会编《官箴书集成》第4册，黄山书社，1997，第733页。

来说，裁判文书作为承载裁判结果和显示法官推理过程的文书，更容易成为媒体和公众关注的对象。在这个背景下，裁判文书的社会影响就会因媒体和舆论的作用被进一步放大，此时裁判文书就不仅是用以宣告裁判结果的文书，还是承担特定说服任务的文书，它不仅要说服当事人，还要说服那些可能关注案件的社会大众。

但对于一份裁判文书而言，究竟怎样的说理才是能够说服大众并产生良好社会作用的说理，却并不像人们对其所寄托的理想那样清晰和明确。早在2018年，最高人民法院就施行了《关于加强和规范裁判文书释法说理的指导意见》，对裁判文书释法说理进行了指导和规范。而中国传统的历史经验依然能够为当代的裁判文书的说理活动提供一定的借鉴，虽然时代已经不同，但在更好地发挥裁判文书的社会作用这方面，当下与传统有十分相似的追求。

通过本文对徐士林所写判词的观察，不难发现，其判词说理的一大特色就是着重于说服两造。而徐士林判词的这种说服性特征或许能够为当下的裁判文书说理活动提供一个鲜活而生动的例子。

中国传统法律适用中的形式与实质
——以清代驳案为例

陈冠宏[*]

摘　要：马克斯·韦伯在其《法律社会学》中创造了一个类型化法律分析框架，根据该框架，历史中的法律被四种理想模型涵盖。这四种模型为形式理性法、形式非理性法、实质理性法、实质非理性法。其中，形式理性法被韦伯认为在近代资本主义发展早期为西方所独占，亦是"现代化"的重要条件和表征。与此相对，伊斯兰法、传统中国法等非西方法律则被韦伯认为要么不够"形式主义"，要么不够"理性"，因此现代资本主义无法自发形成于非西方世界。清朝的"驳案"制度一向被视为中国传统司法注重个案正义而非形式正义的例证，因而本应是韦伯氏之论的注脚。然而本文通过分析若干"驳案"，尤其是裁判者所运用的司法技术，证明清代司法虽追求实质的伦理价值，但亦重视同案同判之形式理性。

关键词：韦伯；驳案；清代司法；形式理性；实质理性

一　引言

马克斯·韦伯在其《法律社会学》一书中创造了一个法律分类框架。这一框架以法律的形式主义（确定性）与实质主义（灵活性）为经，以法律是否具备"合理性"为纬，从而呈现出四种法律的理想模型——形式理性法、形式非理性法、实质理性法和实质非理性法（如图1）。

---

[*] 陈冠宏，香港中文大学通识教育部博士后研究员。

```
          理性
          │
   形式理性法 │ 实质理性法
          │
  形式 ─────┼───── 实质
          │
   形式非理性法│ 实质非理性法
          │
         非理性
```

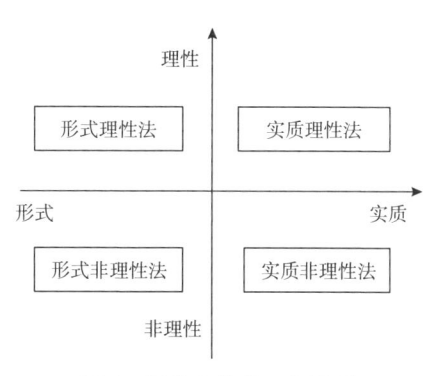

图 1　四种法律的理想模型

其中，法的形式理性化被韦伯认为与西方近现代历史中的经济理性化是一卵双胞的关系，二者共同促进了工业资本主义在西方的快速成长。与韦伯眼中西方社会独有的"形式理性法"相对，传统伊斯兰法和传统中国法的实践皆被韦伯归类为"卡迪司法"——实质非理性法。在《法律社会学》的第五章"回教法"中，韦伯如是总结"卡迪司法"："在回教里，至少理论上说来，没有任何一个生活领域里的世俗法律发展之路，未受神圣规范的要求所阻碍。"① 具体来说，韦伯认为回教法这种实质非理性法具有如下方面的特点：第一，回教法中的大部分规定以"先知的模范举止与言论"的形式出现，相应地，裁判者据以裁判的法源包括大量伦理命令；第二，法律的权威解释者并非职业法律家，而是由宗教权威兼任；第三，由于不存在形式理性，统一而系统的立法自然也无从谈起；第四，司法裁判"异常随机而定，因人而异，而且就像神判一样，没有附带任何理性的理由"。②

虽然韦伯对传统伊斯兰法的观察不可能面面俱到，但其将作为典型宗教法的伊斯兰法归类为实质非理性法的判断则没什么问题。这也在一定程度上能够解释为什么现代化的工业资本主义无法在伊斯兰世界自发产生，从而使韦伯的整个现代性理论得以自洽。比之传统伊斯兰法，传统中国的法律与司法实践并未在韦伯的《法律社会学》中占据专章，但是，这并不

---

① 〔德〕马克斯·韦伯：《法律社会学》，康乐、简惠美译，广西师范大学出版社，2005，第232页。
② 〔德〕马克斯·韦伯：《法律社会学》，康乐、简惠美译，广西师范大学出版社，2005，第233~239页。

意味着韦伯无意将传统中国法纳入其设计的"四象限"类型化结构（见图1）。因为要论证"现代化""现代性"在西方的率先出现乃"天命所归"，其就必须证明包括传统中国法在内的所有非西方法都不具备西方法所展现出的形式理性。所以，在其《中国的宗教：儒教与道教》中，韦伯对传统中国的法律、司法、官僚阶层皆作了考察。他认为虽然存在于印度和伊斯兰国家的"神圣的律法与世俗律法之间的紧张性"并不存在于中国，但激发形式理性法在近代西方出现的重要动力——"形式法与实质公道之间的紧张关系"——同样不存在，这是因为儒家的理想本就把实质的伦理和公道置于更高的地位。此外，儒家官僚构成的非专业司法官群体并不如西方的法官和律师群体——所谓"司法阶层"——一样深切关注法的理性化和可预测性，即"法令的简要撮集、官吏普遍的可任用性、法的一致性，以及特别是政府当局的律令所具有的最高主导性"。恰恰相反，儒家的"法官"在审案断狱时倾向依据"神圣传统"一事一议。因此，韦伯直言"（传统中国）司法的本质仍然维持着（经常是）神权政治的福利公道的特色"。①

诚然，韦伯将中国传统法视为伦理法的论断并非大谬，其认为中国司法所追求的乃实质公道而非形式法律亦基本合乎事实。但是，他因此认为传统中国的法律与司法一定缺乏西方法律引以为傲的形式理性，则颇有西方中心主义的傲慢。本文的目的恰在破除此种傲慢，以清代若干驳案为例，证明传统中国的司法既追求实质的伦理价值，亦不乏形式逻辑的法律方法。

二　清代的驳审制度和《驳案汇编》

有清一代，上级司法机关有权驳回下级司法机关的判决，由此产生浩繁的驳案，如府驳、道驳、司驳和部驳。其中，刑部的部驳尤为重要。这是因为，虽然名义上的最高司法机关由"三法司"共同组成，但实际上，"清则外省刑案，统由刑部核覆。不会法者，院寺无由过问，应会法者，

---

① 〔德〕马克斯·韦伯：《中国的宗教：儒教与道教》，康乐、简惠美译，广西师范大学出版社，2010，第206~210页。

亦由刑部主稿。在京讼狱，无论奏咨，俱由刑部审理，而部权特重"①。

鉴于刑部"每驳一案、定一例，各出所见，讲明而且究之；开惑剖蔽，要皆阐发律意例义之精微，本经术而酌人情，期孚乎中正平允而止"②，以全士潮等人为首的刑部官员特地整理编纂了乾隆时期的319个部驳案件，是为《驳案新编》。后来又有人补充了乾隆后期和嘉庆年间的62个驳案，成为《驳案续编》。《驳案新编》和《驳案续编》合称《驳案汇编》。

从案件类型上来说，《驳案汇编》全书按照清律顺序依次编排，所录判例涉及清律的所有律目，因此便于研究者全面地观察清朝最高司法机关在裁判时所认可的价值序列。从案件内容上来说，《驳案汇编》所录较《刑案汇览》更为详细。每一个判例不但包括驳案的基本事实、前判程序，更以大量笔墨进行说理，解释为何驳回前判。尤其值得注意的是，在作出驳案决定时，刑部不仅会以律例条文为判决依据，还会大量援引成案，甚至时有引用律注以为支持。这有助于学者分析清代的法律渊源。从判例的生成方式上来说，《驳案汇编》既囊括刑部直接改判或针对地方咨询给出判决的案例，也包括刑部一次或两次驳回重审的案件，因此可以较全面地反映清代驳审制度在程序法上的特点。

基于以上特点，《驳案汇编》难得地同时具备丰富性和细致性。而正是此种丰富性和细致性为我们借此一窥清代法律与司法的实质与形式提供了条件。

三 驳审的实质理性

《驳案汇编》的序言部分如是表达清代刑部官员对理想法律和司法的理解："律一成而不易，例因时以制宜，谳狱之道，尽于斯二者而已。"③可见，清朝的司法确乎不追求——甚至排斥——形式理性意义上的同案同判，恰恰相反，其追求的是个案正义。那么，既然刑部驳审时并不囿于一成不易的律，其因时制宜的例又是以何为依据产生的呢？答案即"情理"。

---

① 《清史稿》卷144《志一百十九·刑法三》，中华书局，1977，第4206页。
② （清）全士潮等纂辑《驳案汇编》，何勤华等点校，法律出版社，2009，第3页。
③ （清）全士潮等纂辑《驳案汇编》，何勤华等点校，法律出版社，2009，第3页。

正如前文已经提及，按照清朝中央官员自己的想法，《驳案汇编》之本意即在于"阐发律意例义之精微，本经术而酌人情"。其目的是教育所有审判官员"通乎情法之准，究心律令之源，庶与以礼制刑、以教袛德之微意脗然有合"，最终做到在审判时"情法两平"。①

所以，当皇帝或刑部官员认为地方上报的判决有"情浮于罪""情罪未合""情罪未协"等情况时，其就会启动驳审程序。比如发生在乾隆三十九年（1774）的"助子强夺良家妻女奸占为妻加等拟军"案②即是清代中央司法机关优先适用情理——而非律条——的绝佳范例。

（一）案件事实

从乾隆三十一年开始，安东人刘殿臣就带着他的两个儿子刘俊和刘龟搬到宿迁种地，随后认识了同庄的孟池。无钱娶亲的长子刘俊看到孟池有一个女儿毂姐，于是起意强抢为妻，并开始蓄谋。乾隆三十九年秋天，刘俊听说毂姐即将出嫁，便开始准备实施其蓄谋已久的强抢毂姐计划。是年十月初七，刘殿臣的长婿朱五子到宿迁探望刘氏父子。十月初九，刘俊先将其强抢毂姐的想法告知其父刘殿臣，在后者表示同意后，刘俊又将其不法计划告知此时恰在宿迁的朱五子和本就在宿迁的刘殿臣二女婿周二，希望朱周二人能够帮助其实施强抢毂姐的计划。刚开始，朱周二人并不同意帮助刘家父子实施不法行为，但经过刘殿臣"嗔责"，他们最终答应帮助刘俊强抢毂姐。

乾隆三十九年十月初九夜间，刘俊逼迫其弟刘龟牵驴，伙同刘殿臣、朱五子和周二，一行五人来到孟池家，刘俊闯入孟家，将孟池打倒后拉出门外，随后恐吓毂姐母亲王氏不得喊叫并将毂姐抢走交给刘殿臣和周二。刘殿臣和周二将毂姐架到驴车上离开，此时刘俊仍留在孟家控制企图阻止的孟池，等到驴车带着毂姐走远，刘俊才将孟池释放并去追赶刘殿臣一行人。

十月初十日一早，刘家父子一行人走到沭阳县胡家集，刘俊因为害怕白天赶路被路人撞破不法行径，于是将毂姐藏在路旁的无人空屋，并在当

---

① （清）全士潮等纂辑《驳案汇编》，何勤华等点校，法律出版社，2009，第3页。
② 以下总结的案件事实及判决要点见（清）全士潮等纂辑《驳案汇编》，何勤华等点校，法律出版社，2009，第38~40页。

晚诱骗奸污了毂姐。十月十一日,刘家父子谎称毂姐是刘俊新娶之妻,将毂姐领到安东县的刘珍家住下。孟池摆脱刘俊束缚后即报官,随后官府抓捕了刘家父子等人。

(二) 地方司法机关的裁判

根据大清律,"豪强之人强夺良家妻女、奸占为妻妾者,绞监候"。又有成例载:"强夺良家妻女奸占,为从之犯减一等,杖一百、流三千里;如被逼诱,随行止于帮同扛抬,照未成婚减绞罪五等。"又,律条对区分主从犯有如下规定:"一家人共犯,止坐尊长。侵损于人者,以凡人首从论。"

基于以上律条和成例,地方司法机关认为刘俊起意强抢毂姐为妻,纠合刘殿臣、朱五子和周二等人实施不法。在具体实行犯罪时,是刘俊独自闯入孟家打伤孟池并抢走毂姐,故所有主要犯罪行为皆是刘俊一人犯下。且因为刘俊的行为属于"侵损于人",所以虽然刘家父子和周朱等人是"一家人",但应按照"凡人"犯罪区分首从犯。因此,地方官将刘俊议为主犯,判处绞监候。至于刘殿臣等人,地方司法官认为"刘殿臣随行助势",朱五子、周二和刘龟被"逼胁同行,止于帮同扶架赶驴",因此,刘殿臣和朱周等人皆属从犯,分别被判处杖、徒、流各刑。

(三) 刑部驳案

江苏巡抚萨载将刘家父子强抢毂姐案定案后上报中央复核,虽然地方官的上述判决看似符合律条和成例,却被乾隆直接干预并否决。按照《驳案汇编》的记载,乾隆四十年(1775)十一月,乾隆皇帝亲自下旨:

> 三法司核拟江苏巡抚萨载题宿迁县民刘俊强抢良家妻女奸占拟以绞候一案,自属按律办理。惟将刘俊之父刘殿臣照"为从"拟以杖流,未为允协。刘殿臣系刘俊之父,当伊子告知欲抢孟池之女为妻,即应严斥禁阻,乃转同往帮抢,实属悖理,自有应得之罪。若于其子犯案内照"为从"问拟,则名不正而言不顺,何可为训明刑所以弼教?岂有坐父兄为子弟从犯之理?此乃风化所系,谳狱者不宜掉以轻心……夫父兄之教不先,已难辞不能约束子弟之咎。今刘殿臣明知其

子强暴横行，反亲往增势以成其恶，此即败类之尤不可不示以惩儆，而列以"为从"则断不可。①

于是，在乾隆皇帝的直接干预下，刑部直接改判刘殿臣充军，其理由为"父兄有训戒子弟之责，平日不能严加约束，以致子弟为匪，咎已难逭，乃临时又复同行助势，较之平人情节尤重，其罪名自应加等问拟"。更重要的是，该案由此规范化，成为一个新例：

> 嗣后父兄子弟共犯奸盗杀伤等案，如子弟起意而父兄同行助势者，除按律不分首从及犯该斩、绞死罪无可复加者，仍各按其所犯本罪分别定拟外，若父兄犯该流罪者，加一等拟以附近充军；犯该徒罪者，加一等拟以流二千里。余俱视其本犯科条，以次递加，并不得引用"为从"字样。②

（四）清代司法的实质理性

毫无疑问，"助子强夺良家妻女奸占为妻加等拟军"案所追求的是实质正义而非程序正义意义上的"同案同判"。本来，按照大清律和成例，江苏地方司法官以刘俊为主犯、以刘殿臣等人为从犯的判决没有什么问题。事实上，乾隆自己和刑部也承认下级司法机关对刘家父子几人的审判"属按律办理"③。但是，这样的判决让皇帝和刑部认为情罪未协。此时，同案同判的确定性价值就和"风化所系"这一实质价值产生了冲突。显然，面对此种冲突，乾隆和刑部选择在个案中以后者超越前者并溯及既往，同时将该案打造成一个新例，以法律的形式确认父兄有戒其子弟的义务，从而在之后的类似案件中两全实质正义和程序正义。

既然皇帝和刑部可以溯及既往地改判，那么该案的结果是否例证了中国传统司法的非理性呢？笔者认为答案是否定的。此案中，乾隆和刑部的驳审虽然溯及既往，但绝不是恣意而不可预测的。恰恰相反，正如清代中

---

① （清）全士潮等纂辑《驳案汇编》，何勤华等点校，法律出版社，2009，第39页。
② （清）全士潮等纂辑《驳案汇编》，何勤华等点校，法律出版社，2009，第39页。
③ （清）全士潮等纂辑《驳案汇编》，何勤华等点校，法律出版社，2009，第39页。

央官员屡次强调的那样,其司法的目标是"情罪允协"。① 乾隆皇帝和刑部在作出改判前,首先承认地方司法官的审判并不违法,然后用大量笔墨进行说理论证,最后得出结论以实质价值超越成法的严格适用,整个裁判过程完全是世俗且以逻辑为导向的,这与韦伯笔下的"卡迪司法"截然不同。

四 驳审的形式理性

在上节,笔者以"助子强夺良家妻女奸占为妻加等拟军"案为例说明了清代司法中蕴含的实质理性,但是这并不代表清代的法律和司法实践就全然落在韦伯所称"实质理性法"的象限。事实上,通过分析《驳案汇编》所收判例中的裁判技术,我们亦可以发现清代司法的形式理性因素。本节以发生于乾隆九年(1744)的"不知是否独子亦准留养"案②为例来说明这一点。

(一)案件事实

该案事实非常简单,祁州人陈龙寓居热河,与另一人马二"素识无嫌"。乾隆九年四月二十一日,当陈龙推车卖炭之时,马二向陈龙借钱。陈龙随即答应但要马二等到其卖完炭后。当时醉酒的马二便"醉后逞凶",于是陈龙拾取石块掷打马二。马二虽然低头躲避,但陈龙掷出的石块仍然恰好击伤马二头顶偏右。之后,马二继续追赶打骂陈龙,陈龙也继续拾取石块攻击马二,并造成马二头部多处受伤。两日后的四月二十三日,马二抽风死亡。

(二)直隶总督与刑部就该案的辩论

直隶地方司法官初审判决陈龙流刑并存留养亲,其依据是"伤风身死"的成例。然而直隶将该判决上报刑部后即遭刑部的"一驳"。刑部认为地方司法官据以裁判的"伤风身死"例适用的是轻伤情况,但是"陈龙

---

① 事实上,这一点已为学者所承认,例见〔美〕D. 布迪、C. 莫里斯《中华帝国的法律》,朱勇译,江苏人民出版社,1995,第398~402页。
② 以下总结的案件事实及判决要点见(清)全士潮等纂辑《驳案汇编》,何勤华等点校,法律出版社,2009,第12~13页。

拾石掷伤马二顶心、额颅、额角，伤皆致命，重至见骨，且仅逾二日身死，与原殴伤轻之例不符"，因此刑部将该案驳回重审。但是在遭"一驳"后，直隶总督那苏图并未随即改判，而是说明其裁判理由如下：

> 致命重伤之人果能小心调护，多不伤生；失于调护以致伤处进风，因而身死。既因冒风，例无抵法；风由伤人，是以拟流。①

显然，地方司法机关并不认同刑部关于因果关系的认定，直隶总督认为虽然马二在被陈龙打伤两日后死亡，但其死亡结果与陈龙的伤害行为之间并无必然的因果关系。真正造成马二死亡结果的是"失于调护以致伤处进风"，因此不能仅仅基于马二的死亡事实就将陈龙的行为定为"重伤"。除了说理之外，直隶总督还引用成例来支撑自己的论点：

> 乾隆三年十一月内，河南抚臣尹会题苌悦割伤李有成中风身死一案。缘苌悦拾镰划伤李有成肚腹，越六日中风殒命。将苌悦拟绞具题，奉部以"李有成系中风身死，自应照'原殴伤轻'之例定拟。不得因伤系金刃拟以绞抵，将苌悦改拟杖流"在案。洞彻因风致死之例，用法至平，所当取则。今陈龙石伤马二虽系致命，尚非金刃。马二甫经一夜辄解包洗涤，以致进风速死。陈龙应请仍照原拟拟流并请留养。②

直隶总督在此处援引刑部自己的判例来与刑部辩论，试图以此正当化初审判决。但是刑部并不认同，指出地方官从轻判决的流刑和存留养亲皆有问题。其一，刑部重申"陈龙石伤马二重至见骨，既非伤轻，实足致命"；其二，刑部认为直隶总督只调查了陈龙的家庭情况，却并不知晓死者马二有无父母以及其是不是独子，在此情况下草率地将陈龙存留养亲，这与成例不相符合。至于直隶总督提到的河南苌悦案，刑部也将之与陈龙案作了如下区分：

> 至该督所称苌悦割伤李有成肚腹，虽属致命，但其割伤一处，死

---

① （清）全士潮等纂辑《驳案汇编》，何勤华等点校，法律出版社，2009，第12页。
② （清）全士潮等纂辑《驳案汇编》，何勤华等点校，法律出版社，2009，第12页。

越六日,原殴伤轻已可概见。今马二三处致命,二处见骨,当即受伤倒地,仅逾二日毙命,岂得援引附会,故为轻纵……①

经过刑部与直隶总督的新一轮辩论,后者转变态度,全盘推翻了自己的初审判决。其一,直隶总督声称重新调查了马二的伤情,发现即便马二不抽风,其所受之伤也足以致命;其二,对于刑部提到的另一争点——陈龙是否符合存留养亲的条件,直隶总督回复道:"陈龙父老丁单,例应留养。但被杀之马二是否独子,查无确实籍贯,无从取结,碍难悬揣,应请不准留养。"②

然而,在直隶总督将其对陈龙的改判上报中央后,刑部仍然没有予以认可,而是又一次驳审,这次刑部直接将直隶总督的"不准留养"判决更改为"准留养亲"。其依据是一个成例:

> 乾隆九年原任湖广巡抚晏斯盛题林万树踢死不知姓名乞丐一案,将林万树拟绞。因该犯亲老丁单,其已死之乞丐是否父母尚存、有无兄弟,屡次示召,无人出认,将可否留养之处附疏具题,经臣部议,复奉旨"林万树从宽免死,照例发落,准留养亲。余依议。钦此"。③

最后,刑部拟判决陈龙"免死流犯留养",经过乾隆皇帝应准,就此定案。

(三) 清代司法中的裁判技术与形式理性

虽然乾隆年间的清律和成例与现代法律有明显的区别,但从"不知是否独子亦准留养"案可以看出,清朝司法者在裁判时所力求的"相同情况相同处理,不同情况不同处理"与现代法治的追求颇有契合。

从刑部与直隶总督的几轮交锋来看,"不知是否独子亦准留养"案的争点主要有两个。第一,陈龙伤害马二的行为究竟是轻伤还是重伤致后者死亡?第二,陈龙是否符合存留养亲的要件?对于第一点,直隶总督认为马二在被打伤后自己"失于调护以致伤处进风",这一事实已经阻断了陈

---

① (清) 全士潮等纂辑《驳案汇编》,何勤华等点校,法律出版社,2009,第12页。
② (清) 全士潮等纂辑《驳案汇编》,何勤华等点校,法律出版社,2009,第13页。
③ (清) 全士潮等纂辑《驳案汇编》,何勤华等点校,法律出版社,2009,第12页。

龙的伤害行为和马二的死亡结果之间的因果关系，所以对陈龙的定罪量刑应依据与轻伤害有关的律条和成例。尤其值得注意的是，直隶总督实际上非常注重同案同判，在其遭刑部的"一驳"后，他援引河南苌悦案来支撑自己关于因果关系的论点，整个适用法律的过程具有相当强的形式理性。而刑部虽然反对直隶总督的判决，但其理由和得出结论所运用的裁判技术实际上与直隶总督异曲同工，这主要体现在刑部对陈龙和苌悦两案的区分上。首先，刑部认为后案中，死者伤口只有一处，而前案中，死者马二头部有多达三处重伤，且伤口深至见骨。因此，两案中的死者所受的伤害完全不可同日而语。其次，后案中，犯人的伤害行为和死者的死亡结果之间相隔六天，时间较长。而反观前案，四月二十一日陈龙打伤马二，四月二十三日马二即死亡，中间间隔时间极短。正是基于以上两点，刑部认为两案实际上是"不同情况"，自然应该"不同处理"。

对于第二个争点——陈龙是否符合存留养亲的要件，按照清律，如果死者马二亦属"父老丁单"，则陈龙不能被存留养亲。刚开始，刑部认为直隶地方司法官根本没有调查马二的亲属情况就贸然将陈龙存留养亲，这明显和法律规定不符，因此驳回重审。到后面直隶总督回报经过调查也无法确定马二身后是否还有年老待养的父母，刑部才启动另一个判例——林万树案。林万树案中的死者无名乞丐与马二情况类似，二者均是无法确定"是否父母尚存、有无兄弟"之人。因此，根据同案同判的精神，刑部依据林万树案对陈龙适用存留养亲。

在整个"不知是否独子亦准留养"案中，无论是直隶地方司法官的初审、刑部的"一驳"，还是刑部最终的改判定案，均有意识地追求"相同情况相同处理，不同情况不同处理"。在这一过程中，地方司法官和刑部从清律和成例中提取并适用的规则要件——比如轻伤与重伤致死、"父老丁单"等——皆是形式化的而非某个可以依据实质价值所左右的权威。具体到裁判过程，刑部和直隶地方官均以律例的法律规则为大前提，以案件中的关键事实为小前提，最终得出自己的结论。此番操作，颇有"涵摄"之味，与韦伯笔下充满恣意性和不可预测性的形式非理性法判然有别。

五　结语

通过展示和分析"助子强夺良家妻女奸占为妻加等拟军"案和"不知

是否独子亦准留养"案判例的生成过程、判决依据和其中所涉及的裁判技术，本文揭示了清代法律和司法实践的两面性，即既具有实质理性又具有形式理性。

首先，传统中国法及其实践绝不是韦伯所说的"卡迪司法"。毋庸讳言，无论是上文提到的皇帝改判还是历史更为悠久也更为著名的"春秋决狱"，都带有浓重的实质主义色彩。但是，实质主义的裁判并不必然是非理性的，传统中国的裁判始终以世俗的经验价值为导向，以演绎和说理为依据，因此具有相当程度的可预测性和一致性，而这正体现了韦伯所称"理性法"的本质特征——裁判的合理可喻性。

其次，传统中国法既有实质理性因素，又与近现代法制中的形式理性相耦合。正如本文分析的两个驳案所示：在立法层面，中国传统法所规定的犯罪要件具有很强的形式主义特征；在司法层面，司法机关在面对案件时首要想到并追求的是同案同判的程序正义，只有在程序正义与更高的实质价值产生冲突时，才会不得已考虑牺牲前者。然而，此种牺牲亦绝不应被武断地冠以中国传统法的"前现代性"甚至"落后性"之名。事实上，现代实证主义法学大家哈特也赞同在必要时通过诉诸溯及既往的法律来解决道德难题，并曾就此问题和自然法学家富勒展开精彩绝伦的论战，一时传为佳话。①

借助韦伯发明的法律类型化分析工具，我们得以一窥传统中国的法律与司法实践中所蕴含的民族性和现代性。每个国家都有各自的独特法文化和法传统，这些文化和传统之间并无绝对的"现代"与"前现代"之分，更无优劣之别。作为学者，我们不管是面对本国法还是他国法，都应怀抱谦卑平允之心，深入其中分析其要素和特征，只有这样才有助于我们获得对法律实践的真实观察与判断。

---

① 〔英〕哈特：《法律的概念》第三版，许家馨、李冠宜译，法律出版社，2018，第 270~278 页。

主题二　法律制度和司法实践的互动

唐玄宗开元十年裴景仙乞赃案评析

周东平[*]

摘　要：这是一个中国古代盛世明君贤臣就官吏赃罪案件应如何惩治而论辩的典型案例。在唐玄宗君臣致力于开元之治、吏治总体清明的背景下，冀州武强县令裴景仙犯受所监临财物罪，乞取赃物达五千匹之巨，且事发逃走。对此犯罪行为应当如何处罚？唐玄宗大怒之下，将其作为典型，超法规裁断为受财枉法而判其死刑。"为国惜法、期守律文"的大理寺卿李朝隐则根据唐律反复规谏：裴景仙所犯不过受所监临财物罪，最高仅可处以流刑而非死罪；其因曾祖裴寂为开国元勋而享有上请特权可以减刑；并法外陈情，"一门绝祀，情或可哀"。最终，唐玄宗收回成命，案件得以依法处理。

关键词：赃罪；六赃；上请；情理法决狱

一　案件背景与案情概要

（一）案件背景——开元之治

武周末年，政治虽有好转，但重登帝位的唐中宗君臣昏庸无为，导致"中外因循，纪纲弛紊，且无惩革，弊乃滋深"。中外官僚"苟贪禄秩，以

---

[*] 周东平，厦门大学法学院教授、博士生导师。

度岁时"①，遂使"纲维大紊"②，加剧"府库减耗"③。因此，澄清吏治，革除弊政，修明政治，成为朝野瞩目的大事。

唐隆元年（710）六月，李隆基政变成功，拥立其父李旦为皇帝，是为唐睿宗；自己以安社稷之功储位东宫，是为后来的唐玄宗。唐睿宗时，虽进行过一些政治改革，但只是昙花一现。当时，握有实权的太平公主与太子李隆基之间的尖锐矛盾，几乎众所周知。先天二年（713）七月，李隆基彻底打垮太平公主派势力，已于上一年八月成为太上皇的唐睿宗被迫拱让实权。至此，唐玄宗才成为名实相副的皇帝。

开元初年，唐玄宗君臣励精图治，崇尚"清静""简易"，办事"务遵简俭"，与民休息。唐玄宗多次强调"朕所责成，贵在简要"④。为政官吏务必"除烦而从简易"，促使政治"和平""清静"。⑤他曾为此亲自树典型，对"不劳人以市恩"的官吏嘉奖有加，对为政烦苛、烦扰百姓的州县长官惩处有度。开元初年相继为相的姚崇、宋璟，也积极施展抱负，多方改革，"施张用宽"，收到"赋役宽平，刑罚清省"⑥之效。还有陆象先、李元纮、源乾曜、韦济、裴宽、裴耀卿、卢从愿、韦恒等大臣，皆因为政"清简""宽惠"，著称于时。

在用人上，唐玄宗本着"州县有好长官，同寮岂敢违法"⑦的理念，十分注意遴选基层官吏。开元二年（714），令罢员外、试、检校官；开元四年，亲试县令，擢其优者，黜其劣者。因此，时人评价唐玄宗用人"如淘沙取金、剖石采玉，皆得其精粹"⑧。从中央到地方"所置辅佐，皆得贤才"⑨；在中央，"朝廷选用群官，必推精当"⑩；在基层，"良吏布州县，

---

① （后晋）刘昫等：《旧唐书》卷100《毕构传》，中华书局，1975，第3114页。
② （后晋）刘昫等：《旧唐书》卷77《柳泽传》，中华书局，1975，第2683页。
③ （后晋）刘昫等：《旧唐书》卷94《李峤传》，中华书局，1975，第2995页。
④ （宋）宋敏求编《唐大诏令集》卷100《置十道采访使敕》，中华书局，2008，第509页。
⑤ （宋）宋敏求编《唐大诏令集》卷100《简京官为都督刺史诏》，中华书局，2008，第507页。
⑥ （宋）司马光编著《资治通鉴》卷211《唐纪二十七》"开元四年"条，中华书局，1956，第6725页。
⑦ （宋）王钦若等编纂《册府元龟》卷155《帝王部·督吏》，凤凰出版社，2006，第1732页。
⑧ （五代）王仁裕：《开元天宝遗事》卷下"任人如市瓜"条，中华书局，2006，第58页。
⑨ （宋）欧阳修、宋祁：《新唐书》卷127《裴佶传》，中华书局，1975，第4455页。
⑩ （唐）郑处诲：《明皇杂录》卷下《官吏皆薄外任》，中华书局，1994，第33页。

民获安乐"①。吏治肃清，各级官僚机构精干勤勉有效率，各项改革措施得到较好的执行。

在法律方面，唐玄宗也注意到"刑赏无私""赏罚必信"。他禁锢或罢免武周时的酷吏，继唐中宗之后多次褒奖守法不阿、用法平直的徐有功，甚至在小事上也注意到不要"滥刑"。当时的大臣也多能守法。如最重要的大臣姚崇"再秉衡轴，天下钦其公直"②。再度为相的宋璟更以"善守法持正"③ 著称，他按覆权梁山案件"平纵数百人"④ 就是一例。其他大臣如张九龄审讯囚徒"无轻重，皆引服"⑤ 等，皆是其例。开元前期的统治者在执法方面还是比较平直、严明的。

总之，唐玄宗开元前期号称"治平"，天下安定，百姓富庶，人罕犯法，官吏也能"守法持正"，"以致刑措焉"。当时所呈现的良好法治秩序，与物价平稳，百姓殷实，外出行千里不持兵、不囊粮，乃至丁壮之人不识兵器等，都被认为是开元之治的重要表现。

（二）裴景仙乞赃案事实概要与判决内容

官吏"守法"，既是唐玄宗基于对武周政权以来吏治败坏的深恶痛绝的期待，也是开元之治的重要内容。据《通典·刑法七·守正》《旧唐书·李朝隐传》等⑥所述，在开元之治取得重大成就的开元十年（722）八

---

① （宋）欧阳修、宋祁：《新唐书》卷56《刑法志》，中华书局，1975，第1415页。
② （唐）刘肃：《大唐新语》卷6《举贤第十三》，中华书局，1984，第91页。
③ （宋）司马光编著《资治通鉴》卷211《唐纪二十七》"开元四年"条，中华书局，1956，第6725页。
④ （宋）欧阳修、宋祁：《新唐书》卷124《宋璟传》，中华书局，1975，第4394页。
⑤ （宋）王谠撰，周勋初校证《唐语林校证》卷1《政事上》，中华书局，1987，第58页。
⑥ 《唐会要·臣下守法》《册府元龟·刑法部·守法》也将此事归入"守法"类型。《文苑英华》卷619载有李朝隐《执奏裴景仙狱表》《第二表》两奏表。《新唐书·李朝隐传》和《资治通鉴·唐纪二十八》"唐玄宗开元十年"条等亦有类似记载。下文若引李朝隐的先后奏文，皆据《旧唐书·李朝隐传》，不再一一注明。参见（唐）杜佑《通典》卷169《刑法七·守正》，中华书局，1988，第4366~4384页；（后晋）刘昫等《旧唐书》卷100《李朝隐传》，中华书局，1975，第3125~3128页；（宋）王溥《唐会要》卷40《臣下守法》，中华书局，1960，第721~726页；（宋）王钦若等编纂《册府元龟》卷617《刑法部·守法》，凤凰出版社，2006，第7131~7138页；（宋）李昉等编《文苑英华》卷619《执奏裴景仙狱表二首》，中华书局，1966，第3207页；（宋）欧阳修、宋祁《新唐书》卷129《李朝隐传》，中华书局，1975，第4479~4480页；（宋）司马光编著《资治通鉴》卷212《唐纪二十八》"唐玄宗开元十年"条，中华书局，1956，第6749~6754页。

月，居然发生了冀州武强县令裴景仙犯乞取赃，积五千匹①，事发逃走的父母官贪赃犯罪事件。面对"裴景仙幸藉绪余，超升令宰，轻我宪法，蠹我风猷，不慎畏知之金，讵识无贪之宝，家盈黩货，身乃逃亡"②，唐玄宗着实大怒，令集众杀之。大理寺卿李朝隐执奏后，唐玄宗依然手诏不许；李朝隐再次劝谏后，唐玄宗才改变初衷，下制曰："仍决杖一百，流岭南恶处。"

其判决过程如下。

首先，案发后，唐玄宗大怒，超法规裁断，令集众杀之③。

其次，大理寺卿李朝隐执奏："裴景仙缘是乞赃，犯不至死。"况且其曾祖父裴寂系唐朝开国元勋，其依法享有上请特权。"据赃未当死坐，准犯犹入请条。十代宥贤，功实宜录；一门绝祀，情或可哀。愿宽暴市之刑，俾就投荒之役，则旧勋斯允。"第一次执奏，唐玄宗手诏不许。④

再次，李朝隐又奏，强调"为国惜法，期守律文"，"法贵有常"，不应"（裴）寂勋都弃，（裴景）仙罪特加"。

最后，唐玄宗收回特别处断之成命，依法裁决："所以不从本法，加

---

① 隋唐时期，虽铸造隋五铢钱、唐开元通宝钱等，但绢帛仍被当作货币，作为价值尺度、支付手段，其单位是"匹"和"尺"。如《唐律疏议·名例律》规定，一个普通劳动力工作一天的价值是绢三尺（"平功、庸者，计一人一日为绢三尺"）。敦煌发现的唐代诸多贷生绢契约，就是明证。传说唐玄宗曾向一位名叫王元宝的人"问其家私多少"，王元宝答曰："臣请以绢一匹，系陛下南山之树。南山树尽，臣绢未穷。"以至于唐玄宗感叹："朕天下之贵，元宝天下之富。"参见（宋）李昉等编《太平广记》卷495《邹凤炽》，中华书局，1961，第4062~4063页；（唐）长孙无忌等《唐律疏议·名例律》"平赃及平功庸"条，刘俊文点校，中华书局，1983，第92页。

② （后晋）刘昫等：《旧唐书》卷100《李朝隐传》，中华书局，1975，第3127页。

③ "令集众杀之"，《资治通鉴》卷212作"命集众斩之"。后面的第二次上奏亦有"今若乞取得罪，便处斩刑"可资旁证。但按照唐律，即使受财枉法十五匹以上，最高也不过绞刑。可见，玄宗此次处罚力度之大。参见（宋）司马光编著《资治通鉴》卷212《唐纪二十八》"唐玄宗开元十年"条，中华书局，1956，第6750页。

④ 李朝隐第一次执奏的结果，《通典》《旧唐书》《唐会要》《册府元龟》均作"手诏不许"；但《资治通鉴》卷212的记载却从"命集众斩之"改为"制令杖杀"。司马光《资治通鉴考异》卷13《唐纪五》（四部丛刊景宋刻本，中华书局1956年版《资治通鉴》第6751页略同）对此作说明："开元十年八月，杖裴景仙，流岭南。《实录》初云：上令集众杀之。李朝隐执奏，又下制云：'集众决杀。'隐又奏，乃流岭南。盖本欲杀之也。"可是，李朝隐第二次奏文中明明提及"今若乞取得罪，便处斩刑，后有枉法当科，欲加何辟"，且所谓"决杀"，未必是杖杀，则《资治通鉴》记载李朝隐第一次执奏之后，唐玄宗改斩刑为杖杀，似有不确。

以殊刑，冀惩贪暴之流，以塞侵渔之路。然以其祖父昔预经纶，佐命有功，缔构斯重，缅怀赏延之义，俾协政宽之典，宜舍其极法，以窜遐荒。仍决杖一百，流岭南恶处。"按律处以流刑。

二 案件涉及的法律问题

这是个著名案例，曾被唐玄宗时代的《实录》记载，此后的《通典》《唐会要》《册府元龟》等将其归入"守法"类事迹。它实际上涉及唐朝君臣如何适用唐律对贪赃受贿官吏的处罚，还涉及唐律乃至中国古代法律中官僚贵族特权的"八议""上请"制度的运用，乃至以孝治天下、情理法共同决狱等问题。下面依次分析之。

（一）官吏赃罪——六赃之"受所监临财物"

中国古代法律中的赃，所包含的范围比现代刑法中的更为广泛。现代刑法中的赃物，是通过抢劫、抢夺、盗窃、诈骗、敲诈勒索、贪污、受贿、走私等非法手段获得的或企图占据的金钱和物资。据《晋书·刑法志》张斐晋律注，中国古代法律中的赃，乃"货财之利"。《唐律疏议·名例律》"平赃及平功庸"条的疏议曰："赃，谓罪人所取之赃。"但其涵盖的范围实不止于此。日本学者滋贺秀三指出：

> 赃是指在财物的夺取或授受构成犯罪时，成为夺取或授受对象的财物。比起我们所说的赃物仅指盗赃而言，其具有更广泛的意义。与赃有关的犯罪，都要与赃的评价额相对应来决定各等级的刑罚的轻重。①

现代刑法中的赃或赃物，已是缩小了的狭义之赃。中国古代法律以唐律为例，赃罪的犯罪对象，不仅有财物，还包括一定的行为。如《唐律疏议·名例律》"以赃入罪"条"若计庸、赁为赃者"的疏议，讨论了关于负有领导、主管、直接责任的监临之官私自役使部内民众应如何计赃的问题。疏议曰：

> 庸，谓私役使所监临及借车马之属，计庸一日为绢三尺，以受所

---

① 滋贺秀三「唐律疏議譯註篇一」（名三二"解説"）日本律令研究会編『譯註日本律令』（5卷）東京堂、1979、187頁。

监临财物论。赁,谓碾硙、邸店、舟船之类,须计赁价为坐。

滋贺秀三认为此处的"役使、借都是指利用监临的地位,使其无偿提供庸、赁"①,故须计庸、赁折赃,以受所监临财物论。

唐律首次系统明确规定了"六赃",指强盗、盗窃、受财枉法、受财不枉法、受所监临财物和坐赃这六种正赃。这些罪名基本上沿袭过去而来,② 表现了唐律对以往法律的继受。将赃罪系统化、规范化,更易于定罪量刑,则是对以往法律的发展。

六赃中的官吏赃罪问题,就其实质来说主要包括贪污、受贿这两罪,是中国古代国家治理中的一个重要问题。官吏贪污主要指盗罪中的监守自盗这一罪和坐赃的部分内容;受贿主要指受财枉法、受财不枉法、受所监临财物这三罪及坐赃的部分内容。

贪污罪和受贿罪从构成要件而论,有许多相同点,如犯罪主体都属于特殊主体的国家工作人员;犯罪的主观方面均出于直接故意;犯罪的客观方面,都是利用自己职务上的便利非法获取财物。但又有许多不同点:首先,侵犯的客体不同,贪污罪侵犯的主要是国家财物的所有权,同时也破坏国家机关的正常职能和信誉,其所侵犯的是复杂客体,是特殊的侵犯财产罪,而受贿罪侵犯的是国家机关的正常活动或声誉,涉及国家工作人员职务行为的廉洁性或者不可收买性;③ 其次,故意实施犯罪的目的不同,贪污罪是利用职便非法占有自己主管、经管或者经手的国家财物,受贿罪

---

① 滋贺秀三「唐律疏議譯註篇一」(名三三注9)日本律令研究会編『譯註日本律令』(5卷)東京堂、1979、195頁。按:《汉书·景帝纪》后三年春正月诏曰:"吏发民若取庸采黄金珠玉者,坐臧(赃)为盗。二千石听者,与同罪。""坐赃为盗"的处罚与唐律第33条("以赃入罪"条)"计庸、赁为赃"以受所监临财物论的处罚不同,这大约是因为唐律犯罪客体的区分更明确,犯罪类型化更合理,等等。参见(汉)班固《汉书》卷5《景帝纪》,中华书局,1962,第153页;(唐)长孙无忌等《唐律疏议·名例律》"以赃入罪"条,刘俊文点校,中华书局,1983,第90页。
② 参阅仁井田陞『中國法制史研究·刑法』東京大学出版会、1980、251—252頁。
③ 在法制史上,关于贿赂罪的犯罪客体主要有两个来源:一是罗马法的渊源,即"职务的不可收买性"(Unkauflichkeit der Amtshandlung),不管职务行为违法与否,均对其报酬予以处罚;二是日耳曼法的渊源,即"职务行为的纯粹性或纯洁性"(Reinheit der Amtshandlung,或公正性、不可侵犯性),只处罚违反职务行为的报酬。但是,中国法制史上贿赂罪的立法原则,未必属于罗马法或日耳曼法的系统。相关探讨参见〔日〕冨谷至《礼仪与刑罚的夹缝——贿赂罪的变迁》,周东平译,载中国法律史学会编《法史学刊》总第十一卷,社会科学文献出版社,2008,第115~139页。

是非法从他人那里获得财物；最后，使用的犯罪方法不同，贪污罪主要使用侵吞、骗取、盗窃等方法，非法占有自己主管、经管或者经手的国家财物，受贿罪是以为行贿人谋取利益的方法或是非法收受他人所贿赂的财物，或是利用职权向他人索取财物。现代刑法理论正是根据两类犯罪的相同主体所侵犯的不同类客体，把它们分别归入侵犯财产罪和渎职罪中。[1] 从中国古代法律如唐律来看，将监守自盗归入《贼盗律》的"盗"类犯罪中，把受财枉法、受财不枉法、受所监临财物这三罪归入《职制律》中，说明立法者十分清楚两类犯罪所侵犯的客体不同。因此，这种划分方法与现代刑法理论不谋而合，应该说是较为科学的。

至于唐律的坐赃，只是"非监临主司"和普通百姓"因事受财"的结果。[2] 是总括前五类赃罪之外的其余赃罪，故不入《职制律》《贼盗律》两律，而立于《杂律》之首。唐律坐赃名目林林总总，有几十项之多。但作为一般主体的因赃犯罪，已排除性质恶劣的强盗、窃盗，绝不使用"坐赃为盗"这种含糊概念。而对作为特殊主体的监临官吏的贪赃犯罪，唐律业已将此类犯罪全部归入《职制律》的受财枉法、受财不枉法、受所监临财物这三罪，以及《贼盗律》中的监守自盗。故唐律中的坐赃仅限于狭义的坐赃，有别于秦汉以后的广义坐赃，其犯罪主体已经不包括可以利用职权的特殊主体——监临官吏，以及作为一般主体的强盗、窃盗罪的罪犯，在六赃之中犯罪情节最轻，处罚亦相对不苛严，通常罪止于三年徒刑。

（二）法律特权与以孝治天下

1. "八议"之"议功"，及"请"

中国古代法律是典型的等级身份法，即同样行为因身份不同而区别对

---

[1] 我国1979年《刑法》也是如此规定的。但1997年《刑法》基于各种原因，将它们合并为"贪污贿赂罪"章。无论是从我国立法的历史经验，还是从当今犯罪客体的分类标准来看，此种处理方法科学与否，均尚可斟酌检视。

[2] 陈盛清所撰"六赃条"即持此种观点："指官吏或一般人不是由于收受贿赂或盗窃等原因，而是为公或为私收取不应该收取的财物，是六赃罪中最轻的一种。"《中国大百科全书·法学》，中国大百科全书出版社，1984，第394页。或以为"坐赃"是特殊主体的犯罪，恐误。另需注意的是，唐律的"坐赃"与传统广义的"坐赃"相比较，内涵上已呈现极大的差别。参见周东平《关于中国古代赃罪的若干问题——以唐律为中心》，载徐显明、徐祥民主编《中国历史上的法制改革与改革家的法律思想》，山东大学出版社，1999，第183~198页。

待,并不主张当今社会所倡导的法律面前人人平等。隋唐律继承曹魏律的"八议"制度,规定对亲、故、贤、能、功、贵(唐代指三品以上职事官,二品以上散官及爵一品者)、勤、宾(唐代指北周、隋之国君及其后代)等八种人物犯死罪时,"皆条所坐及应议之状,先奏请议,议定奏裁"①。这些人若有犯罪,司法机关不得按照普通程序审判,首先必须将他们所犯的罪行以及应议之理由上报给皇帝,由皇帝交付都堂集议,都堂一般根据犯罪人的地位、身份、功劳及其与皇室的关系等因素提出减免刑罚的意见,议定再奏请皇帝裁断。八议中,除议亲、议贵、议宾有较固定的标准外,其他均由皇帝认定,"曹司不敢与夺"。流罪以下,减一等。但作为例外,"犯十恶者,不用此律"。

此外,唐律还规定有"请(上请)"的特权,其适用对象的规格低于"议",高于"减",是指皇太子妃大功以上亲属、应议者期亲以上亲属及孙、官爵五品以上人员,他们犯死罪可上请皇帝裁决,流罪以下例减一等。但是,"犯十恶,反逆缘坐,杀人,监守内奸、盗、略人、受财枉法者,不用此律"②。

2. 以孝治天下

中国传统社会历来十分重视香火延绵,所谓"不孝有三,无后为大"。有后,才能使阴间的祖先不致断了祭祀的血食。即使是罪犯,只要没有实施十恶等最严重的犯罪,就也会考虑使其香火延续、不致绝后。统治者为了推崇"孝道",还设计有"留养"的法律制度。

一般认为,权留养亲的案例最早出现于东晋咸和二年(327),因句容令孔恢罪应弃市,诏曰:"以其父年老而有一子,以为恻然,可悯之。"③据《魏书·刑罚志》载,北魏《法例律》已规定了留养其亲的制度:

> 诸犯死罪,若祖父母、父母年七十已上,无成人子孙,旁无期亲者,具状上请。流者鞭笞,留养其亲,终则从流。不在原赦之例。

---

① (唐)长孙无忌等:《唐律疏议·名例律》"八议条",刘俊文点校,中华书局,1983,第32页。
② (唐)长孙无忌等:《唐律疏议·名例律》"皇太子妃(请章)"条,刘俊文点校,中华书局,1983,第33页。
③ (宋)李昉等:《太平御览》卷646《刑法部·弃市》引臧荣绪《晋书》,中华书局,1960,第2894页。

凡是独子犯死罪,如若有超过七十岁的祖父母、父母,可以上请皇帝裁决;犯流罪,则可受鞭笞刑后服侍祖父母、父母至去世,再往服刑地点。此后,权留养亲制度被后代继承,定型于唐代,《唐律疏议·名例律》"犯死罪应侍家无期亲成丁"条规定:

> 诸犯死罪非十恶,而祖父母、父母老疾应侍,家无期亲成丁者,上请。犯流罪者,权留养亲,不在赦例,课调依旧。

况且,就在当时,唐玄宗又令"应敕决杖及有犯配流,近发德音,普标殊泽,杖者既听减数,流者仍许给程"①。如此前不到一年的开元九年(721)十一月"庚午冬至,大赦天下,……自六月二十日(指诛韦后党羽——引者注)、七月三日(指诛太平公主党羽——引者注)匡卫社稷食实封功臣,坐事削除官爵,中间有生有死,并量加收赠"②。

三 案件审理中的法律考量与处理结果

正是涉及上述法律问题,又正当唐玄宗励精图治之时,在案件审理过程中,对裴景仙的行为应如何定罪和适用法律,朝廷君臣开始的意见并不一致,以致引发多次争执。好在唐玄宗善于纳谏,案件最终回归依法处断。

(一)对裴景仙行为的定罪和量刑

在此案中,武强县令裴景仙虽然实施乞赃犯罪,且数额特别巨大,达五千匹之多,但按唐律最高刑也只有流刑,断无死罪。故大理寺卿李朝隐先后据律执奏:"裴景仙缘是乞赃,犯不至死。""枉法者,枉理而取,十五匹便抵死刑;乞取者,因乞为赃,数千匹止当流坐。"那么,裴景仙究竟所犯何罪?根据《唐律疏议·职制律》"受所监临财物"条的规定:

> 诸监临之官,受所监临财物者,一尺笞四十,一匹加一等;八匹徒一年,八匹加一等;五十匹流二千里。与者,减五等,罪止杖一

---

① (后晋)刘昫等:《旧唐书》卷100《李朝隐传》,中华书局,1975,第3127页。
② (后晋)刘昫等:《旧唐书》卷8《玄宗本纪上》,中华书局,1975,第182页。

百。乞取者，加一等；强乞取者，准枉法论。①

也就是说，裴景仙犯受所监临财物罪，且赃额远远超过五十匹，应处流二千里；还有"乞取"行为，罪加一等，应处以流二千五百里。故李朝隐才说"数千匹止当流坐"，显然"犯不至死"。

但在开元大治的背景下，裴景仙所犯赃额特别巨大，且事发逃跑，影响恶劣。这就成为唐玄宗心目中"轻我宪法，蠹我风猷"的典型。出于刑罚威慑性考虑，唐玄宗加重对裴景仙的处罚是以"情"破"法"。如按其命令集众杀之，则"今若乞取得罪，便处斩刑，后有枉法当科，欲加何辟？"这么随意轻重刑罚，儿戏国法，其所作所为，与《史记·张释之列传》记载汉文帝时一事如出一辙。其时，有人偷盗高祖庙中的玉环，被捕后按律本应处死刑弃市，但汉文帝气得要株连抄斩盗者的亲族。张释之劝谏曰："法如是足也。……今盗宗庙器而族之，有如万分之一，假令愚民取长陵（汉高祖陵墓——引者注）一抔土，陛下何以加其法乎？"

实际上，李朝隐在第二次奏文中，也以"射兔魏苑，惊马汉桥，初震皇赫，竟从廷议，岂威不能制，而法贵有常"作比喻进行规劝。

"射兔魏苑"的典故出自《三国志·魏书·高柔传》，具体是这样的：

> 时猎法甚峻。宜阳典农刘龟窃于禁内射兔，其功曹张京诣校事言之。帝（魏明帝——引者注）匿京名，收龟付狱。柔表请告者名，帝大怒曰："刘龟当死，乃敢猎吾禁地。送龟廷尉，廷尉便当考掠，何复请告者主名，吾岂妄收龟邪？"柔曰："廷尉，天下之平也，安得以至尊喜怒而毁法乎？"重复为奏，辞指深切。帝意寤，乃下京名。即还讯，各当其罪。

---

① 有人认为：此案中裴景仙为武强县令，虽累计获赃数量巨大，但是属于"挟势乞索"，应当按照"坐赃"罪减一等论处，依律最高只能判三年徒刑，而不应当判处死刑。这是误解、误用唐律。

同时，《资治通鉴》卷212《唐纪二十八》"唐玄宗开元十年"条记载："裴景仙，坐赃五千匹，事觉，亡命。"需要注意这里说的"坐赃"，并非唐律"六赃"意义上的"坐赃"，而是传统的、广义的贪赃犯罪。参见周东平《关于中国古代赃罪的若干问题——以唐律为中心》，载徐显明、徐祥民主编《中国历史上的法制改革与改革家的法律思想》，山东大学出版社，1999，第183~198页。

"惊马汉桥"的典故出自《史记·张释之列传》,具体是这样的:

顷之,上(汉文帝——引者注)行出中渭桥,有一人从桥下走出,乘舆马惊。于是使骑捕,属之廷尉。释之治问。曰:"县人来,闻跸,匿桥下。久之,以为行已过,即出,见乘舆车骑,即走耳。"廷尉奏当,一人犯跸,当罚金。(《集解》如淳曰:"乙令'跸先至而犯者罚金四两。'跸,止行人。")文帝怒曰:"此人亲惊吾马,吾马赖柔和,令他马,固不败伤我乎?而廷尉乃当之罚金!"释之曰:"法者天子所与天下公共也。今法如此而更重之,是法不信于民也。且方其时,上使立诛之则已。今既下廷尉,廷尉,天下之平也,一倾而天下用法皆为轻重,民安所措其手足?唯陛下察之。"良久,上曰:"廷尉当是也。"

无论高柔"安得以至尊喜怒而毁法乎"的劝谏,还是张释之以"法者天子所与天下公共也"为由拒绝加重判决,结果都被贤明君主接受。李朝隐以历史上的这些明君贤臣守法故事讽喻,恰好唐玄宗此时尚是励精图治之君,要求自己"务修德政""先务仁恕",总体上注意刑罚的宽简。他认为刑罚是不得已才使用的,"何必用威,然后致理"①,因此提出"作程者不要于密,贵于必行;行令者不要于严,贵于适中"②的原则。在执行刑罚时,"不用殊绝之诛,每施宽大之令"③,并要求各级官吏慎恤刑罚,"俾夫善取其尤罚无所滥,疏而不漏,察不为苛"④,尽可能做到"惟刑是恤""狱市在简"。当时,统治者一致认为,"上下同心,法令明一,宽而有制,从容以和",是通向"刑措太平之道"⑤。这正是李朝隐的规劝能够被最终接受的大背景。

(二)一门绝祀,情或可哀

李朝隐认为,裴景仙的"曾祖故司空寂,往属缔构,首预元勋。载初

---

① (宋)宋敏求编《唐大诏令集》卷86《岁初处分德音》,中华书局,2008,第495页。
② (宋)宋敏求编《唐大诏令集》卷100《洗涤官吏负犯制》,中华书局,2008,第507页。
③ (宋)宋敏求编《唐大诏令集》卷83《孟夏疏决天下囚徒敕》,中华书局,2008,第478页。
④ (宋)宋敏求编《唐大诏令集》卷104《遣御史大夫王晙等巡按诸道制》,中华书局,2008,第532页。
⑤ (唐)李彭年:《论刑法不便表》,载(清)董诰等编《全唐文》卷329,中华书局,1983,第3336页。

年中，家陷非罪，凡有兄弟皆被诛夷，唯景仙独存，今见承嫡。据赃未当死坐，准犯犹入请条"，即裴景仙是开国元勋裴寂的唯一在世曾孙，按照法律即使犯死罪也可以享有上请特权，何况他犯的是流罪，本可例减一等，"舍罪念功"，获得宽大处理，以延续元勋血脉。这样，玄宗乃下制曰："然以其祖父昔预经纶，佐命有功，缔构斯重，缅怀赏延之义，俾协政宽之典，宜舍其极法，以窜遐荒。仍决杖一百，流岭南恶处。"①

李朝隐除了据法力陈裴景仙罪不当死，且享有上请特权之外，还于法外求情，以人性最柔软的亲情增强说服力。他强调裴景仙系元勋裴寂的唯一在世后裔，此前其家族在武则天"载初②之际，枉被破家，诸子各犯非辜，唯仙今见承嫡"。即在武周前夜，裴寂家族陷于非罪，其孙裴承先等被酷吏诛夷殆绝，唯裴景仙独存，一脉不绝。若丝毫不念及裴寂这一缔构元勋，又对裴景仙的犯罪特加严惩，那么，古时晋国叔向因贤明得以不受其弟弟枉法徇私行为的株连有什么值得称道的呢？春秋时期楚国著名家族若敖氏的祖先岂不因为后代结党营私、贪得无厌被诛杀而断子绝孙，不得血食，陷于饥饿？既然四海都深受浩荡皇恩，岂能对裴景仙一人"独峻常典"？

这一亲情牌还是能打动唐玄宗的，因为他历来重视亲情、孝道。开元初年，初登宝座的唐玄宗对近在咫尺的诸王并不放心，为杜绝他们卷入政争之虞，遂禁止诸王与群臣间的交往；开元二年（714），更重申诸王外刺之令。故宋、申、幽、岐、薛、宁王一时皆外放为诸州刺史，以州佐知州持纲纪，实则监控诸王。直至开元九年，唐玄宗认为其皇位业已稳如泰山，才令诸王征还京师，③友爱有加。例如，他这时为弟兄们兴建了花萼相辉楼④，与他们时时登临，一同餐叙，游玩享乐；还制作大衾

---

① （后晋）刘昫等：《旧唐书》卷100《李朝隐传》，中华书局，1975，第3127页。
② 载初（689年十一月~690年八月）虽是唐睿宗李旦的年号，但实际上李旦毫无实权，而由武则天操纵朝政，一般算作武则天的年号。
③ 参见（后晋）刘昫等《旧唐书》卷8《玄宗本纪上》，中华书局，1975；（后晋）刘昫等《旧唐书》卷86《章怀太子传附邠王守礼传》，中华书局，1975；（宋）钱易《南部新书》卷甲，中华书局，2002。
④ 该楼名称典出《诗经·小雅·常棣》中的"常（棠）棣之华，鄂（萼）不铧（光明、光亮——引者注）。凡今之人，莫如兄弟"。萼即花托，系花朵最外面一圈绿色的小片。诗句的意思是说棠梨花，花复骨，萼承花，形容兄弟情谊如同棠梨花与萼一样相互辉映。故楼名"花萼相辉"，很好地象征唐玄宗与兄弟间的手足之情。

长枕，与弟兄们同床共寝。开元七年，他下令群儒质定《孝经》版本，之后亲自注释《孝经》，至开元十年六月二日颁布，一直强调"以孝治天下"。同年八月，裴景仙旋即案发。一向重视基层吏治的唐玄宗勃然大怒。所以，李朝隐依法守法的同时，依据情理法共同决狱原理，强调法外理由，动之以情，"十代宥贤，功实宜录；一门绝祀，情或可哀"；处死景仙，有违伦常；舍罪念功，乞垂天听。这最终说服唐玄宗改变初衷，唐玄宗不再"严刑逞戮"，而是回到"罪不在大，本乎情；罚在必行，不在重"的严格执法状态。①

四 小结

裴景仙乞赃属于唐律六赃中的受所监临财物罪，赃额特别巨大，在开元前期励精图治、吏治总体清明的背景下，发生令宰贪财黩货的恶劣犯罪行为，唐玄宗本来要拿裴景仙作典型，"不从本法，加以殊刑，冀惩贪暴之流，以塞侵渔之路"②，即集众杀之，以儆效尤。这在中国传统社会，因皇帝拥有超法规处罚的特权，如可以诛、杖杀、赐死等，本属平常。但开元前期，正值步入开元之治的盛世，君臣相对守法，法律执行得比较好，又遇到"为国惜法，期守律文"的大理寺卿李朝隐，极力说明"法贵有常"的原理，从三个方面劝谏唐玄宗不要冲动，不要因个人好恶而置法律于不顾，最终使唐玄宗收回成命，案件得以依法判决。

首先，李朝隐认为法律的权威不能被破坏，坚持按唐律的受所监临财物罪（流二千五百里）而非受财枉法罪（死刑）处罚。其次，裴景仙依法可以享受唐律有关"请"的特权，即裴景仙的曾祖为开国元勋，属于"八议"中"议功"的对象，故裴景仙犯流罪可减一等，不当判处死罪。最后，从孝道出发，强调一门绝祀，情或可哀，既然四海广被皇恩，裴景仙也应享受普惠。

---

① （后晋）刘昫等：《旧唐书》卷100《李朝隐传》，中华书局，1975，第3126页。
② （后晋）刘昫等：《旧唐书》卷100《李朝隐传》，中华书局，1975，第3127页。

传统复仇法制研究

——在制度与理论之间[*]

肖　飞^{**}

摘　要： 当前社会一系列与血亲复仇相关的案件引发了民间与学界的广泛讨论。民间与学界、不同立场之法律人之间对于此类案件的观点张力均可落在传统与现代之法制差异上。考辨复仇法制源流可知，其基本导向是禁止复仇，其背后的理论基础则为礼法之调和。作为传统法制集大成者之《大清律例》，其关于复仇的规定在保持伦理法特征之前提下，与现代刑法之正当防卫条款在立法精神上若合符节；对二者差异的理解关键在于公私关系，传统法制在复仇问题上赋予了私人更大的"权利"空间。至于认为"法治优于礼治"而"厚今薄古"者，乃基于一种机械的法律进化论观点。

关键词： 复仇法制；礼法调和；礼兼公私；法律进化论

一　引言——现代与传统

前几年发生的于欢案与张扣扣案引发了民间与学界的广泛关注和

---

*　本文系中国人民公安大学 2020 年度基本科研业务费新任教师科研启动基金项目（2020JKF508）"宗教法制的古今之维——以宗教中国化方向为指导"的研究成果。

**　肖飞，清华大学法学博士，中国人民公安大学法学院讲师。

热议。① 无论是于欢案中的"辱母"情节,还是张扣扣案中的"为母报仇",都指向两个相同的主题:孝道与复仇。于欢和张扣扣两人,基于共同的"孝道与复仇"底色,实行了杀伤人命的行为,但两人的最终命运截然不同。于欢在案发后几乎获得了全民支持,这些支持来自广大网民、媒体及学界。其中媒体的报道是导火索,广大网民的争相传播是助推剂,而学者们异口同声为之"鸣不平"则为其二审减刑提供了充分的法律依据。反观张扣扣,对其支持与赞颂多来自广大网民,且多为匿名者。

同样是反映孝道与复仇,于欢和张扣扣不同命运的根本原因在法律层面。以辱母为前提之一的即时反抗让于欢有了刑法上正当防卫的可辩空间,而张扣扣带有明显滞后性的复仇行为却是现代刑法所绝对禁止的。

然而,网民对于欢、张扣扣二人的"称颂"同样值得重视,虽然这种"称颂"背离了法律。如果说大众对于欢的"称颂"更多地游走于现代刑事法律的边缘地带,即要求司法考虑伦理,那么对张扣扣的"称颂"则无疑与现代法治理念格格不入。借助互联网这一现代化媒介对激愤情绪的传播,部分民众将两案基于法律应该考虑的因素抛诸脑后,进而将两人凝练

---

① 考虑到文章篇幅及两案的影响力,此处对案情不展开具体介绍,相关信息见《刺死辱母者》,2017 年 3 月 23 日,https://view.inews.qq.com/wxn/NEW20170623011 56100?;《辱母案:期待"正义的理据"》,2017 年 3 月 25 日,https://sdxw.iqilu.com/share/YS0yMS0yMTkzMjI.html;《"刀刺辱母者案":司法要给人伦留空间》,2017 年 3 月 26 日,http://m.xinhuanet.com/comments/2017-03/26/c_1120695029.htm;《"刀刺辱母者案"评论上亿条,请珍惜民意对法治的"助推"》,2017 年 3 月 26 日,https://mp.weixin.qq.com/s/VlqBwLzP3icwT8eHeKX9VA;《辱母杀人案:法律如何回应伦理困局》,2017 年 3 月 26 日,https://mp.weixin.qq.com/s/UaYpXnmAg16SK445l3FygA;《19 名教授分析"于欢案"汇总(让我们静等二审判决吧)》,2017 年 3 月 31 日,https://www.sohu.com/a/131449004_682512;《张扣扣被执行死刑引发网友感慨:壮士一路走好》,2019 年 7 月 17 日,http://3g.163.com/news/article_cambrian/EK9IIC1P0525X02S.html;《除夕行凶嫌疑人张扣扣:案发前曾给父亲 4 万元拒绝"找媳妇"》,2018 年 2 月 20 日,https://mp.weixin.qq.com/s/62HM9E6RBFbXTgCWAF0KkA;《知情人讲述:我所知道的张扣扣杀人案》,2018 年 2 月 20 日,https://www.jiemian.com/article/1948579.html;《为张扣扣"点赞"?别用"草莽正义"模糊法治底线!》,2018 年 2 月 20 日,https://www.sohu.com/a/223233549_616821?p=sina;《赞杀人者为"英雄",将剥夺每个人的安全感》,2018 年 2 月 21 日,https://www.thepaper.cn/newsDetail_forward_2004209?commTag=true;于欢故意伤害案山东省聊城市中级人民法院刑事附带民事判决书,(2016)鲁 15 刑初 33 号;于欢故意伤害案山东省高级人民法院刑事附带民事判决书,(2017)鲁刑终 151 号;以及流传于网络的辩护律师殷清利、邓学平的辩词及汉中市人民检察院公诉意见书。

成"孝子"这一"光辉形象"。这种广泛且一致的民情表达兼具人性与文化层面的原因。

就人性层面而言,为母报仇符合最原始的朴素正义,这是自不待言的。而就文化层面而言,于欢和张扣扣共同的"孝道与复仇"这一传统人伦底色是二者获得民情支持的基础和前提,对这点的利用也很明显地存在于张扣扣的辩护律师邓学平的辩护词①中。一言以蔽之,基于人性与伦理的双重意义,部分民众选择溢出法律的边界,对于欢和张扣扣二人报以同情与称赞,而二人的行为与传统人伦的对接又为公众情绪的宣泄提供了某种情理上的合理性。根据公众对二人"孝子"形象的凝练,二人的行为完全符合传统上一以贯之的价值观;二人若是置诸传统社会,非但不会受到任何惩罚,反而应该被立为正面典型予以嘉奖!

鉴于两案与血亲复仇这一古老法律话题的紧密联系,其引发法史学界的重点讨论也就不足为奇了。苏亦工教授认为:"晚近发生的于欢案、张扣扣案等一系列案件,之所以备受争议,根本问题不在于事实和法律本身,而在于现行中国法律所植根的西洋文化背景,与中国社会数千年来绵延不绝的'人情'传统格格不入,与中国固有文化难以融通。这是我们今人必须直面的重大紧迫问题,不能继续熟视无睹,避而不谈了!"② 于欢案发生后,梁治平教授指出,于欢案在一审判决引发热烈讨论后,二审判决力图兼顾法律与民意、法理与情理,但其中不乏混淆、矛盾和推理上的混乱;"它既没有真正改变司法界以往在适用正当防卫相关法律时的保守传统,也没有真正在价值理据层面回应民意","除非二审法官别出心裁,结合法理和情理、历史与现实、文化与法律,把于欢案中的'辱母'解释为一种真正严重的不法侵害,一种即便不足以证立正当防卫,但却可能为'刺死辱母者'免除处罚的不法侵害"。③ 张扣扣案发生后,李德嘉博士通过对以唐代"徐元庆复仇"案为主的传统复仇案的分析认为,在复仇案所

---

① 邓学平律师的辩护意见以《一叶一沙一世界——张扣扣案一审辩护词》为标题发布在其个人微信公众号上并在网上流传。该辩护意见认为复仇有着深刻的人性和社会基础,并引用了儒家经典《礼记》、传统律典(《宋刑统》《明律》)、正史中的相关记载、传统律学家与当代法学学者的观点为张扣扣的复仇行为寻找减刑的依据。
② 苏亦工:《法宜容情——古人为何以孝治天下》,《清华法学》2019 年第 5 期。
③ 参见梁治平《"辱母"难题:中国社会转型时期的情—法关系》,《中国法律评论》2017 年第 4 期。

体现的礼法冲突中,"古代司法实践逐渐发展出由皇帝亲自裁决复仇并对复仇者实施宽宥的做法。传统司法对复仇的裁决既保持了国家法制的统一,又反映了王权对孝道的尊重和保护,其中体现的'司法原情'主张对当下的司法实践也有重要启示"①。

基于民间与学界、不同立场的法律人,尤其是现代与传统在此一问题上的观点张力,笔者不禁想要追问:传统法制究竟是如何处理复仇问题的?

二 传统的制度层面:清律复仇条款其溯源

关于传统法制中有关复仇的规定,本文聚焦传统律典之集大成者《大清律例》,并以之为基础联结前后各相关朝代之复仇法制。

(一) 清律的继承与革新

1. 清律复仇条款解读

明清时期基本上形成了传统中国社会对于复仇问题的最终制度形态。根据《明史》的记载,"复仇,惟祖父被殴条见之"②。考虑到《明史》乃清人所修,且《大清律例》多沿袭《大明律》,故可以认为,《大清律例》中与复仇直接相关的条款即"父祖被殴"条。清律此条乃因明律,仅于顺治三年添入小注。③ 该律文可基于父祖被殴与被杀两种情况下对子孙复仇行为的处罚展开分析。

(1) 父祖被殴时

> 凡祖父母、父母为人所殴,子孙即时(少迟即以斗殴论)救护,而还殴(行凶之人),非折伤,勿论;至折伤以上,减凡斗三等;(虽笃疾,亦得减流三千里,为徒二年。)至死者,依常律。④

对于该部分规定,明代律学家雷梦麟认为:"此重在'即时救护'四

---

① 李德嘉:《"徐元庆复仇"案所蕴含的法理争议》,《法律适用》2018年第8期。
② 《明史·刑法志二》,中华书局,1974,第2316页。
③ 胡星桥、邓又天主编《读例存疑点注》,中国人民公安大学出版社,1994,第666页。
④ 《大清律例》,田涛、郑秦点校,法律出版社,1999,第468页。

字,盖本欲救护其亲,恐不得脱,不得已而还殴之,非有意于殴人也。"①
清代律学家沈之奇亦指出:"子孙见亲被殴,非还殴则不得救,殴人所以救亲,非逞凶肆恶之比。重在'即时救护'四字,见其情急势迫,不得已而出于此也,故注曰'稍迟,以斗殴论'。即时是救护,非即时是殴人矣。因救而殴,罪得减科,若殴之至死,则人命不可无抵,自依常律。"② 对于"依常律",沈之奇进一步解释道:"至死者不曰绞,而曰依常律,则故杀亦在其内矣。容有见父祖被殴而忿怒还殴之时,起意欲杀,逞情杀之者也,虽为救护,而故杀情重,自依常律坐斩。"③

(2) 父祖被杀时

> 若祖父母、父母为人所杀,而子孙(不告官)擅杀行凶人者,杖六十;其即时杀死者,勿论。(少迟即以擅杀论。)④

对于该部分规定,律学家亦有详细的解读。雷梦麟指出:"祖父母、父母被人杀,而子孙擅杀行凶人者,杖六十,父母之仇不共戴天,故轻之也。若即时杀死,由于一时之愤激,亦义气所发也,故勿论。"⑤ 沈之奇的观点近乎一致:"《礼》谓父母之仇,孚与共天下,遇诸市朝,不反兵而斗。义应复仇,故擅杀之罪轻。若目击其亲被杀,痛忿激切,即时手刃其仇,情义之正也,何罪之有?"⑥ 在此基础上,沈氏进一步指出:"父祖被杀,礼必复仇,故私和有罪(此涉及律典中的另一律文,此处不论——引者注)。法当行乎上,不可操乎下,故擅杀有罪。私和重至满徒,擅杀止杖六十,而杀在即时并免其擅杀之罪,皆扶植人伦,网维世道之精义也。"⑦ 可见,律学家对明清律中父祖被杀子孙复仇条款的解释均基于对古礼的遵循。

2. 清律复仇条例的增修

如果说清律以上部分相比于明律只是通过小注细化的话,那么反映于

---

① (明)雷梦麟:《读律琐言》,怀效锋、李俊点校,法律出版社,2000,第393~394页。
② (清)沈之奇:《大清律辑注》,怀效锋、李俊点校,法律出版社,2000,第784页。
③ (清)沈之奇:《大清律辑注》,怀效锋、李俊点校,法律出版社,2000,第785页。
④ 《大清律例》,田涛、郑秦点校,法律出版社,1999,第468页。
⑤ (明)雷梦麟:《读律琐言》,怀效锋、李俊点校,法律出版社,2000,第394页。
⑥ (清)沈之奇:《大清律辑注》,怀效锋、李俊点校,法律出版社,2000,第784~785页。
⑦ (清)沈之奇:《大清律辑注》,怀效锋、李俊点校,法律出版社,2000,第785页。

条例中的变化则丰富得多，这种丰富的变化更为深入且直接地体现了清代立法者对于复仇问题的态度变更。

(1) 父祖被殴子孙复仇条例的纂修

乾隆四十二年（1777），在复仇律文下增加了一则条例，该条例中父祖被殴子孙复仇部分经乾隆六十年修改后内容如下：

> 人命案内，如有祖父母、父母及夫被人殴打，实系事在危急，其子孙及妻救护情切，因而殴死人者，于疏内声明，分别减等，援例两请，候旨定夺。①

增加的条例对父祖及夫被殴，因事在危急，救护情切而还殴致死的情况给予减刑。对此，薛允升认为："救护父母之案，事在危急，例应减等，即非事在危急，秋审亦应入可矜。"②

(2) 父祖被杀子孙复仇条例的纂修

父祖被杀子孙复仇条例的纂修过程较为复杂，在展开探讨前，有必要先明确律文中父祖被杀子孙复仇被处以杖六十的刑罚究竟针对何种情形而言。虽然仅据明律条文尚不足以得出结论，但基于清律小注的补入及明清律学家的解读，可以确定的是：杖六十的刑罚所针对的是父祖被杀后，子孙少迟的复仇行为。明代律学家雷梦麟即持此观点："若少迟焉，则杖六十矣。"③ 清律通过律文辅以小注在逻辑上也证明了此点：根据律文内容，父祖为人所杀，子孙擅杀行凶者，杖六十；在擅杀前有小注——不告官；在整条律文后有小注——少迟，即以擅杀论。清代沈之奇对此有进一步的解释。关于擅杀："擅者，专擅也。其人本犯应死之罪，告官正法，罪亦应杀，特谓其专擅而杀之耳，故曰'擅杀'。"关于"即时"："观'即时

---

① （清）吴坤修等编撰，郭成伟主编《大清律例根原》，上海辞书出版社，2012，第1426页。乾隆四十二年纂修的条例原本为："人命案内，如有父母被人殴打，实系事在危急，伊子救护情切，因而殴死人者，于疏内声明，援例两请，候旨定夺。"见（清）吴坤修等编撰，郭成伟主编《大清律例根原》，上海辞书出版社，2012，第1425页。后乾隆五十九年发生了云南的"李氏救夫戳伤李文有身死"案，上谕曰："以妻之于夫，无异子之于父母。律例所载，止有救父母情切，声请旨减等之条，而救夫情切，未经着有成例，未免疏漏。"见（清）吴坤修等编撰，郭成伟主编《大清律例根原》，上海辞书出版社，2012，第1426页。由此在乾隆六十年该条例加入"夫"这一身份。

② 胡星桥、邓又天主编《读例存疑点注》，中国人民公安大学出版社，1994，第666页。

③ （明）雷梦麟：《读律琐言》，怀效锋、李俊点校，法律出版社，2000，第394页。

弗论'，则擅杀者，原不论月日多少矣。如父祖被殴伤重，辜内身死，子孙即杀其行凶之人，亦是擅杀。"① 所谓保辜，即"殴伤人未至死，当官立限以保之"②。在保辜期内，殴人者应为被殴者继续寻求治疗。若伤者在保辜期内未死，则对殴人者仅以伤人罪论处；若死，则以死罪论处。根据沈之奇在此处的补充，父祖被殴，若于辜限内死亡，子孙因此而复仇杀死殴人，则处以杖六十。"若父祖被殴，死于辜限之外，则殴者无应死之罪，而子孙擅杀，似当别论。但复仇之心可原，遇有此等，应以上请。"③ 对父祖被殴保辜期内死亡后的复仇杀人仍处以杖六十的刑罚，可视为对"少迟"的扩大解释，当然，其所考虑的仍然是孝子的复仇之心。结合以下条例所进行的体系化解释更能支持以上结论。

关于父祖被杀后的复仇，一则雍正五年（1727）由律例馆奏准增定附律的条例④作出了如下规定：

> 凡祖父母、父母为人所杀，本犯拟抵。后或遇恩遇赦免死，而子孙报仇将本犯仍复擅杀者，杖一百，流三千里。⑤

根据此条，杀死人父祖者，即便在执行完刑罚后由被杀者子孙复仇杀死，对复仇者亦仅处以杖一百，流三千里。这样的刑罚明显是偏轻的，甚至可以想象，杀人者即使在国法上免除了生命的剥夺，也仍将因害怕被杀者子孙不期而至的复仇行为而长期生活于恐惧之中。

这一明显失宜的规定直到乾隆年间才通过新条例的制定得到修正。新条例的制定以发生在乾隆五十八年（1793）的赵宗孔案为契机。该案的大致案情是：赵宗孔因伊父赵大典被赵秕麦扎死，拟绞减流，释放回籍，触起前忿，将赵秕麦致死。⑥ 乾隆皇帝在针对该案的上谕中指出：

---

① （清）沈之奇：《大清律辑注》，怀效锋、李俊点校，法律出版社，2000，第785页。
② 胡星桥、邓又天主编《读例存疑点注》，中国人民公安大学出版社，1994，第623页。
③ （清）沈之奇：《大清律辑注》，怀效锋、李俊点校，法律出版社，2000，第785页。
④ 具体而言，该条例系康熙年间现行则例，雍正五年律例馆奏准附律。见马建石、杨育棠主编《大清律例通考校注》，中国政法大学出版社，1992，第863页。
⑤ 马建石、杨育棠主编《大清律例通考校注》，中国政法大学出版社，1992，第863页。同见（清）吴坤修等编撰，郭成伟主编《大清律例根原》，上海辞书出版社，2012，第1424页；（清）允禄等监修《大清会典（雍正朝）》卷177《刑部·律例二十八·刑律八》，台湾文海出版社，1994，第11780~11781页。
⑥ （清）吴坤修等编撰，郭成伟主编《大清律例根原》，上海辞书出版社，2012，第1425页。

向来子报父仇之案，情节不一，倘有凶手漏网，冤无可伸者，其复仇原属可原。今赵秕麦前已问拟绞候，国法既伸，只因遇赦减流，十年无过，释回原籍，并非幸逃法网，是揆之公义，已不当再挟私仇。若概如赵宗孔之逞私图报，则赵秕麦之子又将为父复仇，此风一开，仇非人子皆得挟其私忿借口报复，势必至仇杀相寻，伊于何底。赵宗孔自应照部驳定拟斩候，第念该犯究因报复父仇起见，竟予勾决，究觉有所不忍。若仍得援例减等释放，又恐被仇之家往来寻觅，逞凶报复，转非辟以止辟之义。其在未经奉旨以前者，仍照旧例办理外，赵宗孔着入于缓决，永远牢固监禁。嗣后，各省遇有此等案件，俱着照此办理，将此通谕知之。①

根据上谕，国法已伸，赵宗孔没有任何理由向赵秕麦复仇，刑部对其拟斩监候的刑罚并无不妥，只是考虑到孝子复仇这一情节，皇帝不忍勾决；但若援例减等释放，则会产生辗转复仇之后果，进而违反刑律辟以止辟之义。故而最终决定将赵宗孔入于缓决，并终身监禁。此处之"援例减等"之例，当指前述"康熙年间现行则例，雍正五年律例馆奏准附律"之条例。

刑部根据此上谕中乾隆皇帝的旨意增订了条例。值得注意的是，虽然是赵宗孔案直接促成了新条例的制定，但是有关这一主题的讨论早在乾隆四十二年（1777）就已经出现。

乾隆四十二年，直隶发生了一起为父报仇案，具体案情如下。沈三因行窃拒捕，被事主王廷修发现赶殴致死，对王廷修照"黑夜偷窃被事主殴打致死"例拟徒，案件本已完结，然而沈三之子沈万良却于十多年后将已经服罪的王廷修乘机杀害。直隶总督依例拟对沈万良处以杖流刑，其所依之条例即为前文已述及之"康熙年间现行则例，雍正五年律例馆奏准附律"。该督的处断被当时的刑部议驳，并得到了乾隆皇帝的肯定。在当时针对此案所发的上谕中，乾隆皇帝已经表达了与赵宗孔案上谕完全一致的意思。②

---

① （清）吴坤修等编撰，郭成伟主编《大清律例根原》，上海辞书出版社，2012，第1425页。
② 在上谕中，乾隆皇帝指出："我朝明罚敕法审慎周详，生杀悉由谳司，岂容一介不逞之徒，私行报复？况国法既彰，则私恨已泄，仇杀之端，断不可启，训示最为明晰。即子孙复仇之例，若因伊父死于非命，而凶手竟得漏网，冤无可伸，其复仇犹为有说。今沈三原系罪人，王廷修又已伏罪结案。则国法已伸，王廷修即属无罪之人。乃沈万良复逞凶故杀，即应照故杀问拟。若如该督所拟杖流，将来此风一开，谁非人子，皆得挟其私忿，借口复仇，逞凶挠法，何所底止？岂辟以止辟之义耶！"见《刑案汇览》，载（清）祝庆祺等编撰《刑案汇览全编》卷45，尤韶华等点校，法律出版社，2007，第2315~2316页。

只是，与赵宗孔不同的是，沈万良被处以斩监候。对沈万良案的纠正虽然明确指出了处杖流刑的畸轻，却并未直接对该案原有处断所以为据的条例提出质疑，也没有增加新的条例以覆盖旧有条例；不过，自此以后的其他相似案件，是完全依据沈万良案的最终判罚来处理的。①

相比于沈万良案，对乾隆五十八年（1793）赵宗孔案的处理反映了两点明显的变化。首先，官方态度虽仍坚决反对复仇，且反对理由未变，却更多地考虑到子孙的复仇感情，因此将复仇杀人的刑罚由斩监候减为入于缓决并终身监禁。在乾隆皇帝看来，这既表明了朝廷坚决反对复仇的立场，又充分体现了皇帝本人的恻隐之心。其次，刑部以此案为契机，增修了一则条例，该条例基本上补足了对父祖被杀子孙复仇律文未涉及情形的惩治。

在由赵宗孔案所确定的惩处规则基础上，刑部进一步对"父母被殴，本犯当时脱逃未经到官，被死者子孙撞遇杀死者，又或凶犯虽经拟抵，于减等后辄敢潜逃回籍，致被死者子孙杀死者"②两种情形进行了补充立法。增修的条例最终规定：

> 祖父母、父母为人所杀，凶犯当时脱逃，未经到官后被死者子孙撞遇杀死者，照擅杀应死罪人律，杖一百。其凶犯先（虽）经到官拟抵，或于遇赦减等发配后，辄敢潜逃回籍，致被死者子孙擅杀者，杖一百，流三千里。若本犯拟抵后援例减等，问拟军、流，遇赦释回者，国法已伸，不当为仇，如有子孙仍敢复仇杀害者，仍照谋、故杀本律定拟，入于缓决，永远监禁。③

此条例从三个角度丰富并补充了律文中"若祖父母、父母为人所杀，而子孙（不告官）擅杀行凶人者，杖六十；其即时杀死者，勿论。（少迟，即以擅杀论）"这一规定。

---

① 据载，"此后（乾隆）五十三年，有河南省李江报仇杀死李作周一案；五十六年，山西省李伦报仇谋杀张端一案，均照谋故杀本律问拟斩候题结。详查四十二年后并无办过拟流成案"。《刑案汇览》，载（清）祝庆祺等编撰《刑案汇览全编》卷45，尤韶华等点校，法律出版社，2007，第2316页。
② （清）吴坤修等编撰，郭成伟主编《大清律例根原》，上海辞书出版社，2012，第1425页。
③ （清）吴坤修等编撰，郭成伟主编《大清律例根原》，上海辞书出版社，2012，第1425页。另参见胡星桥、邓又天主编《读例存疑点注》，中国人民公安大学出版社，1994，第667页。

3. 小结

不难看出，清律复仇条款在继承明律的基础上，通过添加小注及增修条例的形式进行了不断修正。通过小注的添入，将杖六十的惩处情形确定为父祖被杀后子孙的少迟复仇杀人行为（这点在明律文本中并未明确反映，只存于明代律学家的解读之中）。条例的增修则表现在两个方面：首先，父祖被殴时，考虑到事在危急情形下，子孙因救护父祖的紧迫而突破律典本来承认的限度，造成殴伤父祖者死亡，并不完全依照谋杀常律处以斩绞之刑，而是援例两请，候旨定夺；其次，通过条例丰富并补齐了对父祖被杀子孙复仇律文未予规定的复仇的处罚，实现了特定历史背景下的罪刑相适应。

（二）清律复仇条款之溯源及与唐律相关条款之比较

历史进程中的律典条文演变向我们展示了有关复仇法制的更为复杂的变化情形，以及这种变化背后更深层次的历史原因。

1. 清律复仇条款之溯源

关于清律复仇条款渊源，清末著名律学家薛允升与沈家本观点一致。薛氏认为，明律特立"勿论"及"杖六十"专条补《唐律》，实因《元律》也。[①] 沈氏亦认为，《元律》"诸人杀死其父，子殴之，死者不坐"，明律是承于元也。[②] 可见，清律复仇条款对唐与元均有所继承。

具体而言，父祖被杀子孙复仇部分（薛氏所谓"勿论"及"杖六十"专条）继承自元。元律此条的具体记载见于《元史·刑法志四》之"杀伤"条："诸人杀死其父，子殴之死者，不坐，仍于杀父者之家，征烧埋银五十两。"[③]

仅从法律条文来看，在元代，子孙具备无条件的复仇权，即不仅不论父祖因何缘由被杀，而且子孙复仇在时间上也无限制。不唯如此，在子孙复仇杀人后，法律还允许其获得类似于现代刑法上的刑事附带民事赔偿的烧埋银赔偿。通过国家法律承认无条件的复仇，形同鼓励私人复仇，其弊端是不言自明的。就此言之，清律此部分虽在立法精神上继承于元，但所进行的一系列精细化修正无疑是一种巨大的进步。

---

① 参见（清）薛允升《唐明律合编》，怀效锋、李鸣点校，法律出版社，1999，第623页。
② （清）沈家本：《历代刑法考（附寄簃文存）》，邓经元、骈宇骞点校，中华书局，1985，第1876~1877页。
③ 《元史》卷105，中华书局，1976，第2675页。

清律父祖被殴子孙复仇部分则远承于唐律。《唐律疏议》关于复仇之规定见于"斗讼"律下之"祖父母为人殴击"条：

> 诸祖父母、父母为人所殴击，子孙即殴击之，非折伤者，勿论；折伤者，减凡斗折伤三等；至死者，依常律。（谓子孙元非随从者。）
>
> 【疏】议曰：祖父母、父母为人所殴击，子孙理合救之。当即殴击，虽有损伤，非折伤者，无罪。"折伤者，减凡斗折伤三等"，谓折一齿合杖八十之类。"至死者"，谓殴前人致死，合绞；以刃杀者，合斩。故云"依常律"。①

相比于唐律，清律通过条例对救护情切者给予了减刑处理。

据此可知，清律复仇条款中的父祖被殴子孙复仇部分远承自唐律而有所宽缓，而父祖被杀子孙复仇部分则继承自元律而有所限制。易言之，唐律并无父祖被杀子孙复仇的相关规定，此亦清律与唐律之大不同者。

2. 唐律何故无父祖被杀子孙复仇条款？——薛允升之"厚古薄今"

薛允升在《唐明律合编》中对唐、明律有关复仇的规定有过充分的比较，其比较论述的重点在于父祖被杀子孙复仇部分。考虑到清律此条直接承自明律，其观点亦同样适用于唐律与清律之比较。与雷梦麟和沈之奇的"扶植人伦""网维世道之精义"等正面评价不同，相较于唐律相应条款，薛允升对明清律此条更多持批判态度。薛氏认为，唐律之所以禁止子孙在父祖被杀后复仇杀人，原因在于，对人的生杀大权应完全由国家垄断，而断不可假手于个人，唐律对擅杀应死罪人处以加役流重刑（与明清律相比尤可见其重）亦本于此一立法精神。薛氏承认，允许复仇固然符合礼义精神，毕竟儒家经典中从来都不缺乏对子孙复仇的支持；但同时又以《周礼》为证，证明对不报官擅杀的绝对禁止，由此重点驳斥了明清律中父祖被杀子孙即时复仇杀人勿论的规定。薛氏承认唐律绝对禁止子孙复仇固然严苛，却认为有"以礼坊民"之意，此礼当指《周礼》，具体指不应未经告官而擅杀；反观明律，因好为异同而有"勿论""杖六十"之条，矫枉过正，因纵容复仇而终导致无止境的相互仇杀；再观唐律，虽无复仇之文，却通过会赦移乡这一周密的

---

① 《唐律疏议》，刘俊文点校，中华书局，1983，第422页。

制度防止了辗转复仇的产生。① 总而言之，对比之下，薛氏明显对唐律无复仇之文而有会赦移乡之制更为欣赏，而对明律（自然也有清律）即时擅杀勿论、少迟擅杀杖六十之文可能导致的辗转复仇颇有微词。

薛氏的这种"厚古薄今"也"波及"了对清律复仇条例的评论。《读例存疑》有长篇按语品评清律之父祖被杀子孙复仇条例，其中涉及的比较论述包括但不限于唐律。薛允升的比较可以概括为以下诸方面。首先，唐律对复仇无文，如韩愈所言，既不欲伤孝子之心，又不欲乖先王之训；反观清律，其"即时杀死……勿论"等语虽不明言复仇，实则允许复仇。薛氏此层意思与《唐明律合编》之观点大致相合。其次，康熙年间所定条例（"凡祖父母、父母为人所杀，本犯拟抵。后或遇恩遇赦免死，而子孙报仇将本犯仍复擅杀者，杖一百，流三千里"）与律文"即时杀死……勿论"的立法精神一致，以报仇杀人为理所当然；后几经修改，对复仇子孙的处罚加重至永远监禁。究其原因，薛氏认为乃遇赦释回者多，造成复仇杀人者多，故而对复仇者刑罚加重。然而，薛氏颇感疑惑的是：既然遇赦释回者多，何不采唐律会赦移乡之法，以绝复仇者之心？最后，薛氏认为，法律既然允许复仇，就没必要区分国法是否已伸，且在法律允许复仇的前提下，减少复仇的关键在于赦不轻下，这显然是在批评清朝对杀人者赦免释回的轻率（因杀人者遇赦释回者多，而法律又允许复仇，会导致复仇杀人者亦多，如此而寻仇相杀无已）。②

一言以蔽之，在薛允升看来，唐律无复仇之文而有会赦移乡之法以避免寻仇相杀无已；清律虽不明言复仇，实则允许复仇，加之杀人遇赦释回者多而无会赦移乡之法，终导致寻仇相杀无已。两相对比，高下立判。薛氏还认为，在清律准许复仇的前提下，对复仇者的处罚并无必要区分国法是否已伸。在笔者看来，薛允升所持的是一种绝对主义的国家刑罚垄断观点，此点容后详述。

而立足于更为久远的时代，薛氏认为，《周礼》之书于士杀之无罪，并非针对遇赦后之复仇，古礼所云赦，乃针对极特定情形，远不若后世那般随意；《周礼》有调人之制，以保护杀人不应抵者不为复仇者所杀，唐

---

① 参见（清）薛允升《唐明律合编》，怀效锋、李鸣点校，法律出版社，1999，第622～623页。
② 参见胡星桥、邓又天主编《读例存疑点注》，中国人民公安大学出版社，1994，第667页。

律会赦移乡制度当仿此而设。就此言之，明清律之复仇条款距古礼亦甚远矣。① 调人之制，旨在既不伤孝子之心，又不坏国家之法，会赦移乡制度亦本于同一精神而立。在薛允升看来，本于《周礼》调人之制的唐律会赦移乡之法，其立法精神远高明于《大清律例》中的允许复仇之法。②

立法上，薛允升推崇唐律之无复仇之文；司法上，薛氏则认为韩愈之议最为允当。韩愈对于复仇案件的处理可以概括为"集议奏闻，酌宜而处"，置诸更为宏大的历史脉络中，韩愈对于复仇案件的处断观点也是历史上有关复仇问题论争的重要一环。下文以韩愈的观点为切入点，探讨历史上对复仇问题予以礼、法调和的多方观点及其困境，兼论其他相关理论。

三 传统的理论层面：礼法调和及其他理论

（一）礼法调和及其困境

1. 韩愈："集议奏闻，酌宜而处"

唐宪宗年间发生了一起为父报仇案，富平人梁悦因父为秦果所杀，故杀秦果并自首。韩愈针对该案的评述集中表达了其对处理复仇案件的观点。

韩愈认为，在礼父仇不同天而法杀人必死这一矛盾之下，唐律对复仇未作规定系有意为之。"不许复仇，则伤孝子之心，而乖先王之训；许复仇，则人将依法专杀，无以禁止其端"，而复仇本身具有复杂性；与其陷于两难，不如不在刑律上作统一规定。考虑到复仇既不作统一规定又不能不予处理，应针对每一复仇个案"下尚书省集议奏闻。酌其宜而处之"。③ 如此，则可达成经律均不失其旨的目标。韩愈的这一处理方案为《宋刑统》所吸收，在宋代成为定制。《宋刑统》"斗讼"律"祖父母父母为人殴击子孙欲殴击（复仇）"条之问答部分规定："臣等参详，如有复祖父母、父母之仇者，请令今后具案，奏取敕裁。"④

薛允升认为昌黎的处理方案"最为允当"⑤。即便在当下，这一方案也

---

① 参见胡星桥、邓又天主编《读例存疑点注》，中国人民公安大学出版社，1994，第667页。
② 参见胡星桥、邓又天主编《读例存疑点注》，中国人民公安大学出版社，1994，第668页。
③ 《旧唐书》卷50《刑法志》，中华书局，1975，第2154页。
④ 《宋刑统》，中华书局，1984，第357页。
⑤ 胡星桥、邓又天主编《读例存疑点注》，中国人民公安大学出版社，1994，第668页。

获得了某种认同，并可以为现代司法提供某种启示。① 具体到韩愈，其认为"法律之所以不规定复仇，并不是如大众认为的立法缺漏，而是立法者有意留下空白，给司法者以充分的空间"；"韩愈的观点以现代法律方法的视角去看，属于目的解释中的主观解释，即还原立法者真实意图的解释方法"，而"贯穿韩愈对立法目的的解释始终的理念或价值却是儒家经义中所倡导的伦理秩序和人伦感情"；"因此，韩愈建议统治者应该对复仇问题进行个案化的处理，在人情与法意之间找到个案的平衡点，然后加以裁决"。②

然而，韩愈的上述处理方案看似调和了礼与法，使经律皆不失其旨，但细细品味，却不难发现其中的问题。近人杨鸿烈就一针见血地指出，韩愈所说仍是空洞模棱，并非根本解决问题的办法。③ 具体而言，在法律复仇无文的情况下，对复仇案件最终奏取敕裁，看似避免了两难，然而这只是将法律条文方面的两难转移到个案上。具体到个案中，裁决若依律惩处复仇杀人者，则虽维护了国家之法，却伤害了孝子之心；若减免了对复仇者的刑罚，则虽保护了孝子之心，却破坏了杀人者死这一国法。除此二者外，再无其他处断办法，因此无论如何，均不可能平衡，徒余两难。进一步言之，在法律无复仇之文的情况下，每一个复仇案件都依赖敕裁，由此会造成具体复仇案件的处理结果不具有确定性与可预测性，终将陷入擅断的泥淖之中。④

---

① 参见李德嘉《"徐元庆复仇"案所蕴含的法理争议》，《法律适用》2018 年第 8 期。
② 李德嘉：《"徐元庆复仇"案所蕴含的法理争议》，《法律适用》2018 年第 8 期。
③ 杨鸿烈：《中国法律思想史》，范忠信、何鹏勘校，中国政法大学出版社，2004，第 206 页。
④ 台湾地区学者陈登武的研究证明了这一点。陈登武在考察了唐代的 16 个复仇案件后得出以下结论。唐高祖李渊在建国过程中曾两次操弄复仇议题，所以在处理庶民复仇案件时充满了政治考量。太宗因"孝道"有亏，所以刻意彰显"复仇"孝行，作为宣传自己重视孝道的象征，这同样是一种政治性考量。武后处理复仇个案，则更凸显其复杂的政治考量。她曾被反对者以"复仇"为名造反，但又因初建国，不得不利用复仇议题以巩固政权，所以作出诛旌并行的矛盾判决。中唐以降，国家或有君王被弑，或有亡国阴影，举国弥漫的是为君父复仇的氛围，在这种情况下，复君仇几乎是国家的终极目标，因此复父仇更是义行，而不会被科以重罚。参见陈登武《从人间世到幽冥界——唐代的法制、社会与国家》，台湾五南图书出版股份有限公司，2006，第 283 页。由此可以证明，唐代对于复仇案件的处理并无规律可循，一切以"皇权稳定性"为主要考量因素。我们虽然不能过分抬高唐律在唐代司法实践中的地位（关于唐律的司法实践情况，刘俊文的研究指出："唐律在唐代虽曾得到实施，但在实施过程中一直受到条格制敕的制约和君主权断的干扰；而唐前期武周酷吏政治和唐后期宦官藩镇之祸，更给唐律的实施造成严重的破坏。因此，唐律的条文并不完全等于司法实际。"见刘俊文《序论》，载刘俊文笺解《唐律疏议笺解》，中华书局，1996，第 85 页，但不可否认，法律上复仇规定的无文为这种基于政权稳定性考量的擅断创造了空间。复仇案件处断结果的多样性也使李德嘉的总结显得有些片面。

2. 陈子昂:"先诛后旌"

在韩愈以前,历史上已经不乏在复仇问题上调和礼、法的努力。往近处说,武周时期的徐元庆案已经引发过激烈的争论。徐元庆的父亲徐爽为县尉赵师韫所杀,元庆为父报仇后自首。时任右拾遗的陈子昂认为:"枕戈仇敌,人子义也;诛罪禁乱,王政纲也。"为了既全子义,又正国法,对徐元庆应先诛以正国法,诛后又应旌表以全孝义,并且先诛后旌宜成为定制。①

对于陈子昂的观点,柳宗元在其《驳复仇议》一文中给予了驳斥。柳宗元的驳斥极为直截了当:如果县尉赵师韫的杀人行为是依法行事,那么徐元庆的复仇行为就是违反国法,对违反国法之人如何能够旌表?如果县尉赵师韫的杀人行为是枉法行为,徐元庆履行孝义的复仇行为又何罪之有?②

陈子昂的"先诛后旌"显然是调和礼、法的另一种方式,相比于韩愈的模棱两可,陈子昂的观点显得更为确定,并且由于其立足于对每一复仇个案进行无差别的统一处断,也更具可操作性。然正如柳宗元所言,旌与诛莫得而并;毕竟礼与法具有一体两面性,二者得以调和的根本前提在于共同的价值目标,陈子昂的解读不唯无法达成统一目标,更将生出新的不可调和的矛盾。因为诛复仇者宣示的是国法对复仇的反对;而诛后再予以旌表则是反其道而行之,表达的是礼制对复仇的赞许。以上两种处理方式若出现在同一复仇案件中,真可谓有一种难以言说的诡异。杨鸿烈先生明确地表达了对柳宗元观点的支持,认为柳氏很能分辨法律和道德的界限,所以很不满意陈子昂的这种"首鼠两端"不彻底的办法,并以柳说为"最当"。③ 而柳氏所持,归根结底仍是一种具有复古意味的礼法调和论。

3. 荀悦:"义法并立"

在陈子昂以前,另一位值得关注的调和论者为东汉的荀悦。荀悦关于复仇之当纵当禁有如下观点:

---

① 陈子昂的具体观点见《大学衍义补》卷110,载《钦定四库全书荟要》卷2610,经部,台湾世界书局,1985,第6~7页。
② 柳宗元的驳斥观点见《新唐书》卷195,中华书局,1975,第5586~5587页。
③ 杨鸿烈:《中国法律思想史》,范忠信、何鹏勘校,中国政法大学出版社,2004,第204~205页。

或问复仇。"古义也。"曰:"纵复仇,可乎?"曰:"不可。"曰:"然则如之何?"曰:"有纵有禁,有生有杀。制之以义,断之以法,是谓义法并立。"曰:"何谓也?"曰:"依古复仇之科,使父仇避诸异州千里,兄弟之仇避诸异郡五百里,从父、从兄弟之仇避诸异县百里。弗避而报者,无罪。避而报之,杀。犯王禁者,罪也;复仇者,义也,以义报罪。从王制,顺也;犯制,逆也。以逆、顺生杀之。凡以公命行止者,不为弗避。"①

邱立波认为,荀悦出于古文经学的角度提出的所谓"义法并立"之说,是调和民间身份伦理与国家律令条文的中庸之道,为一般人所接受。邱氏还举了两个事例以为证:一例为《后汉书》卷84《列女·庞淯母传》所载,庞淯母父为同县人所杀,因兄弟三人,时俱病物故,故以一己之力在十余年后复仇,后诣县自首,遇赦得免;另一例为《华阳国志》卷10下《汉中士女》所载,成固人陈纲,友张宗受为人所杀,为友复仇后自拘有司,后会赦免。邱立波进而认为,"以上两位复仇者,都是先报私仇,后就公法"。前者即荀悦之所谓"义",而后者即荀悦之所谓"法"。报仇固然是由于私情所不能已,投案也是出于当事人的自觉。其中隐含某种理想:"如不复仇,势必不容于经典所规定的'礼';如不就'公法',势必又将破坏国家权威。""如此进退维谷的矛盾两端,通过复仇者的死达成了苦涩的统一。"②

需要指出的是,荀悦所谓"义法并立"仍然以国法原则上反对复仇为前提,其标准则为避仇制度。首先,法律禁止对避仇者复仇,允许对不避仇者复仇(不避仇相当于拒绝国法庇护)。其次,禁止为违反国法而受刑者复仇。质言之,"义法并立"是原则上的依法禁止复仇与例外情形下的允许以义复仇(被复仇者弗避);换言之,有纵有禁、有生有杀以禁与杀为原则,以纵与生为例外。邱氏所举两例均可证明当时的国法是禁止复仇的:在庞淯母复仇案中,其诣县自首后,"禄[福]长尹嘉义之,解印绶,欲与俱亡",此足可见地方司法官的私自免刑是违法的,因此只能弃官与犯共逃亡,庞淯母之"遇赦得免"亦证明对其免于刑罚属于法外施恩;陈

---

① (汉)荀悦撰,(明)黄省曾注,孙启治校补《申鉴注校补》,中华书局,2012,第72页。
② 邱立波:《汉代复仇所见之经、律关系问题》,《史林》2005年第3期。

纲同样是"会赦免"。

可见，荀悦所谓"义法并立"也未能兼顾礼、法。正如邱氏所言，如此进退维谷的矛盾两端，最后是通过复仇者的死达成了苦涩的统一。须注意的是，这种统一只关乎复仇者个人，是复仇者个人通过先报私仇后就公法的行为使其作为个体实现了义法并立。

4. 小结

以上对荀悦、陈子昂及韩愈观点的分析足以证明，以礼义为基础，试图在复仇问题上调和礼、法是极其困难的。对此，瞿同祖先生的论断可谓一语中的："一切辩理上的困惑都由于不肯采取单一的立场，中国的学者，除法家外，都偏向于礼经，不肯否认复仇的道义。"① 本质上偏于礼经，而又试图调和礼、法，遂终至两难。

（二）调和论之反面

1. 法家之复仇立场

那么，采取单一立场的法家又是如何对待复仇问题的呢？苏力指出："主张公权力至上的法家从一开始就禁止复仇。商鞅变法中，一条重要的内容就是规定，'为私斗者，各以轻重被刑大小'，目的是要使秦国国民'勇于公战，怯于私斗'。韩非子随后进一步强化了这一论断，认为'侠以武犯禁'，是国家'所以乱'的最根本的因素之一，因此必须由王权予以严厉打击和禁止。……秦始皇将很快统一中国，不仅通过中央集权的暴力同私力复仇展开一种'服务'竞争，而且收缴民间武器，进一步从物质上剥夺了民间私人复仇的可能，通过这种'不正当'竞争最终以垄断的方式开始向社会的受侵犯者提供'正义'（司法）。"② 陈登武概括："法家断绝一切合理化复仇行为的借口，当是真正符合法治精神的追求，其实也可视为日后儒法对于复仇态度差异的真正根源。"③

2. 王安石："复仇非治世之道"

法家断绝一切合理化复仇行为的借口是否就真正符合法治精神的追

---

① 瞿同祖：《中国法律与中国社会》，中华书局，1981，第83页。
② 苏力：《法律与文学：以中国传统戏剧为材料》，生活·读书·新知三联书店，2017，第70~71页。
③ 陈登武：《从人间世到幽冥界——唐代的法制、社会与国家》，台湾五南图书出版股份有限公司，2006，第261页。

求,这点大有进一步探讨的空间。历史发展的趋势是,随着后世儒家地位日隆,基于上述纯粹法家立场禁止复仇的观点逐渐销声匿迹。后世在禁止复仇观点上走得最远的当数北宋的改革家王安石。王安石认为,复仇只存在于乱世,因乱世才会有冤屈不得上达只能诉诸私力救济的现象发生,而儒家经义的复仇要求正是针对乱世子孙而言的。[①]

杨鸿烈先生最赞成王安石的观点,认为此即谓"复仇"乃是天下大乱、法令失效时的变态行动,也可以说"复仇行为"是"蛮性的遗留",相信"法治"有最高效率的人就绝不应扇此恶风。[②] 日本学者穗积陈重在批驳了陈子昂、柳宗元及韩愈的观点后,同样支持王安石的观点:

> 陈(子昂)的主张自然是无稽之谈,然而柳(宗元)、韩(愈)的说法也同样不符合历史规律。假若他们去除尚古癖,知道社会是由礼治进化至法治,知道复仇在无法可依的原始社会是必要的自卫作用的话,他们便会明白,在公权既已伸张、杀人罪的法条已定之后,复仇之人不斟酌是否合情合法,置法律于不顾,必然无法免除刑罚之罪,这是无需置疑的。
>
> ……
>
> 王安石立论正确,并无口若悬河的群儒那样的尚古癖,能顺应时势变迁,将《春秋传》、《周礼》、《礼记》的真义解析得明白无误。他认为复仇并非治世之道,只是法制未健全或无法可依之时的自力制裁,当有圣明天子在上、听狱机构健全之时,就不应当以一己之私妨碍天下公正,可以说他的一席话论证得光明正大,而且还顺应了法制的进步。同时他还认为复仇是"不通之论","甚失复仇之意义"(《无刑录》卷十四)。[③]

穗积陈重认为,在复仇问题上试图调和礼、法之陈子昂、韩愈及偏

---

① 王安石的观点见氏著《复仇解》,载李之亮笺注《王荆公文集笺注》,巴蜀书社,2005,第1126~1127页。
② 杨鸿烈:《中国法律思想史》,范忠信、何鹏勘校,中国政法大学出版社,2004,第210~211页。
③ 〔日〕穗积陈重:《复仇与法律》,曾玉婷、魏磊杰译,中国法制出版社,2013,第15~16页。

重于礼义的柳宗元具有尚古癖,并称颂王安石能顺应时势变迁;所谓时势变迁,即穗积陈重所谓"社会是由礼治进化至法治"。显然,在复仇问题上,历史的发展并非以穗积氏所持的机械进化论为趋势,否则,早在先秦时,因只持一种立场而理论观点无甚抵牾的法家就足以在复仇问题的论战中战胜因调和礼、法而处处龃龉的儒家。并且,王安石虽然意在支持通过法制禁止复仇,但仍逃脱不了"尚古"的套路,只是可能作为改革家的王安石,"尚古"不至于成"癖"罢了。具体言之,王安石认为,《春秋传》《周礼》《礼记》支持复仇乃针对乱世子孙而言,因乱世中父祖被杀后无法得到及时公正的处断。反之,复仇非治世之道。因治世中的子孙并非不该复仇,而是没有必要复仇,一来治世之中杀人者本就少,二来即便发生杀人案件也会得到公正迅速的处理。此不正是王安石的尚古吗?考虑到乱世即便有禁止复仇之法,仍不乏诉诸私力救济之人,王安石也不忘站在"孝子贤孙"的角度论证个人何以不应违法而复仇:对个人而言,父祖被杀虽可(当注意者,此处为"可",而非"应")复仇而不复为不孝,但因复仇依法被诛导致家族绝嗣,是更大的不孝;禁止复仇是法之道,亦天之道,个人虽因法禁而不能将复仇付诸行动,却可终生不忘复仇,两害相权取其轻,克己以畏天,亦未尝不可。总而言之,王安石的禁止复仇理论仍是基于儒家经义允许复仇所作的限缩解释,此种解释说到底仍然是一种调和论,只是其距儒家经典之本意多远则另当别论了。

如邱立波所指出的:"既然被奉为正统的儒家学说并不主张纯粹的法治,而是侧重所谓'德教',则更多的对《公羊》学复仇理论的反驳(不唯对《公羊》学,对所有儒家经典允许复仇观点的反驳均如此。——引者注),就不能完全从纯粹法理的角度展开,更多的还是要借着对经典的重新解说来实现。这很容易理解,因为既然儒术已经'独尊'了,那它就是人们讨论一切问题的渠道。韩非子时代可以不加掩饰地诃诋孔子,对不合法律条文的一切现象尽情挞伐,在汉代却不能这样做(在汉代以后的传统历代亦如是——引者注)。人们唯一能够做的,就是改装圣人和经典,来包裹自己想表达的政见。"[①] 王安石所做的其实也是同样的事情,这也导致

---

① 邱立波:《汉代复仇所见之经、律关系问题》,《史林》2005年第3期。

其禁止复仇的观点无法完全逸出儒家经典,如先秦法家那般直截了当。类似的事情,薛允升也做过。薛允升认为:

> 《礼》:"父之仇弗与共戴天"云云。此为为人子、为人弟者言之也。谓非此则不能为子、不能为弟矣。其子弟应否论罪?经不言也。亦以谓义当如此,非谓法亦当如此也。①

将《周礼》之此句对复仇的允许解释为子弟私人之义而与法割裂,对于解释儒家经义中某些允许复仇的理论看似可行,但并不通行。比如,如何以此割裂论解释《周礼·朝士》所言之"报仇雠者,书于士,杀之无罪"即为一大难题。

3. 小结

一言以蔽之,在儒家定于一尊之后,面对复仇问题,无论是强调礼、法并重的调和论,还是坚持禁止复仇的法制论,均无法摆脱儒家经义的解释框架;毕竟千余年的传统历史走势已经不容许任何摆脱儒家礼义谈论复仇问题的立场,这也导致先秦那种纯粹的法家视角未再出现;儒家经义已经成为所有试图在复仇问题上有所突破的儒家士大夫头上的紧箍咒。就此而言,禁止复仇的法制论,在本质上仍然是一种调和论。

四 理论与制度的相遇:丘濬的礼法调和与《大清律例》的制度定型

本文最后想谈一位对复仇问题有过详细讨论的历史人物——丘濬。在笔者看来,丘濬算得上传统中国在复仇问题上调和礼、法之集大成者,其所建构的理论确实也在某种程度上真正实现了礼、法调和。

丘濬并不反对复仇,且以复仇为"生民秉彝之道,天地自然之理"。复仇不仅符合人道天理,对复仇的畏惧还能在一定程度上抑制不法之徒的杀人念头。这种畏惧来源可分为三种情形:首先,有血属者被杀后,通过血属的告官行为使杀人者受到制裁;其次,无血属者被杀后,通过交游者

---

① 胡星桥、邓又天主编《读例存疑点注》,中国人民公安大学出版社,1994,第668页。

的告官行为使杀人者受到制裁;最后,若公法无以达(包括告官而官不为之报及情势危急一时无法告官),则许以私义报之。①

丘濬关于复仇的观点乃基于礼之允许报仇所持的一种前人未有之独到理解。首先,在丘濬看来,后世之解礼者所犯的错误在于,将礼对复仇的支持狭隘地理解成仅仅基于私义,丘濬认为,礼之支持复仇,不仅基于私义,也基于公义,所谓"礼盖兼公私言也"。其次,礼所兼之公私乃以公为主、以私为辅,所谓"不能报以公必报以私"。丘濬对上古三代的憧憬和向往与王安石无异,即彼时因人心与法制皆向善,故礼虽有支持复仇之义,但实践中却不存在或者极少出现复仇造成的礼、法矛盾;与王安石不同的是,丘濬并不认为复仇仅存之于乱世,而是盛世、乱世均有之,只要秉持礼兼公私之旨,无论盛世抑或乱世,在复仇问题上的礼、法冲突都会不复存在。② 反观后世,丘濬认为,在复仇问题上礼与法之所以产生如此大的矛盾,关键原因在于礼之兼顾公私之义不明,独重法之禁止复仇,所谓"惟知上之有法而不知下之有义","复仇之义,世不复讲";直至唐陈子昂以降,虽重提礼义,而意却未竟。③ 需要指出的是,丘氏将秦汉以降的历史称为只重通过法制禁止复仇的历史未免过于粗疏。最后,丘濬通过《周礼·朝士》中的"书于士,杀之无罪"进一步解释了其"礼兼公私""不能报以公必报以私"的观点。其一,所谓复仇,并不一定要手刃仇人,常态下,通过告之于官,让杀人者受到法律制裁,即可达到复仇目的;非常态下的亲自复仇亦为公法所允许。其二,何以先报以公?为防止绝对的私人复仇导致的报复无有已时。④

在充分论证了复仇问题上"礼兼公私""不能报以公必报以私"后,

---

① 《大学衍义补》卷110,载《钦定四库全书荟要》卷2610,经部,台湾世界书局,1985,第13~14页。
② 《大学衍义补》卷110,载《钦定四库全书荟要》卷2610,经部,台湾世界书局,1985,第14~15页。
③ 《大学衍义补》卷110,载《钦定四库全书荟要》卷2610,经部,台湾世界书局,1985,第15页。
④ 《大学衍义补》卷110,载《钦定四库全书荟要》卷2610,经部,台湾世界书局,1985,第15页。

丘濬提出了操作层面的法律制度建议。① 杨鸿烈先生认为,《大清律例》有关复仇的规定颇以丘濬之法为原则。② 虽然具体条文略有差异,但就精神意旨而言,作为传统律典集大成者的《大清律例》关于复仇的规定确与丘濬的理论若合符节。具体言之,"礼兼公私"是丘濬复仇制度设计的理论基础,而"不能报以公必报以私"则是其制度设计的前提。因以"礼兼公私"为基础,故而其制度设计基于国法制裁与私自报复的相辅相成。因以"不能报以公必报以私"为前提,故而其制度设计立足于保证复仇者在父兄亲属被杀后赴官告诉道路的畅通,其中的"亲属邻保即为之护持""径赴者不在越诉之限"均立基于此;特定情况下以私义复仇而坐其亲属邻保以知情故纵之罪,同样是为了将复仇的实现路径尽量置于公义范围内;而当公义缺席或迟到时,制度表现出对私义复仇的理解和同情,具体体现在对各种私自复仇行为减免刑罚。虽然丘濬的以上制度建议作为成文法而言仍显粗陋,不具有司法上的具体可遵循性,但其据以产生的精神内核却是值得高度重视的。

笔者认为,丘濬有关复仇的思想,其最要者,也是相比于前儒最具突破者在于提出:关于复仇,"礼盖兼公私言也"。由此复仇不再局限于私人的报复,更扩大到国法基于公义对杀人者的惩处,这不仅使礼之允许复仇在面对法之禁止复仇时不再陷入尴尬,使孝子之心与先王之训不再对立,反而相容,更从根本上调和了礼义与国法,使二者在惩治不义杀人者方面

---

① 丘濬的具体制度建议如下:"凡有父兄亲属为人所杀者,除误杀、戏杀、过失杀外,若以故及非理致死者,亲属邻保即为之护持;其子若孙,及凡应报复之人赴官告诉。如无亲属,其邻里交游皆许之,府县有碍,赴藩臬,藩臬有碍,赴阙庭;径赴者不在越诉之限。若官司徇私畏势,迁延岁月,不拘系其人,而为之伸理,其报复之人奋气,报杀所仇者,所在即以上闻,特敕理官鞫审。若其被杀者委有冤状,而所司不拘其人,不具其狱,即根究经由官司,坐以赃罪除名,而报仇者不与焉。若所司方行拘逮,而或有他故以致迁延,即坐杀者以擅杀有罪者之罪,而不致死焉。若不告官,不出是日而报杀者,官司鞫审,杀当其罪者不坐;若出是日之外,不告官而擅杀者,即坐其亲属邻保以知情故纵之罪。而其报复之人,所杀之仇,系果可杀,则谳以情有可矜,坐其罪而免其死。若官吏假王法以制人于死,律有常条,不许私自报复,必须明白讼诉;若屡诉不伸而杀之者,则以上闻,委任大臣鞫审。如果被杀者有冤,而所司不为伸理,则免报仇者死而流放之,如胡氏之所以处张瑝者,而重坐经由司之罪。若被杀之人不能无罪,但不至于死,则又在随事情而权其轻重焉。"见《大学衍义补》卷110,载《钦定四库全书荟要》卷2610,经部,台湾世界书局,1985,第16~17页。
② 杨鸿烈:《中国法律思想史》,范忠信、何鹏勘校,中国政法大学出版社,2004,第209页。

达成了高度的统一。"不能报以公必报以私"这种主次上的区分则使"礼兼公私"具有了制度上的可操作性。

薛允升在《读例存疑》中引述并评介了《齐东野语》中的一个案例：王宣子及公兖二人之母墓为同村无赖嵇泗德所掘，不胜愤怒的公兖将"止从徒断，黥隶他州"的嵇泗德断首，宣子欲纳官以赎弟罪。给舍议后认为，嵇泗德依法当死，而吏废法，公兖之杀泗德，协于义而宜于法者；由是，"公兖复仇之义可嘉，公兖杀掘冢法应死之人为无罪，纳官赎弟之请当不许，故纵失刑，有司之罚宜如律"。①

揆诸上下文，薛氏认为给舍之议比之韩愈之"集议奏闻"更为允协。② 此段作为薛氏《读例存疑》所议父祖为人所杀复仇条例的最后部分，可以说是薛氏对父祖被杀子孙复仇法律规定的最终观点。薛氏认为更为允协的处理办法与丘濬的制度建议不谋而合。需要指出的是，虽然薛氏以给舍之议为允协，且该议确与丘濬的制度建议一致，但究其背后之精神意旨，却是南辕北辙的。依给舍之议，公兖始不杀掘母墓者，乃不敢杀，所畏者为公法，因不敢以私义乱公法；其诉诸国法未获正义继而私自复仇的行为因可嘉而被公法谅解，才最终得以无罪释放。其实，此议开端在论及圣王为法以制杀人者时，已经无限接近公法私义相统一的意旨："当诛也，吾为尔诛之，当刑也，吾为尔刑之，以尔之仇，丽吾之法。"③ 只是最后还是落在了"不敢以私义故乱法"上。薛允升同样以"不告官而专杀之为非"结束了自己的评论。薛允升以给舍之议为允协的评论证明了其对复仇案件该种处理方式之认同，只是若将重点落在不得以私义乱公法上，其精神意旨是国法高于礼义；易言之，薛氏最终放弃礼、法调和而采取了法制立场。这无疑回避了千余年来复仇问题上礼法冲突的真正核心。考虑到薛允升的律学家身份，其在复仇问题上偏向法制也不难想见。

---

① 胡星桥、邓又天主编《读例存疑点注》，中国人民公安大学出版社，1994，第 668~669 页；案见（宋）周密《齐东野语》，张茂鹏点校，中华书局，1983，第 164~165 页。
② 胡星桥、邓又天主编《读例存疑点注》，中国人民公安大学出版社，1994，第 669 页。
③ （宋）周密：《齐东野语》，张茂鹏点校，中华书局，1983，第 165 页。

五 结论

回到《大清律例》有关复仇的诸条款，其内容可通过表 1 的梳理得到直观展示。

表 1 《大清律例》复仇条款

父祖遭遇情形	时间点	特殊情形	子孙造成的伤害	刑责
被殴	即时		非折伤	勿论
			折伤以上	减凡斗三等
			致死	依常律
		事在危急，救护情切	致死	分别减等，援例两请，候旨定夺
	少迟			以斗殴论
被杀	即时		致死	无罪
	少迟		致死	杖六十
	事后	当时脱逃，事后撞遇	致死	照擅杀应死罪人律，杖一百
		到官拟抵，遇赦减等发配潜逃回籍	致死	杖一百，流三千里
		国法已伸	致死	照谋故杀本律定拟，缓决，永远监禁

不难看出，剥离其中的伦理法因素，《大清律例》有关父祖被殴复仇的法律规制与当下《刑法》的正当防卫条款并没有立法精神上的本质差异，这具体表现在复仇的即时性（正当防卫时间要件要求的不法侵害正在进行）与复仇造成的伤害程度（正当防卫要求的防卫限度）上；差别则主要体现在对"防卫过当"（非即时的复仇与复仇虽即时但造成的伤害不对等的情形）的处罚上，尤其体现在传统的复仇即便发生在事后，对复仇者的处罚也畸轻，这颇不符合现代法治精神。然而，即便存在上述差异，在笔者看来，也非立法精神冲突使然，而是基于古今在公私观念上的差异，可以说，向来被我们冠以"专制"之名的传统政权，至少在复仇问题上，其实赋予了私领域更大的"权利"空间。

丘濬以前的传统士人之所以在复仇问题上陷入两难，究其原因，在于以公、私泾渭分明的态度看待法制与礼义。而丘濬之"礼兼公私"理论，置诸明代思想史脉络中，其实与当时有关"公私观念"的一种普遍观点相契合，甚至从时间上看，丘濬的观点远早于这一观点的广泛流行。王汎森先生对此有发人深省的阐述，王氏认为：

> 明代思想中对"公私观念"有一种相当普遍性的看法起了关键的作用。在宋明理学中"公"是好的，"私"是不好的，化"私"为"公"是一件应该努力的事。晚明以来思想中对公、私问题的看法，则比先前灵活，只要有一种合适的关系，"公"是好的，"私"也可以是好的。一方面解除了"公""私"的对立，彰显"私"的正面意义，另一方面出现了"遂私以成公"的思想，认为"公"是由个别的"私"汇合而成的，这一思想进一步发展为政府的"公"是在天下百姓各个人的"私"得到保护之后，才算是总体地完成了的新思想。此外，也有人提出所谓"公欲"的主张，如何心隐（1517—1579）认为私欲只要能符合公众的利益，即为"公欲"。在这个新思想基础上形成了一种政治观，即政府是"公"，但此"公"是由能满足天下个个百姓的"私"所形成的，故一方面君王应该以天下为"公"，政府施政要能"公"，要能时时顾及"公论"，另方面要能为天下庶民百姓保有生存、财产等权利之"私"，保护天下百姓每个人那一份应得的"私"是政府的最高责任。顾炎武说"用天下之私以成一人之公而天下治"（《郡县论五》），维护所有人民的"私"，即成就天下之"公"，即是这一种新锐思想的具体例证……①

至于近代以来以穗积陈重为代表的学者因持"社会是由礼治进化至法治"观点而"厚今薄古"则纯出于机械法律进化论观点，此点因牵涉面甚广，只能留待另文讨论了。

---

① 王汎森：《何以三代以下有乱无治？——〈明夷待访录〉》，载《权力的毛细管作用：清代的思想、学术与心态》（修订版），北京大学出版社，2015，第182页。

标准的"悬浮"：清代文字狱"谋大逆"案量刑研究[*]

宋 鋆[**]

摘　要："谋大逆"作为清代文字狱案件的多发罪名，其法定刑为凌迟之刑。而在具体案件的量刑上，其标准难以确定，存在"悬浮"的现象。如"谋大逆"案件量刑结果打破了法定刑限制，表现为凌迟、斩首、流放、戮尸等多个刑名；在涉案字句上，不仅表现为因反对清廷而被罗织成罪，也存在较多因冒犯君主、言语狂悖而获罪的现象；在君主复核"谋大逆"案时，通常对皇权尊严、"不以语言文字罪人"的形象、案犯精神健康状况等进行考量，这些考量因素也导致"谋大逆"案量刑标准的"悬浮"。

关键词：清代；文字狱；谋大逆；量刑

"谋大逆"罪名是清代文字狱案件的主要罪名，从《清代文字狱档》记录内容来看，以"谋大逆"定罪的案件在全部文字狱案件中占比过半，远远超过谋判、妄生议论、妄布邪言等罪名。"谋大逆"为十恶之一，相关量刑由唐至清无明显变化。然而，从清代文字狱"谋大逆"案的量刑看，不论是作为主要定罪依据的犯罪事实，还是实际量刑轻重，均体现出

---

[*] 本文系 2023 年度西北政法大学本科教育教学改革研究项目"以课程思政建设推进新时代'陕派'法学生培育研究"（XJYZ202327）、2023 年度陕西省社会科学基金项目"新时代西北人民革命大学红色基因的内涵与传承研究"（2023XWT04）和 2022 年度黑龙江省哲学社会科学研究规划项目"以人民为中心：革命根据地时期法院建设历程研究"（22FXB103）的阶段性研究成果。

[**] 宋鋆，西北政法大学法治学院讲师。

明显的不确定性。"谋大逆"文字狱案件当事人因何犯罪、如何量刑,是本文研究的主要内容。

一 "谋大逆"罪的刑名群

"谋大逆"作为"十恶"之一,在清律中的定义为"不利于君、谓谋毁宗庙、山陵及宫阙",其法定刑规定为"但共谋者,不分首、从(已未行),皆凌迟处死",① 而清代文字狱案中以"谋大逆"定罪的案件涉死刑、流刑及戮尸多个刑名,这体现了量刑标准上的"悬浮"。事实上,君主也委婉承认了这种量刑标准的不确定性,谕旨内容可能是"按律定拟",也可能是"免于极刑"。② 君主意见的不确定性不仅祸及案件当事人,办案官员也可能因此受到牵连,为避免有工作不力之嫌,便倾向于从重处理。③

(一) 凌迟、斩首、杖毙等死刑

凌迟是"谋大逆"罪的法定刑。《大清律例》规定,凡是"谋反及大逆",正犯皆应凌迟处死;其族人如祖父、父、子等十六岁以上的斩首,十五岁以下及母、女和妻妾等,给付功臣之家为奴,财产入官。④ 如丁文彬逆词案,丁文彬被处以凌迟之刑罚,丁文彬在狱中疾病缠身,乾隆便下谕旨"先行凌迟示众"⑤。又如石卓槐《芥圃诗钞》案量刑同为比照"谋大逆"罪处以凌迟。⑥ 又如吴英拦舆献策案,乾隆核准将吴英"比照大逆律凌迟处死"⑦。凌迟处死不但是"谋大逆"罪的法定刑,也是办案官员主张较多的量刑,因为一旦有所轻纵宽宥,便极易遭到君主迁怒。如庄有恭办理丁文彬一案时,丁文彬在庄有恭下车之际献书,"口中喃喃",不时遭人推搡呵斥。庄有恭问左右人员丁文彬的身份,答曰"疯子",庄有恭见

---

① 《大清律例》,张荣铮等点校,天津古籍出版社,1993,第358页。
② 《清代文字狱档》,上海书店出版社,2011,第58页。
③ 参见胡震《因言何以获罪?——"谋大逆"与清代文字狱研究》,《中国农业大学学报》(社会科学版) 2013年第4期。
④ 《大清律例》,张荣铮等点校,天津古籍出版社,1993,第358页。
⑤ 《清代文字狱档》,上海书店出版社,2011,第11页。
⑥ 《清代文字狱档》,上海书店出版社,2011,第262页。
⑦ 《清代文字狱档》,上海书店出版社,2011,第315页。

其衣衫褴褛，"龌龊不堪"，翻阅其书，"垢污满纸"，书内有"丁子曰"之类张狂字句，便将"逆书"随手放置，未予处理。五年后，丁文彬被关押，庄有恭不得不向乾隆上奏解释当年未严惩丁文彬的缘由，乾隆朱批为"此奏又属取巧，细查书来，不可终归乌有"，① 随后一道谕旨将庄有恭学政任内所得俸禄、养廉数目加罚十倍②。

除凌迟这一法定刑，"谋大逆"案中也不乏因君主意见而改为斩首、杖毙等处决方式的案件。如胡中藻《坚磨生诗钞》案，乾隆为标榜自己宽仁，将按律应当凌迟处死的胡中藻"即行处斩"③。又如王肇基献诗案，因其诗句"狂妄悖逆"，乾隆下谕将王肇基"当众杖毙"。④ 又如刘裕后《大江滂》案中，案犯刘裕后自请市曹杖毙得到允准。⑤ 虽然凌迟、斩首、杖毙皆属死刑，但仍可以看出凌迟以外死刑案件量刑中君主自诩的"仁慈"。

（二）流刑

流刑是"不忍刑杀，流之远方"的刑罚，根据犯罪情节，流刑分二千里、二千五百里、三千里这三个等次。⑥ 如龙凤祥《麝香山印存》案，乾隆经翻阅后，发现龙凤祥只是言语傲慢，并无悖逆不法字句。龙凤祥也供述其动机只是"贫苦无聊"，于是将旧存印出图章粘贴成本，将图章语句"凑选称叙"，赠送他人以求利益，自认"糊涂无知，出语狂放，镌刻印章，贪图微利，实属鄙陋无耻，只求治罪"。⑦ 乾隆则认为龙凤祥将狂放语句镌刻于图章以求获利的行为"必系疏狂浮薄之徒"，下谕将龙凤祥发遣伊犁"亦足蔽辜"。⑧ 该案中，乾隆承认龙凤祥并无谤讪国家、朝政的行为，《大清律例》也并无对言语傲慢处以某类刑罚的规定，可见龙凤祥获罪，以及龙凤祥被发遣的量刑结果，并不来自律法规定，而

---

① 《清代文字狱档》，上海书店出版社，2011，第19～20页。
② 《清代文字狱档》，上海书店出版社，2011，第24页。
③ 《清代文字狱档》，上海书店出版社，2011，第34页。
④ 《清代文字狱档》，上海书店出版社，2011，第7页。
⑤ 《清代文字狱档》，上海书店出版社，2011，第73页。
⑥ 《大清律例》，张荣铮等点校，天津古籍出版社，1993，第89页。
⑦ 《清代文字狱档》，上海书店出版社，2011，第201页。
⑧ 《清代文字狱档》，上海书店出版社，2011，第199页。

是来自彼时彼刻乾隆的心境,他既可以从严处置,"惩一儆百",也可以从轻发落、宽大为怀,龙凤祥幸运地成为"谋大逆"案犯中免于屠戮者之一。①

(三) 戮尸

戮尸即将已故犯人枭首碎尸,具体执行多体现为剖棺、斩首、毁坟等。戮尸是一种带有泄愤、侮辱意义的刑罚,其打破的是案犯保留"全尸"的一种尊严。清代文字狱"谋大逆"案件的戮尸结果亦不鲜见,如徐述夔《一柱楼诗》案中,案犯"实属罪大恶极,虽皆已伏冥诛",但定案时仍需照例剖棺戮尸以伸国法。该案案犯虽埋葬多时,经拆砖启棺、细加查验后,其尸身尚未腐烂,只是衣帽袍褂颜色旧损,针对该案犯尸体,具体行刑方式为"枭去首级,凌迟锉碎撒弃旷野,仍悬示东台县城"。② 又如祝廷诤《续三字经》案中,祝廷诤早已去世,仍被比照"谋大逆"罪处以戮尸之刑,"以彰国法而快人心"③。又如澹归和尚《遍行堂集》案,澹归和尚被比照"谋大逆"定罪,乾隆下谕将该僧人骨塔碑石"椎碎推仆,不使复留于世间"④。又如查嗣庭案本应比照谋大逆凌迟处死,因案犯死于狱中,雍正下谕将其戮尸枭示。⑤ 通过梳理量刑为戮尸的"谋大逆"案件可看出,即使此时案犯已死亡,其仍无法摆脱被侮辱泄愤的命运。

清代文字狱"谋大逆"案量刑打破了凌迟这一法定刑,刑罚执行中存在多个刑名的原因主要在于皇权对司法的控制。"谋大逆"作为死刑案件罪名,一般由各省督抚向皇帝具题,之后经刑部三法司核拟并再次向皇帝具题,由皇帝作出最终意见。量刑的每一步都逃不开皇帝的直接或间接干预,最终是死刑还是流刑,已死案犯是否戮尸,都在这种干预中难以依法律预测。

---

① 参见邓建鹏《清代"依法裁决"问题的再研究》,《四川大学学报》(哲学社会科学版) 2021 年第 2 期。
② 《清代文字狱档》,上海书店出版社,2011,第 658 页。
③ 《清代文字狱档》,上海书店出版社,2011,第 272 页。
④ 《清代文字狱档》,上海书店出版社,2011,第 145 页。
⑤ 参见史松《雍正研究》,辽宁民族出版社,2009,第 133 页。

二 涉案作品字句

梳理文字狱案中涉"谋大逆"案件，可发现涉案作品字句大致分为三类，即因"大明""浊清"等看似反对清廷的字句而获罪，因"帝王将相无非糊涂"等冒犯君主的言语而获罪，以及因"言语狂悖"、字句疏狂而获罪。涉案字句是否足以认定为"谋大逆"并将当事人处以极刑，往往决定于皇帝的主观解读。

（一）因反对清廷获罪

因反对清廷获罪的作品字句多被认定为存在贬斥清代或怀恋明代的故意，但是否确实存在这种故意，主要根据统治者的主观臆断。清统治者对反清复明、华夷之辨等话语极其敏感。一方面，清兵入关后，入主者为巩固自身的集权统治，加强思想控制，提倡遵孔孟之道、读儒家经学。另一方面，清统治者又对汉人存有戒心，特别是比照"谋大逆"处理的文字狱案中，案犯极易被认定为主观方面存在"谋大逆"的故意。如焦禄谤帖案中，焦禄因与家族内女性通奸而被族人逐出宗祠，遂怀恨在心，"随自捏造族众诬指奸情揭帖一纸"，内有"清朝大不仁"等反清字句。焦禄称该揭帖系族人焦良先所写，并称揭帖"系在祠堂门首揭来"，意图诬陷焦良先，[①]经核对笔迹后焦禄对编造揭帖一事供认不讳。焦禄犯罪行为的真实目的系诬告族人而非反对清廷。又如冯王孙《五经简咏》一书"言语狂悖"，并有不避庙讳之处。冯王孙系捐贡候选训导，且曾在国子监肄业，身为"久为学校教育之人"，诗文"悖妄狂诞不可枚举"，且有"复明削清"之语。冯王孙自述"文理荒疏，无人请教，只图凑字押韵"，[②]而乾隆并未采纳其供述，仍认为其有"谋大逆"的行为。

（二）因冒犯君主获罪

冒犯君主、"不利于君"是"谋大逆"案件涉案字句的常见表现形式。

[①] 《清代文字狱档》，上海书店出版社，2011，第447页。
[②] 《清代文字狱档》，上海书店出版社，2011，第1080页。

较之因反对清廷而获罪者，所谓冒犯君主的言论更容易被牵强附会，罗织成罪，相关字句不胜枚举。如查嗣庭案中，雍正原本对查嗣庭存有偏见，认为查嗣庭一向趋附隆科多，言语狡诈，"兼有狼狈之相，料其心术必不端正"，对查嗣庭不甚信任。雍正本身带着查嗣庭心存狡诈的预设立场，故在查嗣庭案中，多处语句被认定为冒犯君主。查嗣庭担任正考官时，曾以"君子不以言举人，不以人废言"命首题，雍正认为该题目与国家取士之道大相悖谬。查嗣庭所出《诗经》第四题"百室盈止，妇子宁止"也引发了雍正的联想，此前正法之汪景祺，其文稿中有《历代年号论》一篇，指"正"字有"一止"之象，并指出年号凡有正字者皆非吉兆。雍正认为这一言论是汪景祺对自己的诅咒之语，查嗣庭以"止"字出题目，"不过与此见解相类耳"。加之查嗣庭所出经题，前用"正"字，后用"止"字，《易经》第三题又用"其旨远，其词文"，雍正认为"是其寓意将前后联络，显然与汪景祺悖逆之语相同"。①

同是雍正年间的汪景祺案，案犯被罗织称罪的字句也体现了雍正的想象力。汪景祺住所被搜查出日记二本，其中记录康熙六十一年（1722）十一月十三日皇帝升遐大事，数行后便自述"痔疾大发，狼狈不堪"，被认定为悖乱荒唐、大不敬。该日记又记录雍正元年（1723）以后，凡遇朔望、朝会及雍正亲行祀典之日，所记天气多表现为"大风""狂风大作""遇大雨倾盆""大冰雹"等，雍正认为汪景祺以恶劣天气讥讽实事，"幸灾乐祸之语甚多"。②查嗣庭与汪景祺同为浙江人士，雍正在处理二人案件时，对其冒犯君主的行为极其愤恨，认为普天率土皆受皇恩，查嗣庭与汪景祺不明君臣之大义，不能感戴，心生逆天异志，不可逃于屠戮，并在谕旨中嘲讽该类案犯，指出士人不愿为本朝之民，即应遁迹深山，如伯夷、叔齐之不食周粟。此外，雍正怀疑查嗣庭与汪景祺同系浙人，或属一党，特在谕旨中指出读书的目的并非工于文字，而是明理，要讲究天经地义，要知晓君父之尊，以备国家之用。浙江虽"文词甲于天下，而风俗浇漓，敝坏已极"，于是出现查嗣庭、汪景祺等轻薄天下、丧心悖义、谤讪君上的人，故停止浙江乡、会试。③

---

① 《清代文字狱档》，上海书店出版社，2011，第962页。
② 《清代文字狱档》，上海书店出版社，2011，第962页。
③ 《清代文字狱档》，上海书店出版社，2011，第976页。

乾隆年间的胡中藻《坚磨生诗抄》案中较多字句体现了乾隆的君主“逆鳞”。胡中藻曾任广西学政，时任广西巡抚卫哲治奏称，胡中藻为人办事刚愎自用，其诗句“摭拾子书中怪癖之语以自炫其新奇，并不归于清醇雅正”，并将胡中藻任广西学政时所出试题、诗三十六首以及任陕西学政时所刻诗文一本上呈圣览。[①] 乾隆阅读胡中藻诗文后大为震怒，逐字逐句抨击胡中藻冒犯君主的逆心。乾隆认为胡中藻所刻诗集名为《坚磨生诗钞》，“坚磨”出自鲁《论》，孔子所称“磨涅”乃指佛肸而言，胡中藻以此自号居心不良；又如胡中藻诗句“一世无日月”“又降一世夏秋冬”“一把心肠论浊清”，加“浊”字于国号之上，乃暗讽清廷；又如《谒罗池庙》中“天非开清泰”“斯文欲被蛮”“与一世争在丑夷”等，乾隆指出，胡中藻将“蛮”定义为斯文之辱，即是将满人称汉人“蛮子”、汉人称满人“达子”二类行为对立起来；又如“南斗送我南，北斗送我北；南北斗中间，不能一黍阔”“再泛潇湘朝北海，细看来历是如何”“虽然北风好，难用可如何”“暂歇南风竞”，是“两两以南北分提，重言反复”，制造对立；又如《吾溪照景石》诗中用“周时穆天子，车马走不停”及“武皇为失倾城色”两典故，典故与照景石并无关涉，只是胡中藻“特欲借题以寓其讥刺讪谤耳”；又如“老佛如今无病病，朝门闻说不开开”“人间岂是无中气”之诗句看似奇诞，只是暗讽乾隆朝门不开；又如《进呈南巡》中写道“三才生后今生日”，天地人为三才，胡中藻似有指斥之意；又如“其夫我父属，妻皆母道之；女君君一体，焉得漠然为”，将“君”置于“父”之后，是对君主不敬；又如“世事于今怕捉风”之语看似怨怅，“记出西林第一门”则是“攀援门户，恬不知耻”。[②] 乾隆除逐句批驳胡中藻的诗句外，还认为胡中藻所出试题内，考经义有“乾三爻不象龙说”，龙与隆同音，由此可判定胡中藻对乾隆有诋毁之意。又如“鸟兽不可与同群”“狗彘食人食物”“牝鸡无晨”等题，看似出题冷僻，实则意有所指。乾隆在处理胡中藻案时，一方面，标榜自身并无大兴文字狱的行为，自称对于偶尔出现的“字句不检点者”，均置而不论，“从未尝以语言文字罪人”；另一方面，又指出胡中藻之诗措辞用意实非语言文字之罪可

① 《清代文字狱档》，上海书店出版社，2011，第34页。

② 《清代文字狱档》，上海书店出版社，2011，第36~38页。

比,"谤及朕躬犹可,谤及本朝则叛逆耳",① 将胡中藻诗文对自己的冒犯提升至冒犯本朝的高度,并做宽仁状,提出将胡中藻斩首即可,不必凌迟,也不必停止江西会试。

(三)因言语狂悖获罪

"谋大逆"案件办理过程中,涉案作品常被评价为"言词狂悖""语多狂悖",是否"狂悖","狂悖"程度如何,法律正条并无界定,实践上也难以界定。如丁文彬逆词案中,案犯著《文武记》,又将其书名为《洪范春秋》,书内自称"丁子",后又将书中六十章后"丁子曰"挖补为"天子、王帝曰"等字,捏造已故衍圣公孔广棨曾因欣赏丁文彬的德行,"许其二女为配",丁文彬从此称王,国号大夏,年号天元,并于书内擅加封赠,封其兄丁文耀为夏文公,将族叔丁左白封为太宰等官,伪造宪书及钱式。时任衍圣公孔昭焕上奏至乾隆,称发现丁文彬书中较多大逆不道之言,"阅视不胜发指愤恨",一面将逆犯丁文彬与挑衅李人田某严拿,一面将该犯手抄字抄呈御览。乾隆对孔昭焕的做法表示肯定,朱批为"所见甚正,所办甚决,嘉悦览之"。② 又如王肇基献诗案,其诗联字句粗鄙,妄议国家事务,指斥文武大臣,乾隆认为其"癫狂悖谬",下谕将其杖毙。

通过对涉"谋大逆"罪名的文字狱案梳理可见,总体上,因文字而被罗织成罪的多见于冒犯君主的字句,直斥清廷和言语狂悖的相对较少。案犯是否存在"谋大逆"的主观故意,仅依据其作品字句实难以认定,部分作品只是体现出迂腐或狂妄而已,仍被以"谋大逆"定罪量刑。造成这种现象的原因,与其说是案犯冒犯君主字句较多,莫不如说君主个人对这些字句产生了不适感、被冒犯感。字句是否涉"谋大逆",其标准可谓君主心中的"悬浮物"。

三 量刑之考量

通过梳理"谋大逆"案办理过程中的皇帝谕旨,可看出其在具体量刑

---

① 《清代文字狱档》,上海书店出版社,2011,第38页。
② 《清代文字狱档》,上海书店出版社,2011,第10页。

方面的考量。如出于维护皇权尊严的政治考量，出于"不以语言文字罪人"的形象考量，对于精神疾病患者的"谋大逆"行为，也进行精神健康方面的考量。

(一) 出于维护皇权尊严的政治考量

是否危害皇权尊严是"谋大逆"案量刑轻重的主要考虑因素。从统治者的层面来看，"谋大逆"案犯获罪多因"谤讪本朝""言语狂悖""不避庙讳""讽刺时事"等，触碰到皇权或曰君主的"逆鳞"。案犯作品多被皇帝嫌恶，皇帝的意旨决定案犯的罪名，相关当事人最终被定"谋大逆"罪，这体现了君主权威的不可冒犯性。如乾隆在蔡显《闲渔闲闲录》案中提出逆犯本是"戾气所钟""侈为狂吠"，对逆犯不可有"大事化小、小事化无之陋习"。① 此外，乾隆在多个"谋大逆"案件处理中提出自己的看法，其认为如果只是词语不经、妄言灾祸等，"杖毙足以蔽辜"，但如果有谤讪、诋毁本朝的行为，"则是大逆不道"，当处以重刑，② 又在贺世盛《笃国策》案中下谕将案犯凌迟处死，认为若不处以极刑，"势必更肆狂吠"③。又如王锡侯《字贯》案中，乾隆指责江西巡抚海成对王锡侯的"谋大逆"行为"双眼无珠茫然不见"，"乱臣贼子人人得而诛之之意义又安在"，④ 对海成严行申饬。这种考量也是为警示臣子、士大夫不可妄自记录时事、讥讽朝政，警示办案官员不可轻纵嫌疑人。

(二) 出于"不以语言文字罪人"的形象考量

虽然清代文字狱多发，但乾隆等君主仍认定自己从不以语言文字罗织他人之罪。如陈安兆著书案中，富勒浑奏生员陈安兆妄著书籍"语多悖谬"，将陈安兆所著书稿交送学臣毛辉祖阅看，二人认为应对陈安兆严加惩究并上奏至乾隆。乾隆阅读陈安兆所著《大学疑思辨断》与《中庸理事断》后，认为陈安兆作品虽然"支离荒谬"，但不过是"妄矜著

---

① 《清代文字狱档》，上海书店出版社，2011，第 88 页。
② 胡震：《因言何以获罪？——"谋大逆"与清代文字狱研究》，《中国农业大学学报》（社会科学版）2013 年第 4 期。
③ 《清代文字狱档》，上海书店出版社，2011，第 208 页。
④ 《清代文字狱档》，上海书店出版社，2011，第 662 页。

作"而已,其中诗文虽存在牢骚词语,也只是学究的笔墨陋习,并非谤讪国家、肆诋朝政,与胡中藻《坚磨生诗抄》案等"谋大逆"案情况有本质不同。如果对陈安兆著书吹毛求疵,一方面无法使人信服,另一方面"恐开告讦之渐"。乾隆认为"所奏殊为过当",并指责富勒浑有意从严,毛辉祖胆小附和,对富勒浑、毛辉祖"过犹不及"的行为给予申饬。① 又如王尔扬"谋大逆"案中,山西巡抚觉罗巴延三奏李抡元所刻墓志于"考"字上擅加"皇"字,令人"不胜惊骇愤恨",而乾隆的谕旨称王尔扬所作墓志"迂腐无知泥于用古,不得谓之叛逆",② 无须处以刑罚。又如黎大本《资孝集》中以"姬姜"等词赞美其母,乾隆认为黎大本只是"妄行用古",毋庸深究。③ 可见乾隆已经觉察若是在文字作品上吹毛求疵,肆意罗织罪名、屠戮士人,容易引发告讦之风,相关谕旨也体现了乾隆"昙花一现"的宽容。

(三) 出于对"疯汉"犯罪的疾病考量

"谋大逆"案中如丁文彬、刘裕后、王肇基等皆为"疯汉",其精神病患状态也是量刑考量因素之一。按照传统法制,精神病患通常被允许法外施恩,可按律法收赎或减免刑罚,譬如沈家本曾在讨论汉代案件时指出精神病患者是因"病狂"而改易本性,应在一定程度上予以宽恕,清末律学家薛允提出疯病患者杀人,虽然"律无明文",但康熙年间已有比照过失案件办理的先例,"即后汉所谓狂易杀人得减重论之意也"④。从清代文字狱"谋大逆"案量刑结果来看,精神疾病虽被明确提出,但案犯仍难逃脱死刑命运,所谓轻罚也多表现为凌迟改为杖毙。如刘裕后《大江滂》案中,案犯刘裕后因父亲在黄河运放木筏时溺水身亡,刘裕后前去打捞,"尸骸无获,昼夜哭泣,感称疯迷之疾",其书取名《大江滂》也是因父亲身沉江河,欲表达怀念亡父、涕泗滂沱之意。山西巡抚恒文认为虽然刘裕后"形神恍惚""语无伦次""素患疯迷",但歌颂亡

---

① 《清代文字狱档》,上海书店出版社,2011,第 83 页。
② 《清代文字狱档》,上海书店出版社,2011,第 186~188 页。
③ 《清代文字狱档》,上海书店出版社,2011,第 224 页。
④ 参见胡星桥、邓又天主编《读例存疑点注》,中国人民公安大学出版社,1994,第 599 页。

父僭越帝王的行为，"未便因其素来有疯疾稍为宽纵"，①因此刘裕后被杖毙。又如王肇基献诗案中，山西巡抚阿思哈奏称王肇基自幼读书不成，四处游荡，行踪不定，有吃语情形，诗歌错乱荒诞，"似属病患疯癫之人"，乾隆也知晓该情况，朱批"竟是疯人而已"。而王肇基的病情并未使其免于死刑，乾隆认为案犯发病时尚且如此，"平昔之不安本分、作奸犯科已可概见"，②于是将王肇基杖毙。又如丁文彬逆词案中，孔昭焕奏称丁文彬"行止可异，不为通报，伊咆哮不去"，丁文彬被拷问为何捏造二女一夫作品时，回答是奉"上帝"之命，不需要媒妁之言，作品《洪范春秋》也是"上帝"命令丁文彬所写。至于"上帝"的身份如何，丁文彬回答："上帝是天，如何有人？小子是蒙上帝时时启迪，常在身旁说话，人不能听闻的。"③丁文彬入狱后，"语言气短，面带死色"，乾隆下旨"如恐不及待，即照所拟先行凌迟示众，勿任瘐毙命狱中，致奸慝罔知惩戒也"。④济南府知府赵之垹等迅速严押逆犯丁文彬至市曹，将其凌迟处死。⑤可见"谋大逆"案犯的精神疾病情况只是在形式上经过了司法者及君主的考量，但量刑结果没有明显的实质变化。

四 结论

"谋大逆"案作为清代文字狱的主要罪名，其法定刑为凌迟处死，但在具体量刑上则体现为杖毙、斩首、流放兼具的刑名群，呈"同罪不同刑"的现象。⑥而作为量刑主要依据的文字作品，是否涉及"谋大逆"，犯罪情节和恶劣程度如何，该处以何种程度的刑罚，其标准往往在君主的一念之间。这种标准的"悬浮"，体现了清统治者对司法的控制干预，对反清思想的敏感警觉，以及在宽严之间的摇摆不定。其一，"谋大逆"案刑名的"悬浮"体现了皇权对司法的绝对控制力量。"非常大狱"均应经过

---

① 《清代文字狱档》，上海书店出版社，2011，第74~75页。
② 《清代文字狱档》，上海书店出版社，2011，第7页。
③ 《清代文字狱档》，上海书店出版社，2011，第9~13页。
④ 《清代文字狱档》，上海书店出版社，2011，第18页。
⑤ 《清代文字狱档》，上海书店出版社，2011，第19页。
⑥ 参见孙光妍、宋鋆《清代文字狱案例评析——以数据统计为中心的考察》，《法律适用》2018年第16期。

皇帝复核，皇帝一时的心念决定了案犯的罪与非罪、轻罪与重罪、生与死。其二，作品字句是否属于"谋大逆"标准的"悬浮"侧面体现了统治者对反清思想的警觉和敏感。通过梳理涉案字句可见，大量案犯难以确定有反清的故意，断章取义、牵强附会者并不鲜见，甚至言语傲慢狂妄都可能成为谋大逆的证据。此外，统治者的敏感还体现在惩处办案轻纵的司法官员上，这种敏感在制度上表现为律法规定"凡谋反、叛逆，官司不即受理（差人）掩捕者，（虽不失事）杖一百"①，在办案实践上表现为统治者怒而下谕，或罚没俸禄，或严行申饬，或直接以职务犯罪之名惩处办案不力者。其三，统治者在量刑宽严之间的摇摆不定体现了其在控制思想舆论和鼓励读书创作之间的矛盾心态，其既不愿轻易"以语言文字罪人"，又无法容忍案犯作品的"大逆不道"。而士子在这一环境下，"见猫以为虎，见鳝以为蛇"②，避谈时事，以音韵、训诂为主的不涉及经国济世的学科应势而起，学风与士风倾向于明哲保身、万马齐喑。

---

① 《大清律例》，张荣铮等点校，天津古籍出版社，1993，第513页。
② 《龚自珍全集》，人民出版社，1975，第376页。

从故杀外姻缌麻尊属看义绝与擅杀的适用

秦 晋*

摘 要：光绪八年，奉天发生一起名为"谎卖已嫁女案"的命案，双方当事人服制属外姻缌麻，对于因义绝而杀伤是否应同常人论，律例无明文规定，该案上报刑部后由赵舒翘覆核，他与地方司法官展开博弈论证。赵舒翘着眼于情理与法律，阐明义绝、擅杀律例本意，认为义绝已致服制解除，应照常人论依故杀定拟。他之后形成驳稿上奏皇帝，最终使此案成为通行，各省一体遵照，补律例之未备。赵舒翘结合案情，运用传统律学方法释明律例，解析疑难案件，解决法律问题。

关键词：陕派律学；赵舒翘；义绝；擅杀；姻亲

一 案件始末

断案首先要从了解案件真实情况开始。光绪八年（1882），"谎卖已嫁女案"，全称为"新民厅民张广财因妻父郝甸沅谎卖其妻郝氏故杀郝甸沅身死一案"，一桩发生在奉天的地方案件，先由奉天总督亲自审理，后又经刑部驳斥覆审，经两方司法博弈，最终上报皇帝，作为各省参照的典型判例。

赵舒翘所作《奉天司命案驳稿》①即是针对该案的审理意见形成的奏稿。除他的奏稿外，清代案例集《刑案汇览》所载"故杀义绝外姻

---

* 秦晋，西北政法大学法治学院2021级硕士研究生。
① （清）赵舒翘：《慎斋文集》，闫晓君整理，法律出版社，2014，第61页。

缌麻尊属拟办章程"① 也具体记述了该案案情。将两篇进行对比，两者内容高度重合，几近相同，可见该案的覆核定拟经赵舒翘手。通过驳稿内容及案例所述，可知此案的驳斥覆审、定拟上奏等程序都是赵舒翘所为。《刑案汇览》以及驳稿内容都是他对该案所持的评判审理意见。

该案真实情况为《刑案汇览》所载，一目了然。

缘张广财与妻父郝甸沅素睦无嫌，光绪七年间张广财外出佣工，留妻张郝氏与其父张均富在家过度。八年三月间，郝甸沅谎接张郝氏赴堂妹赵郝氏家探亲，将张郝氏留住，郝甸沅独自回家，数日后复至，赵郝氏捏称张郝氏已被其翁张均富因张广财无钱养赡，休回母家，现欲与其找主改适，央赵郝氏为媒。赵郝氏、张郝氏均信以为真，适许万富欲成家室，经赵郝氏媒说，言明身价市钱四百千文，给郝甸沅收用，即由郝甸沅主婚，于四月初二日将张郝氏送至许万富家成亲。张均富因张郝氏未回，曾向郝甸沅催接数次，郝甸沅以在亲戚家留住之言掩饰，嗣张均富风闻张郝氏被郝甸沅嫁卖，即将张广财唤回，往向查问。郝甸沅用言搪塞，应许送回。七月十八日起更时，郝甸沅至张广财家告知嫁卖实情，并向张广财逼索休书，张广财气忿不依嚷骂，郝甸沅回詈，张广财拿刀将其右耳轮等处砍伤，郝甸沅倒地滚骂，并称伤瘥定不甘休，张广财忿极起意致死，又用刀迭砍伤其偏右连发辫项颈，越日殒命。②

奉天总督对该案作出依擅杀律拟绞的判决。经刑部覆核发回重审，但奉天总督重新审理后仍维持原判。赵舒翘对第二次的审判结果予以驳斥并直接改判："即将张广财改依故杀者斩律，拟斩监候，入于秋审办理。"③他还将该案最终审判结果上报皇帝，使其成为各省以后审判此类案件的

---

① 《新增刑案汇览》卷9，载（清）祝庆祺等编《刑案汇览三编》（四），北京古籍出版社，2004，第628页。
② 《新增刑案汇览》卷9，载（清）祝庆祺等编《刑案汇览三编》（四），北京古籍出版社，2004，第628~629页。
③ 《新增刑案汇览》卷9，载（清）祝庆祺等编《刑案汇览三编》（四），北京古籍出版社，2004，第632页。

"通行"①。

二 驳饬拟稿，覆核案件

"同治十二年举于乡，联捷成进士，授刑部主事，派提牢厅，以刑名出入民命在呼吸间，折狱恤囚，悉出哀矜，深知外省移案就律、巧为罗织之弊，研核审慎。"② 在刑部任职的十年间，赵舒翘覆核定拟极多疑难案件，留下许多奏稿、呈批等。与此案相关的《奉天司命案驳稿》便是赵舒翘就覆核此案，针对奉天总督判决结果的驳斥与审评意见。

案件发生后，奉天总督初审将张广财依照擅杀人律拟绞科断，刑部审查后，认为其法律适用不正确，驳回发奉天总督重新审理。但奉天总督第二次审理后仍坚持自己的判决结果，并给出审判依据："以已死郝甸沆虽系该犯妻父，第乘其外出，将女谎卖，恩义已绝，应同凡论声明。郝甸沆谎卖出嫁之女即属有罪之人，将张广财依罪人不拒捕而擅杀，以斗杀论，斗杀者绞律，拟绞监候等因具题。"③ 他认为该案的受害人郝甸沆在作出嫁卖其女的行为后已是有罪之人，张广财与妻父已属义绝之状，即符合律注所述"义绝之状，谓如身在远方，妻父母将妻改嫁，或赶逐出外，重别招婿"④。

此外，奉天总督还将"妻被谎卖"与"事主之仅失财物"相比较，认为郝甸沆谎卖已嫁之女，随后又向张广财逼索休书等种种行为尤甚窃盗，张广财形似事主。因此，张广财忿极殴妻父致死与事主擅杀情形无异。

基于此，若该案照故杀律科断不仅是弃郝甸沆谎卖出嫁女之罪不问，并且与故杀平常无义绝之状妻父毫无区别，因此对张广财应依擅杀律拟绞。奉天总督除了给出自己照擅杀律科断的理由外，还列举出司法实践中的成案来对自己判决结果的正确性予以支撑。如嘉庆二十四年（1819）山

---

① 刑部对它的解释是："各直隶省通行，系律例内所未备载，或因时制宜，或随地立法，或钦奉谕旨，或奏定章程，均宜遵照办理者也。"见（清）祝庆祺等编《刑案汇览三编》（一），北京古籍出版社，2004，第5页。
② 民国《续修陕西通志稿》卷74《赵舒翘传》，民国二十三年铅印本，第128页。
③ 《新增刑案汇览》卷9，载（清）祝庆祺等编《刑案汇览三编》（四），北京古籍出版社，2004，第629页。
④ 《大清律例》卷30，田涛、郑秦点校，法律出版社，1999，第488页。

东省李小生案、道光四年（1824）广西省叶茂案、道光五年陕西省常二虎案这三案"均经部驳，改依擅杀定拟在案，似可援照办理"①。赵舒翘当下驳斥并直接改判，后形成驳稿并收入《慎斋文集》：

> 查"女婿与妻父有义绝之状，各依常人论之律"，载在干名犯义门内，系指所犯许相告言而言，原以翁婿名分即从夫妻而起，若如律注所云："身在远方，妻父母将妻改嫁，或赶逐出外，重招别婿等类，已无恩义可言，即属义绝。"故律注互相告言，不在得相容隐及干名犯义之列。其因义绝有犯杀伤，应否以凡人论断，律例均无明文。检查向办成案，亦不划一。细绎律注所云"义绝之状"等语，本系兼指婿与妻父母两层，如谓可包杀伤在内，即如妻父母有义绝之状被婿杀死，或将婿致毙，其妻父母已不以尊长自居，酌照凡人定拟办理，尚无窒碍。倘婿有义绝之状，将妻父母殴死，或将妻父母谋杀，是妻父母并不失为尊长之道，若概照凡定拟，岂得为情法之平？核与律内各依凡论各字之义，亦属未能符合，全在司谳者准情酌例，引断自无歧误。至擅杀罪人之律，载在捕亡门内，原指捕役杀死罪囚而言，例内始有事主捕人擅杀奸盗及别项罪人分别治罪之条，必然实系事主及捕人方可照擅杀科断。若如婿与妻父母果犯义绝律，依常人论已有差等，并无有犯照擅杀定拟之文，尤不得率行援引，致与例意不符。……即谓死者诓卖伊妻，翁妻之义已绝，应同凡人论，亦只应照凡人故杀律定拟。该督等将张广财照擅杀罪人律拟绞引断，殊未允协。罪名出入攸关，臣部碍难率覆。②

赵舒翘针对奉天总督的判决依据予以驳斥，先定位律文中义绝的具体位置，即干名犯义门内。随后，他还指出由于律例并未规定因义绝而杀伤是否同常人论，司法实践中此类案件的判决结果各不相同。赵舒翘着眼于情理与法律给出答案："如谓可包杀伤在内，即如妻父母有义绝之状，被婿杀死，或将婿致毙，其妻父母已不以尊长自居，酌照凡人定

---

① 《新增刑案汇览》卷9，载（清）祝庆祺等编《刑案汇览三编》（四），北京古籍出版社，2004，第630页。

② （清）赵舒翘：《慎斋文集》，闫晓君整理，法律出版社，2014，第61页。

拟办理，尚无窒碍。倘婿有义绝之状，将妻父母殴死，或将妻父母谋杀，是妻父母并不失为尊长之道。若概照凡定拟，岂得为情法之平？"他认为在义绝的情形下，若在第二种情况下仍按常人论，是与律例本意相悖的。因义绝而杀伤的情形，不能一概按照常人论断，需要根据案件事实作出不同的处理。

除对"义绝"进行缜密的分析外，赵舒翘对"擅杀"也给出不予适用的理由："擅杀拟绞各例，系专指平人致毙奸盗等项罪人而言，并无杀死有服尊长以擅杀论之条，亦无与义绝妻父相犯，得照平人擅杀问拟之文，自未便强为比附，相提并论。"① 擅杀律例须符合法律规定的身份条件与犯罪对象才可适用。

对奉天总督举未经通行的成案而不引律例断案的做法，赵舒翘首先进行批评，然后同样列举出在司法实践中"均不照擅杀定拟"的"反面"案例：

> 且即以成案而论，检查同治二年山西省题王禾六只殴伤悔婚再许之妻父王荃四身死一案，又五年直隶省题崔陈重踹伤逼令退婚之妻母周氏身死一案，又八年四川省题朱先意砍伤逼令退婚将女另嫁之妻母张氏身死一案，又十年湖南省唐士甲砍伤逼令退婚之妻父何来陇身死一案，各该省声称恩义已绝，应同凡论，将王禾六只等均照斗杀律拟绞。又十年直隶省题孙桢谋砍逼写休书、欲将女另嫁之妻父母贾恺等一家二命一案，该督声称翁婿之义已绝，未便再照缌麻尊长论断，将孙桢依平人杀一家非死罪二人例拟斩立决枭示，又光绪三年湖南省题潘禾仔听从在逃之胞叔潘珠淋，谋杀逼令退婚逐出之妻父张得怀身死，该抚声称翁婿之义已绝，应同凡论，将潘禾仔照凡人谋杀加功律，拟绞监候，均经臣部照拟题覆，并声名潘禾仔恭逢光绪元年正月二十日恩诏，不准援免，酌入秋审缓决办理等因，各在案，均不照擅杀定拟，与该督等所引之案亦属两歧。②

---

① 《新增刑案汇览》卷9，载（清）祝庆祺等编《刑案汇览三编》（四），北京古籍出版社，2004，第631页。
② 《新增刑案汇览》卷9，载（清）祝庆祺等编《刑案汇览三编》（四），北京古籍出版社，2004，第632页。

赵舒翘举"均不照擅杀定拟"的成案，这些案件分别以斗杀、故杀、谋杀定拟，从反面印证该案依擅杀律科断会造成法律适用错误的结果。他认为奉天总督的第二次审理结果仍是错判，随即直接驳回改判。赵舒翘阐释义绝、擅杀之律文，举出成案，再根据案件事实给出其照故杀律定拟的依据，修正错误判决，实现司法公正。

赵舒翘驳稿的内容体现出案件审理过程中地方与刑部的司法博弈，双方就法律的选择、条例的适用以及判例的参照进行论证与反驳。以上的评判审理意见体现出赵舒翘对案件的深入分析与对相关律例的深刻解读，更加凸显他对司法实践中律例适用的准确把握。

三 梳理争议，解析疑难

从赵舒翘针对该案的奏稿可知此案的争议焦点：一是因义绝而杀伤应作何解释，如何定罪量刑，是否同常人论；二是擅杀之条作何解释，又如何适用。

（一）"义绝依常人论"的法律解释

姻亲与宗亲相对，与宗亲这一天然存在的血缘关系不同，其是因结婚而形成的亲属关系。因此，姻亲因结婚而生，也可因离婚而灭，义绝作为法定离婚方式可成为切断姻亲的缘由。姻亲亲属之间若有义绝之状，则双方的姻亲关系解除，科罪照凡人论，"若女婿与妻父母果有义绝之状，许相告言，各依常人论"①。义绝之内涵，实为某种行为导致亲属之间的服制不复存在，当事人不再在得相容隐及干名犯义之列，并不仅仅指夫妻双方婚姻关系的解除。正如律学家沈之奇所述，"夫妻以义合，义绝则凡人矣，故许相告言，各依常人论断，不在干名犯义及得同自首免罪之限也"②。义绝的实质意义远超出一种法定的离婚方式，其与亲属服制有密不可分的联系。

赵舒翘根据该案案情，首先指出义绝载于干名犯义一门，随后具体分

---

① 《大清律例》卷30，田涛、郑秦点校，法律出版社，1999，第488页。
② （清）沈之奇：《大清律辑注》，怀效锋、李俊点校，法律出版社，2000，第832页。

析律文规定中"许相告言"的含义:"而设谓彼此互告,不在干名犯义及自首免罪之列,非谓有犯杀伤,亦可依常人论也。是以斗殴门内并无此语,后来遇有因义绝杀伤之案,往往因情稍可原,即援引此律,以凡斗论,不照杀伤妻父科罪办理,已属从宽。"① 义绝不仅因载于干名犯义门内而与伦常礼教有关,而且涉及服制,还关系到定罪量刑,对其外延应作一个更为广泛的界定,不可单纯地将之理解为婚姻关系解除的原因。

观"谎卖已嫁女案",双方当事人服制属外姻缌麻,若故杀外姻缌麻尊属,则应罪止斩候。尽管法律规定如此,然二人翁婿之义已绝,郝甸沅已不是张广财之岳翁,揆情度理,应依凡人照故杀论,入秋审缓决办理以区别寻常故杀案件,如此方符合法律与情理。

(二)"擅杀"的法律适用

"擅杀"一词在秦汉律中较为常见,具体指父母杀子女或主人杀奴婢,双方当事人具有身份隶属关系。唐律中并无"擅杀"的法律规定,《唐律疏议》载"既肆凶悖,堪擅杀人"②,这是唐律中"擅杀"二字的仅有表述。与秦汉律不同,唐律所规定的"擅杀"不是一种特定的罪名,而是一种随意的杀人行为。③ 直至清代,有关"擅杀"的律例纷繁复杂,如"夜无故入人家""夫殴死有罪妻妾""父祖被殴""罪人拒捕"等律例都提及"擅杀"。清代法律中的"擅杀"专指不具备官司人员的身份、超越法定职权或程序规则而随意杀人的行为。吉同钧《法闱拟墨》④ 一作中解释:"律文六杀而外,又有擅杀一项。擅杀者,不告官司而专擅杀之也。夫死者,虽系有罪之人,而庶民究无杀人之权,故律仍依斗杀拟绞。"

赵舒翘指出擅杀罪人一条在捕亡门内,强调捕役杀死罪囚之义,即如律学家沈之奇所述:"或谓此条以罪人拒捕为题,无逃走字,是所重者在

---

① 《新增刑案汇览》卷9,载(清)祝庆祺等编《刑案汇览三编》(四),北京古籍出版社,2004,第630~631页。
② 刘俊文笺解《唐律疏议笺解》卷17,中华书局,1996,第1253页。
③ 刘晓林:《立法语言抑或学理解释——注释律学中的"六杀"与"七杀"》,《清华法学》2018年第6期。
④ 转引自闫晓君《吉同钧〈法闱拟墨〉》,载里赞、刘昕杰主编《法律史评论》(2022年第1卷·总第18卷),社会科学文献出版社,2022,第297页。

拒捕也。拒捕之意，本为避罪，逃走拒捕，应一串讲。"① 拒捕擅杀一条在于强调犯罪人逃避处罚，赋予官差一定的防卫权，以便其在行使职权时对自身予以保护。此外，钱氏维城有云："而事主杀贼，遂有用罪人不拒捕擅杀论抵者，原其故：一因窃盗拒捕，既以罪人拒捕断；则事主杀贼，即以捕人杀罪人断，事若相当，故类推之。一因夜无故入人家条例，分黑夜白日，而不言登时，疑无以处拘执而杀者。……故以捕亡律补之。"② 事主杀贼，罪人拒捕，法律要求具备两种身份，即一为事主，二为捕人，才可照擅杀罪定拟。

赵舒翘根据该案事实，列明不应按擅杀定拟的反驳意见。擅杀原指事主或捕人擅杀奸盗棍徒之类，该案中郝甸沅虽有义绝之状，谎卖已嫁女行为有甚于窃盗，张广财形似事主，但对于亲属相侵之案，法律明文规定不可依照擅杀科断，清代法律规定："其因抢窃亲属财物，被尊长卑幼及并无尊卑名分之人杀伤者，亦各依服制杀伤及同姓亲属相殴，并凡斗杀伤各本律问拟，均不得照凡人擅杀伤科断。（按：不照凡人擅杀，自系从厚之意，乃因盗杀伤尊长，则又照凡盗杀伤之罪，殊嫌参差。）"③ 如果对张广财仍照擅杀定拟，是强行比附的结果。审视该案，女婿与妻父母即使有义绝之状，但既不为事主也不为捕人，根本不满足律例所要求的身份条件。再者，将妻谎卖一事终究不可等同于奸盗，倘若引擅杀之条科断则与律例本意相去甚远。

他又从情理与法律两个视角出发，论述张广财与郝甸沅虽已义绝，但与其妻的情分仍存，双方依旧为夫妇。翁婿之义因夫妻之情起，夫妻之义既未绝，妻父仍为尊长，将郝甸沅与罪人同论，照擅杀科断于情于法都不合。

他随后又思考假设两种情况，进一步说明此案不可照擅杀律科罪："设如张广财逼索休书之时，彼此分争，或致郝甸沅将该犯殴毙，势必照罪人拒捕杀人律科罪，于理更觉难通。再如妻被别项有服亲属谎卖，因而致毙，其命亦可照擅杀定拟否耶？彼此参观，其义自见。总之妻被人谎

---

① （清）沈之奇：《大清律辑注》，怀效锋、李俊点校，法律出版社，2000，第960页。
② 胡星桥、邓又天主编《读例存疑点注》，中国人民公安大学出版社，1994，第528页。
③ 胡星桥、邓又天主编《读例存疑点注》，中国人民公安大学出版社，1994，第497页。

卖，其夫自不能无忿激之情，而女被父嫁卖，其事究不得与奸盗同论。"①

赵舒翘旁征博引，论证严密，清晰地阐释了擅杀律文之原意及具体适用，展现出他深厚的律学素养。

四 "谎卖已嫁女案"的律学思想及贡献

赵舒翘作为陕派律学的中坚力量，在刑部任职期间展现出他的律学素养以及公正断狱的个人能力。"国家政事分掌于六曹，而秋官一职关人生命，视它曹尤重。为之长者多擢自曹司重望，谙习法令。即叙劳外简，往往不数年骤跻右职，入掌部纲。故它部长官迁调不常，而秋官任独久，盖非精研其学者不能尽职也。……越十数年，光绪中叶，赵公展如继薛公而起，由刑部郎中出典大郡，洊膺疆寄，内召为侍郎，旋擢尚书，决疑平法有张释之、于定国之风。"②

在刑部任职十年期间，赵舒翘参与办理多起案件，这些案件的审判意见后来成为司法实践的重要参考。从这些案件的驳稿、呈批等可看出其精深的律学思想及重要贡献，这些案件不仅对研究陕派律学有着重要意义，也对探究清代社会的律学传统具有积极意义。

（一）推求律意，较律例之异同

作为司法官员，通晓律文是一项基本要求，深刻理解并正确适用法律是公平断案的前提。"擅杀"虽多次在清代法律中出现，但司法实践中对此的适用仍存在问题。赵舒翘通过细致分析案件对涉及的律例都进行了详细的阐述与解释，不仅清楚地指出"擅杀"适用的基本条件，还详细道明"义绝致杀伤"的处理方式，指出要注意当事人之间的姻亲关系，反复斟酌，不断揣摩律意，最终才能够正确选择与适用律例。陕派律学的另一位重要代表人物吉同钧，在其《薛赵二大司寇合传》中曾言："同治联捷成进士，以主事分刑部，潜心法律，博通古今，《大清律例》全部口能背诵，

---

① 《新增刑案汇览》卷9，载（清）祝庆祺等编《刑案汇览三编》（四），北京古籍出版社，2004，第631~632页。
② （清）曹允源：《慎斋遗集序》，载（清）赵舒翘《慎斋文集》，闫晓君整理，法律出版社，2014，第5页。

凡遇大小案无不迎刃而解。"① 这侧面印证了赵舒翘精于求证律例原意，注重运用法律解释方法，可见其律学功力。

除法律解释的方法外，对比律例的异同也极其重要。

即使案件事实明确，行为人的一举一动也影响最终的判决结果。相同的罪名、相同的律例在遇到不同的案件事实时，适用的结果却不一样，这时候就要求对律例的概念做到精准的把握。一个案件往往关系到多条律例，从该案来看，其中就涉及"干名犯义""罪人拒捕"等。不同的律例之间不是毫无瓜葛的，反而存在诸多联系。赵舒翘将"擅杀"一条与不同律例、不同罪名进行联系整合、比较，以求律文本意，从而达到正确适用法律、实现司法公正的目的。

精研律例、互相参证、辨析律意是高超精妙的司法智慧和律学方法。

（二）完善法律，补律例之未备

"凡律令该载不尽事理，若断罪无正条者，（援）引（他）律比附，应加应减，定拟罪名，（申该上司）转达刑部，议定奏闻。若辄决断，致罪有出入，以故失论。[律后注]：法制有限，情变无穷。所犯之罪无正律可引者，参酌比附以定之，此以有限待无穷之道也。"② 法律不可能规定所有的犯罪行为，当法律没有明文规定时，允许采用比附之法，参考其他律例或者案件的判决结果。虽然允许比附，但是人的生与死往往就在一线之间，比附之法带有随意性，这就需刑部审慎覆核才可定案。"三千之律不能尽天下之罪，不免上下以求其比，可见事变无穷，法制有限，全在比附酌量以适于中，故律后有'比引律条'一门，而刑部亦称为比部，即此意也。"③ 刑部负有覆核驳异案件的职责，赵舒翘在刑部任职期间，对每一奏闻案件皆审慎覆核。

该案奉天总督在有律文规定的情况下，即采用比附之法断案。赵舒翘对此种做法予以斥责："臣部复查谳狱，总以律例为凭，而科罪尤以平允

---

① （清）吉同钧：《乐素堂文集》，闫晓君整理，法律出版社，2014，第 66 页。
② （清）沈之奇：《大清律辑注》，怀效锋、李俊点校，法律出版社，2000，第 116 页。
③ （清）吉同钧纂辑《大清律讲义》，闫晓君整理，知识产权出版社，2017，第 46 页。

为当。若舍律例而援引成案，不特与定章不符，亦恐有畸重畸轻之弊。"① 倘若法律有明文规定，当然是要引律断狱，不可直接比附断案，只有在法律没有规定的前提下才可参照其他案件。

该案不仅在审理过程中涉及比附之法，而且最终通过一系列司法程序成为"通行"。"通行"的性质与律例不同，也区别于成案，指在律例无规定时比照其他律例条文而形成，并经皇帝批准后通行全国的案件。② "通行"不是普通的成案，其具有法律约束力，是地方审判案件时必须参考的法律依据。

即使有成案可以参考，各个案件的判决结果也不尽相同。"该督等既误会例义，恐各省引拟亦不免诸多参差，亟须随时更正，俾昭遵守而期画一。臣等公同酌议，应请嗣后致毙义绝妻父母，以常人论案件，只应按谋故斗杀各本律定拟。如情节实有可原，于疏内声明，俟秋审地酌核办理，已有区分，不得再照凡人擅杀科断，以免分歧而昭限制。"③ 案件相似但判决结果不同，这就给断案带来一定的困难，会导致在司法实践中出现不公正的结果。以该案为视角，"因义绝有犯杀伤，应否以凡人论断，律例均无明文，检查向办成案，亦不画一"④。赵舒翘通过上奏皇帝使该案判决结果成为各省遵照的"通行"，有助于解决案件定拟不一的问题。

通过案件的审理、覆核、定拟、上奏等一系列司法过程，最终该案的判决结果成为以后此类案件的参照，完善了相关的审判依据。

（三）礼法结合，考量传统礼教

中国古代法律嵌入了礼教伦常，所以司法官员对案件的判断与考量也带有同样的特性。"盖礼教刑法均以名分为重"⑤，这不仅是古代法律的特点，更是律学家对办案经验的总结。

---

① 《新增刑案汇览》卷9，载（清）祝庆祺等编《刑案汇览三编》（四），北京古籍出版社，2004，第630页。
② 何勤华：《清代法律渊源考载》，《中国社会科学》2001年第2期。
③ 《新增刑案汇览》卷9，载（清）祝庆祺等编《刑案汇览三编》（四），北京古籍出版社，2004，第632页。
④ 《新增刑案汇览》卷9，载（清）祝庆祺等编《刑案汇览三编》（四），北京古籍出版社，2004，第629页。
⑤ （清）吉同钧：《乐素堂文集》，闫晓君整理，法律出版社，2014，第122页。

另一位陕派律学的代表人物吉同钧在其《书刑律干名犯义章后》中作出论述："此章与《名例》'亲属相隐'章互相发明。彼系禁其亲属告讦，防于未然。此系正其不相容隐之罪，治于已然，皆旧律中特色，数千年国粹全在于此。"① 当案件发生在亲属之间有干名犯义情形时，先要顾及伦理来确定服制关系，而后再选择适用律例。这不仅是清代法律明文规定的，更是数千年古代法律注重纲常礼教的准则所要求的。

"谎卖已嫁女案"的覆核定拟体现了赵舒翘融情于法的律学智慧。该案当事人因义绝而杀伤，所以断案时必须考虑双方的亲属身份关系。赵舒翘覆核该案时有同样的考量："该犯又因妻而抱怨，是仍以死者之女为己妻，并无弃绝之义，乃因妻而戕及其所生，反得原其受辱难堪之情，而曲贷其凶残犯尊之罪，其理安在？无论以素有名分之尊长与罪人同论，揆之情罪，已觉未能允协。"② 名教伦常是中国古代传统法律的精粹，法官在断案时需将礼教情理融入司法之中，才能作出符合当时时代的公正判决。

（四）竭诚致慎、清洁自持的律学精神

赵舒翘深厚的律学素养源自他个人严谨求实的律学精神以及操守清廉的崇高品格。他虽出身清苦却依然有自己的坚持与操守，怀揣公平正义的信念："赵初通籍，观政刑部。京曹本清苦，刑部事尤繁重，俸入又最廉。赵聪强绝人，耐艰苦，恒布衣蔬食，徒步入署，为常人所不能堪。"③ 吉同钧在其《薛赵二大司寇合传》中评价道："其内任刑部长官也，部中自云阶后，风气渐趋卑污，司员多绚情受贿，展如到任，查明江苏司印稿受贿之事，即奏革二人之职以示警。又以案牍积累，由司员不谙公事，分日面试各司员律例，抚尤超拔。又革奔走贪缘恶习，凡来宅拜谒及送礼物者，概不准门丁上达。"④ 赵舒翘即使身居高位，仍躬行儒素，不忘戒慎律己，多次提到成为一名好的司法官以及实现司法公正首先要修身、明理，还劝诫其他人不可重名利而贬名节。"夫置之荣辱利害之交，志仍不至摇夺，

---

① （清）吉同钧：《乐素堂文集》，闫晓君整理，法律出版社，2014，第125页。
② 《新增刑案汇览》卷9，载（清）祝庆祺等编《刑案汇览三编》（四），北京古籍出版社，2004，第631页。
③ （清）徐珂编撰《清稗类钞》，中华书局，1984，第1441页。
④ （清）吉同钧：《乐素堂文集》，闫晓君整理，法律出版社，2014，第66页。

非所谓有守有为之君子乎？然此非可以意气为也，人之有得于学者，天必试以艰难拂郁，俾其识定而力坚。观察集内主敬存诚之说，深入理道，盖必先自克其私，兢兢戒慎，不欺于幽独，方能不徇于人，久且见信于人，而渐伸其作用，岂无学者所能借口哉？余接见僚友，每苦口谆谆以得失有命、勉作循良相劝……"[①] 作为一名司法官及律学家，个人操守关系着司法公正的实现。律学亦是做人的学问，听讼治狱犹如做人，都需秉持一种主敬存诚的精神。传统律学不仅是断案折狱的学问，更是一种明理、修身、做人的学问。站在一个宏观视角，运用比较的方法，力求融会贯通，而后做学问，做人才不致狭隘。

赵舒翘自入刑部直至被赐死的职业生涯中，始终都坚持他的法律信仰和人文关怀，保持自己纯洁清高的品格。他所展现的不仅是其作为司法官的刚正不阿的气概，更是一种斯文而高贵的学者风度。

五 结语

"谎卖已嫁女案"本是发生在地方上的一桩普通的刑事案件，但通过这个案件可见清代司法实践中许多值得关注的问题。律文的解释、例条的对比、案件覆核的程序，都通过该案展现出其实际的运行机制。赵舒翘作为陕派律学的中坚，拥有深厚的律学素养和高超的断案水平，在刑部任职十年期间，覆核定拟过许多案件。着眼于"谎卖已嫁女案"，再具体到他对此案的驳饬定拟，可看出他对律文的正确把握和深刻解读。

赵舒翘作为陕派律学的代表人物，律学造诣极高，通晓律文，对奏闻案件皆审慎检查，以在最大程度上实现司法公正。该案的审理过程不仅体现出清代法律、条例以及判例适用的特点，而且展现出传统律学在司法实践中所发挥的效用。清末正值变法修律的时代，在这种时代背景下，以赵舒翘为代表的陕派律学家关注法律的实用价值，注重法律适用的现实问题。在覆核审理案件中所展现的司法智慧与律学素养不仅是陕派律学的重要组成部分，而且对现代法学也有深刻的启示。

---

① （清）赵舒翘：《慎斋文集》，闫晓君整理，法律出版社，2014，第272页。

清代刑部定例的考量因素

——以"强占良家妻女"例文和案件为视角*

逯子新**

摘　要：刑部是清代例文制定的主要驱动者之一，其在是否创制某条例文的问题上，有非常审慎的考量，通常会从两方面考虑必要性：一是被创制的例文是否具有足够的示范性和概括性；二是从刑等体系的角度出发，考虑是否需要新增刑等对该条律文下既有的刑等体系进行补充。刑部在创制例文时所表现出的此种审慎，加之传统律典条文的具体性与对应刑罚的绝对确定性之间的矛盾特性，势必在司法实践中造成大量在立法层面无从解决的案件，于是审刑官又通过比附制度的运用在司法层面对此进行补充。

关键词：刑部定例；刑等体系；比附

一　导言

提及清代立法，例之发达为其首要特征。有学者粗略估计，明一代不过数百条例文，而清代，修例次数在三十次上下，例文的数量最多时达到一千八百九十二条（同治九年，1870），大约是明代例文的五倍之多。[①]世

---

*　本文系安徽省社科基金青年项目"清代安徽省例研究"（AHSKQ2021D07）、安徽师范大学博士科研启动金项目的阶段性研究成果。

**　逯子新，安徽师范大学讲师。

[①]　（清）薛允升著，黄静嘉编校《读例存疑重刊本》（五）卷52，台湾成文出版社，1970，第4~6页。

人多将此视为清代立法之弊病。如《清史稿》评价:"清代定例,一如宋时之编敕,有例不用律,律既多成虚文,而例遂愈兹繁碎。其间前后抵触,或律外加重,或因例破律,或一事设一例,或一省一地方专一例,甚且因此例而生彼例……"① 有学者从我国古代立法技术特征的角度对这一现象进行解释。如黄静嘉先生所论,清例之流于繁碎,与我国成文法之立法技术密切相关,与西方的"抽象逻辑主义"的立法方法不同,中国传统的立法采用的是一种"客观具体主义"的立法方法,② 因而律典条文多呈现出繁碎的特征。

清代例文的繁碎并不意味着例文制定者的随意无章法。从《刑案汇览》的诸多案件中可以发现,在例文形成的过程中,作为例文主要纂定者之刑部,在是否将一条规则确立为例文的问题上,有非常审慎的考量。刑部对律例无明文的案件的定拟意见,被纂定为例的情形非常之少,上升为通行的案件也只占很小的比例。那么,刑部是基于什么样的考量来创制例文的? 本文对此进行探讨。

二 刑部定例的考量因素

笔者在阅读"强占良家妻女"律例及《刑案汇览》相关典型案例之时,发现一个颇为值得思考的问题。《大清律例》当中"强占良家妻女"条依据妇女的三种不同情形,设置了三个专条,按照纂定时间先后,分别是前明旧例"聚众抢夺良家妻女"例、嘉庆十年(1805)"聚众抢夺犯奸妇女"例和道光四年(1824)"聚众抢夺兴贩妇女③"例。④ 但据《刑案汇览》中所收录的抢夺妇女的案件,除上述三种类型外,还有大量的抢夺婢女、抢夺居丧改嫁妇女和抢夺卖休妇女等案件。例文中的三种妇女并不能完全概括实际的案件情形。为何例文只对三种妇女类型作出了定例? 如果说良家妇女与犯奸妇女为相对概念,具有相当程度的抽象概括性,但兴贩

---

① 《清史稿》卷142《刑法志》,中华书局,1977,第4186页。
② (清)薛允升著,黄静嘉编校《读例存疑重刊本》(五)卷52,台湾成文出版社,1970,第6页。
③ 兴贩妇女,通常指被拐卖的妇女。
④ (清)薛允升著,黄静嘉编校《读例存疑重刊本》(五)卷52,台湾成文出版社,1970,第305~306页。此三例文名称,为简便考虑,下文省略"聚众"二字。

妇女并不属于"良"与"奸"的分类范畴，且表意更为具体，那么兴贩妇女为何可以定为专条？相比于婢女、居丧改嫁①妇女、卖休②妇女等，从是否干犯例禁的角度出发，兴贩妇女与居丧改嫁妇女及卖休妇女一样，都是被例文禁止的；从妇女主观的角度出发，兴贩妇女与卖休妇女一样，依据传统社会对女子的道德要求，两者同为甘心听鬻，在主观方面均存在瑕疵。但抢夺居丧改嫁妇女和卖休妇女，都没有被纂定为例文，只对兴贩妇女作出了定例。这是刑部定例时偶然为之，还是有意为之？若为有意，那么刑部基于何种考量，将抢夺兴贩妇女纳入正式的法律文本体系？根据笔者的考察，刑部对抢夺兴贩妇女设置专条应是有意为之，其考量可能是基于以下两个方面：一是事理方面的考量，二是刑等方面的考量。

（一）事理的考量

"抢夺兴贩妇女"例文在道光四年（1824）被纂定为例文，在此之前，刑部的通常做法是将抢夺兴贩妇女的案件比附"抢夺犯奸妇女"例定拟。后山东巡抚向刑部提出此种定拟方式的不妥之处，指出了一些弊病，并提议对抢夺兴贩妇女单独定拟。该抚提出了三点极具说服力的理由：一是从刑律惩治匪徒的目的角度出发，匪徒明知抢夺兴贩妇女有违律例，但其与抢夺良妇有别，并不入于死罪，因而容易让匪徒有倚仗挟制之余地，知是兴贩妇女而肆意纠抢，这不利于刑律惩凶止恶目的的实现；二是从情理角度考虑，被卖之妇女大多系贫乏之人，饥寒交迫，为父母者不得不鬻卖子女以活命，且往往事处窘急，难以择人而售，因而卖与兴贩之手，被贩妇女实属情非得已，其舍一身而救全家之情值得体恤，若仅因落入兴贩之手，便对其加以犯奸之名，不足以别贞淫而昭允协，反而使抢夺者免于斩绞重罪，未能彰显律例重风化而惩匪徒的用意；三是从司法实际的角度出发，近年来抢夺兴贩妇女的案件渐多，大概是因为法轻易犯之，故应对抢

---

① 居丧改嫁，指妻子居夫丧，在服丧期之内改嫁他人的行为，这种行为是《大清律例》所禁止的。

② 卖休，指丈夫或夫家将妻子卖与他人，即买卖妻子的行为，这种行为是《大清律例》所禁止的。《大清律例》"纵容妻妾犯奸"律文规定："若用财买休卖休（因而）和（同）娶人妻者，本夫、本妇及买休人各杖一百，妇人离异归宗，财礼入官。"《大清律例》，张荣铮等点校，天津古籍出版社，1993，第555~556页。

夺兴贩妇女单独定拟刑罚。① 山东巡抚的提议得到了刑部的认可，被刑部评价为"禁戢凶暴之中仍寓维持风化之意"②。从上述理由中可以看到，山东巡抚的提议紧紧扣住了刑律的两个核心目的，即防卫和教化，突出了对抢夺兴贩妇女设立专条的必要性。

此外，从犯奸妇女和兴贩妇女的对比来看，与良家妻女相比，犯奸妇女在违背传统道德要求方面具有主观过错，而兴贩妇女之"甘心听鬻"在主观方面则仅具有瑕疵。因此兴贩妇女似乎介于良家妻女与犯贱妇女之间，可以成为具有一定抽象概括性的第三种类型妇女。这一点在之后的司法案例中可以得到证实，抢夺居丧改嫁妇女、卖休妇女的案件，大部分都通过类推而归入了"抢夺兴贩妇女"例文的适用范围。

（二）刑等的考量

事理方面的考量，固然具有重要意义，但笔者认为这或许只引起了刑部对山东巡抚提出的对兴贩妇女设立专条的重视，并非刑部定例的决定性因素。真正决定刑部定例的关键因素是其对聚众抢夺妇女相关例文的刑等考量。查《大清律例》"强占良家妻女"条，对聚众抢夺良家妻女设定的基准刑是斩立决，而对聚众抢夺犯奸妇女设定的基准刑是"发黑龙江给披甲人为奴"，也即拟遣。可见，在上述两条例文所确立的基准刑之间，尚间隔有多个刑等。在情理上，抢夺兴贩妇女本介乎于抢夺良家妇女与抢夺犯奸妇女之间，但在没有专条的情况下，只可比附定拟，即只能在斩和遣这两个差别很大的刑等之间抉择，这在刑部看来，显然情法未得平允。因而，刑部将抢夺兴贩妇女的基准刑设置为绞监候，介乎于斩和遣之间。③

刑部增加此条实际上是在聚众抢夺妇女类型的案件中，于原有斩、遣两种刑罚之间，增加一个过渡刑等。对如此做法，刑部实有更为深远的用

---

① "抢夺兴贩妇女分别治罪定例"案，见《刑案汇览》卷8，载（清）祝庆祺等编撰《刑案汇览全编》，尤韶华等点校，法律出版社，2007，第508页。
② "抢夺兴贩妇女分别治罪定例"案，见《刑案汇览》卷8，载（清）祝庆祺等编撰《刑案汇览全编》，尤韶华等点校，法律出版社，2007，第508页。
③ 将抢夺兴贩妇女的基准刑设置为绞监候，而非绞立决或斩监候，笔者认为其原因是："非聚众抢夺良家妻女"例文的基准刑是绞监候，即便聚众抢夺更为恶劣，但为了彰显抢夺良家妻女的恶劣程度重于抢夺兴贩妇女，在量刑上，即便是有聚众抢夺的加重情节，其量刑也不宜重于抢夺良家妻女的基准刑。

意。在司法实践中，抢夺妇女案件中的诸多其他难以辨别贞奸的妇女类型，如婢女、卖休之妇女、居丧改嫁妇女、被出改嫁之妇、娼妓之家女等，都可以比照"抢夺兴贩妇女"例文进行刑罚的折中定拟。这一点在道光十三年（1833）的"强抢不守妇道被出改嫁之妇"一案中有充分体现。

该案中，张景会之妻戴氏因不守妇道被出，后由其兄戴成章主婚，改嫁与李广才为妻，案犯仝道知其被出改嫁，于是伙同秦三等抢夺戴氏卖钱分用，一共九人伙犯，抢夺已成，但尚未嫁卖。该省巡抚认为，戴氏因在前夫家不守妇道被出，后又改嫁，虽与卖休者不同，但已更事二夫，属失节之妇，不宜认定为良妇，同时又与犯奸妇女有别，究竟应否照抢夺良家妇女科罪，抑或比照伙抢犯奸妇女拟断，例无专条，难以定拟，因而咨请刑部。刑部的回复是，此案戴氏改嫁系由被出，因而与犯奸并不相同，但戴氏因不守妇道被出在前，之后又甘心改嫁于他人在后，从妇女应从一而终的教义出发，戴氏与良妇也有所区别。查"抢夺兴贩妇女"例文的立法原意系妇女非尽属失节，不过是因其迫于父母翁姑之命，甘心听卖，所以不得等同于良妇，因而纠抢兴贩妇女的罪名相比于纠抢良妇的罪名也稍有减轻。因此刑部直言："查纠抢良人妇女罪应拟斩，纠抢犯奸妇女罪应拟军。若被抢之妇既难与良妇同科，又难与犯奸并论，则有抢夺兴贩妇女拟绞之条，罪名各分等差。司谳者自可酌量情节比照办理。"[1]

可见，在这起案件中，"抢夺兴贩妇女"例的最主要作用是在抢夺妇女案的大类中增加一个中间刑等，使该条对应的刑罚等差均衡。

三 司法中的补强：比附制度

从聚众抢夺妇女的相关例文和案件中，可以发现，刑部在例文的创制方面，是非常审慎的，并非出现新的情况，便进行新例的创设。可以被纂定为例文的情形，在情伪无穷的司法案件中，仅占很小的比例。其余情形，更多的是依赖司法上的制度设计来解决，最为重要的便是比附制度。

比附制度存在的根源在于中国传统律典在罪名与刑罚的设置上采用的

---

[1] 《续增刑案汇览》卷3，载（清）祝庆祺等编撰《刑案汇览全编》，尤韶华等点校，法律出版社，2007，第169~170页。

是绝对确定的法定刑模式，即一个罪名只对应一个固定刑罚，且对罪名的规定采用的是一种具体式描述而不是概括式抽象的方式，如上文所述的"强占良家妻女"一条中，律文规定的强占良家妻女对应的是绞监候，聚众抢夺良家妻女对应的是斩立决，聚众抢夺犯奸妇女对应的是发遣，聚众抢夺兴贩妇女对应的是绞监候，除此之外的情形再无规定。于是案件的定拟，只能借助于比附制度，在各例文之间"上下比罪"[①]。因此，可以说比附制度是传统律典得以适用的媒介，是为了调和传统律典条文的具象化和绝对确定刑罚之间的矛盾而存在的。担负如此重要使命的比附制度，在司法审判中也展现出多重功用。

（一）作为法律解释方法的比附

当今我们所熟知的各种法律解释方法为西方法学知识谱系下之理论，我国传统司法及律学对此并无体系性归纳，专门概念的创制亦属罕见。然而，解释是法律得以适用的基础。传统司法中，对律例的解释便是在比附这一大的制度下展开的。比附的运用，担负起了最广义的法律解释之功能，包括狭义的法律解释和漏洞填补即类推。在上文所提及的抢夺居丧改嫁之妇、卖休之妇、婢女、优伶及娼妓之家女等案件中，其定拟便运用到多种法律解释方法。

如"强抢买休之妇与犯奸妇女同人"一案[②]中，道光四年（1824），苏抚咨刑部李继周纠众强抢买休之妇许氏嫁卖与人，席元意图将妻子许氏嫁卖与人，嘱托案犯李继周寻找买主，经该犯介绍，席元将妻子卖给李贵为妻。李贵许给李继周媒钱二千文。但事后李继周屡次讨要未得，因此李继周便起意纠同李兴等七人将许氏抢出，但尚未嫁卖。该案中，刑部认为，席元妻子许氏甘心听从本夫卖休，与良家妇女不同，亦与兴贩妇女有别，席元将许氏卖与李贵为妻，属和同卖休之行为，许氏已属失身之妇。因而刑部将李继周等人比照"抢夺犯奸妇女"例分首从问拟军流。

[①] （清）刘锦藻：《清朝续文献通考》卷248《刑考七》，民国景十通本，第4150页。
[②] 《刑案汇览》卷8，载（清）祝庆祺等编撰《刑案汇览全编》，尤韶华等点校，法律出版社，2007，第508页。

再如"抢卖有关改嫁之妇并非伙众"一案①：

（嘉庆二十五年）东抚咨：外结徒犯内张氏因夫张兆林外出，起意改嫁，以致被姑老张氏卖与张殿为妾，张兆林告官断回，既隳其节复失其身，实与奸犯之妇无别，魏山与贾荣将其抢卖仅止二人，并非伙众，系在逃之贾荣为首，获日应比照抢夺犯奸妇女量减问拟满徒，魏山系为从，再减一等杖九十徒二年半。

两案涉及对例文中没有规定的"已成婚之买休妇女"和"有夫改嫁妇女"的认定。刑部解释上述两类妇女为"甘心听从本夫卖休即属失节之妇"以及"即毁其节，复失其身，实与奸犯之妇无别"。但犯奸妇女，通常的理解是有犯奸行为的妇女。显然刑部在此进行了扩张解释，从名节和贞操两个方面来释义，对"已成婚之买休妇女"和"有夫改嫁妇女"这两类在名节和贞操上有损的妇女，比附"抢夺犯奸妇女"例定拟。

又如在抢夺婢女案件的比附定拟中，刑部运用了目的解释和当然解释的方法。如"强抢婢女分别来历曾否知情"一案②中，道光四年（1824）东抚咨刑部，转妮系任李氏之女，任李氏因贫将转妮卖给李姓、魏姓。后李姓、魏姓找张王氏之夫张须将转妮转卖，将转妮卖与阎兆书为婢。张王氏与阎兆书邻庄居住，张王氏知转妮来历不明，于是纠邀李大牙、然李氏等共伙十人同至阎兆书家，将转妮抢出，但尚未嫁卖。该案中刑部认为由于转妮已落入李姓、魏姓兴贩之手，并非其父母通过媒人直接卖给买主阎兆书，而张王氏之所以起意纠抢，是因为李姓、魏姓曾将转妮托其夫张须转卖，知来历不明，因此这与凭空纠抢有所区别。衡情定谳，自应酌量比照"抢夺兴贩妇女"例问拟。

该案中，对于婢女是否属于良家妻女，刑部论证道："伙众抢夺妇女之例附于强占良家妻女门内，律称良家妻女者系对娼家与犯奸之妇而言，非谓婢女与良家妻女有分别也。例称妇女则婢女亦在其中……"刑部的言

---

① 《刑案汇览》卷8，载（清）祝庆祺等编撰《刑案汇览全编》，尤韶华等点校，法律出版社，2007，第505页。
② 《刑案汇览》卷8，载（清）祝庆祺等编撰《刑案汇览全编》，尤韶华等点校，法律出版社，2007，第511页。

外之意便是，刑律强调"良家妻女"，是为了保护遵守纲常礼教之妇女，从这一立法目的出发，未违背礼教之婢女，亦在重点保护之列。对于地方督抚提及的抢夺婢女是否应参照"殴他人奴婢照殴凡人减一等"而减等定拟的问题，刑部说理道："良人奸他人婢律内注云如强者仍照凡论……例载：诱拐妇人子女即不分良人奴婢，抢夺重于诱拐，以此隅反，则抢夺他人婢女自应与良家妇女并论，未便稍从轻减……"刑部的说理中，选取了两个例文作为参照：一为良人强奸他人奴婢例，强奸之行为与强占行为性质相似，强奸即未区分良贱，强占亦不应区分；另一为诱拐他人奴婢，诱拐轻于强占，诱拐即未区分良贱，则强占他人奴婢更不应区分良贱。刑部此处运用的便是"轻重相举"的当然解释的方法。

广义的法律解释方法，还包括漏洞填补，即类推。如"调戏成奸复将奸妇霸占"一案，因王卓氏与其母借宿在案犯许怀林家，其间许怀林与王卓氏调戏成奸，后又强行霸占王卓氏拒不将其送回。律典当中并无对此等行为的规定，从行为外观上看，许怀林与王卓氏和奸在先霸占在后，并无强抢的行为，亦未违背妇女之意愿，并不属于抢夺妇女，但刑部认为其行为"情殊强横"，应予惩治，因此将其拒不送还许氏之行为类推为强占，将其比照"强占良家妻女"律减一等定拟。①

（二）作为调整量刑工具的比附

比附制度一方面可以通过解释的方法补足例文的留白；另一方面也可以在具体的案件中，对情有可原、情殊可恶等情轻或情重的情形进行量刑上的调整，以实现定罪允协。

如"后聘之家图抢未成致女自尽"一案②和"娶有夫之妇退还后复行

---

① 《刑案汇览》卷3，载（清）祝庆祺等编撰《刑案汇览全编》，尤韶华等点校，法律出版社，2007，第177页。
② 该案中，案犯周应玥因已聘定袁吴氏之女袁二妹嫁与其子为妻，但袁吴氏不知此前其夫袁宗名在外谋生计之时早已将女许给他人。后官府断明，将袁二妹断给先许之家，并令周应玥退婚。于是周应玥纠人强抢，在袁宗名家门口，喊称欲抢，致使袁二妹在屋内情急自尽。刑部认为，案犯周应玥仅在外声喊，并无入室夺抢之行为，因而将周应玥比照"强夺良家妻女，中途夺回未被奸污，妇女因而自尽者绞候"例量减一等，拟以满流。《刑案汇览》卷9，载（清）祝庆祺等编撰《刑案汇览全编》，尤韶华等点校，法律出版社，2007，第573页。

强抢"一案①：

(嘉庆二十五年)贵抚咨：周应玥因聘定袁吴氏之女袁二妹与伊子为婚，不知袁吴氏之夫袁宗名在外生理，早已将女许给杨姓，控告断明应从先许之家，令周应玥退婚。周应玥起意纠人强抢至袁宗名门首，嚷称欲抢袁二妹与伊子为婚，讵袁二妹在内听闻，情急自尽，惟周应玥仅止在外声喊并未入室抢获，应将周应玥比照强夺良家妻女中途夺回未被奸污因而自尽者绞候例量减一等拟以满流。

(道光十三年)贵抚题：戴百受命案内之王求得知情故娶有夫之妇。迨罗登顺等查获领回，复敢纠众抢夺。例无治罪专条，将王求得比照女家悔盟另许、告官断归前夫而后夫夺回者拟徒例，杖一百徒三年。陈藏珠将出嫁之女接回另嫁，应比照逐婿再招婿律杖一百。

这两起案件都是一女二嫁所致的强抢，却比照了不同的律文定拟。第一起案件的案犯只是于门口喊嚷，并未有实质的强抢行为，却被比照"强占良家妻女"律定拟流刑。而第二起案件的案犯明知对方是有夫之妇仍娶为妻，且于该妇被本夫领回后仍纠人往抢，不论是在主观方面还是在实际的行为角度，均与"强占良家妻女"律之规定更相符，却比照适用了"女家悔盟另许，告官断归前夫，而后夫夺回者"例定拟徒刑。两起案件引断差异的原因，大抵是在第一起案件当中，案犯的行为造成了妇女自尽的结果，涉及人命，关系重大，仅定拟徒刑似乎有轻纵之嫌，因而从量刑允协的角度考虑，比附适用了"强占良家妻女"律减一等定拟流刑。

又如在妇女的认定问题上，上文"强抢不守妇道被出改嫁之妇"一案中，抢夺因不守妇道被出而后改嫁的妇女，审刑官在伙众抢夺良家妇女与伙众抢夺犯奸妇女两个罪名之间拿捏不定，刑部的意见是两个罪名都不采用，而是比照"抢夺兴贩妇女"例定拟，但不守妇道被出改嫁妇女与兴贩

---

① 该案中，王求得明知陈藏珠之女为有夫之妇，仍娶为妻，其后被本夫查获领回，王求得纠众往抢。省巡抚以例无治罪专条，将王求得比照"女家悔盟另许，告官断归前夫，而后夫夺回者"例，杖一百徒三年，该定拟得到了刑部的核准。《续增刑案汇览》卷3，载（清）祝庆祺等编撰《刑案汇览全编》，尤韶华等点校，法律出版社，2007，第176页。

妇女显然毫不相同，刑部的这种比附定拟意见，考虑的出发点是量刑的允当。① 可见，在立法上区分各不同类型的妇女，是罪名的细分，同时更是刑罚的分等，以实现司法对不同情形的量刑允当。

需要注意的是，虽然承审官可以借比附制度对案件的量刑进行突破律例规定之调整，但这种刑罚的调整并非肆意的、无限度的，而是遵循一定调整幅度的。在非聚众抢夺犯奸妇女和兴贩妇女的案件②中，对于未达"聚众伙抢"标准的案件的首犯，一律定拟杖一百流三千里的刑罚，但实际的案件中案情各有区别，有的是强抢犯奸妇女，有的是强抢良家妇女，有的是抢夺已经媒说应允之妇女，有的是闻拿即送还妇女，这些情形在其他案件当中，都曾作为可以影响量刑的情节，但在此处，均未被考虑。可以说，在同时存在非聚众伙抢和其他可以减等的情形时，实际量刑仍然只量减一等。可见，刑部调整量刑时，有类案最低刑的把控，如强抢妇女的案件，即便存在减刑情节，其首犯的最低刑也控制在杖一百流三千里，以保持量刑的一致性。

四　结语

作为例文纂定主要发起者的刑部，在是否将一条规则创制为例文的问题上，有非常审慎的考量。通过对"强占良家妻女"律例及相关典型案例之考察，可以发现，刑部在创设规则之时，通常会从以下两方面进行考虑：一方面，被创制的规则需要具有足够的示范意义和概括性，可以囊括诸多类似的案件类型；另一方面，从该罪名的刑等角度考虑，创设的例文所对应的刑罚，可以弥补该罪名下例文的刑等空白，使刑等分布更加均衡。清代在立法层面表现出谦抑性，但迫于传统律典条文的具体性与对应刑罚的绝对确定性之间的矛盾，又不得不借助司法层面的比附制度来保障律典的开放性和案件定拟的统一性。比附制度在司法中所展现的法律解释

---

① 《续增刑案汇览》卷3，载（清）祝庆祺等编撰《刑案汇览全编》，尤韶华等点校，法律出版社，2007，第169页。
② "强占良家妻女"条之下有关犯奸妇女和兴贩妇女的例文，规定的是"聚众伙抢"，也即三人以上的强抢，而对一人或二人的抢夺，例文则未予规定。《刑案汇览》中这类案件大量存在，刑部的做法是比照聚众伙抢减一等定拟。

和调整量刑的功用,将诸多律无明文规定的情形纳入有限的例文的适用范围中,使立法上无从解决的问题在司法中消化。

人类法治文明发展的历史,始终围绕立法与司法两个层面展开。如果将法治的进步比作一辆马车,立法和司法便是两个车轮,二者通过不断的协调推动着人类法治文明的进步。人类的社会现实是复杂多变的,一味强调立法的作用,企图通过不断设置新的规则来解决现实问题,势必会坠入"法愈繁而弊愈多"[①]"法愈密而天下之乱即生于法"[②] 的窘境。立法上适当留白,给司法层面以调试的空间,才能实现立法与司法的协同发展,从而推进法治文明进步。

---

① (清)顾炎武著,陈垣校注《日知录校注》,安徽大学出版社,2007,第474页。
② (明)黄宗羲:《原法》,载《明夷待访录》,段志强译注,中华书局,2011,第23~24页。

从王必俭案看服制与量刑

陈锐佳[*]

摘　要：维护人伦秩序是中国历代法律制度的重要特征，"准五服以制罪"更是古代处理亲属相犯案件时不可或缺的重要司法原则之一。自乾隆四十年颁布特旨规定允许独子兼祧两房之后，有关兼祧的案件便层出不穷，但是与该现象匹配的法律规定尚不完善。在兼祧之风盛行的情形下，过去的服制图作为明确血缘亲疏远近的工具显然已经不能满足当时处理亲属相犯案件的需要。同治年间王必俭一案就暴露了法律对于兼祧问题规定得不充分。兼祧案件背后的争议焦点往往并不单纯是法的适用，而是礼与法的平衡问题，只有先确定服制，才能进一步探讨量刑的问题。

关键词：兼祧；王必俭；准五服以制罪；服制

瞿同祖在《中国法律与中国社会》一书中言："有时服制不确定，便无从断罪。"[①] 接着他便在后文引用《刑案汇览》中王必俭一案佐证了古代服制与司法的密切关系。中国古代司法制度受到儒家传统伦理思想的影响，审判亲属间犯罪案件，首先就是要确认双方的服制关系，基于两者的服制才能进一步定罪量刑。瞿同祖在书中以王必俭一案论理，由此可见该案在服制问题上的重要地位。在《刑案汇览》中，王必俭一案是被这样描述的："邯郸县革贡王必俭摔跌兼祧父妾王赵氏越日身死一案。查服制图，并无兼祧子为兼祧父妾作何持服，刑律内亦无兼祧子殴死兼祧父妾作何治

---

[*] 陈锐佳，西北政法大学法治学院2021级硕士研究生。
[①] 瞿同祖：《中国法律与中国社会》，商务印书馆，2010，第65页。

罪明文。"① 从这段记录的文字来看，这个案件的犯罪事实是非常明确清晰的，即因亲属间发生口角而将人殴倒致死，这点毫无争议，但是其背后牵扯的服制问题却是空白。由于王重义无子嗣，故以胞侄王必俭兼祧，王必俭在杀兼祧父妾王赵氏之后，刑部发现清代服制图中并无兼祧子与兼祧父妾之间的服制，进而无法作出裁决。

总结下来，王必俭一案就是有犯罪事实，却没有判刑依据，故而审理此案是一个既解决刑案又创制新规定的过程，即通过该案最终会确认一个符合伦理规定的新服制。然而确认新服制的过程是复杂的，如果按照殴死期亲尊属之妾处理，则意味着王重义就不能是王必俭兼祧意义上的父亲，应该拟绞；如果从兼祧角度将王重义比作父亲，即将王赵氏比作生有子女的庶母来定，则应当拟斩。不同的标准下的量刑结果也大不相同，斩绞二刑差异较大也不能随意确定，事关刑罚的具体执行方式，所以该案的焦点就是如何确定王必俭与王赵氏之间的服制。

一 王必俭一案详述

（一）罪名出入攸关，片行礼部

王必俭案发生后，刑部对此案有众多说法，但并没有定夺出一个相互不冲突的合理结果。《刑案汇览》言："罪名出入攸关，片行礼部，查明大宗子兼祧小宗，与兼祧父妾有无服制，有犯应否照殴死庶母分别有无子女治罪，抑或照殴死期亲尊属之妾办理等因，旋据礼部以王必俭明系兼祧……"② 此案涉及兼祧问题，在明代，兼祧仅仅合法适用于皇室，清代初年才开始合法适用于军队。在兼祧被正式纳入国家法律中成为普遍适用的规范之前，其他所有的兼祧实践都是"非法"的。从以上分析可知，在实践中"兼祧"的适用范围经历了一个从仅仅适用于皇室，接着扩大适用到军队，最后普遍适用的演变过程；从形式上看，它经历了由特例到习惯

---

① 《新增刑案汇览》卷11，载（清）祝庆祺等编《刑案汇览三编》（四），北京古籍出版社，2004，第658页。
② 《新增刑案汇览》卷11，载（清）祝庆祺等编《刑案汇览三编》（四），北京古籍出版社，2004，第658页。

再到成文的法律制度化过程。① 具体到清代是这样规定的：嗣子要在同宗亲属范围内挑选，为维护大宗的地位，严格实行"小宗可绝，大宗不可绝"的原则。因此，如果小宗之房仅有一子亦应过继立嗣，一子可以兼祧两房。清代前期法律是禁止独子兼祧的，直到乾隆时才有所改变。② 在清代，涉及亲属类的犯罪都要判断服制，兼祧作为乾隆年间才合法化的新情况，在此类案件中也地位非凡。由于王必俭案关乎服制的确定，而服制图中并无详细规定，刑部遂将此案发至礼部，希望能够先确定王必俭与王赵氏之间的服制，之后再根据服制定罪。

首先排除直隶总督的推断：他认为应当依照妻之子殴杀父妾直接定罪。但是王赵氏已为王重义生有一女，此时王必俭也并非真正的妻生子，王赵氏所生之女可以类似于王必俭兼祧意义上的妹妹，故服制应该提高，不能简单拟为父妾。

其次又阐明了定例："两房分祧之孙，父卒孙承重，俱为祖父母服斩衰三年，孙既有重之可承，则兼祧者已全乎为子，王重义既非期亲尊属可比，赵氏即非期亲尊属之妾可比，如照殴死生有子女之庶母定拟，王必俭系属大宗，按长房独子出继次房大宗为重之例，王必俭仅止为王重义服期，则赵氏自不得照庶母杖期之例持服。"③ 查明清代服制图，本身应该为祖父母服齐衰，但此时父死又为兼祧，所以升格至斩衰。这一定例足以说明王重义并不能以期亲尊属比，与之相对的王赵氏也就谈不上期亲尊属之妾。如果照殴死生有子女之庶母定拟，王必俭又属于大宗，按照长房独子出继次房大宗为重的定例，王必俭仅为王重义服期，对于王赵氏自然不能以庶母服杖期来定服制。故礼部总结："惟详查例案，究无大宗兼祧小宗，为兼祧父妾作何持服明文。所有此案罪名应由刑部自行酌办等因，片覆到部。"④

---

① 赵晓耕、欧甸丘：《略论"兼祧"制度》，《湘潭大学学报》（哲学社会科学版）2010年第1期。
② 高学强：《传宗接代：清代宗祧继承考论》，《西南民族大学学报》（人文社会科学版）2018年第5期。
③ 《新增刑案汇览》卷11，载（清）祝庆祺等编《刑案汇览三编》（四），北京古籍出版社，2004，第658页。
④ 《新增刑案汇览》卷11，载（清）祝庆祺等编《刑案汇览三编》（四），北京古籍出版社，2004，第658页。

从礼部的总结可以看出，王必俭一案所涉及的服制确实在当时的律例规定里没有体现，所以必须要创制出一个符合人伦的新服制。刑部认为在道光九年（1829）有一例关于两祧服制的案例，该案例由礼部奏定，所以王必俭这个案子亦应当由礼部援引过去的相关案例核办。礼部回应奏称，之前并无兼祧一说，乾隆四十年（1775）颁布特旨才规定了允许独子兼祧两房的情形，这是允许兼祧的开端。至道光九年逐步增加有关两祧的服制规定，独子分承两房宗祧，应为他的父母和祖父母持服，他自己本身和子孙也要为他自身的亲属持服，这两种情况应该分开确定。至于兼祧的庶母服制，并没有规定涉及。但是有例明确规定了嫡子以及其他子嗣为庶母应持齐衰杖期，即仅规定了本支而并没有涉及旁支的内容。

此时问题的重心就在于如何平衡兼祧与本支之间的服制设定，刑部与礼部是这样考虑的："是以侄于伯叔祖母，例均无服兼祧者以本支兼承旁支，若照嫡子众子之例为兼祧庶母服期，则嫌于本支无别，若照侄之例，为兼祧庶母无服，又无解于兼祧之义。"① 一方面，兼祧并非实际上的血亲，必然不可能与本生庶母规定相同，对比本生庶母的服制规定应该降服；另一方面，不能忽略兼祧这一关系的存在，所以也不能单纯以叔侄的服制来确定王必俭同王赵氏的服制，此时对比叔侄的服制应该升服。

查定例可得，孙为祖父母服期，为庶祖母服小功。道光九年规定两房分祧之孙应从正服，所以依照前面的定例可得，各为祖父母服期，各为庶祖母服小功。依照定例故拟定兼祧之子为兼祧父母服期，为兼祧庶母服小功，不论是以大宗兼祧小宗还是以小宗兼祧大宗都应该以大宗为重，对大宗庶母服期，对小宗庶母服小功。至此，过程大概是礼部根据定例明确了庶祖母的服制，又根据道光九年的规定最后拟定了兼祧庶母的服制，即应服小功，整体上看是一个由看似较远的庶祖母服制定例推演至此案中兼祧庶母服制的过程。

（二）刑礼二部共商量刑

乾隆三十九年，江西按察使欧阳永裿启奏：查例载，嫡孙及众孙殴伤

---

① 《新增刑案汇览》卷11，载（清）祝庆祺等编《刑案汇览三编》（四），北京古籍出版社，2004，第659页。

庶祖母，应当按照殴伤庶母例减一等来定罪，如果致死应拟绞监候，如果是谋杀或者故杀应该拟斩监候。此处殴伤庶祖母比照的是殴伤庶母，因为不论是服制方面还是刑罚规定方面，对于庶母都是有明确规定的，而有关庶祖母的内容却是空白，即"以律内嫡子众子为庶母服齐衰杖期，而于庶祖母并无服制，嫡子众子殴伤庶母与至死，例有治罪专条"①。

礼部与刑部指出，嫡孙、众孙将生有子女的祖父之妾称为庶祖母，而律例并无干犯作何治罪明文，这属于对庶祖母之规定的立法漏洞，所以"经礼部会同臣部查，服缘情制，恩由议推，故正服议服以递而施，庶支旁支相因而及。祖有子之妾，即父之庶母，而祖妾所生之子即己之期亲伯叔父，既为之服齐衰杖期，则嫡孙众孙于庶祖母亦应在推恩递及之内"②。祖父之孕育有子嗣的妾，即是自己父亲的庶母，祖妾所生之子是自己父亲的亲兄弟，所以祖父之妾生的孩子即是自身的期亲伯叔父，此时其对于自己已经在较近的血亲范围内了，既然为他要服齐衰杖期，那么嫡孙、众孙的伯叔父的母亲即庶祖母也应该在推恩范围之内。经过斟酌，嫡孙、众孙针对庶祖母，应当按照伯叔祖母的定例，为其服小功五月。

至于服制图中记载有子女的父妾称为庶母，嫡子、众子应该为其服齐衰杖期，殴死及谋故杀，都是罪止斩监候，因为庶母的服制本来就同期亲尊长并不相同，所以服制仅涉及嫡子与众子，律例也只提及嫡子与庶子，不涉及孙。

庶祖母的服制既然经过商议已经确定为小功五月，自然要与普通人的刑罚规定分开，不能同等对待。庶祖母服制与庶母服制亦当略有差别，尤其是与庶母的杖期应有所区别。根据亲疏远近，庶祖母服制较庶母远一点，所以认定为：如果有嫡孙、众孙殴伤庶祖母的情况，应当依照前面说的定例即殴伤庶母例减一等进行定罪，致死者拟绞监候，谋故杀者拟斩监候。《刑案汇览》言："其中所犯情节，或有不同，统于秋审时酌量办理等因，奏准分别纂入服图例册，遵行在案。"③ 由此可见，王必俭这一案中新

---

① 《新增刑案汇览》卷11，载（清）祝庆祺等编《刑案汇览三编》（四），北京古籍出版社，2004，第659页。
② 《新增刑案汇览》卷11，载（清）祝庆祺等编《刑案汇览三编》（四），北京古籍出版社，2004，第659页。
③ 《新增刑案汇览》卷11，载（清）祝庆祺等编《刑案汇览三编》（四），北京古籍出版社，2004，第660页。

拟定的服制最后被写进了服图例册，案件也升级成通行，开始具有法律效力，并为后来的兼祧案件提供经验与借鉴。

（三）刑部定刑结案

服制已定，刑罚规定亦已明确。回归该案案情来判断，刑部认为王必俭因为与兼祧胞叔王重义之妾王赵氏发生口角而出现肢体冲突，王赵氏被摔磕碰导致身体受伤后死亡。王赵氏虽然死于磕碰，但是究其原因还是王必俭使其摔倒磕碰，故应该以斗杀科罪。

王必俭属于大宗兼祧小宗的情况，如果直接按照殴死庶母的规定应该拟斩，这样王赵氏似乎与本宗的庶母没有区别。如果按照殴死伯叔庶母来定罪，王必俭又是其叔父的兼祧之子，与单纯的旁支不尽相同，而且王赵氏生有一女，便不能再以妾来论罪。其时总督因为没有专门的条例来处理这个案件，于是将王必俭按照殴死父妾的规定定罪。刑部认为虽然各个罪名差异并不大，但衡量各种议论意见，始终觉得以殴死父妾的规定来定罪不太恰当。礼部奏明，大宗兼祧小宗的情况应该按照孙为庶祖母服小功的定例处理，为兼祧小宗庶母持服小功。既然兼祧小宗庶母与庶祖母的服制相同，那么在给王必俭殴死兼祧庶母这个案件定罪时就可以比照殴死庶祖母的定例来科罪。最终对王必俭应当比照殴庶祖母致死拟绞监候的定例，拟绞监候，秋后处决。

二 御史上奏，案件再议

（一）御史汪鉴上折再论王必俭案

瞿同祖在其书中也只是论述了刑部对王必俭案件的最终判决情况，此案发生于同治年间，但实际上由于案件内容的典型性，在光绪年间又一次被官员提及。光绪十年（1884）十一月二十九日内阁奉上谕，御史汪鉴奏《各部例案疏舛请饬厘正并条例各案开单呈览》一折，汪鉴言："各部办理案件必应厘定画一，用资遵守，倘彼此两歧，前后互异，办理未能允协，必至流弊滋多。"① 此案已经于同治十年（1871）结案，但该御史却在光绪

---

① （清）赵舒翘：《慎斋文集》，闫晓君整理，法律出版社，2014，第92页。

十年再次上奏议论此案，这充分体现出该案的影响力。同时从这段话中可以看出御史汪鉴认为在办案的过程中，各部门应该遵守统一的规定，不能出现前后互相矛盾的情况。汪鉴评议：

> 礼与刑相资为用，故律例必首列《服制图》，例载：为人后者为本生亲属俱从正服降一等，此礼之正也。《礼》例、《通礼》均与刑例同。又载：为人后者之子孙于本生亲属只论所后宗支亲属服制，如于本生亲属有犯，俱照所后服制定拟。其异姓义子与伊所生子为本生父母亲属孝服俱不准降等各项有犯，仍照本宗服制科罪。此条前半所论服制，惟《仪制司例》相同，《通礼》与《祠祭司例》均不载。揆之天理人情，殊欠允当。后半所论刑名，若以俱照所后服制定拟句善为解释云：明称之为本生，原非所后，然究系己所自出，恩谊重而服制轻。如有所犯，俱照所后服制定拟者，谓照未尝为人后之本服定拟，则与下文"亦俱不准降等，有犯，仍照本宗服制科罪"针锋相对，情理允当。否则，如所后系本生无服远宗，则为人后者之子孙于本生祖父母、伯叔父母亦皆无服，应以凡论，岂合情法之平？且与下文"亦不准降等"句相龃龉。①

御史汪鉴从律例本身出发将其一分为二，前半为服制，后半为刑名，认为定案还是应该按照定例才不会相互矛盾，可使判决清晰而且兼顾本支与兼祧，比较符合人伦道德。

接着他又举一例来佐证该例的合理性：

> 况女子内夫家外母家，女适人男出后，均降父母之服为期，事极相类，女子之子为外祖父母虽小功，如有犯，照期亲尊长论。辑注谓：母之所自出，即己之所自出，故服虽轻而恩义重，此极平允。且乾资始重于坤资生，为人后者之子孙为本生亲属服制应加于女子为外家甚明。今乃定为无服、以凡论之列，礼与刑胥缺之矣！②

此处汪鉴说明有些亲属关系虽然表面上按照服制图之规定服制较小，但考

---

① （清）赵舒翘：《慎斋文集》，闫晓君整理，法律出版社，2014，第92页。
② （清）赵舒翘：《慎斋文集》，闫晓君整理，法律出版社，2014，第92页。

虑到恩义重，对其的刑罚规定便会提升等级，以此来平衡礼与刑的关系。总结下来，御史汪鉴比较赞成在为人后的情况下，直接用通例，即从本生亲属正服降一等科罪，为人后者之子孙如果同本生亲属相犯，依照后服定拟。而异姓义子所生子为本生父母亲属则不得降等，仍依照本服服制科罪。

针对直隶民人王必俭以大宗子兼祧小宗子，殴杀小宗庶母王赵氏一案，御史汪鉴认为：

> 断此狱者若先握定"大宗兼祧小宗，应降小宗之服"服制图，王必俭为庶母正服杖期，此照《通礼》"照正服降一等"之文，定为王必俭应为王赵氏降服大功，岂不直捷（截）了当……盖孙为祖父母服杖期，不解任辍考；兼祧子为小宗父母降服不杖期，应解任辍考。是兼祧父母之服本与祖父母不同，即兼祧庶母之服大非庶祖母可比，理不难知，此皆礼刑二部例案之疏舛者也等语。①

汪鉴指出将此案发至礼部，礼部得出孙与庶祖母服小功的结论，这显然与道光四年（1824）钦定的凡降服均照本服降一案之定例相冲突，来回推论出的结果也不能平衡兼祧父母之服和祖父母之服的关系，可以说是既破坏定例规矩，又不符合人伦秩序。

（二）赵舒翘回奏驳斥

清代著名法学家赵舒翘大作《慎斋文集》中的《会议服制奏稿》一文正是他对御史汪鉴奏折的驳稿。他首先点明了御史汪鉴所引律例的不准确性，上文所引之例是乾隆二年（1737）九卿遵旨议定的，原是为了异姓义子及其子孙同本生亲属相犯而设定。而且该例文实际有两层意思，其"本宗为人后者之子孙"一层，是同后半部分的异姓义子问题相对举出的，以此来突出该例的意义。关于本宗的问题则不必区分血缘的亲疏远近，有无服制，都以所后宗支为断，以示限制，与后半部分所言的异姓过房之子孙完全不同。故"一则可照所后服制定拟，一则仍照本宗服制科罪也"，而例文中所说的"亦俱不准降等"专门解释异姓义子的问题。

---

① （清）赵舒翘：《慎斋文集》，闫晓君整理，法律出版社，2014，第93页。

赵舒翘又言：

> 检查九卿原奏内称"其异姓义子及伊所生子孙，为本生父母及亲属孝服俱不准降等。即已立为嗣，原系律应归宗之人，其本身及伊所生子孙为本生父母亲属孝服亦俱不准降等"数语，分晰极明。该御史以俱照所后服制者，谓照未尝为人后之本服拟定，则与下亦（文）"俱不准降等，有犯仍照本宗服制科罪"针锋相对，否则即与此句龃龉，是以两层并作一层，强为解释，自属臆度之辞，盖未就原奏所云详加考核耳！然此例所云，只论所后宗支亲属服制，虽由乾隆二年（1737）议准，而其实则非始于乾隆二年也。查服制悉根于礼经，《仪礼》于为人后者为其本宗之服，惟载父母昆弟姊妹，余皆不见。元儒敖继公谓本服降一等，止于此亲耳。所以然者，以与己为一体也。①

赵舒翘将该条例的出处直接列明，认为御史汪鉴将两种情况强行合二为一，赵氏严格强调兼祧子与异姓义子本就有极大的不同，怎么可以将两者混为一谈呢？

对于御史汪鉴提出的有关王必俭一案的意见，赵舒翘也给出了回复：

> 是王必俭与王赵氏所持系属义服，与由正服降等之例本无干涉。该御史谓王必俭服兼祧母期，则应照正服降一等为服大功，是以义服牵入正服，已属未协。且祖母亦正服期，何以庶祖母又应服小功耶？若以解任辍考为轻重之分，则嫡孙承重，且服祖母斩衰三年矣，于庶祖母又应加重何服耶？②

赵舒翘认为王必俭与王赵氏应持义服，即王必俭与王赵氏之间没有直接的亲属关系，与前面所言正服降等的例文没有联系，因为正服降等例文讨论的是本生亲属之间的降等问题。但是该御史坚持认为王必俭服兼祧母期，应该按照正服降一等改为服大功，赵舒翘言这是将义服问题牵扯进正服，是不合理的。接着赵舒翘又明确了《钦定仪礼义疏》中"五服惟兄弟行递降一等，而其他则否"的立论才是最为合理，观此案并不涉

---

① （清）赵舒翘：《慎斋文集》，闫晓君整理，法律出版社，2014，第93页。
② （清）赵舒翘：《慎斋文集》，闫晓君整理，法律出版社，2014，第95页。

及兄弟一支，故无须降等。

综上所言，兼祧庶母持服小功才是正确的，而拟定降正服一等持大功是不合适的。况且这种类型的服制，不论是大功、小功都和正服不同。殴死罪最重判至绞监候，谋杀故杀最重判至斩监候，并不是依照同本宗尊长相犯直接拟判立决的。尤其是对于兄弟的妻子，查服制图可得持小功，但是如果彼此相犯还是按照普通人定罪。总结下来，赵舒翘认为汪鉴对大功小功的判定过于斤斤计较、十分死板，而并不问实际拟定的罪名是否合理。服制只是在亲属相犯案件中确认亲疏关系的工具，汪鉴一心要求遵守服制规定而不重视判决结果是否合理，实在是本末倒置了。何况随着时代发展，总要产生像兼祧这样的新问题，面对从未有的情形更应在适用不同规定时厘清规定适用的前提条件，归根结底所有判决结果的落脚点还是定罪是否符合纲常伦理的规定。

三 案件焦点——兼祧庶母的服制确定

此案件犯罪事实始终清晰明了，其争议焦点也是突出的，即如何确定兼祧庶母的服制。关于服制的重要性，法学家瞿同祖言：

> 服制，加以补充规定，以期罚必当罪。为了多打十板，少打十板，多判半年一年，死刑是立决还是监候，往往斤斤计较，定一条例。但法律的基本精神及传统，即儒家的礼教思想，并无所改变。不仅清朝一代法律如此，即与明律相比较，也基本上保持了共性，延续性很突出。都重礼教，重孝道，重父权、夫权，重视服制。明清法典都载有服制图，并将各项服制所包括的亲属一一列举于后，作为亲属间定罪的标准。有时因服制不明，便无法定罪。①

从前面的分析来看，兼祧庶母服制为律例之空白，所以解决此案的争议实际上是依托现有规定而创制新的服制规定，这是一个立法的过程，只有做到服制明了，才能继续定罪，进而做到罚必当罪。

立法内容绝对不能凭空产生，而是应该仔细推敲已有律例，保证新立

---

① 瞿同祖：《清律的继承和变化》，《历史研究》1980年第4期。

之法同过去的规定不相冲突，同时也要符合伦理道德秩序。观王必俭一案，王赵氏为王重义生有一女，按照兼祧关系来看，该女可类比于王必俭之妹，此时就产生了一个较近的亲属关系，既然同姊妹已有服制，那么同自己姊妹的母亲也应该拟制出一个服制，故而王必俭与王赵氏之间必须创制新服，绝不可以普通人论罪。古代五服分别是：斩衰、齐衰、大功、小功、缌麻。刑部与礼部最终将兼祧庶母定至小功，不定大功或者缌麻肯定有因。赵舒翘在回复御史汪鉴的奏折后，并没有停止对王必俭一案的思考。在《会议服制奏稿》后的《前案余议》中，赵舒翘查阅资料，纵观古今条例，旁征博引，继续明晰此案所定服制的合理之处。

（一）古例中并无服大功依据和缌麻服制的演变历程

赵舒翘认为兼祧小宗庶母之服，规定其为小功还是大功相差得并不多，但是他反复详细查阅了相关规定，认为改服大功还是不如原来所定的小功合理。赵舒翘言：

> 即如祖母期也，而伯叔祖母则小功；伯叔母期也，而堂伯叔母则小功，无大功之服也。父之母期也，母之母以外祖母之尊而小功；父之姊妹期也，母之姊妹以有从母之名而小功。此外，妾为家长父母服期，为家长祖父母服小功，亦无大功之服也。大功正服律服图内惟载"同堂兄弟姊妹"一条，其余非报服即降服，或妻从夫而服。①

他举了很多例子得出结论，大功正服律图中除了"同堂兄弟姊妹"一条，凡是涉及母名的，从古至今没有从大功的，不论是《礼经》还是《会典》都是如此，这也就意味着之前母名服制中除了同堂兄弟姊妹的情况之外没有服大功的依据，那么兼祧庶母的服制又怎么能按照汪鉴所言降一等变为大功呢？如果将兼祧庶母服制定为大功就会同前面的条例冲突，这便是应该服小功而非大功的确切法律证据。

从现实情况来看，赵舒翘又举一例：

> 即如为人后者为其祖父母，经不明言何服，而女子子为其祖父

---

① （清）赵舒翘：《慎斋文集》，闫晓君整理，法律出版社，2014，第96页。

母，虽出嫁亦服期年。解者谓已嫁女可降旁亲，祖父母正亲不敢降也。又云：不敢以兄弟之服服至尊也。出嫁女然，出继子何独不然？修例者偶不详检，泥于悉降一等之文，遂将不应降等者而亦降服大功，自属错误，然定章行之已久，识者虽知其稍有参差而不敢轻为改易，惧纷更也。兹以彼例此，谓由期降一等均应大功，以定兼祧小功庶母之服，无论兼祧小功庶母之服系加服而非降服，即以祖父母降大功之例例之，是一误必再致误也。①

此处赵舒翘通过阐述出嫁女和出继子规定的冲突来说明直接"悉降一等"是存疑的，有时会造成常理上不应降服的亲属关系发生降服的情况。所以在该条例本身就有问题的情况下自然不能再盲目援引，以免错上加错。

赵舒翘接着通过分析庶母服制从古至今的发展历程来解释为何将兼祧庶母定为小功。他纵观古例，庶母之服，从古代的规定来看应从缌麻，自从明代《孝慈录》之后开始改为期年。而对于伯叔父之妾，本来也没有服制，自从兼祧的规定开始盛行才开始改为小功。前者是由缌麻变为期年，后者是从无服到小功，这些规定都是根据新情况而改变调整的，并非由本服降一等的定例得来的。至于道光四年（1824）的定例，是专门针对为人后者为本生亲属降服一等而言的，并不是只要由期服递推都应该降服一等。

从整体上来看，不论是明代《孝慈录》对庶母服制的明显提高还是自兼祧之风盛行之后对伯叔父之妾服制的调整，内容都是提高服制。如前文所言，伯叔母之妾已改为小功，缌麻轻于小功，那对作为王必俭兼祧庶母的王赵氏怎能服缌麻呢？

（二）兼祧庶母服制的最终拟定

从此案来看，兼祧庶母持服小功，与庶祖母的服制有关系。而庶祖母持服小功又与伯叔祖母有关系。赵舒翘认为这中间的推理过程是这样的：

庶祖母之服既可与伯叔母同，则兼祧庶母之服亦应与堂伯叔母同，自无疑义。不能为伯叔母服大功，则庶祖母之不得过于伯叔祖母

---

① （清）赵舒翘：《慎斋文集》，闫晓君整理，法律出版社，2014，第96页。

自可知也；不为堂伯叔母服大功，则兼祧庶母之不得过于堂叔母亦可知也。如权横然，不爽毫厘；如绳墨然，不逾分寸。何所据而以应服大功耶？①

根据上述所言，庶祖母与伯叔母同兼祧庶母与堂伯叔母为这两对关系，是将不寻常的亲属关系类比于已熟知的服制，这是一个由立法的空白转变到服制图的明文规定的过程。在该案中，堂伯叔母作为类比对象按照规定不能服大功，那么作为与之相对应的兼祧庶母服制自然也就不能超过堂伯庶母服制而服大功。

亲属之间的血缘亲疏程度本来就是可以相对量化评价的，服制图就是以己身为中心向外发散，一层一层向外递减的。在面对尚未规定的服制时，如果本身的亲疏关系不好掌握，不妨明晰他的上一代或者下一代关系，然后再对自身进行类比，等量代换，故关于服制的确定问题，根据实际亲属关系的发生情况基本上都可以从未知推至已知。总而言之，亲疏关系纷繁复杂，具体情况中具体推理的过程并不能省略，所以一概而论例如"俱降一等"的规定是万万不可取的。

在王必俭案中，如果按照之前古时的规定应定为缌麻，当下既然定为小功，相较于之前的缌麻已经属于提高服制了。外祖父母血亲关系同于祖父母，但服不过小功，等于伯叔祖父母。舅姨的血亲关系同于伯叔及姑，但服同于堂伯叔父母及堂姑，只小功。② 查服制图，在正服中对伯叔祖母也仅服小功五月③，后来在议论此案件时又想要进一步提高服制，即由小功继续向上增议，这与伯叔祖母、堂叔祖母的服制相比显然过重了，加服之后反而超过了正服，违背了人们所熟知的伦理道德常识，这样的结果是非常不合理的。综上，针对兼祧庶母的服制还是定小功最为适宜。

四 结语

一个案件牵动了礼部、刑部两大部门协同办理，时隔十余年后又有御

---

① （清）赵舒翘：《慎斋文集》，闫晓君整理，法律出版社，2014，第96页。
② 瞿同祖：《中国法律与中国社会》，商务印书馆，2010，第1页。
③ 参见《大清律例》卷3，田涛、郑秦点校，法律出版社，1999，第77页。

史将此案再次上奏。由此来看,王必俭一案可以称为同姓亲属相殴案例中的疑难案件了。但所谓的"疑难案件",并非由于犯罪事实不清、法律规定不明,而是因为行为人之间的服制关系模糊,这时就需要由礼部先行认定服制,再由刑部或司法官员来定罪断刑。因此,后世法律将丧服图收入法典,以便官吏查询。① 从王必俭一案我们就可以看出服制对古人审理亲属类犯罪案件的重要地位。服有五等,在新拟服制时可以先分析出服制的上限与下限。例如王必俭一案中,为何不能拟为大功?又为何不能拟为缌麻?只有判定了大功与缌麻的不恰当之处,才能充分体现出兼祧庶母最终拟为小功的合理性。

  中国自古就有重视家庭的传统,而服制就是家庭成员之间关系的体现,故而对服制的规定可以追溯至很久之前。《仪礼·丧服》本是记录西周封建宗法制时期丧服制度的文献,其中涉及的一些丧服规则随着历史的变迁逐渐改变甚或消解,但是它所包含的中国传统社会人伦秩序的建构原则却一直在悠久的历史中发挥作用。② 服制的规定影响案件的定罪与量刑,其内容并不是某种具体的法律规定,也不是某种法律所应具备的思想精神与指导原则,但是却被列于律中,有自身的独立性与权威性。清代涉及亲属相犯的案件中,确定服制是审理案件的"敲门砖",定服制的过程也不得单纯以定例为准绳一概而论,而是应该根据具体的亲属关系来进一步推定,比如王必俭一案就不应该笼统地适用本生亲属降服一等的规定。服制确定后按照纲常伦理原则和各类定例推演解释,直至最终解决问题才是合理的判决过程。

---

① 马建红:《亲属·服制·法律》,《法学论坛》2005年第4期,第116页。
② 安文研:《服制与中国传统社会的人伦原理——从服服制的社会学考察》,《社会学研究》2018年第1期,第222页。

主题三　习惯法和诉讼程序

从"康失芬行车伤人案"看唐代的诉讼审判程序[*]

郑显文　张媛媛[**]

摘　要：唐代是中国古代诉讼审判制度十分发达的时代，但长期以来由于史料所限，学术界对唐代的诉讼审判程序缺乏直观性认识。近年来敦煌吐鲁番文书的发现，为法律史研究提供了新的资料。1973 年新疆阿斯塔那出土的编号为 73TAM509：8（1）、（2）号的《康失芬行车伤人事案卷》是唐代高昌县审理交通肇事类案件的刑事案卷，通过对该案卷进行分析，我们可以看到唐代的诉讼审判不仅程序简明，而且注重程序公正和司法效率，以最大限度地维护被害人的合法权益。

关键词：吐鲁番文书；康失芬；交通肇事；保辜

中国古代的司法审判制度因时代不同而各有差异，从历代纷繁复杂的诉讼审判模式中探寻中国传统司法的价值，是法律史研究的重要功用。唐代是中国古代诉讼审判制度颇为发达的时代，但长期以来由于史料所限，人们对唐代的司法审判程序缺乏直观的认识。从 20 世纪初以来，随着敦煌吐鲁番文书的不断发现，许多唐代的民事、刑事诉讼案卷的出土，为法律史研究提供了最新的资料。

1973 年，在新疆阿斯塔那第 509 号墓出土了编号为 73TAM509：8（1）、（2）号的《康失芬行车伤人事案卷》，这是一件目前为止发现最早的中国

---

[*] 本文系 2017 年度上海市教委科研创新计划重大项目"'一带一路'沿线新发现的古代各民族的法律文书整理及研究"（2017－01－07－00－02－E00048）的阶段性研究成果。

[**] 郑显文，上海师范大学教授、博士生导师；张媛媛，北京航空航天大学法学院博士研究生，中央司法警官学院讲师。

古代交通肇事类的刑事案卷。73TAM509：8（1）、（2）号文书现藏于新疆维吾尔自治区博物馆，该文书首缺尾齐，中间也有残缺之处，共有3张纸58行，每行字数11～12字，在纸缝处各押一骑缝"舒"字，表明这是一件唐代地方官府的司法审判文书。

关于73TAM509：8（1）、（2）号残卷的书写年代以及案件的发生地，刘俊文教授经过细心考证，认为其为宝应元年（762）六月高昌县衙审理的司法案卷。案卷记录了原告到"县司"起诉，可知该案件是由唐代西州地区的高昌县衙审理；在案卷中多次出现"元年建未月"，考诸史籍，唐肃宗上元二年（761）九月，去上元之号，但称"元年"，以建子月（十一月）为岁首，使建丑、建寅每月以所建为数，至次年建巳月（四月）甲子，始改元宝应，变寅正，月数皆如其旧。"此卷署'元年建未月'，盖因高昌僻远，信息缓慢，故中原已改元两个月，而其地仍沿用'元年'纪年和以所建为月数。实际上，此卷之时间当为宝应元年六月。"①

在73TAM509：8（1）、（2）号残卷的尾部，有"仍随牙"之语，"牙"是牙门的简称，"牙"与县衙同义。唐人封演的《封氏闻见记》"公牙"条记述："近俗尚武，是以通呼公府为公牙，府门为牙门，字称讹变，转而为'衙'也。"② 封演，生卒年不详，《新唐书》卷58《艺文志二》记载："封演《古今年号录》一卷（天宝末进士第）。"封演曾担任吏部郎中兼御史中丞，从书中所记述的内容来看，其生活时代大约是在唐玄宗、肃宗、代宗、德宗四朝。吐鲁番文书73TAM509：8（1）、（2）号《康失芬行车伤人事案卷》中的法律用语，与封氏一书中所记述的中唐时代大致吻合。

吐鲁番文书73TAM509：8（1）、（2）号《康失芬行车伤人事案卷》与现存唐代张鷟的《龙筋凤髓判》和白居易的《甲乙判》不同。73TAM509：8（1）、（2）号文书是唐代地方司法机关对康失芬行车伤人一案依法所作的真实裁判，而《龙筋凤髓判》和《甲乙判》是唐代文人入仕参加吏部考试所作的虚拟判词。因此，深入探讨《康失芬行车伤人事案卷》中的司法审判程序和适用法律的情况，能够窥视出唐代司法审判的真实面貌。

---

① 刘俊文：《敦煌吐鲁番唐代法制文书考释》，中华书局，1989，第570～571页。
② （唐）封演撰，赵贞信校注《封氏闻见记校注》卷5，中华书局，2005，第39页。

对于吐鲁番出土的 73TAM509：8（1）、（2）号《康失芬行车伤人事案卷》，目前学术界已发表了许多研究成果。① 但是由于该案卷内容残损，法史学者大多从刑法学的视角对唐代的保辜制度进行探究，而对于唐代刑事诉讼的审判程序却缺乏细致的分析。为此，本文以敦煌吐鲁番文书为线索，结合传世文献的记载，对唐代的诉讼审判程序进行系统的梳理，不妥之处，请求指正！

一 从"康失芬行车伤人案"看唐代的诉状形式

中国古代刑事案件的诉讼，通常由被害人或被害人近亲属以及其他知情者向司法机关提起。为了防止发生诬告和滥诉，许多朝代的法律对诉讼形式作严格要求。唐代的法典《唐律疏议》卷24规定："诸告人罪，皆须明注年月，指陈实事，不得称疑。违者，笞五十。"如果是替他人代写诉状辞牒，"加增其状，不如所告者，笞五十；若加增罪重，减诬告一等"。② 唐律该条文的设立，就是为了防止虚假诉讼，确保案件控告真实，从而在起诉阶段有效预防诬告和冤假错案的发生。

中国古代先秦至汉晋之际，法律文书大多书写在简牍上，竹简坚硬耐磨，容易保存。从东晋以后，纸张逐渐普及，纸质法律文书开始流行。纸张的特点是容易毁损和腐烂，因此，北朝至唐宋之际的司法审判文书很难保存至今。从20世纪初以来，在中国西北地区的敦煌、吐鲁番等地出土了许多唐代法律文书，其中有许多民事和刑事诉讼的案卷，它们为法史学界深入了解唐代诉状的书写形式提供了珍贵资料。

唐代的诉状在唐律中称为"辞牒"。关于"辞牒"的含义，有学者指出："就实际使用看，在唐前期，普通庶民使用《辞》；有品级或有一定身

---

① 黄清连：《说"保辜"——唐代法制史料试释》，载中国唐代学会主编《第二届国际唐代学术会议论文集》下册，文津出版社，1993，第971~1005页；张艳云、宋冰：《论唐代保辜制度的实际运用——从〈唐宝应元年（762）六月康失芬行车伤人案卷〉谈起》，《陕西师范大学学报》（哲学社会科学版）2003年第6期；陈永胜：《宝应元年六月高昌县勘问康失芬行车伤人案若干法律问题探析》，《敦煌研究》2003年第5期；等等。
② （唐）长孙无忌等：《唐律疏议》卷24，刘俊文点校，法律出版社，1999，第478~479页。

份的人使用《牒》。"① 1969 年，在阿斯塔那第 134 号墓出土了 69TAM134：9 号《唐麟德二年（665）牛定相辞为请勘不还地子事》案卷，该诉状即云："麟德二年十二月囗日，武城乡牛定相辞。"② 在唐代的司法实践中，民事案件的诉状有时也称"诉辞"，在 1959 年阿斯塔那第 302 号墓出土的 59TAM302：29/1 号《唐妇女郭阿胜辞为请官宅事》中，起诉书便作"妇女郭阿胜诉辞"③。

综览敦煌吐鲁番新出土的唐代法律文书，我们可以看到，无论是民事还是刑事诉讼案件，诉状书写都简明扼要，诉状的内容主要包括案件受理衙门的名称、告诉人姓名、诉讼事由、告诉时间等。吐鲁番文书 60TAM325：14/1-1、14/1-2 号《唐西州高昌县武城乡范慈囗辞为诉君子夺地营种事》，记录的是一份民事案件的诉状，内容如下：

> 3　县司：阿张先共孙男君子分田桃，囗（各）自别佃
> 4　囗（昨）共孙囗君子囗（平）章，得今年地营种，其阿
> 5　囗（张）男囗替人安囗囗身无，却即夺前件地，
> 6　持【缺】④ 囗（见）有囗囗书，各执一本限中科验。谨
> 7　【缺】请裁。囗（谨）囗⑤

唐代刑事案件诉状的书写形式非常简明，吐鲁番文书 73TAM509：8(1)、(2) 号《康失芬行车伤人事案卷》，收录了被害人金儿的法定代理人史拂郍、想子的法定代理人曹没冒的诉状。这是同一起交通肇事案件中由两名未成年被害人的法定代理人分别提交的起诉书。我们先看一下被害人金儿的法定代理人史拂郍的诉状：

> 【缺】
> 1　男金儿八岁——
> 2　牒：拂郍上件男在张鹤店门前坐，乃被行客

---

① 黄正建：《唐代法典、司法与〈天圣令〉诸问题研究》，中国社会科学出版社，2018，第 147 页。
② 中国文物研究所等编《吐鲁番出土文书》（贰），文物出版社，1994，第 216 页。
③ 中国文物研究所等编《吐鲁番出土文书》（贰），文物出版社，1994，第 187 页。
④ 原文即缺，下同。
⑤ 中国文物研究所等编《吐鲁番出土文书》（叁），文物出版社，1996，第 105 页。

3　靳嗔奴家生活人将车辗损,腰已下骨并碎破。
4　今见困重,恐性命不存,请处分。谨牒。
5　元年建未月　日,百姓史拂郁牒。①

另一份是被害人想子的法定代理人曹没冒的诉状:

8　元年建未月　日,百姓曹没冒辞。
9　女想子八岁——
10　县司:没冒前件女在张游鹤店门前坐,乃
11　被行客靳嗔奴快车人,将车辗损,腰骨
12　损折,恐性命不存,请乞处分。谨辞。②

分析上述两份刑事案件的诉状,我们发现唐代刑事案件的诉状即"辞牒"具有如下特点。第一,唐人的"牒"语言精练。如被害人金儿的法定代理人史拂郁所提交的诉状总计有66个字,被害人想子的法定代理人曹没冒提交诉状仅61个字,短短几十字的诉辞,便把被害人和法定代理人的姓名、案情经过、被害人伤情、诉讼请求等内容陈述得一清二楚,这充分展现了唐代法律语言的精练。第二,原告提交的诉状对案件事实陈述清晰、用词准确。如史拂郁在诉状中对案件事实作了如下叙述:"拂郁上件男在张鹤店门前坐,乃被行客靳嗔奴家生活人将车辗损……"原告的两份诉状,都对被害人的伤情作了说明,金儿的伤情是"腰已下骨并碎破",想子的伤情是"腰骨损折",区区数字,便把被害人的受伤情况表述得很清楚。第三,诉讼目的明确。两名被害人因伤情严重,"今见困重,恐性命不存,请处分",请求司法机关迅速裁断,责令被告康失芬为被害人治疗损伤。

唐代的诉状语言精练,内容简明严谨,使审判衙门能够迅速了解案件真相,确认适格的被告,为下一阶段的裁断做好充分准备。

但是,从唐末五代之后,古代诉状的书写逐渐烦琐。在法国国家图书馆所藏敦煌文书伯3257号《后晋开运二年(945)十二月河西归义军左马步押衙王文通牒及有关文书》中,瓜州地区的寡妇阿龙因土地纠纷而提起

---

① 中国文物研究所等编《吐鲁番出土文书》(肆),文物出版社,1996,第329页。
② 中国文物研究所等编《吐鲁番出土文书》(肆),文物出版社,1996,第330页。

民事诉讼,阿龙的民事诉状就十分烦琐,总计有298个字,有些内容如"阿龙前缘业薄,夫主早丧,有男义成,先蒙大王世上身着瓜州"①等文字,与该案无任何关联。明清两代的诉状书写得更为复杂,通常由官府指定的书铺代书,须按照一定的格式填写呈词。如在光绪二十九年(1903)八月廿三日《李马生为控夏光仁等捏情饰诉敲诈显然事呈状》中,诉状的内容包括状首(呈式),诉讼时间、告诉人姓名、年龄和住址,起诉内容,官府批语等四部分,最后还要在诉状上盖有"给考取代书"的官代书戳记,官府才予以受理。②如此严苛的诉状格式,严重阻碍了普通民众诉讼的自由。

二 从"康失芬行车伤人案"看唐代的三审立案程序

在诉讼审判中,立案及时准确是节约司法成本和提高审判质量的重要因素。为了防止诬告和滥诉,唐代刑事案件的立案非常严格,通常实行三审立案制。《通典·刑法三》记载:"诸言告人罪,非叛以上者,皆令三审。应受辞牒,官司并具晓示,并得叛坐之情。每审皆别日受辞。官人于审后判记审讫,然后付司。"如果告诉人"不解书者,典为书之"③,如果有杀人、贼盗、强奸等"切害"类的刑事案件,④则不在此限。

对于上述史料,学术界有不同的理解。刘俊文教授指出:"受诉官司首先向投诉人说明诬告反坐的法律规定,然后审问所诉之事,每隔一日再审一次,每审一次皆令投诉人在审问记录之后签名画押,不会写字者由典吏代书,确认诉辞。经过三次审问,投诉人诉辞一致,并无矛盾虚妄,即付司立案,正式进行审理。"⑤钱大群教授则认为,"三审"不可能是三次审理,而是让告诉人从事实出发,反复思忖,慎其所告,以防止和减少妄告诬告,经过"三审"的程序,官府正式立案。⑥

---

① 唐耕耦、陆宏基主编《敦煌社会经济文献真迹释录》(二),全国图书馆文献缩微复制中心,1990,第295页。
② 包伟民主编《龙泉司法档案选编》第1辑,中华书局,2012,第31页。
③ (唐)杜佑:《通典》卷165《刑法三》,中华书局,1988,第4260页。
④ (唐)李林甫等:《唐六典》卷6,陈仲夫点校,中华书局,1992,第190页。
⑤ 刘俊文:《唐代法制研究》,文津出版社,1999,第173页。
⑥ 钱大群:《唐律与唐代法制考辨》,社会科学文献出版社,2013,第85页。

笔者认为，唐代的三审立案制主要是针对告诉人而设计的法律程序。在三审问案的过程中，设置一个"诬告反坐"的告知环节，即由负责问案的官员在每次审问后向控告者明示诬告所须承担的法律后果，以确保原告陈述的案情真实。《唐律疏议》卷 23 记载："诸诬告人者，各反坐。"① 可见，三审立案制和诬告反坐制是相互关联的法律制度，没有诬告反坐制度，三审立案制也会失去存在的价值。

中国古代实行有罪推定的原则，凡有人告发犯罪，即将被告"合禁"，限制其自由。为了防止诬告，对"告人亦禁"，待确认控告事实真实，才能把告诉人释放；如果是"邻伍告者有死罪，留告人散禁；流以下，责保参对"。②

唐代负责三审问案的官员是地方最高司法行政长官刺史或县令。《唐六典》卷 30 记载："京畿及天下诸县令之职，皆掌导扬风化，抚字黎氓，……审察冤屈，躬亲狱讼，……"③ 在吐鲁番文书 73TAM509:8(1)、(2)号《康失芬行车伤人事案卷》中，有"追问，铮示"四个字，"追问"，表明在此之前已向告诉人讯问过案情，这与唐代的三审立案程序相符；铮是高昌司法行政长官县令，此案由当地最高司法长官县令负责讯问告诉人；"铮示"，即县令向告诉人问案后，认为符合受理案件的条件，把问案的记录等法律文书移交给所属官吏，同意正式立案。

唐代高昌县令讯问原告后，随即对被告康失芬进行审问。《康失芬行车伤人事案卷》第 16～25 行，是高昌县令铮对被告康失芬的审问记录：

16　靳嗔奴快车人康失芬，年卅……
17　史拂郁男金儿、曹没冒女想子
18　问得史拂郁等状，称上件儿女并
19　在门前坐，乃被靳嗔奴快车人辗损，腰
20　胯折，见今困重，仰答虚实。但失芬身
21　是处蜜部落百姓，靳嗔奴雇使年作，今日

---

① （唐）长孙无忌等：《唐律疏议》卷23，刘俊文点校，法律出版社，1999，第462页。
② （唐）杜佑：《通典》卷165《刑法三》，中华书局，1988，第4260页。
③ （唐）李林甫等：《唐六典》卷30，陈仲夫点校，中华书局，1992，第753页。

22　将使车牛向城外般礜,却廻行至城南门
23　口,遂辗前件人男女,损伤有实。被问依
24　实谨辩。铮

在敦煌吐鲁番出土的唐代司法文书中,我们看到当地司法长官县令决定受理案件后,先在法律文书上署名,然后签署"付""示"以及问案的日期,移交给所属勾检官录事,经过勾检官录事的勾检审核,在该文书上签署"受"字和案件受理的具体日期,地方官府正式受理此案。在73TAM509:8(1)、(2)号《康失芬行车伤人事案卷》中,未见勾检官录事的"受"字,这很有可能是案卷残损所致。不过在敦煌吐鲁番出土的唐代其他法律文书中,可以看到主审官"付"、勾检官"受"的司法程序。日本龙谷大学所藏北馆文书第1421号残卷,清楚地记述了仪凤二年(677)十月西州都督府决定立案的司法程序:

【缺】
1　脚注
2　仪凤二年十月　　日典口（周）
3　付司义示
4　廿六日
5　十月廿六日录事张文裕　　受①

在上述司法文书中,先由典吏周对西州都督府的问案实况作了记录;西州都督府的司法长官义讯问告诉人后,决定受理案件,并在法律文书上签署了"付司义示廿六日"的批示,移交给所属勾检官录事进行审查,勾检官录事张文裕对文书的内容进行勾检,确认"检无稽失"后,在文书上签署"十月廿六日录事张文裕　受",这表明西州都督府正式受理此案。

唐代的三审立案制法律责任明确,有利于司法机关迅速了解案情,避免诬告和冤假错案的发生,节约司法成本。在唐代的司法实践中,也有很多案件经过地方司法官员审问后被认为不符合立案条件,不予立案。对于不受理的案件,唐律规定官府应给告诉人"不理狀",并说明不立案的理

---

① 〔日〕小田义久:《大谷文书集成》第1卷,法藏馆,2002,第57页。

由。唐代的"不理状"相当于现代的不立案裁定书,告诉人凭"不理状"向上级审判机关提起诉讼不属于越诉行为。若司法审判衙门不给告诉人"不理状",将追究司法官员"违令罪"的法律责任,唐律规定处以"笞五十"的刑罚。①

三 从"康失芬行车伤人案"看唐代被告的辩护权

唐代的司法机关立案后,便进入审理和判决程序。中国古代实行纠问式诉讼,即地方司法机关对于刑事案件,根据自身职权进行追究和审判。刑事诉讼的职权主义模式,注重被告的口供,并将其作为定罪量刑的根据。

唐代的司法官员居于审判的主导地位,但同时也赋予被告辩护的权利。敦煌、吐鲁番出土的唐代法律文书,记录了许多刑事案件庭审中被告辩护的言论。1966年新疆阿斯塔那出土的66TAM61:24(a)、23(a)、27/1(a)、2(a)、22(a)号《唐麟德二年(665)知是辩辞为张玄逸失盗事》,记录了被告突厥人知是在审讯中自我辩护的情况:

【缺】
1　知是辩:问陌墙入盗张逸②之物,今见安【缺】
2　仰答所由者。谨审:但知是长患,比邻具【缺】
3　陌墙盗物,所注知是盗,此是虚注。被问依【缺】
4　贰。麟德二年五月　日
5　更问　贰　示。
【缺】③

在该案中,知是在庭审中宣称自己是"长患"病人,不具备"陌墙入盗张逸之物"的犯罪能力,故审判官员认定张玄逸控告知是翻墙盗窃其财物是"虚注",与事实不符。吐鲁番文书《康失芬行车伤人事案卷》,也清

---

① (唐)长孙无忌等:《唐律疏议》卷24,刘俊文点校,法律出版社,1999,第482页。
② 原文如此,应为"张玄逸"。
③ 中国文物研究所等编《吐鲁番出土文书》(叁),文物出版社,1996,第239页。

楚地记述了高昌司法长官铮对被告康失芬进行审问的情况,被告康失芬在庭审中作了自我辩护:

26　康失芬年卅……
27　问:身既快车牛行,劈路见人,即合唱唤,
28　何得有此辗损良善?仰答:更有情故具状。
29　但失芬为是借来车牛,不谙性行,拽挽不
30　得,力所不逮,遂辗前件人男女,损伤有实,
31　亦更无情故。所有罪愆,伏听处分。被问,依实
32　谨辩。
33　元年建未月　日

现代刑事诉讼法一般规定,在庭审结束前要给予被告最后陈述的权利。在1973年新疆阿斯塔那出土的73TAM509:8(1)、(2)号《康失芬行车伤人事案卷》中,可以看到唐代司法机关在庭审时也给予被告最后陈述的机会。案卷第34~42行是高昌县令铮让被告康失芬在法庭作最后的陈述,内容如下:

34　勒嗔奴快车人康失芬,年卅……
35　问:快车路行,辗损良善,致令
36　困顿,将何以堪,款占损伤不虚,今
37　欲科断,更有何别理?仰答:但失芬快
38　车,力所不逮,遂辗史拂郁等男女,损伤
39　有实。今情愿保辜,将医药看待。如不
40　差身死,情求准法科断。所答不移前
41　款,亦无人抑塞,更无别理。被问,依实谨辩。
42　元年建未月　日。①

从上述这段文字中,我们看到被告康失芬自我辩护的理由,即在此次行车伤人一案中,因为借来的牛车不谙熟牲畜的性行,犯罪系"拽挽不得,力所不逮"所致,并非故意。最后,被告向审判机构提出了"今情愿

---

① 中国文物研究所等编《吐鲁番出土文书》(肆),文物出版社,1996,第332页。

保辜",将自己放出后"将医药看待",积极为被害人治疗,以减轻自己的罪责;如被害人"不差身死",愿意承担全部法律责任。高昌县衙经过审理,同意了被告康失芬的请求。

四 从"康失芬行车伤人案"看唐代的保辜制度

被告康失芬提出保辜的请求后,保证人何伏昏等向高昌县衙提交了保状。高昌县衙接到保证人何伏昏等人的保状,通知该案的原告、被告康失芬的雇主靳嗔奴、保证人何伏昏等到庭,对该案作出了裁决。

73TAM509:8(1)、(2)号第45~60行是该案的裁决,概而言之,主要包括如下三方面的内容。第一,明确了保证人何伏昏等人的法律责任,即保证被告被放出后,不能"东西逃避",否则保证人"情愿代罪"。第二,由高昌县主簿诚等对判决文书的内容进行勾检,以确保裁判文书真实、合法和有效;高昌县丞曾在判决文书上签署判决意见并画押;高昌最高司法长官县令铮在判决文书上签字,签署判决日期。第三,高昌县衙同意被告康失芬提出的保辜请求,裁判结果是:"放出,勒保辜。仍随牙,余依判。"①

从"康失芬行车伤人案"的判决中,我们可以看到唐代司法机关在审理交通肇事案件时适用法律的情况。中国古代很早就有关于交通管理的法律规定,在新出土的云梦睡虎地秦简、岳麓秦简、张家山汉简《二年律令》中,笔者尚未见到相关的法律条文。但至少从西晋开始,《晋律》已设立"走马众中"的法律条款,《太平御览》卷642引《晋律》记载:"若越城作阱,走马众中,有挟天文图谶之属,并为二岁刑。"②《晋律》中的"走马众中"罪名,类似于现代刑法的"以危险方法危害公共安全罪",其罪责形式是故意造成他人人身伤亡或公私财产重大损失,处以徒二年的刑罚。《晋律》的条款为唐律所沿袭,《唐律疏议》卷26规定:"诸于城内街巷及人众中,无故走车马者,笞五十;以故杀伤人者,减斗杀伤一等。(杀伤畜产,偿所减价。……)若有公私要速而走者,不坐;以故

---

① 中国文物研究所等编《吐鲁番出土文书》(肆),文物出版社,1996,第333页。
② (宋)李昉等:《太平御览》卷642《刑法部八》,中华书局,1960,第2877页。

杀伤人者，以过失论。其因惊骇，不可禁止，而杀伤人者，减过失二等。"① 唐律中该条文的设置，主要是为了限制车马在街巷等人口稠密的闹市区快速行驶，以维护民众的人身安全和财产安全。

在"康失芬行车伤人案"中，被告康失芬驾驶牛车在城中失控，车马快速行走，碾伤了金儿、想子二人，并非出于故意，这与唐律中的"无故于城内街巷走车马"条第2款"其因惊骇，不可禁止，而杀伤人者，减过失二等"的情形相同，依据唐律，可适用"减过失二等"的量刑标准。

然而，唐代高昌县衙审理此案时，被告康失芬提出了保辜的请求，这在《唐律疏议》卷26"无故于城内街巷走车马"条中并没有明确的规定。保辜制度是唐律的重要内容，《唐律疏议》卷21记载："诸保辜者，手足殴伤人限十日，以他物殴伤人者二十日，以刃及汤火伤人者三十日，折跌支体及破骨者五十日。"② 分析唐律中的上述条款，大致包括如下四个方面的内容。第一，关于保辜期限的规定。唐律所规定的保辜期限有四种情况，即10日、20日、30日和50日。第二，关于伤害程度的法律界定。唐律对于人身损伤的程度有明确界定，主要包括以手足殴伤人、以他物殴伤人、以金铁及汤火伤人、折跌肢体及破骨折骨这四种情形。第三，关于在保辜期限内和期限外死亡的不同处罚规定。根据长孙无忌在疏议中的解释，凡"限内死者，各依杀人论"，只要是在限内死亡，不限尊卑、良贱及罪之轻重，各从该条杀罪科断；如果在保辜期限外死亡，或者虽在限内但"以他故死者"，"各依本殴伤法"处断。第四，关于保辜适用范围的规定。按照唐律的精神，"凡是殴人，皆立辜限"，这句话的意思是凡斗殴或对他人人身造成伤害，皆可适用保辜。

在《唐律疏议》"保辜"条中，没有列举交通肇事伤人案件适用保辜程序的内容，只记述了对折跌肢体及破骨折骨伤人给予50日的保辜期限。在1973年阿斯塔那出土的73TAM509：8（1）、（2）号《康失芬行车伤人事案卷》中，被害人金儿的伤情是"腰已下骨并碎破"，想子的伤情是"腰骨损折"，符合唐律折跌肢体及破骨折骨"皆限五十日"的保辜期限。高昌县衙的裁判文书没有明示给予被告康失芬的保辜时间，但从被害人的

---

① （唐）长孙无忌等：《唐律疏议》卷26，刘俊文点校，法律出版社，1999，第517~518页。
② （唐）长孙无忌等：《唐律疏议》卷21，刘俊文点校，法律出版社，1999，第420页。

伤情来看，康失芬提出的保辜期限应为50日。

从"康失芬行车伤人案"的裁判文书中，我们可以看到保辜制度在古代司法实践中的价值。首先，保辜制度是中国古代恢复性司法观念在司法实践中的具体应用，它以犯罪人主动承担责任来消弭原、被告双方的冲突，从深层次化解社会矛盾，修复受损的社会关系，有利于维护社会的稳定。其次，保辜制度是古代法医学不发达、司法鉴定技术落后情况下的产物，由于司法机关在短时间内难以确定被害人的伤情，为了准确判断人身伤害所造成的法律后果，给予伤害人一定的期限，责令其积极地为被伤害人治疗，限满之日再根据被害人的伤亡情况追究伤害人的刑事责任。保辜制度的设计具有一定的合理性，它要求伤害人采取积极的措施为被害人医治，把对被害人的损伤降到最低程度，以减轻或免除其罪责，最大限度地维护被害人的利益。最后，保辜制度是古代刑事法律中关于人身伤害与罪责挽救相结合的一项制度，在交通肇事类的案件中，如果肇事者能够积极地为被害人治疗，则不仅能使司法机关及时了解案件真相，有效节约司法成本，还能将被害人的损伤降到最低程度，肇事者本人承担的罪责也相对较轻。反之，如果没有保辜制度，很容易发生交通肇事逃逸的现象，不仅不利于保护被害人的利益，也会加大司法机关调查案件真相的司法成本。

保辜制度体现了中国古代刑法"结果加重"的原则，它在历史上存续了两千多年，对后世及古代周边国家都产生了重要影响。宋代的法典《宋刑统》直接沿袭了唐律的条文，元、明、清三代的法典也皆设有保辜的条款。如清代的法典《大清律例》规定："凡保辜者（先验伤之轻重，或手足，或他物，或金刃，各明白立限），责令犯人（保辜）医治。辜限内皆须因（原殴之）伤死者，……以斗殴杀伤论。"[1] 唐代的保辜制度也影响了古代周边国家，古代的日本、朝鲜和越南等国家都设有保辜制度。[2] 在英美法系的普通法中，也有一项与中国保辜制度相类似的一年零一天制度，根据英国刑事法的规则，如果被害人的死亡结果发生在犯罪行为实施之日起一年零一天以后，那么就将被害人的死亡归于其他原因，不能裁定侵害

---

[1] 《大清律例》卷27，田涛、郑秦点校，法律出版社，1999，第446页。
[2] 〔日〕仁井田陞：《中国法制史研究·刑法》，东京大学出版会，1981，第213页。

人犯任何种类的杀人罪。① 该项规则不仅适用于谋杀罪、故杀罪,也适用于误杀、鲁莽驾驶导致死亡等其他情形。无论是唐代的保辜制度还是英国的一年零一天制度,都充分体现了刑法注重保护被害人利益的观念。②

五 从"康失芬行车伤人案"看唐代的担保程序

在唐代的人身伤害类案件中,伤害人经常向审判衙门提出适用保辜的程序,如《全唐文》就记载了"甲雇乙锉草,乙睡误斩指断,请保辜",最后的判决结果是"保辜之请,法未可依"。③ 唐代西州高昌县衙审理"康失芬行车伤人案"时,被告在法庭上提出了保辜的请求。保辜,从字面上理解,包括"保"和"辜"两层含义:"保"的含义是保证,保辜的实施需要被告向审判衙门提供保证人,由保证人向审判衙门具交保状,为被告提供担保,防止被告放出后逃亡,逃避法律的制裁;"辜"的含义是罪责,指犯罪行为。保辜实施的关键是保证,即有人为被告提供保证,保证被告放出后为被害人治疗损伤,不至于再犯罪或逃亡,否则将追究保证人的法律责任。如果没有保证人的保证,保辜制度也就无法实施。

中国古代的担保制度起源很早。概而言之,唐代的担保大致分为三种模式。其一,军事、外交方面的人质担保。唐代建国后,曾令周边各国国王将其子弟送到长安当作质子,唐玄宗开元年间,颁布了《放诸蕃质子各还本国敕》,称:"宜命所司勘会,诸蕃充质宿卫子弟等,量放还国。"④ 其二,民事方面的债务担保。唐代社会商品经济活跃,民间借贷、商品买卖等活动频繁,为了规范经济秩序以及保证债的履行,唐代制定了较为完备的债权保障措施,如掣夺家资、役身折酬、保人代偿等。在敦煌吐鲁番出土的唐

---

① 参见 Richard Card, *Cross Jones and Card Introduction to Criminal Law*, 1998, p.221; Turner, *Kenny's Outlines of Criminal Law*, 19th ed., 1966, p.135; *Halsbury's Laws of England*, 4th ed., Vol.11, 1990, p.131; *Black's Law Dictionary*, 16th ed., 1990, p.1615。转引自道谷卓「殺人罪における一年一日原則——英国の公訴時效類似の制度について」『奈良法学会雑誌』16 卷、2003 年。
② 周东平、张艳:《保辜制度与一年零一天规则的比较研究》,载戴建国主编《唐宋法律史论集》,上海辞书出版社,2007,第 405 页。
③ (清)董诰等编《全唐文》卷 982,上海古籍出版社,1990,第 4506 页。
④ (宋)宋敏求编《唐大诏令集》卷 128,中华书局,2008,第 689 页。

代借贷文书中，经常有"如中间身不在，一仰保人代还"① 等字样，如果债务人不能如期偿还债务，将追究保人的连带责任。其三，刑事案件的人身担保。由担保人保证被告不出现违法行为，否则担保人将承担相应的刑事后果。

在唐代的刑事诉讼案件中，被告在庭审时请求保证人担保的现象十分普遍。1973 年阿斯塔那第 206 号墓出土的 73TAM206：42/11 - 7、42/11 - 8、42/11 - 9、42/11 - 10 号《唐勘问婢死虚实对案录状》中，即有"责保问【缺】"② 的文字，"责保"，意思是让被告提供保证人。1964 年阿斯塔那出土的 64TAM29：17（a）、95（a）号《唐垂拱元年（685）康义罗施等请过所案卷（一）》中，康义罗施"欲向东兴易"，因"不请公文"，地方官府发现并进行审问，该案卷保存了高昌县衙的审问记录："谨审：但罗施等并从西来，欲向东兴易，为西无人遮得，更不请公文。请乞责保，被问依实谨囗（辨）。"③ 唐律"卫禁律"设有"私度关"和"越度关"的罪名："诸私度关者，徒一年。越度者，加一等。"④《唐垂拱元年（685）康义罗施等请过所案卷（一）》中被告提出"请乞责保"，其目的是证明自己并非私度关，以免被判处"徒一年"的刑罚。1973 年阿斯塔那第 509 号墓出土的《唐开元二十一年（733）西州都督府案卷为勘问给过所事》的裁判文书中，有"既有保人，即非罪过，依判"⑤ 的记述，这表明在唐代的刑事审判中，保证人的作用十分重要，保证人的担保可使被告免遭刑事审判。

在唐代刑事案件的审判过程中，保证人需要向审判衙门提交保状，即担保书。关于唐代刑事案件担保文书的内容和格式，古代文献并没有明确记述。值得庆幸的是，1973 年新疆阿斯塔那出土的 73TAM509：8（1）、（2）号《康失芬行车伤人事案卷》，记述了保证人何伏昏等向高昌县衙提交的担保书的内容，现抄录如下：

46　右得何伏昏等状称：保上件人在外看养史拂郁等

---

① 英国伦敦大英图书馆所藏敦煌文书斯 4192 号《未年张国清便麦契》，载中国科学院历史研究所资料室编《敦煌资料》第 1 辑，中华书局，1961，第 356 页。
② 中国文物研究所等《吐鲁番出土文书》（贰），文物出版社，1994，第 305 页。
③ 中国文物研究所等编《吐鲁番出土文书》（叁），文物出版社，1996，第 346 页。
④ （唐）长孙无忌等：《唐律疏议》卷 8，刘俊文点校，法律出版社，1999，第 188 页。
⑤ 中国文物研究所等编《吐鲁番出土文书》（肆），文物出版社，1996，第 284 页。

47 男女，仰不东西。如一保已后，忽有东西逃避及翻
48 覆与前状不同，连保之人情愿代罪，仍各请求
49 受重杖廿者。具检如前，请处分。①

何伏昏等人提交的保状呈现了唐代刑事案件的担保内容和保证人所承担的法律责任。保证人所担保的法律范围主要包括：担保被告康失芬被释放后，"在外看养史拂郍等男女"，为被害人金儿、想子治疗损伤；担保被告康失芬"仰不东西"，不能随便离开其居住地。保证人所承担的法律责任主要是：如果被告逃亡或出现翻供的现象，保证人除"情愿代罪"外，还要受到重杖二十的处罚。

唐代的刑事案件经常实行多人连保制，阿斯塔那第509号墓出土的《唐西州天山县申西州户曹状为张元玚请往北庭请兄禄事》，记录了唐代连保的内容："前件人所将奴畜，并是当家生奴畜，亦不是詃诱影他等色，……义感等连保各求受重罪者。"② 在《康失芬行车伤人事案卷》中，记有"右得何伏昏等状"，表明并不是仅有何伏昏一个保证人，而是有多人连保。唐代刑事案件的连保人数越多，保证力就越强，越有利于地方官府作出的裁定顺利实施。

关于唐代刑事诉讼保证人的身份，古代文献没有明确的记述。《通典·食货三》引"大唐令"记述："诸户以百户为里，五里为乡，四家为邻，五家为保。"③ 由此推断，唐代建国后就推行邻保制度。唐代在地方行政组织系统中推行的邻保制，具有维护地方治安的功能，唐令《户令》记载："诸户皆以邻聚相保，以相检察，勿造非违。如有远客，来过止宿，及保内之人，有所行诣，并语同保知。"④ 可见，唐代的邻保制度除了平时对内监督邻里是否有违法行为外，对外还有刑事案件的担保功能。

六 结语

综上所述，通过对吐鲁番文书73TAM509：8（1）、（2）号《康失芬

---

① 中国文物研究所等编《吐鲁番出土文书》（肆），文物出版社，1996，第333页。
② 中国文物研究所等编《吐鲁番出土文书》（肆），文物出版社，1996，第334页。
③ （唐）杜佑：《通典》卷3《食货三》，中华书局，1988，第63页。
④ 〔日〕仁井田陞著，栗劲、霍存福等编译《唐令拾遗》，长春出版社，1989，第138页。

行车伤人事案卷》进行分析，我们对唐代地方司法机关审理交通肇事类案件的诉讼程序有了较为清晰的认识。

首先，唐代刑事案件的诉状书写简明，审判程序高效，这有利于司法机关迅速查明案情，节约司法成本，作出公正的裁决。在"康失芬行车伤人案"中，唐代高昌县衙接到被害人亲属的控告后立即立案，进入审理程序。六月四日受理案件，十九日勾检官诚勾讫，六月二十二日高昌县令铃作出最终裁定——"放出，勒保辜，仍随牙，余依判"，对于如此复杂的人身伤害类案件，整个审理过程仅用了18天的时间，这表明唐代刑事诉讼的效率是很高的。

其次，唐代的刑事诉讼注重程序公正，极力维护双方当事人的合法权益。唐代的刑事案件通常由被害人或被害人近亲属向司法机关提起诉讼，由州县司法长官对原告进行三次讯问，并明示诬告反坐的程序，然后正式立案。在审判的过程中，也给予被告充分辩护的权利，以便于司法机关了解案情。审理人身伤害类的刑事案件，当危害后果不确定时，若被告提出保辜，请求保释出来为被害人治疗损伤，应有保证人提供担保，由保证人向州县衙门提交保状，经过司法官员批准，再根据被害人的损伤程度追究被告的法律责任。唐代的刑事案件诉讼程序严谨、简明、公正，能够最大限度地维护被害人的利益。

最后，在唐代的刑事诉讼过程中，勾检官发挥了审判监督的职能，以保障诉讼程序合法和裁判结果公正。唐代州府一级负责勾检事务的官员是司法参军和录事，县一级负责勾检事务的官员是主簿和录事，在敦煌吐鲁番新出土的唐代裁判文书中，经常见到录事"检无稽失"和主簿"勾讫"等字样，这表明唐代司法审判中的勾检程序并不流于形式，而是严格地被贯彻实施。有学者指出，唐代的"一切官文书都要经过勾检这一程序，包括刑事和民事的判决在内，可以说一州之官吏及公事均在录事参军勾稽纠察的范围之内"[1]。在《康失芬行车伤人事案卷》中，由于法律文书残损严重，高昌的勾检官录事"受"（正式立案）和"检无稽失"的内容已缺失，仅存有勾检官主簿"检诚白"的勾检记录。唐代刑事案件的审判，从

---

[1] 杜文玉：《唐代地方州县勾检制度研究》，载《唐史论丛》第16辑，陕西师范大学出版社，2013，第10页。

立案、侦查、审讯到判决和执行，勾检官自始至终对诉讼程序和文书内容进行核检，以保障诉讼审判程序公正，避免审判迟延和枉法裁判现象的发生。

然而，唐代创制的许多良好司法制度随着大唐的灭亡而湮没于历史的长河中，唐代诉讼审判中的三审立案制度、司法官员的"试判"制度、法律文书的勾检制度、人身伤害类案件的保辜制度等并没有为后世所沿袭，这不能不说是一件憾事。所以，应深入发掘中国传统法律中的合理成分，认真汲取古代的司法智慧，为当前中国的法治现代化建设提供有益的经验，这也正是法律史学研究的价值所在。

从"伪批诬赖"案看宋代法官民事证据审查

韩 敬[*]

摘 要： 本文以南宋"伪批诬赖"案入手，结合《名公书判清明集》所记载的多个司法案例，基于立法和司法两个角度，探讨了宋代司法官员在民事裁判中所表现出的"证据裁判主义"特点，并结合案情分析了宋代法官在民事诉讼中的证据审查特征，总结了宋代法官将法律作为基准、情理作为补充的做法，追求实质正义的司法精神，以及维系司法秩序的伪证惩戒倾向，最后归纳了宋代法官以证据审查为中心的裁判方式对我国当代司法实践和法治中国建设的现实启示。

关键词： 宋代案例；民事证据；契约证据

一 引言

宋代农业、手工业高速发展，商业经济繁荣，随着生产力水平的提高和平民阶层的形成，民众对私有财产进行保护的观念加强，诉讼权利意识觉醒，民间一时形成了通过诉讼解决财产纠纷的风潮，因此宋代对法官的法律素养提出了更高的要求，且呈现出法官职业化的趋势。《宋史·刑法志》记载："宋兴，承五季之乱，太祖、太宗颇用重典，……士初试官，皆习律令。"[①] 法官任职需要掌握一定的法律知识并通过相关的法律考试，司法官员素质得到整体提高。在这一背景下，宋代法官在审判司法案件的

---

[*] 韩敬，中国政法大学法学院2023级博士研究生。
[①] 《宋史》卷199《刑法志》，中华书局，1985，第4961页。

过程中产生了具有时代特征的理念和方式,他们在追求公平正义的过程中所积累的大量审判经验和传统裁判智慧,对当代社会主义法治中国建设背景下的司法实践工作和相关法律史学术研究都具有重要的借鉴作用。

二 南宋"伪批诬赖"案的案情介绍

(一) 案件的事实

契约,作为民间田宅纠纷诉讼过程中一种常见的用来判断权利归属的书证,成为宋代司法机关判案的重要证据。南宋时期"伪批诬赖"一案中,主审官叶岩峰通过判断契约证据的真伪作出判决,最终保护百姓的田地不受非法侵犯。案件具体情况据《名公书判清明集》记载如下:

> 吴五三,即吴富也,其父吴亚休以田五亩三角一十步,典与陈税院之父,涉岁深远。吴五三同兄弟就佃,递年还租无欠。近三、四年间,兄弟皆丧,吴五三独存,遂萌意占种,不偿租课,却称故父已赎回讫,有批约可证。陈税院屡状陈诉,吴五三词屈理短,凭鲍十九等求和,自认批约假伪,甘从改佃,有状入案,即移与缪百六种。秋事告成,吴五三复强割禾稻,反论陈税院不合就南山律院勒从和退佃,又不合经尉司论诉强割,追人搔扰,欲以此为陈税院强占田之罪。殊不知既有交争,何害和对,既相词讼,宁免追呼,此皆枝蔓之辞。若夫产业之是非,初不在是。看详案牍,见得吴五三舍理而靠势,陈税院恃理而惮势,当职讵肯屈理以徇势,必惟其是而已。①

该案件的案情不难理解,吴五三的父亲吴亚休在多年前将田地典卖给陈税院的父亲,吴五三及其兄弟之后把土地租来耕种,每年都正常支付租金没有拖欠。最近几年兄弟们相继去世只剩下吴五三一个人,吴五三产生了独占土地不再支付租金的想法,就谎称亡父已经赎回了田地,并拿出了批约当证据。陈税院多次状告此事,吴五三自知理亏承认了批约做假一事,自愿让出土地转给其他人耕种。但秋收时吴五三又强行割走了土地上

---

① 《名公书判清明集》卷6,中国社会科学院历史研究所宋辽金元史研究室点校,中华书局,1987,第181~182页。

的作物，反而认为陈税院不应该退佃也不应该针对他强割作物的行为起诉，纠缠不休，想要坐实陈税院强占土地的罪名。

(二) 案件的审理

在审理该案件的过程中，最大的争议点在于吴五三提交的证据和陈税院所持的证据相冲突。主审官叶岩峰从三点对证据真伪进行了论述：

> 今以吴五三之砧基、批约与陈税院之契书、租札参考其故，真伪易见，曲直显然。大抵砧基当首尾全备，批约当笔迹明白，历年虽久，纸与墨常同一色，苟有毫发妆点，欺伪之状晓然暴露。今吴五三赍出砧基止一幅，无头无尾，不知为何人之物，泛然批割，果可凭信乎？吴五三所执批约二纸，烟尘薰染，纸色如旧，字迹如新，公然欺罔，果可引乎？此吴五三虚妄一也。陈税院执出吴亚休契，并缴上手赤契，出卖乃嘉泰二年八月，于当年投印管业，割税，入户三十余年矣。吴五三辄称其父亚休已于嘉泰元年赎回，所执陈税院父陈解元退赎两批，皆是嘉泰元年八月十二日内书押。陈解元身故多年，笔迹是否，固不可辨，但以批约验之契书，岂有二年方交易，元年预先退赎，其将谁欺？容心作伪，殊不计岁月之讹舛，此吴五三虚妄二也。吴朝兴、吴都正、吴富、吴归即是亲兄弟，吴富即是吴五三，复同共立契，将上项田根于嘉定八年并卖与陈税院之父，印契分明，吴朝兴等复立租札佃种，亦二十余年矣。契内之兄弟商议，卖故父亚休所典之田，领钱尤分晓。父典于其先，子卖于其后，尚复何辞？今吴五三辄称父已赎回，非诈赖而何。此吴五三虚妄三也。①

为了解决案件中双方证据冲突的问题，主审官叶岩峰循序渐进，分三个步骤审查了证据的形式要件与实质要件。

第一，主审官叶岩峰首先指出吴方证据的格式错误，从砧基、批约的格式和笔迹角度对比了吴五三和陈税院提供的证据后发现，吴五三出具的只有一份格式不全的砧基以及两张用烟熏给纸张做旧但笔迹崭新的批约，

---

① 《名公书判清明集》卷6，中国社会科学院历史研究所宋辽金元史研究室点校，中华书局，1987，第182~183页。

这样明显伪造的证据不得作为判案的依据。

第二，主审官发现吴五三提交的证据在时间线上前后矛盾、颠倒错乱，即陈税院提供的契约表明吴亚休在嘉泰二年（1202）八月就卖出了土地，吴五三却说自己的父亲吴亚休在嘉泰元年赎回了土地，他所提供的陈税院父亲陈解元的退赎凭证都是嘉泰元年签订的，陈解元已经去世多年，笔迹的真伪已无法辨认，但是根据提供的证据，不可能有嘉泰二年才交易却又在元年先退赎的情况。

第三，主审官又从家属关系角度发现了吴五三证据的漏洞，吴朝兴、吴都正、吴富、吴归是亲兄弟，吴富即吴五三，吴五三兄弟曾于嘉定八年共同立契将此田卖给陈税院父亲，"印契分明"，之后又订立契约租种田地二十多年，父亲先典让了土地，儿子随后又将其卖出，所以吴五三后面说父亲已经赎回了土地显然就是在欺诈。

（三）案件的处理

叶岩峰明确了证据真伪后，对该案件作出了最终的判决：

> 吴五三自知典卖田根已久，假撰批约有罪，不免强词以诳人，始捏其田典与曹寺丞宅。及陈税院执出曹宅回简云，不曾干预此田，其计已穷，遂凭曹八主簿一纸榜文，白占田亩。但知借势以为援，不知背理而难行。岂有正当之契书，反不若假伪之文约，稍有识者，悉知其非，不然，则阖邑之产业，皆可强夺，尽相牵而为伪矣。此等恶徒，不可不正其罪，吴五三勘杖八十，毁抹伪批及原用砧基附案，仍监还田租。仰陈税院照契管业，从便易佃。余人并放。①

吴五三明知田地已经典卖出去很久了，伪造批约，扭曲事实，虚构交易，强占土地，在不占理的情况下仗势欺人，合法的契书如果可以被虚假的文约推翻，那岂不是任何人的产业都可以这种方式被强行掠夺，这么恶劣的行为必须要得到制裁。于是判决吴五三杖刑八十，销毁伪造的证据，再要求吴五三补上欠陈税院的田租，并将涉案田地归还给陈税院打理，任

---

① 《名公书判清明集》卷6，中国社会科学院历史研究所宋辽金元史研究室点校，中华书局，1987，第183页。

其处置，释放无关人员。

三 "伪批诬赖"案中所体现的宋代法官证据裁判方式

（一）民事证据在宋代法官司法过程中的中心地位

《朱子语类》有云："狱讼，面前分晓事易看。其情伪难通，或旁无佐证，各执两说系人性命处，须吃紧思量，犹恐有误也。"① 在对证据的审查上，宋代司法官员多秉持审慎的态度和公正司法精神，胡石壁在"质库利息与私债不同"一案中即指出"大凡官厅财物勾加之讼，考察虚实，则凭文书，剖判曲直，则依条法。舍此而臆决焉，则难乎片言折狱矣"②，严格遵守法律的规定进行判断，避免人际关系中的私情影响。在此影响下，物证、书证等实物证据的证明效力往往高过证人证言的证明效力，《折狱龟鉴》"顾宪之放牛"一案就提出："证以人，或容伪焉，故前后令莫能决；证以物，必得实焉，故盗者始服其罪。"③ 法官认为人证具有较强的主观性，伪造难度较低，会导致前后矛盾，实物证据则与之相反，由于其客观性，更加便于法官适用法律来破解案件真相。

宋代有关田宅纠纷的民事案件中，司法机关承认民间契约作为证据的法律效力，"凡人论诉田业，只凭契照为之定夺"④，法官通常会根据法律规定来审核证据是否合法有效，并根据结果作出判决，南宋吴恕斋在"争田业"一案的判决中说道："大凡田婚之讼，惟以干照为主。"⑤《宋刑统》和《庆元条法事类》等均在立法上对契约生效的要件进行了详细的规定，《宋刑统·户婚律》中专设了一门"典卖指当论竞物业"，规定了契约为凭

---

① （宋）黎靖德编《朱子语类》第7册卷110《论刑》，王星贤点校，中华书局，1986，第2711页。
② 《名公书判清明集》卷9，中国社会科学院历史研究所宋辽金元史研究室点校，中华书局，1987，第336页。
③ （宋）郑克著，杨奉琨校释《疑狱集·折狱龟鉴校释》卷6《证慝·顾宪之》，复旦大学出版社，1988，第324页。
④ 《名公书判清明集》卷9，中国社会科学院历史研究所宋辽金元史研究室点校，中华书局，1987，第318页。
⑤ 《名公书判清明集》卷6，中国社会科学院历史研究所宋辽金元史研究室点校，中华书局，1987，第179页。

的原则:"在法,交易只凭契照。"① 干照作为宋代一类重要民事证据,主要包括上手契(前任业主的交易契书)、砧基簿(登载田亩四至的用于税务工作的簿册)、赤契等。② 交易双方在达成协议后,必须当面签订符合格式规范且经官府批准通过的契约,如民间用以典当田宅的契约,就需要本人、牙人、邻人在契上各自署名,经过官府批准认可盖上红印后就是"红契"(又称"赤契"),红契一式四份,除了双方当事人,官府和纳税机构也需要各持一份,这样,红契就能具备私人签订未经官府认可的"白契"所不具有的法律效力。

在此基础之上,基于法律规定和裁判效率的需要,宋代民事司法以审查"干照"的形式和实质要件的法定性、要式性以及真实性为首要环节,通过审查书证材料的形式确认诉讼中的民事法律关系是否成立,这一方式已经初步具备了现代"证据裁判主义"的特点。

(二)证据裁判方式在宋代案件实际审理过程中的表现

该案中主审官叶岩峰综合双方当事人所提交的证据,首先判断证据的形式要件,通过砧基、批约的格式和笔迹将证据进行对比,发现了吴五三的证据存在格式不全、笔迹纸张不一致的问题,从而指出了吴五三存在证据做假的嫌疑。即使原始契约的签署人去世多年无法核查字迹,法官仍比对证据的落款日期找出了时间线上顺序颠倒的错误,又结合吴五三一方的家庭关系,指出了父亲吴亚休典让土地后儿子不可能再出卖土地这一逻辑漏洞。这体现了宋代法官对证据三性中的客观真实性的追求。

类似案件还有判官翁浩堂所审理的"买主伪契包并"一案。该案中,寡妇阿宋有三个儿子,将家庭财产均分了三份给儿子后留下了一部分给自己养老,嘉定十六年(1223)二儿子黄宗球将其中的一份田产典让给了黄宗智,"抽东丘谷田三分中一分,典与黄宗智,索到干照,有母亲阿宋及牙人知押,此项委是正行交关外,有两分宗显、宗辉不曾出卖"③。之后寡

---

① 《名公书判清明集》卷5,中国社会科学院历史研究所宋辽金元史研究室点校,中华书局,1987,第160页。
② 张本顺:《证据定谳与依法审断:宋代民事诉讼之特色》,《学术交流》2014年第6期。
③ 《名公书判清明集》卷9,中国社会科学院历史研究所宋辽金元史研究室点校,中华书局,1987,第305页。

妇阿宋及其子的全部产业被黄宗智用一纸假契约侵吞，黄宗智与寡妇的二儿子黄宗球所签订的原始契约只典卖了黄宗球自己名下的一份产业，但黄宗智后来出具的契约却表明另外两个儿子黄宗显、黄宗辉的产业也包含在内，这份契约上只有大儿子黄宗显和小儿子黄宗辉的签押，既没有牙人的署名，母亲阿宋也不知情，格式上并不完备，且判官比较字迹发现黄宗显的字画与契约上的完全不同，黄宗辉也早于契约上的签署日期去世，漏洞百出，因此该案系黄宗智故意伪造证据欺凌寡妇阿宋以吞并她的产业，"因得黄宗球一分之业，遂假立弊契，欲包占三分"①。判官翁浩堂为了保护寡妇及其儿子的财产权益不受非法侵害，"使阿宋不能扶病力陈，官司不与尽情根理，则此田遂陷入黄宗智之手，使孤儿寡妇坐受抑屈，岂不可怜"②，基于公平公正和抚恤孤寡的需要，判处黄宗旨杖刑一百，返还原始契约，并销毁他伪造的假契约。

宋代法官以事实为依据、以法律为准绳，通过对契约证据的严格审查来实现对案件事实的准确认定，这样对证据真实性的高度重视，避免了案外的人为干扰，更有利于弥补法官自由心证的缺陷，并确保法官在客观中立的立场上寻求公平正义的实现。

四 宋代法官在民事诉讼中的证据审查特征

（一）情与法相结合

宋代法官的法律素养随着宋代法律的完善得到了提高，《历代名臣奏议》里有记载，此时"异时士人未尝知法律也，及陛下以法令进之，而无不言法令"③。士大夫不仅"争诵律令"来推崇法律条文，在"证据裁判主义"的推动下，法官在审判中更加追求诉讼正义和效率价值的实现，"金科玉

---

① 《名公书判清明集》卷9，中国社会科学院历史研究所宋辽金元史研究室点校，中华书局，1987，第306页。
② 《名公书判清明集》卷9，中国社会科学院历史研究所宋辽金元史研究室点校，中华书局，1987，第305页。
③ （明）黄淮、杨士奇编《历代名臣奏议》卷116，载北京大学《儒藏》编纂与研究中心编《儒藏》精华编141，北京大学出版社，2022，第3750页。

条,凛不可越"①,充分认识到法律在解决民间财产纠纷、保护私人财产利益方面有伦理所不具备的重要作用。北宋程颢点评称,"先王之世,以道治天下;后世只是以法把持天下"②,即表明法律在宋代已经逐渐取代传统伦理道德这第一顺位,成为宋代司法官员处理案件、治理国家时的优先选择。

这一时期,情理在审判过程中虽然不能过多地干预法律,但并非被法律完全取代,在宋代司法官员作出的判决中,同情弱势群体、为弱势群体伸张正义的人文精神依旧是一大特征。③

"伪批诬赖"案中,主审官叶岩峰在查明案件基本事实后,因为不认可一方当事人吴五三仗势欺人、强占田产的行为,而决定查明事实真相,"看详案牍,见得吴五三舍理而靠势,陈税院恃理而惮势,当职讵肯屈理以徇势,必惟其是而已"。"买主伪契包并"案中,翁浩堂也注重保护一方当事人孤儿寡妇的财产利益,先是依据法律严格审查了契约证据在事实层面的真伪,后从道德角度谴责了黄宗智恃强凌弱霸占孤寡田产的行为,力求在最终的判决中实现法理与人情的结合。

类似的还有"典主迁延入务"一案,该案件与"伪批诬赖"案同样涉及田产被典卖后发生的回赎问题,法官在审理该案件的过程中,对身为贫民却被富人利用"务限法"规定的诉讼时效掠夺财产的一方当事人产生了强烈的同情:

> 且贫民下户,尺地寸土皆是汗血之所致,一旦典卖与人,其一家长幼痛心疾首,不言可知。日夜夫耕妇蚕,一勺之粟不敢以自饱,一缕之丝不敢以为衣,忍饿受寒,铢积寸累,以为取赎故业之计,其情亦甚可怜矣。而为富不仁者,乃略无矜恤之心,设为奸计,以坐困之,使彼赎田之钱,耗费于兴讼之际,纵是得理,而亦无钱可以交业矣。是以富者胜亦胜,负亦胜,而贫者负亦负,胜亦负。此富者所以田连阡陌,而贫

---

① 《名公书判清明集》卷6,中国社会科学院历史研究所宋辽金元史研究室点校,中华书局,1987,第179页。
② (宋)程颢、程颐:《二程集·河南程氏遗书》第1册卷1《端伯传师说》,王孝鱼点校,中华书局,1981,第4页。
③ 张本顺、刘俊:《"推究情实,断之以法":宋代士大夫法律品格解读——兼论中国古代伦理司法说之误》,《西部法学评论》2015年第3期,第40~55页。

者所以无卓锥之地也。①

贫民日夜耕作，生活清苦攒下的家业被为富不仁的人设下圈套夺走，在诉讼中耗费掉自身的财产，导致就算后期能够重新赎回土地也无力承担费用，这样，官司的胜负对双方的影响并不因为输赢而发生改变，富有的人无论胜负都会越发富有，而贫困的农民的生活却在反复的诉讼中日渐窘迫。法官最终判决富人在收到贫民赎田款后退还田产，并依法判决对滥用法律漏洞的富人处以杖刑，后因为富人年迈体弱，法官又根据恤刑的原则免除了这项刑罚。

以上三桩案件，均能够体现宋代法官惩恶扬善、以人为本的人文精神。由此可见，宋代司法官员有意识地突破以传统伦理道德为准则的束缚，将法律作为裁量基准，并在优先适用法律、以证据为基础的前提下发挥情理的作用，法律为主、情理为辅，最大限度保障案件的裁判满足社会公众对公平正义的需求。

（二）伪证惩戒倾向

宋代民间财产流通频繁，诉讼之风盛行，"伪券之奸，世多有之，巧诈百端，不可胜察"②，民众伪造证据欺骗法官进行虚假诉讼也并非罕事，正如宋代法官在"物业垂尽卖人故作交加"一案中所言："窃见退败人家，物业垂尽，每于交易立契之时，多用奸谋，规图昏赖，虽系至亲，不暇顾恤。或浓淡其墨迹，或异同其笔画，或隐匿其产数，或变易其士名，或漏落差舛其步亩四至，凡此等类，未易殚述。"③ 即便是在家庭内部，在交易立契的时候也常常有通过模仿字迹、隐匿资产、更改姓名、改变内容等方式伪造契约证据的，并且通常都是出于设下圈套图谋他人财产的目的。吴恕斋在"孤女赎父田"案中提出："切惟官司理断典卖田地之讼，法当以契书为主，而所执契书又当明辨其真伪，则无遁情。"④ 司法官员要在以查

---

① 《名公书判清明集》卷9，中国社会科学院历史研究所宋辽金元史研究室点校，中华书局，1987，第317页。
② （宋）郑克著，杨奉琨校释《疑狱集·折狱龟鉴校释》卷5《察奸·江镐》，复旦大学出版社，1988，第287页。
③ 《名公书判清明集》卷5，中国社会科学院历史研究所宋辽金元史研究室点校，中华书局，1987，第152页。
④ 《名公书判清明集》卷9，中国社会科学院历史研究所宋辽金元史研究室点校，中华书局，1987，第315页。

明契约证据为主的审理过程中保持警惕，要提高辨明证据真伪的能力。

在"伪批诬赖"案中，主审官叶岩峰最终判决吴五三"勘杖八十"，并在判决时指出："岂有正当之契书，反不若假伪之文约，稍有识者，悉知其非，不然，则阖邑之产业，皆可强夺，尽相牵而为伪矣。"[①] 他主张伪造证据的行为应当被坚决抵制，因为伪造出的证据不仅会对个案产生恶劣的影响，造成不公正的结果，也会损害正规文书的合法使用，扰乱经济秩序并滋生更多新的纠纷。在"叔伪立契盗卖族侄田业"案中也有相似的结论："借出砧基，伪写田假，移换粘缀，欲人不可得而辨，不仁也。党与为谋，私立价贯，府宅交易，欲人不可得而夺，不义也。……案将黄俊德贲出契后批领，当厅毁抹附案，并将砧基簿批凿讫，还黄俊德管业，余人放。"[②]

伪造证据侵吞他人财产是不仁不义的行为，宋代法官往往会判决销毁伪造出来的契约证据，并严厉惩罚制作虚假契约文书的行为，勒令归还当事人应有的财产。这表明宋代法官已经认识到，伪造契约文书作为证据是对司法权威的挑战，伪证诬告的行为主观上具有恶意，性质上是干扰司法秩序、利用诉讼侵吞他人财产的犯罪行为。如果放纵这类行为而不加管制，长远来看对整个社会的经济发展都会产生不利影响，宋代法官在判决时往往表现出打击故意伪造、毁灭证据的倾向，以维护司法秩序和社会安定。

五 宋代法官证据审查对我国当代司法实践的现实启示

（一）秩序价值方面

在现代司法实践中，证据为"诉讼之王"。而宋代为保证民事书证的真实性，通过立法为契约事先制定了极其详细的格式要求和审批流程，如田产、家畜的典当买卖须在成交三日内由官府订立市券，且合同需要登记备份："应典卖倚当庄宅田土，并立合同契四本：一付钱主，一付业主，

---

① 《名公书判清明集》卷6，中国社会科学院历史研究所宋辽金元史研究室点校，中华书局，1987，第183页。
② 《名公书判清明集》卷9，中国社会科学院历史研究所宋辽金元史研究室点校，中华书局，1987，第308页。

一纳商税院，一留本县。"① 宋代实行"输钱印契"制度，即不动产买卖中的买方需要缴纳"输钱"（契税）以取得加盖官印的"赤契"，有了"赤契"，不动产所有权才能合法转移。这些规定体现了法律所具有的秩序价值，促进了财产的快速流通和民间经济的蓬勃发展，也有止诉息讼的目的，例如宋代家规《袁氏世范》中就有记载："官中条令，惟交易一事最为详备，盖欲以杜争端也。"②

我国现行的公证制度，就包含了对"赤契"规定的传承，经过公证的证据相对于其他证据往往会有更高的证明效力。当代不仅能够借鉴宋代法官重视证据的司法精神，吸收宋代法官所采取的以证据审核为中心的裁判方式，约束法官自由裁量权以防止滥用，也能够通过立法完善证据规则，提高证据伪造难度，配合司法鉴定手段，更高效地处理民间财产纠纷，实现真正意义上的"定分止争"。

（二）正义价值方面

在法律与情理之间的关系上，宋代法官以法律为基准作出司法判决，并顺应民情而辅以情理进行调整，以惩恶扬善为思维导向，保护弱势群体利益，维系社会公平正义，这和我国当代法官在裁判案件的过程中严格依法判案同时兼顾公序良俗的做法具有共通之处。宋代法官不仅在具体个案的审理过程中追求实质正义，还会在判决中表达他们对社会公平正义的整体构想，在司法中发挥积极性和能动性，表现出对公众道德建设和良好社会秩序构建的宏观追求。这对我国法治中国建设具有一定的借鉴意义。

在当代法治社会建设以人为本的价值导向之下，如何平衡好法律与道德的关系是所有司法工作人员都正在面对的问题，回溯宋代法官裁判思维，不仅能为这一问题提供本土化的答案，使法律与道德相辅相成而共同守住社会公序良俗的底线，促进实质正义和形式正义的最终实现，还能为当下社会主义法治国家、法治政府、法治社会的建设注入传统司法智慧和长远发展的新动力。

---

① 《宋会要辑稿·食货六一》第12册，刘琳、刁忠民、舒大刚等校点，上海古籍出版社，2014，第7464页。
② （宋）袁采：《袁氏世范》卷3《田产宜早印契割产》，刘云军校注，商务印书馆，2017，第157页。

清代存留养亲制度程序之发展[*]

王奥运[**]

摘　要：《大清律例》名例律中规定了一类特殊身份罪犯——家有老疾之亲的独子案犯。为了支持家庭孝养，这类案犯一般可获得减免刑罚的优待，此条是儒家文化与法结合的典范。清代统治者继承了历代中原王朝业已传续千余年的独子犯罪存留养亲制度，并为之增添了丰富和新颖的内容。清代存留养亲制度相关程序规范相较前朝出现了显著的变化，地方官尤重案犯的初讯和官民的保证文书，借以确保案犯家庭情况的真实性、可信性，避免冒滥；根据案犯情罪轻重，清代死罪人犯声请存留养亲的方式分为个案随本奏裁和汇入秋审再议两种。

关键词：存留养亲；甘印结；秋审；七杀

明代及以前，死罪人犯存留养亲的程序都是就个案上请皇帝裁决。清初仍旧延续这一规定，要求死罪人犯符合存留养亲条件的，各级司法官"开具所犯罪名奏闻，取自上裁"[①]。不过，清中叶，随着秋审制度愈加成熟，存留养亲制度逐渐嵌入秋审中，存留养亲程序变得越来越制度化、体系化。

一　初供和官民保证文书

存留养亲制度尤重初讯，因为初讯时易获知真实可靠的家庭成员信

---

[*] 本文系 2022 年度杭州市哲学社会科学常规性课题项目"清代犯罪存留承祀制度及借鉴"（M22JC066）的研究成果。

[**] 王奥运，法学博士，浙江财经大学法学院讲师。

[①] （清）伊桑阿等编著《（康熙朝）大清会典》卷110《刑部二》，凤凰出版社，2016，第1470页。

息。存留养亲制度也强调案犯身边的亲邻、族长、地方、乡约这些民人以及地方官吏都应当为案犯亲老丁单之情作保。

（一）初供

存留养亲的核心要件是亲老丁单，而案犯是否家有老亲以及本身是不是独子这方面的供词在初讯时一般易得真情，因此命案发生后，承审官吏将案犯抓捕到案，在初次询问时，须查清其家庭背景，包括籍贯、年岁、是否独子、有无老亲等：

> 留养须取初供
>
> 定例，命案于相验时，将凶犯有无祖父母父母老疾，及该犯是否独子，讯证明确，一并详报。若在他省获罪者，是否官役奉差、客商贸易，逐一叙明，一面移查取结。如有父故母存，并无兄弟者，问明伊父于何年身故，伊母是否守节，现在若干年岁。其被殴之人，即无父母，是否独子，亦照例讯。①

对于普通命案，州县官应查明人犯的上述信息后，将之造册。对于命案独子罪犯，司法官还须特别留意案犯初讯时与家庭状况相关的供词。案犯家庭状况直接关系案犯可否留养，这方面的供词在初讯时易得真情，所以为清代司法官所特别强调。"遇亲老丁单例得留养者，尤须于初讯时问其父母年岁有无次丁，以杜日后捏饰之弊。"② "盖有籍贯则知其来历，有年岁则知其老幼强弱，有无兄弟子侄则知其是否独子，有父母年岁则知其是否亲老。"③

如乾隆十四年（1749）王伦祥殴伤他人身死，案发时，案犯并无亲老丁单供述，隔半年突然称孤子留养，刑部认为此请恐有伪饰之嫌，因此并未即时准留养。"若案犯到官之初，事在仓猝，其情易得，且相验为众人瞩目之地，不能混捏，尸亲正当哀痛求伸，亦难一时贿嘱……应令该抚研

---

① （清）吕芝田：《留养须取初供》，载《律法须知》，东京大学东洋文化研究所藏光绪十二年刻本。
② （清）佚名：《命案留养》，载《折狱便览》，东京大学东洋文化研究所藏道光三十年刻本，大木－法－狱讼－断狱－2。
③ （清）刚毅：《叙供法》，载《审看拟式》，东京大学东洋文化研究所藏光绪十五年刻本。

讯实情，按律妥议，具题到日再议可也，奉旨依议。"① 又如雍正九年（1731）有免死减等流犯马云在发遣前突然呈请留养，刑部疑惑为何之前拟绞具题之时"不曾告孤"，令督抚速行查明，其后，案犯父亲解释，"从前伊子殴死晋进才时，因没有重伤，又系过五六日身死，乡愚无知，只道没有大罪是以不曾告孤，直至奉文金妻发遣始经知觉，现在援例呈请留养，并无捏饰情弊"②，地方官查清案犯亲属为何迟延告孤后，刑部才拟准存留养亲。

从史料来看，确实有案犯原非独子，事发后，犯亲与亲族商议出继案犯之弟，使案犯以独子身份成功获准留养之事。光绪《顺天府志》中载一例，甯鸿烈纠集百人扰乱山西公所秩序，"以首祸律城旦"，犯甯鸿烈有弟甯鸿音，不忍兄收监，临时出继叔母家，犯甯鸿烈遂得以独子留养例释放：

> 甯鸿音，字友鹄密云人，父彬，兄鸿烈……囊者父欲以我嗣叔父，我不忍，今事急矣，请前命之，从母题其言告于官，以鸿音出嗣，鸿烈以孤子律留养。③

（二）官民保证文书

1. 甘结——一般民人保证文书

在农业社会，百姓安土重迁，亲族毗邻而居。案犯亲邻乃至乡约、地方、十家长等乡间自治组织了解案犯家庭状况，④ 依照律文，这类人群亦须出具相关保证文书，备刑部查。此类文书被称为"甘结"，是一般民人向官府出具的保证书，以证事实无虚。⑤ 如果出具虚假甘结，应受相应责罚，"凡内外问拟军流及免死减等犯人，有乡约、地方、十家长、两邻假

---

① 《犯罪存留养亲 初报文内不声明独子留养驳》，载（清）沈如焞辑《例案续增新编》，东京大学东洋文化研究所藏乾隆二十四年刻本。
② 《免死减流之犯具题时未告孤仍准留养案》，载（清）雅尔哈善等辑《成案汇编》，东京大学东洋文化研究所藏乾隆十一年刻本，第62页。
③ 光绪《顺天府志》卷103《人物志》，清光绪十二年刻十五年重印本。
④ 具体可参见常建华《乡约·保甲·族正与清代乡村治理——以凌（火寿）〈西江视臬纪事〉为中心》，《华中师范大学学报》（人文社会科学版）2006年第1期；黄忠鑫《明清婺源乡村行政组织的空间组合机制》，《中国历史地理论丛》2018年第3期。
⑤ 李鹏年、刘子扬、陈锵仪编著《清代六部成语词典》，天津人民出版社，1990，第41页。

捏出结存留养亲者,乡约、地方各责四十板,十家长并两邻,徒三年,到配所责四十板"①。

一般案犯亲属捏结的,依亲亲相容隐之规定,案犯同居亲属毋庸惩罚,但是其他亲属应当受处罚。如乾隆十二年(1747)强士杰殴伤曹麻子殒命一案,司法官查出案犯同族伯母、族长、邻佑、地方、乡约捏结以留养强士杰,所有相关庶民均受处罚。"强士杰居心奸狡,畏应抵偿,于验尸之前,即央求伊族伯母林氏捏称继母,捏递孤子留养……将强士杰依律拟绞监候,林氏拟以杖徒收赎,假捏出结之乡约郭存信,地方郭第,邻佑徐允盛、张天贵,族长强士翊等讯无受贿情弊,均照捏结例杖一百,折责四十板。"②

庶民出具的甘结是否完备及时,也往往决定了案犯能否即时准存留释放。如雍正四年(1726)林公贤踢死高大拟绞一案,经督抚题请留养后,刑部发现该案只有地保、里邻和一位族人的甘结,尚未取得合族甘结,无法确切证实案犯家庭状况,因此要求地方官重新获取甘结。"查该抚虽称林公贤之继母陈氏孀居,年已七十,止倚公贤养赡,别无可继之人,题请留养。但地方官止据地保、里邻并亲族林茂章甘结,并未取有合族甘结,且林公贤之子林亚喜年岁若干,疏内并未声明,恐有贿嘱徇隐等弊,不便遽议。应令该抚将林公贤果否自幼承继,别无可继之人,并林亚喜确实年岁逐一查明,取具印甘各结,具题到日再议,奉旨依议。"③

依照清代存留养亲例文的规定,被杀之人须非独子,方可留养命案人犯,即被杀之家的家庭状况也直接影响案犯的留养。不过有些被杀之亲心怀丧子之痛,不愿出具甘结,这无疑会影响案件审理程序,"尸亲与凶犯已成不解之仇,饬取(尸亲)甘结,非托故抗传,即躲避外出,以致案延不结,实属窒碍难行"。④ 于是清例规定,地方官毋庸另取尸亲甘结,以免拖延审理。雍正八年萧明升殴伤胞伯萧春秀身死一案,案犯为四房孤子,

---

① 光绪《清会典事例》卷733,中华书局,1991,第105页。
② 《不审出捏报留养虽改正仍议处》,载(清)沈如焞辑《例案续增新编》,东京大学东洋文化研究所藏乾隆二十四年刻本。
③ 《犯罪存留养亲 驳查留养人之子实在年岁》,载(清)洪弘绪、饶翰辑《成案质疑》,东京大学东洋文化研究所藏乾隆二十二年刻本,第84页。
④ 《嘉庆二十四年浙江司 请示》,载(清)戴敦元辑《说帖类编》,东京大学东洋文化研究所藏道光十五年刻本。

一旦抵偿，宗嗣难继，而被杀之胞伯妻不愿依赖案犯存活，不肯出具甘结。从此案来看，尸亲不出具甘结并不会影响案件的正常审理。"疏称萧明升之父萧东秀早故，相依大伯萧忠秀、二伯萧玉秀度日，兄弟四人，只有明升一侄，一旦抵偿，势必斩绝宗嗣。尸妻张氏供亦相符，但张氏因伊夫被殴身死，不愿相依存活，不肯出结……存留承祀，仍将萧明升名下家产断给尸妻张氏以为养赡，送老之资，奉旨依议。"①

留养案内，案件审转至督抚一级后，除了要将案犯从州县提解至省外，督抚同臬司还必须提审案犯亲属、邻佑人以及尸亲至省城，长途提解，不仅颇费人力财力，而且更现实的问题是存留养亲案件中的案犯老亲大都年老体弱，难以长途跋涉，官员不太可能"提齐犯属人等来省审讯"，"诚恐其子未出囹圄，而其亲已填沟壑，则子欲养而亲不待，似非推广皇仁之意"，道光九年（1829）官员那彦成提议，不必将全部尸亲犯属提至省会询问。案件所在府州离省会近者，仍将尸亲犯属提省会审讯，离省会远者，办理秋审之巡道可就近查办留养。"各尸亲犯属人等实有老病不能就道者，即由该州县禀请委员前往查讯取结详报"，如此则捏饰之弊可除，而犯属人等亦可免长途往返之累。②

2. 印结——官府保证文书

关于案犯"亲老丁单"是否属实，除了本犯的供明、邻保族长的甘结外，也"全在地方官查讯明确"③。因此，除百姓需要出具亲老丁单保证文书外，负担地方管理之责的官吏，小至总甲衙役，大至督抚，也应当出具保证文书，以证实案犯有应侍之亲，亟须留养。官府出具的保证文书称为"印结"，具体含义是"官员为证明某人的身世、履历等情况而出具的、钤盖衙署印信的保证文书"④。

官吏若受贿出具亲老丁单相关印结，或者不经详查即出具印结，亦须受严厉处罚，负担连带责任的官员范围极广，包括最初承审定案之州县官、负责转详的各类上司以及负责具题的督抚。"地方官将存留

---

① 《犯罪存留养亲　殴死胞伯比例请留承祀》，载（清）洪弘绪、饶翰辑《成案质疑》，东京大学东洋文化研究所藏乾隆二十二年刻本，第140页。
② （清）祝庆祺等编《刑案汇览三编》（一），北京古籍出版社，2004，第55页。
③ 《嘉庆二十四年浙江司　请示》，载（清）戴敦元辑《说帖类编》，东京大学东洋文化研究所藏道光十五年刻本。
④ 李鹏年、刘子扬、陈锵义编著《清代六部成语词典》，天津人民出版社，1990，第41页。

养亲人犯假捏出结者降二级调用，转详上司罚俸一年，具题督抚罚俸六月。如系受贿出结者，革职提问，转详上司降三级调用，督抚降一级留任。"①

如乾隆十七年（1752）例案"捏报留养案内假克犯之人问不应杖并各官议处"，此案中捏结之地方、村长、邻佑拟以杖笞，不行查明即出结的时任知县、按察司、巡抚等一并被惩处：

> 刑部会议得，邹大捏称孤子，地邻年天保等假捏出结一案。各犯金供，实因邹二哀恳情切，故而通同捏结，并无受贿情弊。前任知县亦无徇情受贿等情，地方年天保、村长王有桂、邻佑邹万祚、邹锡爰等依律拟以杖笞。并将不行查明出结官以及失察率转之各上司职名一并开报等。应将不行查明出结之前任福山县另案参革知县李经邦照例降二级调用注册，率转之前任按察司今升任布政司李渭照例降一级留任，据详出咨之前任山东巡抚，今升两广总督阿里衮照例罚俸一年。查事在恩诏以前，所有李经邦降级留任，阿里衮罚俸之处均应宽免可也。奉旨依议。②

雍正六年（1728）贵州巡抚祖秉圭在办理刘应科踢死罗连一案时，将刘应科拟以绞罪，并题请留养案犯，后来刑部查知刘应科生有二子，非家无次丁，且其父母止六十余岁，与留养之例不符，祖秉圭被处革职，"今祖秉圭将应拟绞之刘应科违例题请留养，故为开脱，枉法市恩，殊属不合，应将原署贵州巡抚祖秉圭照故行出入例革职。奉旨依议"③。

二 从"取自上裁"到"秋审再议"

有清一代，死罪人犯存留程序有过重大变革，清初适用个案奏请上裁，皇帝决断是否准留养，清中叶依照罪情轻重，程序分为个案奏请上裁

---

① 光绪《清会典事例》卷733，中华书局，1991，第105页。
② 《犯罪存留养亲 捏报留养案内假克犯之人问不应杖并各官议处》，载（清）沈如焞辑《例案续增新编》，东京大学东洋文化研究所藏乾隆二十四年刻本。
③ 《犯罪存留养亲 违例题请留养革职》，载（清）洪弘绪、饶翰辑《成案质疑》，东京大学东洋文化研究所藏乾隆二十二年刻本，第76页。

和汇入秋审再议这两种。

（一）清初"取自上裁"

前文已述，死罪人犯存留养亲案件在地方的审转程序方面与其他命案相差不大，州县官负责审录案件，各省臬司审转，督抚同按察使、布政使、在道御史等地方官会勘后报刑部。① 比如，前引乾隆十七年（1752）例案"捏报留养案内假克犯之人问不应杖并各官议处"，地方经手官员包括知县李经邦、按察司李渭、山东巡抚阿里衮等。②

至于死罪人犯存留养亲案件转至中央后的程序，清初承明代制度，死罪案犯准予存留养亲的，属于皇帝特赦，程序一般为地方官就个案"奏请上裁"。"以后凡军民罪囚，有祖父母、父母年八十以上、老疾应侍、家无以次成丁者，犯该死罪，除极恶事情、常赦所不原及奉钦依外，若误杀、戏杀、诬告人、累死随行亲属等项，及充军并口外为民，开具所犯罪名，奏请上裁。"③ 康熙初年谕旨，经官奏请，死罪案犯被准存留养亲的，属于皇帝特赦，同前朝存留养亲程序一样，地方官须"开具所犯罪名，奏闻，取自上裁"：

> 康熙四年六月二十四日，钦奉谕旨：凡犯死罪，非常赦所不原者，有祖父母、父母老疾应侍，家无以次成丁者，开具所犯罪名奏闻，取自上裁。律文所有的著，照律行。④

比如乾隆二年李文进殴伤无服族兄李文玉身死一案，江苏巡抚疏内详细说明了李文进与李文玉斗殴的经过，"疏称李文进下田割草，见有群猪在田食稻，当即驱逐……李文玉将李文进踢倒，侧身向殴，李文进情急用脚往上一踢，适中李文玉脐肚殒命，屡审不讳"，巡抚将李文进"拟罪绞监候"，刑部核议后指出，"应如该抚所题，李文进合依同姓服尽亲属相殴

---

① 那思陆：《清代中央司法审判制度》，北京大学出版社，2004，第109页。
② 《犯罪存留养亲　捏报留案内假克之人问不应杖并各官议处》，载（清）沈如焞辑《例案续增新编》，东京大学东洋文化研究所藏乾隆二十四年刻本。
③ 南炳文、吴彦玲辑校《辑校万历起居注》，万历二十九年十月，天津古籍出版社，2010，第1882页。
④ （清）伊桑阿等编著《（康熙朝）大清会典》卷110，关志国、刘宸缨校点，凤凰出版社，2016，第1470页。

致死者以凡论,斗杀者绞监候律,应拟绞监候,秋后处决"。除了案情、罪名、量刑问题外,巡抚在原疏内又称案犯有亲老丁单之情,"李文进自幼继其嫡叔李君安为嗣,迄今已二十余年,李君安抚养长成,娶妻分产,如同亲子,今李君安年已七十九岁,家无次丁,而已死之李文玉现有子李狗子,已经成丁,李文进应否准其留养,听候部议等语",刑部就此奏请皇帝,"可否准其留养,恭候钦定,倘蒙圣恩,准其存留养亲,行令该抚将李文进照例枷号两个月,责四十板,追埋葬银二十两,给付尸亲收领"。最后,皇帝下旨准留养,"奉旨,李文进从宽免死,照例发落,准留养亲,余依议"。①

正因存留养亲制度属于"法外之仁",皇帝就个案"随时酌量",我们的确在司法实践中看到很多与成文律例抵牾的案件,"上谕有宽有严,未尽划一,后来或准或驳,迄无一定"②。比如雍正五年(1727)天门县民徐顶臣殴死母舅邹先林之案,罪行属于卑幼杀伤尊长,案犯是常赦不原案犯,依律不可留养,刑部说明案犯特殊情由,"徐顶臣殴死小功母舅,罪在不赦,但救母情急,尚有可原,邹氏年老,实为可悯"③,皇帝最后同意留养案犯。

(二)乾隆年间"入秋审再议"情重案

在"个案正义"与国家宪典不断冲突的情况下,伴随着司法实践的日益丰富以及秋审制度的逐渐完善,清代统治者就命案囚犯罪情之轻重,明确区分"个案奏请上裁"和"入秋审再议"这两种存留养亲程序。

1. 存留养亲制度与秋审制度之结合

薛允升在《读例存疑》中指出,秋审源起于康熙年间,原本专为实缓矜疑而设,与留养并无关联,从"乾隆十六年"(1751)开始,斗殴理直伤轻及戏杀、误杀等情轻案照旧随本声请留养,情重各犯须俟秋审时再行

---

① 《犯罪存留养亲》,载(清)沈如焞辑《例案续增新编》卷1,东京大学东洋文化研究所藏乾隆二十四年刻本,第1页。
② (清)薛允升著,黄静嘉编校《读例存疑重刊本》卷3,台湾成文出版社,1970,第74页。
③ 《犯罪存留养亲 因救母殴死母舅亦准留养》,载(清)沈如焞辑《例案续增新编》,东京大学东洋文化研究所藏乾隆二十四年刻本。

核办留养。① 不过事实上，从乾隆朝相关例文（参见表1）来看，薛允升所称"乾隆十六年"有误，至少从乾隆十四年（1749）开始，朝廷已明确命案情轻犯可照旧例随本声请存留养亲，命案情重犯的存留养亲问题则须待秋审时再做进一步核查。

表1　清代存留养亲程序的变化过程

时间	督抚随案声请留养	督抚声明应俟缘由，秋审取结再议	督抚疏内毋庸声明应俟缘由
乾隆十四年	斗杀案内有理直伤轻，及戏杀、误杀等案，照例准其留养。	如该犯实系理曲，或金刃重伤，及虽非金刃而连殴多伤致死者，此等情重各犯，于定案日具议以不准留养，该督抚仍将不合例之处附疏声明。至秋审时……	
乾隆十六年	斗杀案内理直伤轻，及戏杀、误杀等项，准其随案声请留养。		
乾隆二十七年	戏杀、误杀者，仍照例于题本内声请留养，法司随案核覆。	其斗杀之案，无论理直伤轻，或实系理曲，或金刃伤重，或虽非金刃而连殴多伤致死者，该督抚于定案时，止将应俟缘由，于题本内声叙，不必分别应准不应准字样，俟秋审时……	
乾隆三十一年	仅准将戏杀、误杀之案，于本内声请留养。	其斗杀之案，无论情节轻重，概俟秋审时取结报部会核进呈。	
乾隆五十三年	戏杀、误杀之案，有亲老丁单及孀妇独子伊母守节已逾二十年者，该督抚查明，取结申明具题，法司随案核覆，声请留养。	其斗杀之案，审无谋故别情，如有祖父母父母老疾应俟，及其母守节已逾二十年，而又年逾五十者，无论理直伤轻，或实系理曲，或金刃重伤，或虽非金刃，而连殴多伤致死者，该督抚于定案时，止将应俟缘由声明，不必分别应准不应准字样，统俟秋审时……	
乾隆五十四年	擅杀罪人之案，与斗杀致毙平人者有间，如有亲老丁单应行留养者，该督抚照例取结送部核办。		

---

① （清）薛允升著，黄静嘉编校《读例存疑重刊本》卷3，台湾成文出版社，1970，第65页。

清代存留养亲制度程序之发展　　243

续表

时间	督抚随案声请留养	督抚声明应侍缘由，秋审取结再议	督抚疏内毋庸声明应侍缘由
嘉庆四年	戏杀、误杀、擅杀、斗杀情轻，及无关人命，应拟死罪人犯，核其情节，秋审应入缓决、可矜者，及仅止语言调戏，并无手足勾引，致本妇羞忿自尽之案，如有祖父母父母老疾应侍，及孀妇独子伊母守节已逾二十年者，该督抚查取各结，声明具题，法司随案核覆，声请留养。	其斗杀案内情节介在实、缓之间者，该督抚于定案时，将应侍缘由声明，俟秋审时……	
嘉庆四年	戏杀、误杀、擅杀，以及斗杀之案，或死由自跌自溺，毫无斗狠情形，并救亲情切，伤止一二处，均系秋审应入可矜者，具准其随本声请留养。	其余概不准随案声请，具令该督抚于定案时，止将应侍缘由于本内声叙，不必分别应准不应准字样，统俟秋审时……	
嘉庆五年			其谋杀、故杀，及连毙二命，秋审时应入情实无疑之案，定案时虽系亲老丁单，毋庸声明应侍缘由。
嘉庆六年	戏杀误杀擅杀斗杀情轻，及救亲情切，伤止一二处各犯，核其情节，秋审应入可矜之案，如有祖父母父母老疾应侍，及孀妇独子，伊母守节已逾二十年者，该督抚查取各结，声明具题，法司随案核覆，声请留养。	其余各案，应俟秋审时分别实、缓，该督抚于定案时，止将应侍缘由声明，不必分别应准不应准字样，统俟秋审时……	
嘉庆十一年	误杀秋审缓决一次，例准减等之案，并戏杀、擅杀、斗杀情轻，及救亲情切，伤止一二处各犯，核其情节，秋审时应入可矜者，如有祖父母父母老疾应侍，及孀妇独子伊母守节已逾二十年，该督抚查取各结，声明具题，法司随案核覆，声请留养。	其余各案，秋审并非应入可矜，并误杀缓决一次不准减等者，该督抚于定案时，止将应侍缘由声明，不必分别应准不应准字样，统俟秋审时……	

续表

时间	督抚随案声请留养	督抚声明应侍缘由，秋审取结再议	督抚疏内毋庸声明应侍缘由
嘉庆十六年	戏杀及误杀秋审缓决一次例准减等之案，并擅杀、斗杀情轻，及救亲情切，伤止一二处各犯，核其情节，秋审时应入可矜者，如有祖父母父母老疾应侍，及孀妇独子伊母守节已逾二十年者，或到案时非例应留养之人，迨成招时，其祖父母父母已成老疾，兄弟子侄死亡者，该督抚查取各结，声明具题，法司随案核复，声请留养。	其余各案，秋审并非应入可矜，并误杀缓决一次例不准减等者，该督抚于定案时，止将应侍缘由声明，不必分别应准不应准字样，统俟秋审时……	其谋故杀及连毙二命，秋审应入情实无疑之案，虽亲老丁单，毋庸声请留养。

资料来源：光绪《清会典事例》卷732、卷733，中华书局，1991。

从秋审制度本身的发展脉络来看，"顺治十年，秋审分情真应决、缓决、可矜可疑；雍正三年分情实、缓决、可矜三种；乾隆年间，秋审类别一变为五，情实、缓决、可矜、留养、承祀"。至迟在乾隆十四年（如表1所示），存留养亲制度与秋审制度已开始交汇，存留养亲程序正式分为"个案奏请上裁"和"入秋审再议"这两类。对情轻案件，地方官就个案随本声请留养人犯，朝廷随案核复，此种情况下，留养的确是"单独适用"的一种减免刑罚的赦刑制度；而情重案件，则须汇入秋审后再议留养事宜，此即一般所谓秋审中的留养（包括承祀）。

除了结合的时间点外，存留养亲制度与秋审制度的具体结合方式也有亟待澄清之处。有学者言，"留养作为秋审和朝审对于死刑监候犯的一种处理结果，其出现晚于其他三种……迨其出现时，清代的秋朝审制度已经较为成熟"[①]。学者言待秋审分情实、缓决、可矜这三种后，留养（包括承祀）才嵌入秋审，成为秋审的"一种处理结果"，此说无疑，不过，更准确地说，秋审制度中的留养（包括承祀）属于实、缓、矜之子门类，因为死刑监候犯只有先经秋审裁定为缓、矜之一，才有机会核议存留养亲、存留承祀事宜。如董康在所著《清秋审条例》中写明，秋审归入"缓决、可矜"两种情形的人犯才可"查办留养"：

---

① 孙家红：《清代的死刑监候》，社会科学文献出版社，2007，第119页。

> 第四条 秋审之处分，谓左列各款：一、情实；二、缓决；三、可矜。按本条定秋审之处分……
>
> 第五条 ……前条第二款及第三款情形，如系孀妇独子或亲老丁单，得查办留养。……按，本条定附带处分。①

另外，在《各省留养不符册》中有各类看批，如"因借钱不允刃毙人命致命穿透伤重情凶，近故似难议缓，何论留养耶"②"伤无损折，尚可原缓，究系致毙妇女之案，应不准其留养"③，乃至秋审文献载秋审结果"照缓不准留""缓不留""缓留核"等，④从中都可看出在秋审制度中，核议存留养亲（以及存留承祀）的时间是在核定人犯实、缓、矜以后。

还需说明的是，相比旧有的"个案奏请上裁"形式，新创的"入秋审再议"形式的确可能致案犯先被监禁若干年后再予以释放，不过乾隆帝解释，囚犯侍奉老亲之事不急于一时，拘系经年正可驯其桀骜之气。乾隆三十八年（1773）一则事例曰：

> 须核其情节本轻，又毫无别故者，始可照例援请，至其中案情稍重，虽经声请，不准留养者，前经朕以此等尚非谋故重情、常赦不原，曾降旨俟其拘系经年，驯其桀骜之气，量为末减，亦不必于定案时将命案正犯遽行开释，是于明慎用刑之中，更寓法施仁之意，第恐愚民无知，恃有留养之例，凡系独子，动辄轻身斗很，易罹法网，是随案办理留养，非惟无益而且害之，与其急于纵释而民轻犯法，何如稍加慎重之转得矜全乎。⑤

---

① （清）董康：《清秋审条例》，载杨一凡编《清代秋审文献》第30册，中国民主法制出版社，2015，第410~412页。

② （清）佚名：《山东司王小骚》，载《各省留养不符册》，东京大学东洋文化研究所藏光绪九年刊本。

③ （清）佚名：《贵州司向泗》，载《各省留养不符册》，东京大学东洋文化研究所藏光绪九年刊本。

④ （清）佚名：《秋审实缓比较汇案》十六卷，东京大学东洋文化研究所藏同治十三年抄本，大木-法类-例案-36。另可参见《三部秋审案例文献所载死刑人犯罪名及秋审结果一览表》，载杨一凡编《清代秋审文献》第30册，中国民主法制出版社，2015，第663~693页。

⑤ （清）刚毅辑《秋谳辑要》，东京大学东洋文化研究所藏光绪十五年刻本，大木-法-狱讼-秋审-12，第36页。

2. 从"七杀"到"秋审应实缓矜"

乾隆年间，朝廷主要参照七杀类型来区分"个案奏请上裁"和"入秋审再议"（后者也称"声叙留养法"），如《留养须取初供》所言，"其斗、误、戏杀等案，近例有随招声请，及秋审时取结之别"①。嘉庆年间，则主要以秋审应入实缓矜类型来区分"奏请上裁"和"秋审再议"。乾隆、嘉庆时，朝廷将归入两种留养程序的具体案件类型反复删修，原因不在留养本身，而是七杀（或言"六杀"②）、秋审类型的模糊与实践的混乱。

乾隆时期，在七杀方面，有些司法官吏将故杀等情重案认定为斗杀等情轻案，或将情急救亲的情轻案犯认定为情重者，这导致留养程序适用错误。清代司法官吏指出：

> 有明是故杀而以斗杀定案者，一则惑于救生不救死之说，一则必须取起意致死之供，司谳惮其难也，迄今已百余年矣……往往明是故杀，而遽以斗杀定案，及救生不救死之说，刑幕传为秘钥，但求案了，不肯多费推详，此故杀之案所以日见其少也。
>
> 明明七杀条，岂可凭单词，死者不能言，阴德宁谓斯。③

如乾隆二十三年（1758）郭端殴伤黄睿身死一案，乾隆帝解释，斗杀本有理直、理曲之分，近年来，地方官对于斗殴案犯理直、理曲往往存宽纵之见，这导致情重斗殴案犯也得以随案声请留养，不利于惩罚犯罪及预防犯罪。"朕欲徒博宽厚，则一切谳章可以不览，较诸臣更省力而得名，然朕必不为也。"④ 乾隆帝裁定郭端绞监候，秋后处决。

嘉庆四年（1799），朝廷指出现实中各类复杂案件层出不穷，"条例一成不变，案情百出不穷"，以七杀类型来区分情重情轻过于草率，实践中如情急护父殴斗之斗杀人犯，属情节较轻、本可矜悯之案犯，核其情节秋

---

① （清）吕芝田：《留养须取初供》，载《律法须知》，东京大学东洋文化研究所藏光绪十二年刻本。
② 刘晓林：《立法语言抑或学理解释？——注释律学中的"六杀"与"七杀"》，《清华法学》2018年第6期。
③ （清）永瑆：《诒晋斋集》后集，清道光二十八年刻本。
④ 《寻常斗殴案件定案之初不得遽准留养》，载（清）闵我备辑《成案新编二集》，东京大学东洋文化研究所藏乾隆二十八年刻本，第62页。

审应矜,若其老亲亟待养赡,自当随案声请留养;而如好勇斗狠之斗杀人犯,秋审时亦有入缓决者,若准其随案留养,不免刑罚失当:

> 若逐案分别准驳,殊觉事涉纷繁,如概准其随案留养,在无知愚民,不知留养为格外仁施,或转恃身系单丁,以身试法。洵如圣谕,非以施仁,适以长奸,实非明刑弼教之道。①

嘉庆四年(1799)对留养程序作大调整,对于"戏杀、误杀、擅杀以及斗杀之案,或死由自跌自溺毫无斗狠情形,并救亲情切伤止一二处"等特定范围的案件,地方官预先衡量其情节轻重,对属于秋审应入可矜之命案,才准随时随本声请留养,其余统俟秋审时取结再议留养。

然而事实上,秋审实缓矜的区别也存在很大模糊之处,所以实践中多有地方官将应实案误认为应缓案,或将应矜案误视为应缓应实案,进而错误适用存留养亲程序的情况。如嘉庆十一年,"九月庚戌朔谕,朕阅各直省本年秋审人犯册内,由刑部改实为缓者三起而改缓为实者共有八十三起之多,数省如出一律"②。同治年间,"本年经该部由缓改实者,较往年尤多"③。再如道光四年(1824)河南省刘宗连擅杀罪人案,刑部认为此案无谋故重情,秋审应矜,案犯母老丁单,属于随时随本声请留养之列,而督抚声明秋审时核办留养,系属错误。④ 又如道光十二年云南司罗锦绫踢毙奸伊大功兄妻罪人一案,罗锦绫踢由义愤,杀非有心,秋审时应可矜,刑部认为属于随案核覆声请留养一类,而督抚声称俟秋审时取结办理,系属错误,督抚应取结送部,即行准其留养。⑤

不论是先前的七杀标准,还是后来的秋审实缓矜标准,都存在"皇帝指出官员归类错误,滥用留养条或不用留养条"的情况。"特别是在乾隆年间,由于皇帝忌讳臣子沽名钓誉,因此刑部稍有宽容之处,圣旨即特意

---

① 光绪《清会典事例》卷733,中华书局,1991,第110页。
② 光绪《清会典事例》卷849,中华书局,1991,第226页。
③ (清)朱寿朋编《光绪朝东华录》,光绪八年壬午八月,张静庐等点校,中华书局,1958,第1389页。
④ (清)汪进之:《犯罪存留养亲 秋审例入可矜之犯饬即随案声请留养》,载《说帖辨例新编》,东京大学东洋文化研究所藏清道光二十四年刻本。
⑤ (清)戴敦元辑《说帖类编》道光十二年云南司,东京大学东洋文化研究所藏道光十五年刻本。

改严。而刑部如果主动从严，又要被责难这是陷皇帝于不仁。"①

官员鉴于"失出之罪轻于失入之罪"，以"与其杀不辜，宁失不经"方式来规避风险，"有意从宽"，"救生不救死"，这可能是一个重要的原因。② 不过在存留养亲的司法实践中，有司法官将情重案认定为情轻案的情况，也有将情轻案视为情重案的实例。诚如王志强言："在个别案件中，刑部官员们甚至会根据特殊的情节，依据情理，对律例规定作出更直接的变通，实现判罚结果的增减。"③ 官员"忤逆"国家律典而作平衡式裁断，根本缘由在于清代命案律文之繁复。梅曾亮《刑论》一文，详细指出了清代命案律文之繁杂：

> 天下之法，未有久而无弊者也。法之简者，其弊浅，法之密者，其弊深，惟其法之良而守之，不敢稍变通其法，以得罪于天下后世，故其弊遂成而不可返……
>
> 同一杀也，而有谋杀、故杀、斗杀、误杀，有戏杀、有过失杀，有下手加功之杀，因是同一死罪也，而有入情实有不入情实者，有立决，有缓决，又有缓决数次而从未减者。盖一死罪之成，其文书之反覆诘难，积盈尺之纸而不足也。而后得由州县以上于刑部，而之人也如是，犹或不至于死。嘻！何立法之密而如此其难知也。④

3. 秋审议定留养事宜之程序规范化

日本学者中村正人言，乾隆年间留养制度与秋审制度相结合，此后留养的适用愈加严格化、"制限化"，⑤ 韩国学者任大熙亦言，乾隆前半期，留养制度的严格趋势更加显著。⑥ 而林乾则认为，"这就是说，唐明律中不准或者必须由皇帝上裁的杀人犯罪，直接在秋审时另外造册实行。清律专门

---

① 郑小悠：《清代的案与刑》，山西人民出版社，2019，第175页。
② 魏淑民：《清代乾隆朝省级司法实践研究》，中国人民大学出版社，2013，第147页。
③ 王志强：《清代国家法：多元差异与集权统一》，社会科学文献出版社，2017，第130页。
④ 任访秋主编《中国近代文学大系（1840～1919）》第10卷，上海书店出版社，1991，第281页。
⑤ 〔日〕中村正人：《清律犯罪存留养亲条考》（2），《金沢法学》2001年第43—3卷，第158页。
⑥ 〔韩〕任大熙：《中国法制史上"存留养亲"规定的变迁及其意义》，载张中秋编《理性与智慧：中国法律传统再探讨——中国法律史学会2007年国际学术研讨会文集》，中国政法大学出版社，2008，第173页。

定有不准留养条款，说明存留养亲是一种常态，而非以往时期之个别"①。

关于清代中后期存留养亲制度嵌入秋审后变得"严格化"还是"常态化"的问题，须就实体与程序分别论述。清代中后期同时存在个案奏裁声请与秋审再议这两种程序，个案奏裁声请留养的情况很少，汇入秋审中考虑是否留养的情况更多，"乃近数十年来，戏误等案均于秋审时取结留养，随本声请者十无一二"②。此种发展趋势体现了清代朝廷试图在存留养亲制度的程序方面进行"常态化"规制，郑秦言，"清代皇帝对死刑案件的审断绝少发生历史上曾经有过的君主任情生杀（随意杀人）的现象，与其说专制权力受到制约，不如说清代高度发展的专制权力已经制度化"，死板程序与文书，是司法制度严格执行的体现，保证了案件按法定程序审理，"使君主的任情生杀、官吏的违法在一定程度上有所克服和警戒"。③

留养制度在程序上的规范化并不意味着朝廷在其实体方面有任何"制限化"的意图。清代中后期，案情较轻或者应归入秋审可矜范围的，地方官可随案题请留养，即使未随案题请的，待秋审入矜后，依然可以随时告请留养；案情较重或应归入秋审实缓的，一般不准地方官随案题请留养，止将应侍缘由声明；案犯入秋审后，归于情实的，自然不可释放留养，归入缓决，也可再议留养事宜；即使案情较重，秋审入情实，只要当年未勾，案犯也有可能因"亲老丁单"入缓，而后准留养，释放完结。

在道光三年（1823）潘正太捏奸污蔑致被污之妇自尽案中，依律案犯应拟绞监候，上年秋审入于情实，勾决阶段，考虑到该犯父母皆年逾七十，家无次丁，皇帝"是以未勾"，仍归入缓决办理，当年秋审时，督抚将该犯亲老丁单相关各结送部，"兹该犯潘正太系情实一次，蒙恩免勾应入本年秋审缓决，核与语言调戏致本妇自尽情实一次改缓之案相同，应将该犯即归入本年留养册内，于后尾声明准其存留养亲"④。再如道光六年廖馨受火器致毙小功尊属之案中，案犯亲老丁单，属于秋审应入

---

① 林乾：《传统中国法的"人道"意涵：以清代"犯罪存留养亲"为中心的考察》，亚欧法律史论坛第二届年会"理念与过程：近代亚洲与欧洲的法律交流"论文，北京，2013，第90页。
② （清）薛允升，黄静嘉编校《读例存疑重刊本》卷3，台湾成文出版社，1970，第66页。
③ 郑秦：《清代司法审判制度研究》，湖南教育出版社，1988，第13页。
④ 《捏奸污蔑致被污之妇自尽秋审免勾改缓准随册声请留养》，载（清）胡燮卿辑《刑部说帖揭要》名例上卷1，东京大学东洋文化研究所藏道光十三年刻本。

实之类,所以定案时未声请留养,案犯秋审入实二次改入缓决之后,被准留养。①

综上,清初一般是司法官吏就个案向皇帝声请存留养亲,逮至乾隆年间,依照案情轻重开始分为个案声请和汇入秋审再议这两种程序。清代存留养亲制度在程序方面呈现出日益规范化的趋势,不过在实体方面依然显示出很强的矜恤宽恕色彩。

三 存留养亲制度的特殊适用对象——军流徒罪人犯

军流徒罪人犯与死罪人犯在存留养亲程序方面,就案件适用范围、告请时机、审转程序等均存在重要差异。

(一) 案件适用范围

从律典来看,死罪人犯的存留养亲规范有常赦不原的案件类型限制,军流徒人犯的存留养亲规范似乎没有案件类型的限制,不过从例文来看,军流徒人犯不准留养的案件类型极为烦琐,大致包括"军流徒犯内,强盗,并有关伦理,及凶徒扰害地方,罪应发遣者"等情重罪行,《清会典事例》和《大清律例》"犯罪存留养亲"条的例文中有详细罗列。吉同钧言,存留养亲制度以"情之轻重"区别是否存留人犯,而不以"罪之大小"来作判断,所以即使是军流遣犯,只要人犯的罪情属于"情重者",就仍可能不准留养。"凡非常赦不原之死罪及遣、流、徒犯,均准其收赎以存留养亲,情法兼备,义之尽、仁之尽也。国朝推广律义,权其轻重,又设有条例,虽斗殴杀人之犯,若系情伤稍轻,俱准留养,而遣、流、徒犯之情重者仍不准其留养,盖不以罪之大小为区别,而以情之轻重为区别,实足补律所未备。"②

(二) 告请时机

康乾时期,凡是外省军流徒罪人犯解送到刑部之后始告请留养者,朝廷规定均不准查办留养事宜。康熙二十六年(1687)题准:"军流人犯发

---

① 《火器致毙小功尊属改入缓决之犯准留养》,载(清)胡燮卿辑《刑部说帖揭要》名例上卷1,东京大学东洋文化研究所藏道光十三年刻本。
② (清)吉同钧:《大清现行刑律讲义》,栗铭徽点校,清华大学出版社,2017,第51页。

遣时，有控告存留养亲者，该督抚严行确查，并取该管官印结，或应具题，或应咨部，具照例准其存留……其人犯咨解到部之后，如有控告年老残疾及无以次成丁者，仍不准行。"① 乾隆五十三年（1788）改定："其在外人犯咨解到部之后始告留养者，不准查办。至定案之初，不遵例取具有无祖父母父母兄弟子孙及年岁若干供者，承审之员照军流等犯未经审出实情例议处。"②

嘉庆时期规定，解送到部、"甫经到配"人犯告称亲老丁单者，也可查办留养事宜。嘉庆六年（1801），"删去第二条内'人犯到部不准告养'数句，于第一条'该督抚查办理'句下增'若在外人犯咨解到部之后始告留养者，取具该犯供，一面解配，一面行查原籍督抚，及人犯甫经到配告称留养者，该配所一面收管，一面行查，如果例应留养，取结报部，将该犯解籍留养，原审官照军流等犯未经审出实情例议处'九十一字"③。

嘉庆二十二年有斗杀拟绞减流人犯李幅兴在配脱逃，巡抚以该犯之母年老，其兄李幅太外出久无音信，遂声请留养。案中官员王宪成指出允许到配数年案犯告请存留有滥用恤刑之嫌：

> 留养乃国家旷典。负罪之人半皆有父母有祖父母之人，其自犯案至发配，月日之久暂可按限而稽，犯亲之是否老疾可以一时为断。是负罪未经到配之人，未必皆可留养之人，尚不虞其冒滥。

> 迨一经到配，非有恩赦，例不得减释，赦典恩出自上，非犯罪者所可希冀，而父母所必至之年，则犯罪之子孙均可屈指知之。若一概查办，此等人犯有到配数年、十数年，而亲始老疾者，亦有到配数月或数日而亲即老疾者，不惟徒滋繁扰，竟使罪犯可预计归期，视戍如传舍，既易启逗留之弊，亦无以戢其顽梗之心，且犯罪至屏之远方，多系不率教之徒，一幸于获赦，再滥于留养，渐至国法不知畏凶恶，无所惩大非辟以止辟之道。

> 是以历来军流等犯到配后，概不得查办……办理留养以未到配之

---

① 光绪《清会典事例》卷733，中华书局，1991，第105页。
② 光绪《清会典事例》卷732，中华书局，1991，第98页。
③ 光绪《清会典事例》卷732，中华书局，1991，第99页。

前为断。①

所以至少从嘉庆年间的例文和司法实践来看，人犯最迟"甫经到配告称留养者"，还可以解籍留养，而且还要惩罚未能及时声请案犯留养的原审官，"原审官照军流等犯未经审出实情例议处"。

人犯服刑若干年月，然后符合亲老丁单要件者，不可留养。林乾言："唐明律都规定，徒流犯罪者，已执行者，不再留养之列。但清代对此有重大突破。即已服刑之徒流发遣犯罪，在服刑期间，如有祖父母、父母老疾、家无成丁者，也可声请终止服刑，回籍侍养。"②林乾所说的清代徒流遣犯在服刑期间也可声请存留养亲之事，该文说明，系引自同治年间给事中王宪成《请饬刑部增改条例疏》，"请嗣后外遣军流徒犯，犯案时非例应留养之人，到配后数年或十余年，该犯之祖父母父母已成老疾、其母系属孀妇守节已二十年，家无以次成丁侍养者，亦照未发配时亲已老疾之例，准该犯之祖父母父母在本籍呈报，由地方官查明，核其情节准留养者，取给报部，行知该犯配所"③。从《清会典事例》来看，迟至嘉庆道光年间，朝廷还曾修改军流徒犯存留养亲规范，同治年间不见修改记录。所以，清代军流徒犯最迟"甫经到配告称留养者"，还可以解籍留养，到配数年的人犯则不准存留养亲。

（三）审转程序

军流徒罪人犯，除"奸盗诱拐行凶及有关伦理、扰害地方者"等严重犯罪照律处断外，地方官可"准律判听"，对符合亲老丁单要件的人犯枷责释放，这是死罪人犯与军流徒罪人犯在存留养亲程序方面的关键差异。

军流徒犯人犯声明亲老丁单者，案件从州县官审转至司道府官，再转详督抚，督抚对符合亲老丁单例的案犯"确察报部"。人犯在外省的，毋

---

① 《军流等犯已经到配及在配脱逃俱不准留养》，载（清）胡燮卿辑《刑部说帖揭要》名例上卷1，东京大学东洋文化研究所藏道光十三年刻本。
② 林乾：《传统中国法的"人道"意涵：以清代"犯罪存留养亲"为中心的考察》，亚欧法律史论坛第二届年会"理念与过程：近代亚洲与欧洲的法律交流"论文，北京，2013，第90页。
③ （清）王宪成：《请饬刑部增改条例疏》，载《笔记小说大观》第41编第7册，台湾新兴书局，1986，第620页。

庸解送至刑部，督抚直接发落，枷责释放，督抚造册按季报部即可。雍正三年（1725）作出规定：

> 凡部内题结军流徒犯及免死流犯，发遣以前，告称祖父母父母老疾，家无以次成丁者……如属外省民人，州县官出结，司道府官转详督抚，督抚确察报部，军流徒犯，照数决杖，余罪收赎，免死流犯，枷号两月，杖一百，具准存留养亲，人犯在外省者不必解部，该督抚照此例发落……其在外人犯，咨解到部之后，告留养者，不准。
>
> 如属大宛二县民人，该县出结，府尹确察报部，如属五城民人，掌印兵马司指挥出结，巡城御史确察报部。①

在清初，为了支持开发边疆，朝廷曾规定某些因属情重而被发配至边疆特定地点的军遣案犯不准留养，如"安插奉天人犯，祖父母父母老疾家无次丁者，不准留养"②。康熙四十四年（1705），案犯金相依照"衙门蠹役索诈十两以上"例安插奉天，虽亲老丁单，未获留养，"定例内，并无安插奉天之犯准其存留养亲之例，应将所请之处无庸议，仍令速行解部发遣"③。

不过，从康熙年间司法实践来看，有时朝廷准许对这类安插特殊地区的亲老丁单人犯"暂停发遣"，以待亲终期年后再予发遣的方式存留案犯。康熙三十三年查西达等行劫，将失主王仲连砍死，皇帝下旨将查西达等安插黑龙江，地方官提出案犯亲老丁单，刑部称"臣部并无议覆准其掣回养亲之例，毋容议"，但是皇帝还是同意暂时留养案犯，"奉旨，查西达之母年老无人侍养，查西达着暂取回，俟其母殁后，仍发往黑龙江当差"④。康熙四十二年王镐私铸为从，拟绞，奉旨免死暂留养亲，"俟伊母故后，仍行发遣"⑤。需要注意的是，清代对安插边疆特殊地方的亲老丁单遣犯"暂

---

① 光绪《清会典事例》卷732，中华书局，1991，第97页。
② 光绪《清会典事例》卷733，中华书局，1991，第104页。
③ 《安插奉天不准留养成案》，载（清）孙纶辑《定例成案合镌》，东京大学东洋文化研究所藏康熙五十八年刻本，第26页。
④ 《安插黑龙江暂留养母成案》，载（清）张光月辑《例案全集》，东京大学东洋文化研究所藏康熙六十一年刻本。
⑤ 《免死暂留养亲遇赦全免》，载（清）洪弘绪、饶翰辑《成案质疑》，东京大学东洋文化研究所藏乾隆二十二年刻本，第26页。

停发遣,俟亲故后仍行发遣"之事并非常法。康熙五十五年有朱物诱拐蒲姐一案,案犯朱物发遣伊兰哈喇,地方官引用康熙三十三年查西达"暂停发遣"之例,声请对朱物暂停发遣,不过刑部指出查西达之事"并未为例",并且说明"发遣伊兰哈喇并无留养之例,应将该抚所题之处无容议,仍令该抚将朱物作速解部发遣"。① "暂停发遣,俟亲故后仍行发遣"的暂缓流配刑罚方式首创于唐律,唐代"存留养亲"条中有:

犯流罪者,权留养亲,(谓非会赦犹流者)不在赦例,课调依旧。若家有进丁及亲终期年者,则从流。计程会赦者,依常例。即至配所应侍,合居作者,亦听亲终期年,然后居作。②

"若家有进丁及亲终期年者,则从流。"为了支持家庭养老,同时实现有罪必罚,唐代规定流犯暂缓发配,待老人去世、丧满期年后再发配。但清代则采取代刑的方式存留军、流、徒罪人犯,地方官吏或经皇帝免死减等的人犯被准存留后,决杖收赎,即可释放归家,"军流徒犯,照数决杖,余罪收赎。免死流犯,枷号两月,杖一百,具准存留养亲"③。因此,"唐、元、明、清律都允许具状上请缓免刑。徒、流罪可缓刑,至父母年终后再执行"④,学者此处所言清代"徒、流罪可缓刑"有误,清代一般情况下,军流徒罪人犯采取的都是代刑方式存留养亲,只在个别例案中出现了"暂缓发遣"。

四 总结

有清一代,存留养亲制度在程序方面愈加规范。

清代存留养亲程序尤重初讯,因为实践中一般能够从案犯初次口供中获悉其真实的家庭状况。对于声明亲老丁单的案犯,其亲邻、本籍乡约、地方、十家长等须提供相关甘结,以证实事实无虚。除了百姓甘结外,知

---

① 《犯罪存留养亲 发遣伊兰哈喇不准留养》,载(清)洪弘绪、饶翰辑《成案质疑》,东京大学东洋文化研究所藏乾隆二十二年刻本,第37页。
② 刘俊文笺解《唐律疏议笺解》卷3《名例》"犯死罪应侍家无期亲成丁"条,中华书局,1996,第269~271页。
③ 光绪《清会典事例》卷732,中华书局,1991,第97页。
④ 张晋藩:《中国法律的传统与近代转型》,法律出版社,2019,第176页。

县、按察司、督抚等地方官亦须出具印结,以保证其确查独子案犯有应侍之亲。

独子存留养亲案件的审转程序与其他案件类似,不过存留养亲制度属于法外之仁,个案经奏请后,对于是否准留养,皇帝就个案随事斟酌,所以实践中有很多与成文律典相抵牾的例案。在"个案正义"与国家宪典不断冲突的情况下,随着司法实践的日益丰富以及秋审制度的不断完善,清代统治者逐渐将存留养亲制度的程序依照案犯情罪轻重分为两种,乾隆年间,主要参照七杀类型分别"个案奏请留养"和"汇入秋审再议留养",嘉庆以后则主要以"秋审应入实、缓、矜"的标准区分。虽然衡量情罪轻重的标准发生了不小变化,但总体而言,存留养亲制度在程序方面开始逐渐规范化。

传统社会家庭暴力中女性救济的法律困境
——性别空间视域下的传统女性

刘格格[*]

摘　要：几千年来以父权制为核心的传统中国社会一直强调男尊女卑、夫尊妻卑的两性伦理观念，尤其是自儒家思想成为官方主流思想以后，男性在公共空间逐渐形成了具体而稳固的公共人格形象，而女性的生存空间逐渐被压缩至家庭这一私密空间内，伴随而来的是女性在公共空间的权利被忽视甚至丧失，这也导致了女性在面对来自家庭内部成员尤其是丈夫的暴力行为时无法向外界求助的法律困境。

关键词：父权制；男尊女卑；空间性别化；家庭暴力

一　引言

家庭暴力（家暴）一直是当代社会一个不容小觑的问题，根据中国裁判文书网从 2010 年到 2021 年这十余年的记录来看，仅家庭暴力所导致的刑事案件的数量就已经达到了 1121 件，遑论家庭暴力所导致的离婚诉讼、治安管理处罚案件以及单位社区调解案件的数量了，即使在《反家庭暴力法》颁布生效后，家暴案件数量仍然居高不下。家暴案件在司法实践中常常表现为：（1）丈夫长期家暴妻子，导致妻子死亡；（2）妻子或者妻子与子女共同对施暴者实施杀伤行为，导致施暴者受伤、死亡的结果等。这类案件背后往往牵涉有如虐待罪、非法拘禁罪、故意伤害罪、过失杀人罪以

---

[*] 刘格格，中国政法大学法学院 2021 级法律史专业硕士研究生。

及故意杀人罪等罪名。家庭暴力的恶劣后果不仅在于亲情与家庭和睦关系的破坏，更糟糕的是个人权利（包括公民的人格权、身体自由权、身体健康权以及生命权）的被侵害与被剥夺。因此，家庭暴力的危害性极大。这一现象与我国传统社会的家庭暴力可谓一脉相传，又与传统社会的两性观、家庭教育观以及儒家思想的渗透不无关系。因此，探究传统社会家庭暴力中女性的生存困境，对于控制、消灭现代社会家庭暴力的产生、危害扩大化等具有重要的现实意义。

二 传统社会被家暴女性议题的理论基石

常言道"清官难断家务事"，古往今来，在面对发生于亲属之间的纠纷，尤其是夫妻间非涉生死的纠葛时，人们的一贯态度即是如此，认为这属于旁人不得插手的家务事，或所谓"家丑不可外扬"。这也反映了建构于父系伦常下的传统社会对女性权利的漠视。那么我们不禁思考：为什么在女性面临如此艰难、暴虐的生存处境时，社会大众仍然选择视而不见？公权力仍然选择消极观望？或许我们可以尝试从同样产生于父权家长制下的"公私二分法"及与其息息相关的女性主义地理学的视野出发，结合具体案例来分析相似前提语境下的中国传统社会女性的无助。

公私二分的理论首先来源于亚里士多德，他在《政治学》中将人类生活分为公共领域与私人领域这两部分，认为政治社会的发展源于私人领域的"家庭"，家庭通过"自然的本能"形成，其首要目的是满足生理需要，由妻子占据主导地位，但妻子又受丈夫的统治。他认为丈夫在家务管理上具有三种要素——对奴隶的统治权、对子女的统治权与对妻子的统治权，这三种统治权只在统治方式上有所不同。亚里士多德通过阐释丈夫对妻子、女奴的统治权而将女性排除在公共领域之外，被置于私人领域的女性貌似只剩下生育者与照顾者的角色，长期隐没在家庭的私人领域，这一惯例延续至今。[1]

反观古代中国的社会结构，我们发现中西方在此方面具有惊人的相似性：社会被划分为公共空间与私密空间，通常男性与"政治、经济及

---

[1] 郭夏娟：《为正义而辩——女性主义与罗尔斯》，人民出版社，2004，第153~154页。

社会"① 等公共空间相联系，而女性被限定在"屋舍、宅院、深闺"② 等私密空间，从而形成了"男性/公共领域"与"女性/家庭内部"的二元社会空间结构。③ 社会空间从而具有了性别特征，"与之相对应，空间的性别功能也不同，女性主要负责照顾家庭和孩子，男性主要负责工作和经济来源"④。这种观念形成于以父权为核心的宗法制度，并不断辅助宗法社会中男性统治地位的形成。基于古代中国父权家长制的宗法特色，两性的社会分工与角色逐渐固定，男性的空间霸权地位逐渐稳固，女性在公共空间也逐渐被忽视。女性自由与权利的讨论空间也被限缩在了私密空间内，公共空间逐渐将女性议题排除于外。随之而来的是女性在公共空间中常常作为男性的附属甚至是财产被讨论，而不再具有独立的公共人格概念，甚至在仅有的数条保护女性正当权益的法律条款中，女性被保护的出发点仍旧是维护父权秩序，比如《唐律疏议》第410条关于通奸以及强奸行为的规定："诸奸者，徒一年半；有夫者，徒两年……强者，各加一等。折伤者，各加斗折伤罪一等。"⑤ 对于男女通奸的，如果女子没有丈夫，判处双方各"徒一年半"的刑罚；若有丈夫，则"徒两年"。可以明显看出，法律对"夫权"利益的保护倾向，甚至无夫奸行为被法律规制的背后仍旧暗藏着夫权对女性贞洁的束缚。但对极大伤害女性自身利益的强奸行为，该条则仅用短短两句话在最后草草收尾。

三 传统社会家暴中的女性困境及其形成原因

（一）妇女被夫勒死案

1. 案情经过

该案发生于乾隆四十四年（1779）的山东宁海州，经审讯，案犯金玉与死者姜氏系夫妻关系，姜氏因貌丑，常被金玉殴责斥骂，乾隆四十四年

---

① 涂文娟：《公共与私人：泾渭分明还是辩证融合——汉娜·阿伦特的公/私二分法》，《哲学动态》2010年第4期，第61页。
② 刘双琴：《空间场域与女性文学主题的形成——以宋元女性文学为例》，《中华女子学院学报》2019年第1期，第85页。
③ 王敏、谢漪、黄海燕：《公共还是私密空间？基于女性主义地理学的潮汕钩花案例分析》，《世界地理研究》2018年第5期，第117页。
④ 王欢：《空间的性别建构与解构》，《中华女子学院学报》2018年第4期，第120页。
⑤ 钱大群：《唐律疏义新注》，南京师范大学出版社，2007，第863页。

五月某日，金玉前往田中劳作，中午姜氏因送饭稍迟便被金玉斥责，后又被其指使回家取镰割麦，但因为邻居来借东西耽搁了，金玉回到家中看到姜氏正与邻居谈笑，疑心突起便对邻居大打出手，姜氏害怕被打，就赶紧逃走并藏到亲友家。金玉将岳父请至家中迫使姜氏回家，姜氏回到家后不但没有得到父亲的关心，反而被其训斥。待姜父离去后，姜氏果然被金玉殴打，在姜氏试图反抗逃走的过程中，金玉怒起杀心，用皮绳做成活套将其勒死后，甚至将尸体扔到邻居田里希图诈得一副棺木。[1]

2. 案件分析

该案中，姜氏并无甚过错，仅因貌丑不得丈夫欢心就长期遭到虐待，又因丈夫的疑心而被责难殴打致死，甚至死后尸体还被丈夫利用向他人诈取棺木。但在此期间她不仅没有得到娘家的关心与支持，甚至在她为躲避虐打藏到亲友家中时，她的父亲还充当了引诱其回家并最终致其被打死的帮凶，姜氏处于孤立无援的困境，无法自救也无法获救，最终惨死。殴妻致死或杀妻案件在清代司法档案中不可枚举，仅在郑秦、赵雄老师主编的《清代"服制"命案——刑科题本档案选编》一书中所列举的各类服制命案中，此类案件数量就多达147件，占该书择选案件数量的四分之一以上，据此可见古代女性在面对家庭暴力时的困境：她们无法自救，亦难以获得来自外界的帮助。当我们尝试从公私二分的空间理论与女性主义地理学的视角出发来审视我们的传统社会时，不难发现这一现象与衍生于父权宗法制中的男尊女卑思想的具象化呈现即社会空间的性别建构密切相关。总体而言，这种空间的性别建构与强化使得男性逐渐占据公共空间的主导地位，女性则绝大多数被囿于所谓深闺后院，整日忙于操持家务，久而久之整个女性群体丧失了在公共空间的人格与话语权。

3. 被家暴的姜氏之救济困境形成原因——传统女性缺乏劳动自由与经济独立

由于传统社会中女性公共空间形象人格的建构落空，其在面对来自家庭内部成员尤其是丈夫的暴力虐待时，往往难以获得来自公共空间的救济（包括他人、社会舆论以及法律等的救济），而这一公共空间失语的困境又

---

[1] 郑秦、赵雄主编《清代"服制"命案——刑科题本档案选编》，中国政法大学出版社，1999，第229~230页。

可解构出经济、社会以及法律规制等不同因素。

在传统父权社会里,女性处于一种不完全人格的状态,自出生之日起便只能成为男性的附庸,为了保持她的贞洁柔顺,尤其在富裕阶层,女子从小便被养在深闺,减少乃至隔绝与外界的往来接触,甚至在中国古代社会的很长一段时期(大约北宋中后期至清末),绝大部分女子(女奴、农妇除外)被要求缠足,也即俗称的"裹小脚",这绝非单纯的审美习俗,更为显著的作用是限制女性的行动自由与劳动谋生的条件,甚至断绝女性脱离家庭的可能。就这样,女性早早被排除在社会公共空间之外,被排除在经济事务与公共事务之外,① 女性的生活空间被限制在家庭之内,她们被灌输的教育就是:女子的职责就是服从于父亲、丈夫,服务于家庭。多琳·马西在《空间、地方与性别》一书中描述:"男性生活和女性生活被完全割裂开来:男性挣钱养家,女人做家务……女人则被男人的职业场所驱离,更糟糕的是,她们也被当地主要的政治和社会生活排斥在外……除了在田间劳作,妇女几乎没有什么机会可以挣钱。"② 这与我国传统社会几乎有异曲同工之妙,女性不被允许随意抛头露面,正如上述案件中的姜氏,她仅是在家门口与男性邻居交谈了几句就面临丈夫的殴责。在公共空间谋生则更是男性特有的权利,即便有部分女性能够进行某些特定的经济活动,但由于传统社会的父权家长制结构,家庭财产属于家中男性尊长,女性也无经济自由可言。因而女性的社会职能似乎只有料理家务、看顾孩子、孝顺奉养老人,她的职能范围被限缩至家庭空间内,其余事务则几乎与她无关。

没有经济生活、没有社会公共事务的人,很难获得在公共领域的尊重与重视。早在一百年前的民国时期,陈望道先生在《妇女评论》创刊宣言中就一针见血地提出:"我们认(为)现(在)社会的一切问题有一个总归结;这总归结就是'胃的问题',就是'食的问题',就是'经济问题'。这'经济问题'四字的意义就是人人有劳动权,人人有生存权。……女子便没有了经济独立,象马牛一般,仰人鼻息。因为女子的劳动权和生存权被夺去,是在数千年以前的,所以眼光囿于现代的人们每每要说'中

---

① 赵刘洋:《妇女、家庭与法律实践:清代以来的法律社会史》,广西师范大学出版社,2021,第135页。
② 〔英〕多琳·马西:《空间、地方与性别》,毛彩凤等译,首都师范大学出版社,2018,第249~259页。

国女子不感经济独立之必要'和'中国家庭是共产制'等等荒谬绝伦的话，这正如从前美国女子参政党要求参政权时，反对党男人在议院中宣言'要问问太太小姐们都愿意不愿意'，一样的可笑。"① 要知道陈望道先生的这一论说是在一百多年前，但如今妇女经济不独立的状况却仍未彻底改变。不仅本文的几则案例中女性几乎没有独立的经济来源，纵观古代中国几千年历史，女性进入职场谋生的场景寥寥无几，即便有些专门需要女性的场所，她们挣的钱大概率也会为家中的父亲或丈夫所有，除了一份微薄的嫁妆之外，几乎再无其他财产，因此更勿论女性经济自由与独立之言了。

那么，试想，一个没有独立人格、没有劳动自由、没有经济来源支撑的女性，当她在家庭内遭遇暴力时，最先思考的绝不是反抗、不是呼救，而更可能是下意识地顺从与忍耐。正如本文前述案例中的姜氏，她在结婚之后便一直处在丈夫的苛待之中，却一味地选择沉默与忍耐，甚至唯一一次出逃躲避也被丈夫与娘家父亲逼迫回家。因此，身处于这样一种社会背景中的女子，连反抗与自我保护的意识与自由都难有，又怎能奢求她们寻求外界的帮助呢？因此，久而久之，这种"打老婆"的行为便成为家常便饭般约定俗成的惯例，而家暴行为也逐渐披上了合乎情理的外衣。

（二）夫殴死妻狡供不认两遭蒸检案②与被夫屡次殴逼卖奸将夫殴死案③

1. 案情经过

在第一则案件中，根据刑讯记录，案犯丁锡绶平日每逢醉酒便殴打其妻张氏，此次更是直接将张氏殴伤致死，事后丁拒不承认，后经官府两次蒸检尸身方查明真相。该案中，虽然丁锡绶拒不承认且其行为情节恶劣，但最终只被判处杖七十、徒一年半的刑罚。而在第二则案件中，死者罗小么因家中贫苦便逼迫其妻王阿菊卖奸，一开始王阿菊不从，罗小么就对其时常打骂，后王阿菊不得已允从与一安姓男子宿奸，但该男子奸后不给钱财，罗小么便又逼令其妻卖奸，王阿菊这次坚决不从，在与丈夫的争吵中为了反抗丈夫的殴打，在混乱中不小心将其夫罗小么杀死，最终王阿菊被判处斩立决。

---

① 《陈望道文集》第1卷，上海人民出版社，1979，第72~73页。
② （清）祝庆祺等编《刑案汇览三编》（二），北京古籍出版社，2004，第1464~1465页。
③ （清）祝庆祺等编《刑案汇览三编》（二），北京古籍出版社，2004，第1466~1467页。

2. 案件分析

这两则案例记录在清人祝庆祺等编纂的《刑案汇览》中，通过观察这两则案例，我们可以很清楚地看到传统中国的法律是如何倾斜于对夫的权益保护的。对比二者：长期施暴的丈夫在又一次的暴力殴打中将妻子张氏殴打重伤致死，被判处"杖七十，徒一年半"，这种惩罚显然过轻；而被丈夫逼奸不从奋起反抗时误杀丈夫的妻子却被判处"斩立决"，所谓缘由不过是"惟死系伊夫，名分攸关"。从中可见法律维护父权社会的男女尊卑伦常的意旨。

3. 家暴中的女性困境背后——性别化的空间之下的不平等法律规制与法律思维

基于空间性别化的视野观察传统中国关于夫妻相犯的法律规制，我们会很容易发现，女性在家庭暴力中无论是作为施暴者还是受害者，都被设置了苛刻的法律标准，因此女性很难获得公共救济。《大清律例》规定："其夫殴妻，非折伤，勿论；至折伤以上，减凡人二等。（须妻自告乃坐。）"① 也即丈夫殴打妻子只有致折伤以上的程度，才属于法律认定的违法行为，依照普通人之间殴伤情节减二等处罚，且司法的介入须以妻子的亲告为前提。而如果是殴打妾室的话，则要在妻子的程度上减二等处罚。也即如果丈夫殴打妻妾并不能达到很严重的程度（折伤以下），那么这种行为就不属于违法，甚至"即使女性被暴打至重伤，但基于这种亲告的前提条件，假如妻妾不愿、不敢或不能提出告诉，那么家庭中的许多暴力行为恐怕都无法揭露"②。另外，我们还可以看到，律典中甚至有"过失杀勿论"的条款，这意味着某种程度上丈夫可以随心所欲地"教训"甚至是"错手杀死"自己的妻妾而不被司法机关追究相关行为的责任。而妻殴夫的话，"（但殴即坐）……致折伤以上，……加凡斗伤三等；致笃疾者，绞（决）；死者，斩（决）；故杀者，凌迟处死"③。妇女如果对丈夫实施了"殴"的行为便可能被处罚，甚至不加任何区分地，妇女的行为只要导致丈夫的死亡，其便一律被处斩决。两相对比，孰轻孰重一目了然。因此，被家暴女性不仅很难通过适用该条使丈夫受到惩罚，更有可能被反咬一口。

---

① （清）沈之奇：《大清律辑注》，怀效锋、李俊点校，法律出版社，2000，第755页。
② 李贞德：《公主之死：你所不知道的中国法律史》，台湾三民书局股份有限公司，2018，第153页。
③ （清）沈之奇：《大清律辑注》，怀效锋、李俊点校，法律出版社，2000，第754~755页。

假设案情满足了所有能使丈夫入罪的条件，女性想要通过诉讼摆脱暴虐的丈夫也极其困难。《唐律疏议·斗讼》规定："诸告期亲尊长、外祖父母、夫、夫之祖父母，虽得实，徒二年……"① 后世各朝亦有此规定。妻子状告丈夫的代价几乎与丈夫杀死妻子的刑罚相当，这是一种极其不公平的设置，也是公权力不愿意过多介入私领域的一种体现。而只有当出现妇女被丈夫杀死这种程度的恶果时，官府才会主动介入，妻妾被殴至重伤因而将丈夫告上公堂或者官府主动介入救助被家暴女性的例子却几无所载。假设有女子有反抗暴力行为的意识，但当她得知其脱离苦海的代价是重新进入另一苦海时，她是否还有勇气选择通过诉讼控告丈夫的暴力行为？恐怕多数女子不愿也不敢控告自己的丈夫，因此，许多家庭暴力事件便无法揭露，被施加暴力的女性也无法得到救赎，长此以往，女性的司法救济之路便被阻断了。

基于性别空间理论，当女性的权利被侵犯甚至被剥夺时，人们基于潜意识的既有观念，就将其权益的保护排除于公共空间之外，而公权力的消极不介入态度则同时催化且加速了空间的性别分化与固定，女性的社会功能逐渐缩小，私密空间即家庭内的角色（女儿、妻子、母亲）功能逐渐放大。故而，在其权益受到侵害时，被禁锢于私密空间的女性希望通过公共空间的各种途径进行求助的结果就是：继续被忽视。民国时期《京话日报》上的一则群众来信便能佐证，1914年的北京街头，一名少妇被两人捆绑拖拽当街殴打（据了解此二人为少妇夫家人），该少妇向街上巡警求救却遭视而不见，街对面就是步营官厅，路人争相拥集围观却并没有人为她报官。② 在这一真实场景中，无论是一般群众还是执法者都没有帮助甚至关心这一可怜的被家暴女子本身，而仅仅将之当作街边逸事讨论，要知道这是在法律规范层面已经有了进步的民国时期，可见传统的法律思维与社会观念仍然停留在帝制时代。

（三）妇女不堪殴打背夫私逃案

1. 案情经过

民国时期汪庆祺整理汇编的《各省审判厅判牍》中收录了保定地方审

---

① 钱大群：《唐律疏义新注》，南京师范大学出版社，2007，第753页。
② 姜亚沙、经莉、陈湛绮：《京话日报》（七），全国图书馆文献缩微复制中心，2005，第174页。

判厅审理的两则极为相似的案件,其中一则发生于宣统二年(1910)十二月间。当地某县的刘吴氏因前夫病故,再嫁与邻县的刘瑞为妻,并随刘瑞在保定居住。初始二人相处和睦,后因屡次反目,刘瑞对刘吴氏动辄殴打辱骂。宣统二年十二月初十日,刘吴氏趁着丈夫刘瑞回乡省亲的机会,偷偷离家逃跑,借住于旧友家中,并向旧识谎称自己是被丈夫休弃的,后又以此为由转托媒人为自己说媒,改嫁与该县的王廷俊为妻。在此期间,其前夫刘瑞回到家看到刘吴氏不在,就四处探寻,查清刘吴氏所在之处后,就将消息报给了当地巡警,最终由巡警出面将刘吴氏遣送回前夫之家。即使判牍未记载相关细节,但也不难想象,背夫私逃且又改嫁他人的刘吴氏回到刘家后,面临的是怎样的对待:言语羞辱、虐待或者毒打一顿是决计免不了的。因此,刘吴氏于同月二十日又私自逃回后夫家中。前夫刘瑞报地方巡警将刘吴氏与后夫二人解送至地方检察厅起诉。该案最终判决刘吴氏的行为符合法律规定的"背夫私逃"条中改嫁他人的情节加重条款,按例拟徒三年,又准用妇女照例以银两赎罪的规定,由其前夫将人领回家中,令与后夫离异;而其后夫被判"知情娶者,徒三年"的刑罚。[①] 另一则相似案件,发生于宣统三年,案情大同小异,仍旧是被丈夫殴打辱骂的妻子不堪虐待而私自逃离夫家未果,被丈夫报至巡警处,由巡警送至地方检察厅起诉判刑。有意思的是,在关于这两则案例的判牍中,对于判决理由的具体描述,都明确提及私逃妇女是因不堪丈夫的暴力对待而离家,但均以丈夫没有离婚之意愿为由而判令女子跟随前夫返回夫家。可想而知,私逃后被强制返回夫家的妇女所面临的会是怎样的结局:轻则被拘禁起来毒打一顿,重则可能会被怒极难当的丈夫虐杀至死。

2. 案件分析

上述这两则案件都是由同一审判厅受理审判的,且审判结果几乎一模一样。仅根据相关判词来看已婚妇女背夫逃亡行为,我们可以清楚地认识到,即使查明妇女是因不堪丈夫的暴力行为而不得已为之,法律仍然倾向于保护丈夫的权益,只要妇女破坏了稳定的婚姻秩序,且丈夫又希望维持这种对女性极为不利的秩序,那么法律就会判断该女子的行为违法,并对其作出相应的惩罚性处置,向该女子发出返回原夫家之判令,而不考虑也

[①] 汪庆祺编《各省审判厅判牍》,李启成点校,北京大学出版社,2007,第60~71页。

不介入女性被家暴的场景。此处，从所援引的律条来看，明清时期对发生在家庭内部的施加于女性之身的家庭暴力或者没有涉及严重恶果的家庭暴力，在立法以及司法层面是没有考虑到相应的公力救济的，甚至这些判例体现出一种极具导向性的社会观念：女性在受到来自丈夫的暴力伤害时，本身在一定程度内是不被允许脱离夫家的，甚至她的自救行为也不得获取社会的一般性救助，比如上述案件知情窝藏者即被科以同罪。

3. 被家暴女性背夫逃亡背后苛刻的婚姻制度

传统社会的家庭暴力中，女性既无法以私逃的方法摆脱家暴，又无法以起诉的方式得到救济，因为当女性的受害程度达不到公诉程度时，也即没有被暴力伤害致死时，她们基本上是没有办法通过官方途径来约束丈夫对自己的伤害行为的。如此看来，被家暴女性获得解脱的途径似乎只有离婚一条。

《唐律疏议·户婚》规定："诸妻无七出及义绝之状，而出之者，徒一年半；虽犯七出，有三不去，而出之者，杖一百。追还合。若犯恶疾及奸者，不用此律。"[①] "诸犯义绝者离之，违者，徒一年。若夫妻不相安谐而和离者，不坐。"[②] 历朝历代关于离婚制度的规定大体相似。根据相关规定可知，古代的离婚制度包括三部分。第一部分是男子休弃妻子的"七出"之条，包括不事舅姑、无子、淫、妒、口舌、有恶疾、窃盗。其本质仍是以男子的离婚主导性为基准，来维护以父权为核心的宗法伦理秩序，只不过在形式上为男人抛弃妻子确立了合理性与合法性。如《后汉书·冯衍传》中记载，冯衍的妻子任氏因"悍忌，不得畜媵妾"而落得"老竟逐之"[③] 的凄惨下场，仅仅因为不让丈夫纳妾，就被冠以"悍忌"也即七出之"妒"名而被休弃。可见，七出之条完全是为男性所设计的自由选择配偶的程序。第二部分为义绝，是一种强制离婚规定，具体情形包括以下几种："殴妻之祖父母、父母及杀妻外祖父母、伯叔父母、兄弟、姑、姊妹，若夫妻祖父母、父母、外祖父母、伯叔父母、兄弟、姑、姊妹自相杀，及殴詈夫之祖父母、父母，杀伤夫之外祖父母、伯叔父母、兄弟、姑、姊妹，及与夫

[①] 钱大群：《唐律疏义新注》，南京师范大学出版社，2007，第453、455页。
[②] 钱大群：《唐律疏义新注》，南京师范大学出版社，2007，第453、455页。
[③] （南朝宋）范晔：《后汉书·冯衍传》，李贤注，台湾商务印书馆，2010，第447页。

之缌麻以上亲若妻母奸,及欲害夫者。"① 据此,被家暴女性很难有机会以与丈夫离婚的方式来摆脱家庭暴力。第三部分为和离——"夫妻不相安谐而和离者,不坐",也即必须男女双方达成一致方能和离,所以和离必须取得男方的同意才能生效。被家暴女性即使选择承受"徒二年"的代价将丈夫告上公堂以求离异,最终仍然是丈夫的意愿起决定性作用,所谓"其夫殴妻……至折伤以上,减凡人二等……先行审问,夫妇如愿离异者,断罪离异;不愿离异者,验(折伤应坐之)罪收赎"②。由此,我们便也不难理解判牍收录的这两则背夫逃案中被家暴女性为何无法以和离的结果摆脱施暴的丈夫了。

事实上,无论古今,男性总是在婚姻关系中拥有更多的主导权,除非自己厌弃妻子想要另娶他人,否则他很难会被动接受离婚。综上所述,女性想要依靠离婚这条路来摆脱家庭暴力的丈夫,机会极其渺茫,似乎也并不现实。

四 当代启示与价值思考

(一) 古今家庭暴力行为动机因袭性

在男尊女卑的父权社会中,女性自出生之日起便被束缚于三从四德、男尊女卑、以夫为天的囚笼里。长期的思想传播、灌输与渗透,历朝律法对伦常秩序的维护,以及空间性别化的建构所形成的男性公共空间的霸权地位,都导致女性在面对家庭内部的暴力行为时很难获得正常的救济:一方面,尊卑伦常思想的压迫束缚,导致绝大部分被家暴女性不知反抗;另一方面,在以父权制为中心、以家族伦理为法的基本点的封建社会中,③ 女性被圈禁在私密空间中,无法得到公共空间内法律的正常对待,法律对男性家暴行为的违法性认定标准过高与惩罚程度过低的不平衡性等,导致即便女性运用类似于"夫殴妻"条来主张权利,也很难准确界定其丈夫的暴力行为是否达到入罪标准,若确定行为足以入罪,以"徒二年"的代价换取法律对家暴者过于轻微的惩罚结果又犹如隔靴搔痒、扬汤

---

① 钱大群:《唐律疏义新注》,南京师范大学出版社,2007,第453页。
② (清)沈之奇:《大清律辑注》,怀效锋、李俊点校,法律出版社,2000,第755页。
③ 俞荣根:《儒家法思想通论》,商务印书馆,2018,第166页。

止沸。因此，她们的反抗压迫与救赎意识可以说自出生之日起便被压制、分化甚至是消解了。故而，敢于拒绝家庭暴力，敢于反抗被压迫、被奴役命运的女子可谓少之又少。在历史长河中，即使是在武则天当政的时代，我们也很难找到许多女性反抗暴力的案例。如宋代女词人李清照那种不畏律法强权，敢于公堂之上控诉丈夫家暴行径的女子有几许呢？如前文所述保定地方审判厅审理的两则案件中敢于反抗命运、背夫逃亡的女子又有几许呢？寥寥无几！更为普遍的情形是在不间断的家庭暴力中忍耐终老，或是如姜氏一般被丈夫殴死的结局方能停止家庭暴力。

反观当下的社会，家暴现象仍然频出不穷，几乎每过一段时间都会出现一些影响或大或小的家暴事件，进而引发在社交媒体上激烈的讨论狂潮。而近几年来引起了巨大关注与较高讨论热度的莫过于2020年网红拉姆在直播过程中被前夫泼汽油烧伤致死一案[1]，该案于2022年3月以二审维持一审判决（被告人死刑）的结果落下帷幕。表面上看这可能是一次冲动行凶的结果，但深入挖掘便会发现，这实际是一场十多年之久的家庭暴力的悲剧延续，死者从与被告人结婚开始到第二次离婚期间一直处于不断被家暴的处境中，事实上他们的两次离婚都是被害人难以继续忍受家暴而作出的选择。拉姆的亲友反映，在过去的十余年间，被害人在面对来自前夫的暴力行为时，多数时候选择为了孩子隐忍与迁就，甚至是她的父亲、姐姐与姐夫也都选择沉默或视而不见，但她的委曲求全并未得到施暴者的怜悯，反而是变本加厉，最终产生了这一惨绝人寰的汽油浇身烧伤致死的悲剧。

但拉姆的悲剧并非个例，无论是多年前"疯狂英语"创始人李阳家暴外籍妻子案[2]，还是近期网络热议的网红博主宇芽被前男友家暴事件[3]等，无一不在向我们传递一个讯息：家庭暴力在当代并未消失，甚至在某种程度上愈加猖獗。究其原因，我们不难发现，"男性中心主义"思想仍然占据社会多数人（包括男性家暴者与相当一部分公众）意识观念中的主导地

---

[1] 《遭家暴、被前夫泼油纵火 无法逃离的网红拉姆究竟经历了什么？》，2020年11月20日，央视网，https：//news.cctv.com/2020/11/20/ARTItwloy44MC5PzlR1BQVQG201120.shtml。

[2] 刘洋：《压力下审结"李阳家暴案"——记北京市朝阳区人民法院奥运村法庭副庭长刘黎》，2016年3月18日，中国法院网，https：//www.chinacourt.org/article/detail/2016/03/id/1823866.shtml。

[3] 《宇芽："挣脱"家暴漩涡》，2019年11月30日，央视网，https：//tv.cctv.com/2019/11/30/VIDEfExD0S2kjmYIRv4ReJol191130.shtml。

位：男性更多地与公共空间的话语体系相联系，女性仍被认为应当守在家中"相夫教子"，"男主外、女主内""我负责赚钱养家，你负责貌美如花"一类话语不正是这样一种女性附属化、私人领域化的体现吗！因此，现代社会女性被家暴后，不敢求救、不愿求救以及无法得到公众援助的情形，仍然相当程度地存在于我们的社会中，这似乎也不足为奇了。王立民老师在其《中国当今家暴的传统法律原因》一文中，也认为中国当今的家庭暴力是能够从古代中国传统法律、社会中窥得端倪的。他强调，古代传统法律具有怂恿尊长对卑幼（"妻之于夫，义同于幼"①）实施家暴行为的特点，它导致卑幼成为家暴的牺牲品。这一特点主要体现在尊长对卑幼的家长教令权、法律对尊长伤害卑幼行为惩罚过轻而对卑幼伤害尊长行为惩罚极重的两相对立上。这种法律源远流长，且其强大的规范作用映射到家规、家训、文学作品以及传统民俗谚语中，因此这种传统影响至今，也在一定程度上遗留至今。②

（二）《反家庭暴力法》的实施效果与传统性别空间的解构

我国于 2016 年开始实施《反家庭暴力法》，着力于保障社会弱势群体的权益，降低家庭暴力事件的发生频率，对被暴力对待的妇女儿童施以法律援助。不可否认，该法的施行确有其积极影响：首先，该法明确规定了对施暴者的加害行为分程度给予相应的处置措施，轻则警告教育训诫，严重的对其进行治安管理处罚，触犯刑法构成犯罪的，追究刑事责任，具有一定的震慑与预防作用；其次，对于受害者而言，其中最主要的制度措施"人身安全保护令"的设置使受害者得以暂时摆脱继续被虐待的风险；最后，该法明确规定了公安机关、法院、民政部门、居委会、村委会、社会团体、相关人员单位等各部门机构应当帮助、协助受害人进行报案与起诉、制止加害行为等相关义务。该法从各个层面多个角度作出了规定，以确认家庭暴力中弱势群体的权益保护。

但从数据来看，家庭暴力所导致的恶性案件数量却并没有明显下降，在中国裁判文书网上以案件类型为"刑事案由"，以关键词为"家暴"

---

① 钱大群：《唐律疏义新注》，南京师范大学出版社，2007，第 455 页。
② 王立民：《中国当今家暴的传统法律原因》，《政治与法律》2017 年第 12 期，第 105 页。

"家庭暴力"检索出 2010 年至 2023 年审理的 383 件相关案件，多数为家庭暴力引起的伤害、杀人案，审结案件的数量呈现出不降反涨的总体趋势，[①]我们不禁反思：为什么在《反家庭暴力法》已生效实施数年之久的今天，家暴事件仍然层出不穷？首先，客观来说，这部法律所包含的内容并不完善，相关措施并不易执行。比如，对家庭暴力行为的界定过于笼统模糊，法条中仅规定包括"殴打、捆绑、残害、限制人身自由以及经常性谩骂、恐吓等方式实施的身体、精神等侵害行为"，并没有明确包含比如性暴力等一些比较常见多发的暴力类型。其次，该法对被家暴者的救济路径仍以受害者提起诉讼为主，其中所涉问题如前所述：女性（绝大部分家暴受害者为女性）是否愿意起诉、是否有条件起诉（即使规定了医疗机关、公安机关以及相关单位的协助义务）、起诉后是否能够成功取证或举证都是影响该法实施效果的关键因素。最后，人身安全保护令的设置，难以获得真实有效的执行。而最重要的一点，是人们对家庭暴力的观念并没有随着这部法律的实施而转变，也即出现了群体意识与法律制度不相匹配的尴尬局面，其背后更深刻的则是传统性别空间建构下的结构性暴力的根深蒂固。

家庭暴力的原生动机源于长久的男尊女卑思想的浸润与空间性别化的形成和固化，历经千年岁月形成的观念，并不是通过制定一部法律就能被消灭的。旧观念的破灭需要新观念的形成，破除男女性别上的歧视与不平等需要的是对性别空间进行解构与重塑。因此，在着力实施《反家庭暴力法》的基础上，更应该加大社会主义法治精神文明的建设，打破几千年来宗法伦理社会中父权制影响之下的空间性别结构，破除两性之间的性别空间歧视，让女性走出"家庭、厨房、育儿室"的固化私密空间，也让一些男性放下空间霸权意识，以解构空间的性别固化、培养公民的男女平等观念、构建和谐稳定的家庭关系、提高公民的法律素养，让大众意识到家庭暴力不是"家务事"，更不是合法事！

[①] 详见中国裁判文书网，https://wenshu.court.gov.cn/website/wenshu/181010CARHS5BS3C/index.html?open=reg。

从"亚圣府与生员户籍结讼案"看清代特殊主体的诉讼特点[*]

春 杨 巩 哲[**]

摘 要：清代亚圣府与生员群体围绕户籍问题展开了一场持续多年的诉讼，两造从县域争讼至省域，又有邹县、兖州府正印官、衍圣公、山东巡抚等多个主体参与案件，而其中邹县与衍圣公因利益纠葛形成了两大诉讼集团，后山东巡抚、布政司经多番调查，审阅文牍，最终居中裁决，维持了生员群体的户籍现状。以此案为例，可以看出清代特殊主体的诉讼活动一般具有专门管辖机构、履行特殊的诉讼程序、适用特别的法律制度这三大特点。

关键词：亚圣府；衍圣公；特殊主体；诉讼特点

中国古代传统诉讼分类体系中没有现代意义上根据案件构成要素不同而划分为民事诉讼、刑事诉讼等这样的分类，但是据学者考证，以清代为例，在基层司法实践中，"词讼"与"案件"有较为明确的区分，这种区分是以案件本身的构成要素与性质以及处罚结果为标准的。[①] 实际上，中国古代传统诉讼分类体系除了上述标准外，由于生员、妇女等诉讼主体的不同，形成了区别于普通民人的特殊主体的诉讼类别。

在以往的法律史研究中，对地方司法诉讼的研究多集中于普通民人的钱粮、细故等民事案件和命案等刑事案件以及生员、妇女等特殊主体的诉

---

[*] 本文系中南财经政法大学中央高校基本科研业务费专项资金项目"清代孟府司法权力与特权研究"（202010676）的阶段性研究成果。
[**] 春杨，中南财经政法大学教授；巩哲，天津社会科学院法学研究所助理研究员。
[①] 邓建鹏：《词讼与案件：清代的诉讼分类及其实践》，《法学家》2012 年第 5 期。

讼考察上，对于其他一些特殊主体诉讼的研究较为少见，而散落全国各地的以圣裔群体为主体的诉讼即是其中的一例。

《孔府档案》记录了"亚圣府与生员户籍结讼案"的公文，诉讼双方相互争讼多年，其中的公文来往又涉及巡抚、布政司等多个机构，反映了孟子后裔的家族衙门——亚圣府与地方生员两个特殊诉讼主体之间的诉讼过程，笔者试以此案为分析的对象，探讨清代特殊主体诉讼的主要特点，拓展对中国古代传统诉讼中特殊诉讼主体的司法活动的研究。

一 "窥值编审之时"：县域内的争讼

清开国之初，沿袭明制，对于人丁实行三年一编审，自顺治十三年（1656）起，改为五年一编审。就在康熙五十一年（1712）清圣祖发布"滋生人丁永不加赋"诏的前夕，康熙五十年山东编审统计人丁之际，生员刘来溥等借机向邹县呈告，请求脱离孟庙庙户籍，编入民籍。

自宋代至清代，统治者为了展现崇尚儒学的意志，特地优待圣裔而赐予他们田产、户役等资源以洒扫先圣先贤祠庙，赡养圣贤后裔族人。赐予亚圣府庙户始见于北宋宣和四年（1122），"诏给孟子庙户二十五户，专供洒扫，免其杂役"①，并且"庙户、礼生照旧优免杂差，令其颛事洒扫"②。这些庙户享有免除杂差徭役的待遇。

生员刘来溥在呈文中称："缘前明差赋繁重，有生曾祖大伦一时短见，希图滥免，充入孟府庙户，历祖及父，相延二世。"③其曾祖贪图这种特殊的庙户优待而放弃民籍，进而投充加入孟庙庙户籍，其自以为"久知投充滥免为不宜，漏丁逃差为获罪"④，早在康熙四十五年编审时就曾令其子刘运艾趁州县编审试图加入民籍，但亚圣府认为刘来溥一族为钦拨户人，从而"朱笔打逃"。刘来溥在呈文中强调，钦拨原有定数，世世子孙已达十

---

① 郭齐、李文泽主编《儒藏 史部 孔孟史志10 重纂三迁志》，四川大学出版社，2005，第156页。
② 刘培桂编著《孟子林庙历代石刻集》，齐鲁书社，2005，第280页。
③ 曲阜师范学院历史系编辑《曲阜孔府档案史料选编》第3编第2册，齐鲁书社，1980，第124页。
④ 曲阜师范学院历史系编辑《曲阜孔府档案史料选编》第3编第2册，齐鲁书社，1980，第125页。

丁、百丁、千万丁,难皆认定为庙户。本族如果真是"佃户"则应该有佃地,但其"既未尝佃夫祭田,名又不列于有司",应该属于"朝廷游民",亚圣府实则是"欺君罔上,罪何容逭"。①

同日生员张其纪也参与到诉讼中来,向邹县呈告,称:

> 切照生族原系孟庙佃户,但佃户自有定制。旧例钦拨祭田五十顷,佃户十户,每户佃种祭田五顷,每丁授祭田百亩,以供春秋祭祀之用。所以佃户每户止以五丁为额,上不病国,下不病民,此旧例也。及后人丁蕃衍,即就生一户而论,不下数百余丁。佃种祭田者,固属佃户,未佃种祭田者,即难以充应佃户,又不获编入民册,明系游民,□□孰甚。生忝在学宫,欺君不敢也。恳乞恩准上丁编入民籍,世世焚顶,上呈。②

张其纪虽然在文中承认其佃户的身份,但与刘来溥的说法一致,钦拨佃户自有户数限制,后来人口繁衍,没有祭田可供耕种,不应该认定其为佃户,所以应该编入民籍。

另一方诉讼主体亚圣府则向邹县移文称,钦拨户役有三类,一为"洒扫庙庭",二为"佃种祭田",三为"看守庙宇设也",分别于北宋宣和四年(1122)赐拨庙户二十五户,元至正二十六年(1366)赐拨门子户五户,明景泰六年(1455)"拨佃户十户佃种祭田",明成化六年(1470)又"拨佃户七户,以备看守",而当下纠纷源起于刘来溥因为地亩问题与亚圣府产生嫌隙,遂勾连刘、张、盛三姓家户"窥值编审之时,私投册籍,愿入民丁",但此举会使得孟庙无人洒扫、祭田无人耕种,产生供事无人、祀典有缺的影响,所以亚圣府请邹县官府"查豁案验,彻底清理,无使变乱"。③ 不过亚圣府的移文中只见亚圣府宣称有四朝钦拨庙户,却未见庙户为何姓何名,这一点随即被刘、张、盛等人抓住。

---

① 曲阜师范学院历史系编辑《曲阜孔府档案史料选编》第 3 编第 2 册,齐鲁书社,1980,第 125 页。
② 曲阜师范学院历史系编辑《曲阜孔府档案史料选编》第 3 编第 2 册,齐鲁书社,1980,第 125~126 页。
③ 曲阜师范学院历史系编辑《曲阜孔府档案史料选编》第 3 编第 2 册,齐鲁书社,1980,第 126 页。

面对亚圣府的质疑，生员刘来溥、张其纪、盛朝书等集体呈词辩解道：

> 词称宣和、至正、景泰、成化四朝共钦拨庙丁七十五户，谎云载在家乘。夫钦拨大典，理宜勒石垂志。生等遍查庙碑，止有至正年间钦赐祭田三十余顷，于景泰年间增赐二十顷，共五十顷余。从未见有钦拨庙户名目。生姑勿谓其钦拨有无，而但即伊词云四朝钦拨七十五户，是所赐何户，某户何姓，某姓何名，生等之□□何代钦拨，生等之祖系何名，何不一一书明，而但为糊涂朦混，以希图赖。①

首先，其指出遍查孟庙碑刻，并未找到钦拨庙户的记录，并且亚圣府在移文中未能明确钦拨庙户的姓名。但实际情况并非如此，笔者通过查阅孟庙碑刻，分别有《孟庙额设户计公文》《邹县为恳恩照例优免以杜攀扰事公文》等多通碑文提及庙户及名目。② 其次，其否认本姓与碑刻上庙户的子孙关系，刘来溥始祖自沛邑迁居邹县，非碑刻上庙户刘灏子孙，张其纪则是张温子孙，非碑刻上庙户张信子孙，盛朝书亦非"以投充庙户为荣，故凑银五两附名孟府"的盛泉子孙，其还责难亚圣府是"敢与朝廷争户口，知有君乎，知有宪乎"③，此言一出，如将亚圣府置于炭火之上。

亚圣府回文给邹县，辩称不仅各姓碑志皆可以为凭证，而且刘来溥之父在孟庙四十余年，兄弟又是本户户头，其实为"诬捏假词……一户分为两家，置始祖而不认也，尚得为人类乎"，盛朝书、张其纪亦是如此，"捏词背祖，欲变成例"。④

经过双方在县域内的一番争辩，邹县知县认为虽然祭田系钦拨，是历来崇儒重道的盛典，无人敢更改，但是由于"传世久远，子孙蕃盛，其投充之户，更日益众庶"，生员们竭力辩解自己同钦拨庙户没有关系，是非法充投进入亚圣府的庙户的，如今情愿编入丁册与齐民一体承担差徭，应

---

① 曲阜师范学院历史系编辑《曲阜孔府档案史料选编》第3编第2册，齐鲁书社，1980，第126页。
② 刘培桂编著《孟子林庙历代石刻集》，齐鲁书社，2005，第83、279~280页。
③ 曲阜师范学院历史系编辑《曲阜孔府档案史料选编》第3编第2册，齐鲁书社，1980，第127页。
④ 曲阜师范学院历史系编辑《曲阜孔府档案史料选编》第3编第2册，齐鲁书社，1980，第131页。

当允准，还补充"其余托名冒免之人，似宜遵奉宪行，一体编入民丁，免其脱漏"，希望彻底清理亚圣府庙户中的非法户籍。但事关圣人祀典以及国家编户齐民，知县不能擅自决定，继而上请都院批示。①

从县域内两方主体的争讼内容来看，双方争议的焦点主要在于：其一，对于亚圣府是否有钦拨户役，亚圣府认为钦拨户役载于家志、碑刻，班班可考，而生员们则认为孟庙碑刻没有拨给户役的记录，即便有也没有具体的姓名；其二，生员们自是不认为碑刻上的户役名目与自己有亲缘关系，认为亚圣府不一一列明钦拨户役名目，为的是含混蒙蔽。而从邹县知县的看语中可以看出，对于这两点争议，邹县知县虽认可亚圣府钦拨庙户的历史，似有持中之意，但仍以"无论其钦拨与投充，皆世远难稽"② 为由不详细审查，并请示清理亚圣府其他非法庙户籍，径直要求生员与冒免庙户一同归入民籍，可见知县有偏袒生员的审断倾向。

二 "本县不辨真伪"：省域内衍圣公、布政司参与讼案

为扭转在县域内争讼的颓势，亚圣府申文衍圣公府，请其介入讼案，在申文中系统驳斥了生员群体的说辞，并称生员人等"私相朋谋，首先倡恶"，应当"按律剪恶惩暴，以彰国法"，③ 请求衍圣公或自行裁断，勒令其归庙户，或咨文院司以予严惩。

衍圣公为此咨文山东布政司，称：

> 照得家国一体，家有叛仆，犹国有叛臣，均所不原，况来溥等各户供事孟庙，乃亚圣孟夫子洒扫承种祭田人户，非该博士私役也。若各飏去，事必供事一空。非朝廷重道崇儒意矣。且查刘来溥嫡兄如刘珮者，现为本户户头，其非投充可知。何得乘贵司清查诡挂之会，驾

---

① 曲阜师范学院历史系编辑《曲阜孔府档案史料选编》第 3 编第 2 册，齐鲁书社，1980，第 128 页。
② 曲阜师范学院历史系编辑《曲阜孔府档案史料选编》第 3 编第 2 册，齐鲁书社，1980，第 128 页。
③ 曲阜师范学院历史系编辑《曲阜孔府档案史料选编》第 3 编第 2 册，齐鲁书社，1980，第 132 页。

词以冀幸脱籍乎。①

衍圣公明显认可亚圣府的说法，认为生员们历年以来在孟庙供事，并非私设户役，何况生员亲属仍安分在亚圣府担当职务，更可知并非充投，还强调如果脱去庙户籍，致使供事荒废，则有负清廷重道崇儒的意图，从事实和后果两个角度为亚圣府作了辩解，请求布政司将生员人等仍归于庙户籍。布政司随即将衍圣公的咨文抄发兖州府，要求兖州府确认生员是否应如衍圣公的意见处置，将案件的事实情由确查清晰，并呈报布政司。

就在兖州府随行于邹县查议期间，生员再次呈文邹县，认为亚圣府"屡用移文，必欲掣回，幸天台矢公矢慎，不肯党护，通详上宪"，只不过"伊自知无理，遂央托公府，咨文申行抚宪大老爷"，认为衍圣公的介入恰恰是亚圣府自知理亏而有意改变讼案公平的做法。邹县经过调查将"孟府庙户、佃户已多至两千余丁"的情况上呈兖州府，州县两级正印官都认为生员三户数十人转入民籍无碍于亚圣祀典，但布政司因"查详内止据刘来溥等呈词议复"再次批转兖州府、邹县，要求"查明衍、孟二府咨移情由，再加确议"。②

邹县在后续的呈报中对于生员是否属于钦拨户役的问题，只认为"今世远人湮"难以稽考，却丝毫不考虑亚圣府所说生员亲属仍在庙供事的事实，而对于衍圣公称生员为叛仆叛臣之论，则反驳道，"仆为价买服役之奴，户人乃供му庙祭祀洒扫之用……更投托势要，躲避差谣，谓之叛主可也。今愿入民丁，为朝廷行差，则不可谓之叛"③，对户役的身份属性进行了分析。亚圣府则表示"读之使人惊骇汗下"，认为户役系属朝廷钦拨，并非私役，更何况"率土之滨，莫非王臣"，认为亚圣府户役皆在朝廷版图之内，并非与"天家"争夺户口。④

为此，布政司再一次将衍圣公呈报的亚圣府申文一同札付兖州府、邹

---

① 曲阜师范学院历史系编辑《曲阜孔府档案史料选编》第 3 编第 2 册，齐鲁书社，1980，第 133 页。
② 曲阜师范学院历史系编辑《曲阜孔府档案史料选编》第 3 编第 2 册，齐鲁书社，1980，第 133～135 页。
③ 曲阜师范学院历史系编辑《曲阜孔府档案史料选编》第 3 编第 2 册，齐鲁书社，1980，第 137 页。
④ 曲阜师范学院历史系编辑《曲阜孔府档案史料选编》第 3 编第 2 册，齐鲁书社，1980，第 140 页。

县，要求查议妥详，在文中衍圣公称钦拨户役并未有改为民籍的先例，何况一开脱役之端，则势必会引起户役不足。层层文牍重压之下，案件走向相比于县域内两造争讼的情势发生了深刻变化，邹县正印官不得不用《大清律例》为自己的讼案立场作出辩护：

> 又查律载，里长失于取勘至有脱漏户口者，罪加笞杖，本县提调正官首领官吏知情者与犯人同罪。卑职身在地方，有清查户口之责。既经详明，使日后别有告发，卑职期得免于无过耳。①

从文书内容来看，表面上是邹县正印官尽职尽责，不使户口脱漏，免于律法制裁，实际上也是用律例条文掩饰邹县的审断倾向，只不过衍圣公、布政司对讼案的参与使邹县无法决定讼案的裁决结果，其只能尽可能地申明自己的立场，尽管这个立场并不客观。为了进一步影响案件的审理走向，邹县知县提出"不使一丁入册行差，必咨请部示定为章程，方无后虑"②，兖州府也认同邹县意见，力请由朝廷裁定，以试图定成例。但布政司以编审丁册已经送交户部、难以修改为由，否决了府县咨部裁定的请求，并将全部案卷呈交山东巡抚批饬。

三 "抚宪蒋公祖查明"：结而未终的讼案

虽然衍圣公、布政司的参与扭转了亚圣府在县域内争讼的颓势，但即便是在山东巡抚批示"既系钦拨，自与包揽诡挂者不同"③，布政司以"毋得含混"之语饬令邹县确查之后，生员群体仍然坚持自己属于非法充投，甚至声称"头可断，而庙户必不可当"，邹县则依然坚持"准其增入，以

---

① 曲阜师范学院历史系编辑《曲阜孔府档案史料选编》第3编第2册，齐鲁书社，1980，第141页。
② 曲阜师范学院历史系编辑《曲阜孔府档案史料选编》第3编第2册，齐鲁书社，1980，第141页。
③ 曲阜师范学院历史系编辑《曲阜孔府档案史料选编》第3编第2册，齐鲁书社，1980，第142页。

益户口"①。

布政司前后共四次饬令府县查明,但仍旧不满邹县呈报的结果,布政司只得第五次饬令府县,"确查碑记,加具妥切……毋再游移率转缴"②,这一次邹县的态度发生了明显的变化,虽然邹县仍然强调生员群体是否为钦拨庙户后人的事实问题"世远难稽",仍无确切判断,但其认为"佃户、庙户相沿已久,不便遽为纷更者也",以户役历来已久为由,不再请求使生员归于民籍,选择维持当前现状,并劝谕生员照旧"供役纳银,无复哓哓,致烦宪牍",以平息争端。③

山东巡抚根据邹县的查议结果作出了最后的批语:

> 除批刘来溥等见系庙户,其祖亦系庙户,相沿日久,况庙丁非家丁之比。来溥既列宫墙,再有志进取,乌得而禁之,仍令照旧供役,不必纷更。④

巡抚以维持生员群体的亚圣府户役身份而不将之纳入民籍的裁定了结了此案,并将结果咨文衍圣公府。从康熙五十年(1711)七月到康熙五十二年五月,讼案前后迁延近两年才最终结束,但这并没有彻底消除生员与亚圣府之间的矛盾。二十多年之后的雍正六年(1728),生员盛朝书亲赴山东按察司,再次求脱庙户籍,请入民籍,在这次呈告中更为夸张地将亚圣府描述为霸占邹县一万余丁、岁征银六七百两的恶棍,亚圣府则将抱告原词移文山东按察使司。这一次邹县"将一干原被人等拘唤,当堂逐一秉公研讯"⑤,问得关键信息,认为:

> 试思朝书果非更化子孙,既非钦拨,其祖之名,投充之年,尚且

---

① 曲阜师范学院历史系编辑《曲阜孔府档案史料选编》第3编第2册,齐鲁书社,1980,第143页。
② 曲阜师范学院历史系编辑《曲阜孔府档案史料选编》第3编第2册,齐鲁书社,1980,第144页。
③ 曲阜师范学院历史系编辑《曲阜孔府档案史料选编》第3编第2册,齐鲁书社,1980,第145页。
④ 曲阜师范学院历史系编辑《曲阜孔府档案史料选编》第3编第2册,齐鲁书社,1980,第146页。
⑤ 曲阜师范学院历史系编辑《曲阜孔府档案史料选编》第3编第2册,齐鲁书社,1980,第154页。

不知,宁独知更化非其祖耶。又何以独能记忆为投充非钦拨耶。况朝书供称,与盛朝士未出五服,盛朝士供,更化是老祖,朝书系近支,则朝书尚得谓非更化子孙乎。①

而据邹县知县调查,生员控告的霸丁一万有余、岁征银六七百两也没有真凭实据可证明。这些信息和判断本应在康熙年间就可以通过邹县前任知县的多次讯问获知,却拖至二十多年之后,难怪当时山东布政司批驳邹县的查议属于"含混""游移",邹县地方官府在此案上有所偏袒应属无疑。

四 利益纠葛:诉讼走向的内在逻辑

两造对于该案的起因各说各话,亚圣府认为是"为地亩成嫌"②,生员群体则对自身亚圣府庙户的身份提出质疑,并义正词严地强调,"久知投充滥免为不宜,漏丁逃差为获罪"③,所以力求脱去庙户籍,进入民籍,以充国课。但按常理说,亚圣府庙户享受免除差徭的优待,为何会发生这种脱去庙户籍的反常诉讼,细思之下能够察觉别有隐情。笔者认为有两点。

首先,生员即便并非亚圣府庙户籍,依然可以享受赋税、差徭的各种优待。清初延续明代优免生员丁粮、丁役杂差的政策,《清实录》记载顺治二年(1645)即裁定"户礼二部酌定品官,及举贡生员、杂职吏典,应免丁粮"④,乾隆元年(1736)又发布上谕重申,"一切杂色差徭,则绅衿例应优免……举贡生员等,着概行免派杂差"⑤,所以对于生员群体而言,庙户的优免待遇对于他们并没有多大的利益诱惑,但生员群体如果身份上仍旧是庙户籍还需向亚圣府"合户帮贴工食""岁输二十四两",这反倒成为他们的经济负担。

---

① 曲阜师范学院历史系编辑《曲阜孔府档案史料选编》第3编第2册,齐鲁书社,1980,第158页。
② 曲阜师范学院历史系编辑《曲阜孔府档案史料选编》第3编第2册,齐鲁书社,1980,第126页。
③ 曲阜师范学院历史系编辑《曲阜孔府档案史料选编》第3编第2册,齐鲁书社,1980,第125页。
④ 《大清世祖章皇帝实录》卷18,顺治二年闰六月十三日,中国第一历史档案馆藏本。
⑤ 《大清高宗纯皇帝实录》卷12,乾隆元年二月初四日,中国第一历史档案馆藏本。

其次，生员的身份在地方上属于绅衿，是齐民之秀，有读书人的荣耀身份，生员"免于编氓之役，不受侵于里胥；齿于衣冠，得于礼见官长，而无笞、捶之辱"①。而庙役、户役之类的身份则属于贱役，嘉庆皇帝曾发布上谕申饬，"文武生员，不准充膺官役杂差……岂可承充官役，自取侮辱"，并要求生员要"洁修自爱"，②明令禁止生员充当总甲图差之类的官役杂差，而且亚圣府本府尚且禁止孟氏族人"甘充贱役"③，遑论生员群体了，所以生员力求加入民籍，摆脱这种低贱的不光彩的身份，而山东巡抚在最终裁定中指出"既列宫墙，再有志进取，乌得而禁之"也就不难理解了。

在该案中，诉讼两造自然是相互对立的两方主体，生员群体求脱庙户籍，而亚圣府则力求维持现状，这是合理的诉讼现象，但作为基层裁判机构的邹县官府自始至终并不尽心竭力地查讯，反而在公文的字里行间表现出对生员群体的一方袒护，其丧失了中立的立场，与后来介入讼案的圣贤后裔之首衍圣公明显形成了两大争讼阵营，而居中裁判者从县域提升至省域，变更为山东布政使以及山东巡抚，这也与衍圣公的参与密不可分。

之所以会出现这种情况，主要是由于邹县地方官府在该案之中存在相关利益。亚圣府作为孟子嫡裔八品世袭翰林院五经博士的孟氏氏族衙门，享有诸多政治、经济乃至司法特权。尤其是在赋税徭役上，孔孟后裔所有的土地按其性质分为祭田、"孔孟府例地"与"孔孟氏例地"合称的"例地"，其中祭田不需要上缴赋税，④而例地的赋税则低于普通民人的赋税，⑤除此之外"五经博士宗族、庙丁、礼生惟正赋照依地亩均摊，其一切杂差蠲免"⑥，宗族、庙丁等亚圣府成员的地方杂差徭役一概免除，这使地方民人承担了本应该属于圣裔、庙丁、礼生的杂差，致使民人偏累，负担过重，而觊觎特权之利的普通民人则试图闪差包揽，以冒名充投的方式进入特权体系。

---

① （清）顾炎武：《顾亭林诗文集》卷1，中华书局，1983，第21页。
② 《大清仁宗睿皇帝实录》卷252，嘉庆十六年十二月十八日，中国第一历史档案馆藏本。
③ 郑建芳主编《孟府档案辑录》，中国社会出版社，2013，第59页。
④ 侯杉杉：《明清时期孔府祭田研究》，硕士学位论文，曲阜师范大学，2016，第24页。
⑤ 巩哲：《世袭翰林院五经博士法权研究》，湖北人民出版社，2019，第160页。
⑥ 曲阜师范学院历史系编辑《曲阜孔府档案史料选编》第3编第2册，齐鲁书社，1980，第3~4页。

这些特权就造成了地方与圣裔及其依附群体之间的利益冲突，加剧了邹县基层的社会矛盾，邹县多任知县都曾经试图消解此类特权，如时任邹县知县的张国瑜就曾"四氏例地外有续置民田，力请上宪与民一例行差"①。所以，邹县官府在该案上持有特定立场，暗中利用生员诉讼，力求脱去生员的庙户籍而使其归于民籍，无非是想以此案为先例，解除更多亚圣府庙户的籍贯，以为邹县争取更多的利益。而后任知县能彻查清晰，无非也是前任"抚宪蒋公祖查明"，成案旧例已经无可辩驳转圜。

从制度层面讲，衍圣公作为圣贤后裔群体之首有管辖圣贤后裔司法案件的权力，对于此类案件可以自行审断结案，或者移交地方官府查办；②而从利益层面而言，则形成了以衍圣公为首、各氏圣贤后裔为组成部分的圣贤后裔利益集团，尤其是相比其他圣裔，亚圣府与衍圣公府累世联姻，关系更为特别和密切③。

而且邹县又掌握着衍圣公诸多利益要害。在邹县特权利益上衍圣公府曾这样记载：

> 伏念邹邑为先圣先贤发祥之地，尼山书院在焉，孟夫子专庙在焉，先三世祖书院在焉。所以子孙之居邹邑者，较之他邑为多，供事之在邹邑者，亦较之他邑为多。其地亩之外又有例地，亦较之他邑为多。若邹邑优免稍有更张，将来鼓弄簧舌莫可禁制矣。④

可见，维持邹县的利益现状，避免引起连锁反应进而威胁衍圣公的利益，也是衍圣公积极参与诉讼的重要原因之一。在官居一品的衍圣公的参与下，较低品阶的地方府县衙门自然失去了审结这一案件的裁判权，虽然山东巡抚的官阶低于衍圣公，但其在省内实际的权力地位要高于衍圣公，⑤而且编审、户籍等问题属于地方行政问题，衍圣公无权作出决定，⑥故而司法权力顺势翻转，由山东巡抚居中裁决。

---

① （清）娄一均修，（清）周翼纂《邹县志》卷2，清康熙五十四年刊本。
② 巩哲：《世袭翰林院五经博士法权研究》，湖北人民出版社，2019，第208页。
③ 朱松美：《孔府与孟府关系发微》，《孔子研究》2014年第1期。
④ 曲阜师范学院历史系编辑《曲阜孔府档案史料选编》第3编第2册，齐鲁社，1980，第10页。
⑤ 吴佩林、吴伟伟：《明代孔府档案中的"手本"》，《档案学通讯》2020年第2期。
⑥ 孙经超：《清代衍圣公行政职权研究》，硕士学位论文，曲阜师范大学，2018，第50页。

五 清代特殊主体的诉讼特点

现代法学理论体系尤其是民法理论体系将人塑造为抽象人格，这种人格是实在的、同质的、标准的主体，法律上的形式平等得以在抽象一般的人格层面实现，① 但在中国传统法律制度体系中，身份的不同、等级的差异是确定主体享有权利和承担义务的重要标准之一。特殊主体概念对于现代法学理论而言，既可以代替抽象人格理论，用来思索和分析其难以应对的主体种类越来越多、越来越复杂以及形式上的平等掩盖实质上不平等的情况，② 也可以为研究清代不同类型主体的诉讼活动提供理论框架。

基于类型化的思考，特殊主体在清代司法活动中呈现出以自然属性、社会属性、法律属性的差异为区别标准的不同类型：基于自然属性差异的特殊主体包括妇女、废疾、老幼等，这类特殊主体的差异表现为或性别的不同或人体机能等的差异；基于社会属性差异的特殊主体包括贡监、生员、土人等，这类特殊主体的差异主要表现为社会身份的差异；基于法律属性差异的特殊主体就如本文所涉案件中的亚圣府，这类特殊主体的差异表现为国家典章制度对主体性质界定的差异。虽然对特殊主体进行区别的标准不尽相同，但特殊主体相较于一般主体即普通民人而言，在诉讼活动中具有鲜明的、较为一致的诉讼特点。

其一，清代特殊主体的诉讼一般具有专门的管辖机构。就本文所涉案件而言，衍圣公对自己所统辖的各类官僚机构包括各氏圣裔衙门均具有管辖权，州县衙门并无权管辖，即便是上控于其他衙门，衍圣公也应该参与审断。③ 而对于生员这一特殊主体，除了州县衙门可以管辖以外，儒学衙门亦有诉讼案件的管辖之权，雍正四年（1726）的诉讼正是由邹县儒学衙门将案情移文亚圣府的。《南部档案》中也出现了"知县在处理生员的呈词时，会将部分有关学务的案件送交儒学衙门'查覆'或'传讯'"④ 的情况。同样，西南少数民族地区的土人诉讼有时候则会由土司衙门承担诉

---

① 张莉：《人格权法中的"特殊主体"及其权益的特殊保护》，《清华法学》2013 年第 2 期。
② 卢雍政：《论特殊主体权利的宪法特别保护》，《法律适用》2012 年第 5 期。
③ 巩哲：《世袭翰林院五经博士法权研究》，湖北人民出版社，2019，第 208 页。
④ 吴佩林、白莎莎：《从〈南部档案〉看清代州县的生员诉讼》，《史学集刊》2020 年第 2 期。

讼管辖，清同治年间《来凤县志》上就有"土人有罪，小则知州、长官等治之，大则土司自治。若客户有犯，则会经历，以经历为客官也"①的记载。

其二，清代特殊主体的诉讼一般履行特殊的诉讼程序。本文所涉案件中亚圣府的世袭五经博士并未实际到堂参与诉讼，而是通过两造的文书流转进行书面审断，山东布政司对于公文案牍的把控也是按照程序进行的，最终交由山东巡抚作出裁断，并以文书的方式知会各诉讼参与方，伍跃教授对清末"民告官"诉讼现象进行分析时，亦发现利用文书进行审理的程序特征。②对于生员等特殊群体，在诉讼时一般会有呈状加盖"儒学"戳记、问讯和堂断时的优待、放告之日的率先收状等诸多特别的诉讼程序。③对于以妇女为主体的诉讼，则一般不会轻易受理，对于诉讼呈告牵连妇女的，按《大清律例》的规定则须"另具投词"④。

其三，清代特殊主体的诉讼一般适用特别的法律制度。像亚圣府、衍圣公府这种宗族衙门，其主理者世袭翰林院五经博士、衍圣公具有品阶，是国家官僚体系的一部分，清律对于这类主体特别规定了"职官有犯"的法律制度："凡在京在外大小官员，有犯公私罪名，所司开具事由，实封奏闻请旨，不许擅自勾问。"⑤本文所涉案件中主理亚圣府的世袭翰林院五经博士并未到堂接受审问应该源于该条规定。同时，在雍正年间的诉讼中，县域内的控告则是由世袭翰林院五经博士的叔祖代为抱呈，两造对簿公堂，本人并未参与堂审，并将抱呈原词抄呈山东按察司以作为生员亲赴按察司状告的回应。在清代，特殊主体诸如生员、妇女及老幼、废疾等都须适用抱呈的特殊法律制度，而对于四川地区的生员，还特别规定"生监拘讼立簿申报"的制度，⑥要定期申报唆讼生员名单，以强化对这一群体诉讼活动的控制。

---

① 同治《来凤县志》卷32，清同治五年刊本。
② 〔日〕夫马进编《中国诉讼社会史研究》，范愉、赵晶等译，浙江大学出版社，2019，第383页。
③ 吴佩林、白莎莎：《从〈南部档案〉看清代州县的生员诉讼》，《史学集刊》2020年第2期。
④ 《大清律例》，张荣铮等点校，天津古籍出版社，1993，第518页。
⑤ 胡星桥、邓又天主编《读例存疑点注》，中国人民公安大学出版社，1994，第20页。
⑥ 吴佩林、白莎莎：《从〈南部档案〉看清代州县的生员诉讼》，《史学集刊》2020年第2期。

六　结语

"亚圣府与生员户籍结讼案"由亚圣府、邹县、兖州府、衍圣公、山东布政司、山东巡抚多个主体参与其中，这些主体中有些是普通民人词讼中难以见到的，争讼也一度由县域攻讦至省域，甚至还曾准备交部议定，前后断断续续迁延二十多年才告一段落，这些特征都凸显了这一案例的不同寻常之处。

在此案中，我们看到了一个本应是基层审判机构的官府衙门如何由一个居中裁判者演变为争讼集团的一方，对地方利益的关切使其在与上层官衙的公牍往来中采用模糊、含混的文辞手法，试图转变省域内诉讼裁决的走向。对于亚圣府而言，县域内的诉讼颓势在省域内文书流转的过程中得以扭转，衍圣公的参与是这一趋势的重要推力。虽然从县域到省域参与诉讼的主体逐渐复杂，文牍辞藻的修饰使得难以通晓案件实情，但山东布政司、山东巡抚作为居中裁判者多次饬令调查，并通盘考虑两造的文书内容，发现其中的漏洞，作出了合理的裁定。

通过此案可以看出，特殊主体在清代诉讼制度中具有独特地位，利用特殊的诉讼程序、特殊的管辖机关以及特殊的法律制度，对特殊主体的诉讼活动进行区别于民人诉讼活动的再控制，这种依据主体特殊性进行的制度设计，既有避免特殊主体滥起争讼、利用特殊性谋取利益的考量，也有保护特殊主体权益以及维护身份等级利益的考虑，使特殊主体的诉讼得以在合乎当时社会观念的框架内运作。

清代特殊主体诉讼活动的历史现象，应该引起我们对当今诉讼活动中特殊主体的关注。当下我国对于特殊主体的司法、诉讼活动也建立了如少年法庭之类的特别审理机构，但对于特殊主体的司法、诉讼制度的研究仍显不足，对不同类型特殊主体的保护与控制的制度建设仍有空白之处，应该汲取历史的经验，有针对性地加以完善，最大限度地实现诉讼过程中的实质公平。

清代"虚假诉讼"的治理
——以"徐公谳词"为中心

付宁馨*

摘　要：虚假诉讼是在民事领域以法院为对象的诈骗行为。清代虚假诉讼集中于盗卖田宅，表现为单方型、共谋型和各自诈骗型。识别手段包括字迹鉴定、纸张鉴定、证据规则、常识判断、惯习判断、实地考察等。裁判的价值取向是实质正义重于形式正义，并以息讼的风俗教化为重。清代虚假诉讼对当代虚假诉讼治理的启发有三：常识判断、实地考察和及时纠错。

关键词：虚假诉讼；诈骗；恶意串通

虚假诉讼，又称打假官司、骗法院。当事人利用诉讼权利，采用虚假的手段提起诉讼，使法院作出错误判决、裁定、调解。虚假诉讼是当代中国司法实践的重大难题。虚假诉讼侵害他人合法权益，破坏法院诉讼秩序，损害司法公信力。

中国古代也有大量打假官司、骗法院的案例。明清时期江南地区甚至流传"无谎不成状"的谚语。虽然相关古代案例和现代案例不尽相同，但两者实质上都有扰乱司法秩序、诈骗等共同要素。回顾传统中国治理虚假诉讼的历史，有助于我们理解当下中国虚假诉讼频发和蔓延的情况。本文以清代名士徐士林的断案判决《徐公谳词——清代名吏徐士林判案手记》为材料，对清代虚假诉讼进行案例分析和研究，通过梳理清代虚假诉讼的

---

* 付宁馨，国家法官学院讲师。

定义、类型、虚假手段、识别方法、裁判价值等来重新认识当代虚假诉讼的表现，并为虚假诉讼治理提供理论和经验上的启发。

一 虚假诉讼的定义

将虚假诉讼罪和其他罪名对比，虚假诉讼罪在法理上可以抽象出三个要素：(1) 虚假诉讼行为本质上是一种诈骗行为；(2) 只不过客体特殊，虚假诉讼的欺骗对象是法院；(3) 虚假诉讼只发生于民事领域。

(一) 虚假诉讼是一种诈骗行为

《刑法》第307条之一规定了虚假诉讼罪的定义。虚假诉讼罪是指以捏造的事实提起民事诉讼，妨害司法秩序或者严重侵害他人合法权益的行为。诈骗罪是指以非法占有为目的，通过虚构事实或者隐瞒真相的方式，骗取数额较大的公私财物的行为。

对比虚假诉讼罪和诈骗罪，两者构成要素的交集是行为方式（客观方面），即捏造事实或虚构事实、隐瞒真相。虚假诉讼罪和诈骗罪都有欺骗行为。虚假诉讼罪应当是诈骗罪的特别形式，诈骗罪是一般形式。

(二) 虚假诉讼的欺骗对象是法院

虚假诉讼罪和诈骗罪的不同之处主要在于客体和主体：虚假诉讼罪侵害的法益是司法秩序，诈骗罪侵害的法益是财物所有权；虚假诉讼罪的参与主体有三方——行为人、相对人和法院，诈骗罪的参与主体只有双方当事人。

简言之，虚假诉讼罪的欺骗对象是法院，诈骗罪的欺骗对象是对方当事人。

(三) 虚假诉讼罪发生在民事领域

《刑法》第307条之一规定虚假诉讼罪提起的是民事诉讼，而非刑事诉讼。同样是捏造事实，诬告陷害罪提起的是刑事诉讼。诬告陷害罪是指捏造事实，作虚假告发，意图陷害他人，使他人受刑事追究的行为。根据《刑法》第243条，捏造事实诬告陷害他人，意图使他人受刑事追究，情节严重的,处三年以下有期徒刑、拘役或者管制;造成严重后果的,处三年以上十年以下有期徒刑。

因此,虽然虚假诉讼罪和诬告陷害罪都具有捏造事实、启动司法程序的行为,都侵害了司法秩序,但两者发生领域不同。虚假诉讼罪发生于民事领域,诬告陷害罪发生于刑事领域。

二 清代虚假诉讼

(一)定义

综合前文,清代虚假诉讼是一种发生在民事领域的诈骗犯罪,以法院为欺骗对象。清代虚假诉讼的案例和法律法规集中在户律里的"盗卖田宅""盐法""匿税"等法条下。

"盗卖田宅"是清代虚假诉讼的主要类型。《大清律例》"盗卖田宅"律规定:"凡盗(他人田宅)卖,(将己不堪田宅)换易及冒认(他人田宅作自己者),若虚(写价)钱实(立文)契,典卖及侵占他人田宅者,田一亩、屋一间以下,笞五十,每田五亩、屋三间加一等,罪止杖八十、徒二年。系官(田宅)者,各加二等。""盗卖田宅"主要表现为,一方当事人贪图另一方当事人的土地或房产,通过虚构事实、隐瞒真相、伪造证据(契约)、虚假陈述等手段,向法院主张所有权。例如,代人经管煤窑诱立字据图占案[1]中,张永存为获得煤窑所有权,欺骗李升写下赠与合同,向法院主张煤窑为自己所有,张永存按"盗卖田宅"律第2条"强占官民山场"例定罪;盗卖升科洲地买主知情同罪案[2]中,买主徐宝舟等明知卖家胡觉文盗卖土地,仍然购买,按"盗卖田宅"律定罪;典契改作卖契投税希冀杜绝案[3]中,周廷幅伪造买卖契约,希望获得土地所有权,按"盗卖田宅"律定罪;等等。

在"盐法"里,虚假诉讼是一种"特别法",是一种刑罚加重情节。盐商贩卖私盐违法,被官府传唤后捏造合同,谎称有官方专卖授权,会被

---

[1] (清)祝庆祺等编《刑案汇览三编》(一),北京古籍出版社,2004,第239页。
[2] (清)祝庆祺等编《刑案汇览三编》(一),北京古籍出版社,2004,第240页。
[3] (清)祝庆祺等编《刑案汇览三编》(一),北京古籍出版社,2004,第241页。

法官加重刑罚。例如，楚省岸商收买脚私借官销售案①中，盐商巴怡裕贩卖私盐，假借官方名义，因听闻官府传唤，捏造官方授权文书，"饰词狡赖，情更可恶。现经刑部加等拟军，着于犯事地方加枷号一个月，满日发近边充军，以示惩警"。

在"匿税"里，虚假诉讼也是一种刑罚加重情节。《大清律例》"匿税"律规定："凡客商匿税不纳课程者，笞五十，物货一半入官。"② 如果纳税人谎报纳税数额，伪造纳税凭据，逃避纳税义务，应当加重刑罚。商运木植附载漕船越关匿税案③中，商人黄恒聚为了退税，捏造应纳税数额，向官府呈控，由本来匿税的刑罚笞五十加重为杖八十。

(二) 案件类型

1. 单方型

单方型虚假诉讼最普遍。绝大多数虚假诉讼都是单方诈骗，即一方当事人为争产提起诉讼，捏造证据或作虚假陈述，通过司法判决获得利益。

单方型虚假诉讼的表现方式是伪造证据、虚假陈述以及隐瞒真相。当代《刑法》第307条之一规定，虚假诉讼罪是指以"捏造的事实"提起民事诉讼，妨害司法秩序或者严重侵害他人合法权益的行为。《最高人民法院、最高人民检察院关于办理虚假诉讼刑事案件适用法律若干问题的解释》第1条对"捏造事实"作了具体规定："采取伪造证据、虚假陈述等手段，实施下列行为之一，捏造民事法律关系，虚构民事纠纷，向人民法院提起民事诉讼的，应当认定为刑法第三百零七条之一第一款规定的'以捏造的事实提起民事诉讼'：……。隐瞒债务已经全部清偿的事实，向人民法院提起民事诉讼，要求他人履行债务的，以'以捏造的事实提起民事诉讼'论。"可见单方型虚假诉讼的三种表现方式是伪造证据、虚假陈述、隐瞒真相。

在有关"盗卖田宅"的案例中，买方当事人捏造土地房屋买卖的情节，伪造买卖契约，虚假陈述，向法院提起诉讼，主张转移所有权。反之，卖方当事人可能捏造土地房屋被买方盗买，主张买卖无效，恢复卖方所有权。

---

① （清）祝庆祺等编《刑案汇览三编》（一），北京古籍出版社，2004，第360页。
② 马建石、杨育棠主编《大清律例通考校注》，中国政法大学出版社，1992，第517页。
③ （清）祝庆祺等编《刑案汇览三编》（一），北京古籍出版社，2004，第368页。

2. 共谋型

共谋型虚假诉讼是当代虚假诉讼中多发的类型。由于"恶意串通"是民事虚假诉讼定义的一个要素，所以现行法律中，所有的民事虚假诉讼都是共谋型。

在现行法律中，民事"虚假诉讼"行为和刑事"虚假诉讼罪"定义不同。民事"虚假诉讼"多了恶意串通这一个要素。《最高人民法院关于防范和制裁虚假诉讼的指导意见》第1条给民事上的"虚假诉讼"下了定义。虚假诉讼一般包含以下要素：(1) 以规避法律、法规或国家政策而谋取非法利益为目的；(2) 双方当事人存在恶意串通；(3) 虚构事实；(4) 借用合法的民事程序；(5) 侵害国家利益、社会公共利益或者案外人的合法权益。可见，民事"虚假诉讼"包括三个要素——恶意串通＋伪造证据/隐匿证据/隐藏事实＋虚假陈述，刑事"虚假诉讼罪"只包括两个要素——伪造证据＋虚假陈述。可见，所有的民事虚假诉讼都有恶意串通，刑事虚假诉讼则不必然有串通行为。

在清代也出现过共谋型虚假诉讼。共谋型虚假诉讼难以识别，因为诉讼表象所呈现的两造对抗关系是虚假的，双方当事人通过串通或共谋来转移债权债务。

以龙溪县民吴陶若告陈国等案①为例。雍正十一年（1733）八月，陶若赴县呈控称，雍正八年十二月，吴陶若买吴氏一座房屋，价格五十两银，已交过三十五两一钱，但是房屋被陈国等占据，吴陶若有吴氏卖契和上手买契限字为凭据。吴氏则诉称，雍正八年吴氏买陈侯、陈昂房屋，租给吴陶若居住，吴陶若不交房租，趁吴氏外出期间偷走吴氏和陈侯的契约，并伪造吴氏将房屋卖给自己的契约。

在孙、刘两任县令审讯时，吴陶若和吴氏各执一词。刘县令饬令原来的中介和保人清理房屋，然后根据陈家家长陈唐的禀覆，差人强制吴陶若离开房屋。吴陶若抗拒不遵，再次赴道台呈控。

道台徐士林审查书面案卷，认为双方的主张都是编造的，"两造词控，不啻载鬼一车"。实情是，吴陶若是吴氏的"代理人"，吴氏的官司都由吴

---

① 陈全伦、毕可娟、吕晓东主编《徐公谳词——清代名吏徐士林判案手记》，齐鲁书社，2001，第469~471页。

陶若代为诉讼。吴氏的房屋契约并非被吴陶若偷走，也不是被买走，而是一直由吴陶若保管，吴陶若所持的契约不论是伪造的还是真实的，都表明吴氏被吴陶若控制，对他言听计从。"吴氏老妪，左提右挈，唯陶若是听。"吴陶若谋划借此官司吞占吴氏的房屋。

3. 各自单独诈骗型

双方都作虚假诉讼，但没有共谋。这类案件一般背后另有隐情，需要法官调查和甄别真实情况。

以余份告张起明等案①为例。龙溪县生员余份与流犯张起明控争房屋。此案历经十年，经四任县令审理，都未能勘破细微的隐情，"以致各载鬼车，两不相让者也"。余份控称，张起明租屋霸占，其所执四十七两收批是假。张起明则称，先系租屋，后因余份托中售典，即先交银四十七两，后因银不凑手，余份未立典契，写给亲笔收批。

实情是，双方说辞——霸占房屋和典卖房屋——都是假的。余份假称张起明霸占房屋，实际上，余份欠张起明赌债，把房屋租给张起明，不收房租折抵赌债，不存在张起明霸占房屋的情况；张起明假称余份把房屋典给自己，实际上，张起明想借典卖房屋要回赌债。双方从自身利益出发，各自编造了一套说辞，试图蒙骗法官。

（三）欺骗手段

古代虚假的常规手段是伪造证据（契约），包括模仿字迹、涂改字迹、纸张做旧等。此外，在虚假陈述方面还有一些特别手段。

1. 既编造民事讼因，也编造刑事讼因

以谢润堂占蒸税案②为例。雍正九年（1731），谢润堂曾经恳请族中众人，从族中共有的祀产中拨出一部分资助自己，但遭到族人拒绝。雍正十一年，谢润堂又拿着簿帖，称族中众人已经答允把公田拨给自己。上一年八月，经前任县令丁县令裁断，该田仍划归公田，就此结案。

当年九月廿五，谢润堂再次呈控，这次以刑事案由呈控，称上一年

---

① 陈全伦、毕可娟、吕晓东主编《徐公谳词——清代名吏徐士林判案手记》，齐鲁书社，2001，第495~497页。
② 陈全伦、毕可娟、吕晓东主编《徐公谳词——清代名吏徐士林判案手记》，齐鲁书社，2001，第344~345页。

"六月内被谢荣廷等擒杀重伤",又称"案内行凶杀士,及县验伤单,并谢持章、谢一琳各呈,俱被抽匿"等。可以看出,他在民事控告中没有得到想要的结果后,为了翻案,又提起刑事控告。

法官认为,如果谢润堂上一年六月被打伤,上一年八月审理民事案件时并没有提起刑事指控,现在才提起,显然是"贪饕未厌,希图翻案"。

2. 假冒亲属关系

以李天告叶丑等案[①]为例。李天和叶丑就房屋占有产生纠纷,李天主张,自己先将房屋典给陈和姐,陈和姐又将房屋典给叶丑之父叶省,李天主张赎回房屋,叶丑则主张陈和姐已经将房屋卖给自己父亲,李天不能赎回。李天提交的两份契约文书中,一份的当事人写的是"陈和姐",另一份写的是"陈元勋"。李天称,"元勋"是"和姐"的号,写着"陈和姐"的契约是陈和姐自己写的,写着"陈元勋"的契约是陈和姐的儿子陈贤代笔的,因此两份契约虽然名号不同,但都是陈和姐立下的。不过陈家人主张,陈元勋是陈和姐的父亲,两者不是同一人。

不仅如此,庭审时也出现亲属关系不明的情形。贡生汪洋(李次成)是李天的叔叔,自称李周、李惠是其叔叔,那么李惠就是李天的叔祖。前任县令胡县令庭审时,李天称李惠是自己叔祖,现任县令庭审时,李天又称李惠是自己父亲。法官认为,前后"各口供词禀,颠倒错谬。总因事属假捏,故不觉屡露破绽"。

假冒亲属关系涉及辨别契约真伪。如果"陈元勋"和"陈和姐"是同一个人,那么康熙三十九年(1700)的契约是真实的,李天可以凭此契约主张赎回房屋。如果"陈元勋"和"陈和姐"不是同一个人,那么李天就是用一份写着"陈元勋"的文书假冒"陈和姐"的契约,此契约是虚假的,李天不能凭此契约赎回房屋。

3. 串通第三人

仍以李天告叶丑等案[②]为例,此案存在叶丑串通第三人陈斌的可能性。李天和叶丑所持的契约都真假不明。因此,表面的情况是,陈和姐独自出

[①] 陈全伦、毕可娟、吕晓东主编《徐公谳词——清代名吏徐士林判案手记》,齐鲁书社,2001,第354~357页。

[②] 陈全伦、毕可娟、吕晓东主编《徐公谳词——清代名吏徐士林判案手记》,齐鲁书社,2001,第354~357页。

卖了李天典给自己的房屋，李天凭契约主张赎回房屋。隐藏在表面之下的情况可能是，李天想赎回房屋，叶丑不想让其赎回，因此与陈和姐之子陈斌串通订立房屋买卖契约，伪造了提前的立约时间，使李天无法赎回房屋。案件真真假假，"事难臆断，更当详辨"。

在吴陶若告陈国等案①中，存在吴陶若串通第三人吴氏的可能性。吴氏和吴陶若是族姐弟关系，"吴氏老妪，左提右挈，唯陶若是听"。表面上，吴陶若主张其于雍正八年（1730）十二月买吴氏房屋，有吴氏卖契和上手买契限字为凭，该房屋被陈国等占有。实际情况可能是，吴氏年迈，吴陶若哄骗吴氏签订房屋买卖契约，吴陶若借此契约谋划吞占吴氏的房产。两人串通欺骗法官作出裁判，将房屋转移给吴陶若。

4. 合同诈骗

以郭博告许世征等案②为例。许世征所买的蔡国、郭安、许斌、郭柳各房屋厕池等地，都是郭姓的地，但只有蔡国卖厕池这一个契约写明是在郭瑞的地内，其余契约都没有写明是在郭家的地内。并且，和郭安的契约又写明土地与郭瑞土地毗连。法官讯问卖主，卖主俱称自己不识字，契约是请人代笔写的，所以写得不明确。显然，许世征数年前就故意在契约中不写明土地归属和相邻位置，"欺哄乡愚，暗伏机关"，这样若干年后就可以凭借这些契约吞并郭家所有的土地。

三 虚假诉讼的识别方法

（一）字迹涂改

以郭博告许世征等案③为例，康熙五十三年（1714）的契约，写的是银四两，契约背面添写了乙未年再借银七两。仔细看"七"字，是原来的"乙"字加了一横，改成了"七"字。"不但墨迹不同，而左向右向之形

---

① 陈全伦、毕可娟、吕晓东主编《徐公谳词——清代名吏徐士林判案手记》，齐鲁书社，2001，第469~471页。
② 陈全伦、毕可娟、吕晓东主编《徐公谳词——清代名吏徐士林判案手记》，齐鲁书社，2001，第418~421页。
③ 陈全伦、毕可娟、吕晓东主编《徐公谳词——清代名吏徐士林判案手记》，齐鲁书社，2001，第418~421页。

势,亦判然悬殊",并且,契约内已有的"乙"字也可以佐证,"七"字显然是经添改的"乙"字。

康熙五十九年(1720)郭杞代笔的契约中,前面写的是借银"拾六"两,后面又注明收过银"六"两,一纸契约之内互相矛盾。仔细查看契约后面注明的"收银六两","六"字旁边挖了一孔。再看契约主体部分,三行落脚处三字,明显与契约内其他字大小不同、笔迹不同。中行落脚是"拾六"两的"拾"字,首行落脚是"厝"字,三行落脚是"管"字,而四行起头则已有"管"字。可知,立下契约之时就预留了空脚,过后在空脚处添了一个"拾"字,左右两行,不得不添加两个字来配合"拾"字。后面注明的收银之数,也在旁边添了"拾"字,以符合契内之数。庭审质证的时候,当事人胆怯心虚,害怕添注的"拾"字弄出破绽,又挖去了"拾"字,因此含糊其词,称契内的"拾"字为错写。

(二) 字迹比对

比对书写者的其他笔迹,鉴定契约是否伪写。李天告叶丑等案[①]中,陈和姐与其子陈贤虽然都已亡故,但两人生前既然能书写,他们的字迹一定散见于邻里乡族,可能有买卖交易留存的字据,可以让两造和保邻公亲中证查看一两份字据,比对判断此案中契约字迹是否为陈和姐亲笔所书。

(三) 书法鉴定

中国古代官僚出身于科举,士大夫大多在书法上颇具造诣。法官自身可充当鉴定人,具备鉴定技术。

以林联魁告翁希谦等案[②]为例。法官对照契约笔迹,"虽未尝不极力摹仿,而形体丰神,判然不同"。徐士林还将蔡祗斋的文书契约,林联魁、章广微等人的各状纸,以及翁玉山卖契后添注之字,一并传示给龙溪、南靖二县的县官和漳州府教授,两县官和教授当堂各自仔细查看,都认为覆呈与老契的字迹出自同一人,而契约后添注的字迹与契约内的字迹不符。

---

① 陈全伦、毕可娟、吕晓东主编《徐公谳词——清代名吏徐士林判案手记》,齐鲁书社,2001,第354~357页。
② 陈全伦、毕可娟、吕晓东主编《徐公谳词——清代名吏徐士林判案手记》,齐鲁书社,2001,第363~366页。

上手契约（蔡祗斋卖于翁姓之契），"其通纸字迹，俱与林联魁各词禀字迹相同。而章广微等雍正十一年二月十三日覆词，其字迹与蔡祗斋之契更为神似"。可见，法官通过比对字迹的书法、神韵就能判断是同一人所书还是他人代笔。

在余份告张起明等案①中，法官命令余份当堂写一纸字，和康熙五十八年（1719）的粘卷收批进行比对。"其字迹之间架、笔画、丰神，迥然各别。"法官又查看雍正三年（1725）余份状词的案卷，雍正三年的笔记与当堂之笔迹相同，与康熙五十八年收批之笔迹不同。"从未有一人手笔经五六年而竟如是之绝无形似者。"可见，康熙五十八年的收批绝非余份亲笔所写。

（四）纸张鉴定

福建造纸和印刷事业发达，通过印刷技术可以做旧纸张，将纸张染色可以使纸张产生一定陈旧感。虚假诉讼当事人伪造契约经常把纸张做旧，使伪造的契约看起来像"远年老契"。

在李天告叶丑等案②中，李天所呈顺治己亥年价典陈伟一契，有两个"伟"字，都是洗补另改的，"纸上水痕，斑迹现存，照之亦甚清朗，再将契纸通身翻看，字字墨不透纸，显系将纸做旧书写；又因先写陈某之名，恐计算年份不对，故复洗改'伟'字"。在陈振告郭文燕等案③中，法官审理时检验契约，发现"纸虽做旧，而墨迹甚新，鬼蜮伎俩，一目了然"。

（五）证据规则

在证据审查时，法官会审查口供是否相符。如果口供互异，为验证口供真实性，法官需要质证。在李天告叶丑等案④中，在前期禀词中，据李

---

① 陈全伦、毕可娟、吕晓东主编《徐公谳词——清代名吏徐士林判案手记》，齐鲁书社，2001，第495~497页。
② 陈全伦、毕可娟、吕晓东主编《徐公谳词——清代名吏徐士林判案手记》，齐鲁书社，2001，第354~357页。
③ 陈全伦、毕可娟、吕晓东主编《徐公谳词——清代名吏徐士林判案手记》，齐鲁书社，2001，第385~387页。
④ 陈全伦、毕可娟、吕晓东主编《徐公谳词——清代名吏徐士林判案手记》，齐鲁书社，2001，第354~357页。

次成称,李惠是李天的叔祖,李天也认同。而在之后结讯时,李天又称"李惠是小的父亲名字"。李天前后口供不同。为此,法官召集两造和各保邻词证人等,"遵照檄内指明情节,逐一吊查质对研讯,务得约字、契书各真假实情"。

法官还要审查书面证据是否相符。在郭博告许世征等案①中,许世征先后的供词中,"利粟与欠粟数目,并佃屋出粟人姓名,忽多忽少,忽有忽无,参差舛错,毫无定准"。各个契约所写的内容,有的借银十一两而收租一石二斗,有的借银六两而收租一石四斗,有的借银八两一钱而收租一石八斗,还有借银八两五钱而收租二斗,更有借银五两五钱而收租一石二斗。各契银租数目的计算方式都不相同,并没有每两每冬行利二斗的惯例之说。可见所有契约数字都是凭空杜撰的。假设契约真实,按照租数来计算,一冬共五石八斗,一年共十一石六斗,郭倡即便拖欠租金,何至于欠数反而多于应收之数?积累十二年欠租竟达一百八十石之多。可见,这些契约是伪造的。

法官从族谱的称呼和格式来判断族谱是否被篡改。在陈宾俊告苏梓明等案②中,族谱内"永祖"其人即"中白",中白卒于顺治癸巳,其妻李氏卒于康熙癸丑,如果族谱是中白写的,为什么称其妻李氏曰"妣",称其子媳邓氏亦曰"妣"?死人记载身后之事显然不可能,由此可证实,族谱不是中白写的。更明显的是,一般来说族谱最后一页横竖都有红格,空白处是为了续填世系之地,但马磁丘屋基被突兀地写入最后一页,不符合族谱格式。并且最后一页字迹与首页字迹完全不同,又写着"陈中白公为记",与前文自称"永祖"不同,不符合常理。由此可知,族谱最后一页不是陈中白写的。

(六)考察惯习和常识

法官会审查当事人行为是否符合惯习。各省风土不同、惯习不同,法官会实地考察询问当地惯习,判断案件争议是否符合惯习和常识。

---

① 陈全伦、毕可娟、吕晓东主编《徐公谳词——清代名吏徐士林判案手记》,齐鲁书社,2001,第418~421页。
② 陈全伦、毕可娟、吕晓东主编《徐公谳词——清代名吏徐士林判案手记》,齐鲁书社,2001,第409~410页。

1. 房屋买卖

中国幅员辽阔，各地田土交易惯习不同。20世纪，日本对中国农村惯习进行调查，可见民间惯习长期存在并作为一种制度补充了国家法。闽地人多地少，因此产权多不确定，一块土地上往往存在多种权利，如典权（物权）、租赁（债权）等。在李天告叶丑等案①中，法官查明漳州府本地房屋买卖惯习：如果是绝卖，契约里会写上附带的地基几亩几分；如果是出典，则当地收租规则是，若典价低并且允许赎回，契约内就不会写上附带的地基，由出典人每年收租。因此法官认为，不能仅以房屋所有人收租就否定房屋出典。

2. 分家

中国古代是血缘社会、宗族社会，法律中规定了家长的教令权和"别籍异财"的刑罚。分家析产是家族制度的重要内容。分家后，产生"本家"和"分家"。"分家"是一个独立的经济单位，与"本家"不会再有很大的经济上的牵涉。在陈宾俊告苏梓明等案②中，族谱写明，拔俊之父乾三、宾俊之父膺五、三房为盛之祖宗仁，是堂弟兄关系。经顺治到康熙年间，已经过了六十年，必然早就分家了。房子是乾三盖的，在六十年的时间里，宾俊之父膺五和为盛之祖宗仁都没有过问，六十年后宾俊才出头争产控告，这显然不符合分家惯习。

3. 常识

法官识别虚假诉讼最常用的方法还是根据常识判断。在陈振告郭文燕等案③中，雍正十年（1732）郭文燕等与陈振兄弟争夺房屋，郭文燕主张自己是业主，陈家是佃户，图谋霸占房屋，陈振主张自己的祖父陈英翰与郭正台立下契约，房屋永付陈英翰掌管。此案争点是此屋是佃非佃。法官认为应当根据交租情况来判断。

"天下无佃屋不纳租之理，更无佃屋七十余年，业主不收租，反听佃人收租之理。"康熙四十九年（1710）以后二十多年来，郭文燕从来没有

---

① 陈全伦、毕可娟、吕晓东主编《徐公谳词——清代名吏徐士林判案手记》，齐鲁书社，2001，第354~357页。
② 陈全伦、毕可娟、吕晓东主编《徐公谳词——清代名吏徐士林判案手记》，齐鲁书社，2001，第409~410页。
③ 陈全伦、毕可娟、吕晓东主编《徐公谳词——清代名吏徐士林判案手记》，齐鲁书社，2001，第385~387页。

收过租。雍正元年（1723），陈振曾将房屋租给陈攀士居住，雍正七年又租给陈攀士，雍正九年租给黄景敏。如果房屋是郭文燕的产业，陈攀士等人为何不从郭处租赁，而总是从陈处租屋？况且，郭文燕等有神主供奉厅堂，一年数次年节祭祠，如果陈攀士等住在屋内，郭文燕为何不闻不问；郭文燕明知房屋被他人冒租，为何置之不理，既不查问住屋人来历，也不索取租税。郭文燕的行为不符合常识，可见他不是业主。

（七）根据前情判断本案

当事人以前打过官司或争过产，得到了不利的结果，可能会再次呈控，并编造证据。例如，谢润堂占蒸税案①前后经历三次官司。雍正九年正月时，谢润堂请求族人把公产拨给自己，但遭到了拒绝。雍正十一年，谢润堂又主张把公产拨给自己，并以簿帖为证证明族人已同意。雍正九年没有簿帖，雍正十一年又有了簿帖，这表明簿帖是后来伪造的。前任县令丁县令裁决土地归还公田。这是第一次官司。第二次官司是上年八月，谢持章等与谢润堂各呈禀"所断蒸租三十桶，被谢龙穆等献卖郑伦辉"，而谢景立等则诉称"龙穆卖与郑伦辉之田，系其私田"。前县令丁县令查明，"龙穆所卖田亩系蒸田"，当堂结案。第三次官司是当年九月廿五，谢润堂"死灰复燃"，再次就土地纠纷呈控。

（八）案有隐情，法官秘密访查

在余份告张起明等案②中，两人争夺房屋，张起明称持有余份亲笔所写的收批，以此证明其将房屋典卖给自己，余份称张起明租赁、霸占房屋，收批是张起明伪造的。经法官鉴定笔迹，张起明持有的收批的笔迹和余份的笔迹不同，这证明收批不是余份写的，张起明捏造证据，打假官司。

此案离奇之处在于，张起明是外省流犯，余份是本地人，且有科举身份，是生员，张起明不应该如此大胆捏造收批诬陷本地人。余份出租房屋，自康熙五十七年（1718）至五十八年共收银十一两五钱，此后没有再

---

① 陈全伦、毕可娟、吕晓东主编《徐公谳词——清代名吏徐士林判案手记》，齐鲁书社，2001，第344~345页。
② 陈全伦、毕可娟、吕晓东主编《徐公谳词——清代名吏徐士林判案手记》，齐鲁书社，2001，第495~497页。

收租，放任张起明居住，也不去官府控告，直到雍正三年（1725）才去官府控告。余份本人称自己一直随父亲在德化县，所以没有回家收租。但德化县离漳州府并不远，余份数年来不索讨房租，也不控告，对房租置之不问，对房屋置之不理，他的话难以听信，此案另有隐情。

法官经查访后发现，余份是赌徒，"原系浪子，赌输资财，不可胜计"。张起明开设赌场，余份欠张起明赌债，"房主房客，往来聚赌，以致首尾不清"，所以余份借口把房屋典给张起明以还赌债，张起明借给余份赌钱四十七两。因为房屋典价议价九十七两，张起明一时无力交付全款，所以房屋典卖没有成立。经赌友马宣、迭鸾、杨大等担保，余份不收房租，张起明也不索取赌债。雍正三年，余份听闻父亲即将改任回家，怕自己赌博的事败露，所以控告张起明霸占房屋。张起明没有证据，因此捏造房屋典卖的收批，追讨赌债以及借给余份的四十七两。

前任各县令都没有查到隐情——张起明捏造收批的原因是以典价折抵赌债，各县令反复翻案，导致当事人不服判决，不断控告。前任魏县令只判断出收批是假的，就将房屋判给余份。前任熊县令、孙县令、刘县令连收批的真假都不鉴定，直接判余份偿还张起明四十七两。直到漳州府道台徐士林审理案件才审明隐情，"告占告典，皆海市蜃楼耳"，当事人无可置辩，"水落石出，能不技穷？"

四　裁判方法和价值取向

（一）　实质正义重于形式正义

古代科技落后，证据鉴定手段匮乏。古代证据鉴定只能人工鉴定，不能通过机器鉴定。因此，证据容易伪造，不容易甄别真假。法官在审理案件时对证据大多抱有怀疑态度，相比证据更加重视实质正义。

在谢润堂占蒸税案[①]中，法官综合考虑，谢家公产的租谷只有二百余桶，谢润堂一人就主张拨三十桶归私产。如果法官同意谢润堂的主张，其余谢家子弟就会接连主张划拨公产，这二百余桶公产根本不够分的，以后

[①]　陈全伦、毕可娟、吕晓东主编《徐公谳词——清代名吏徐士林判案手记》，齐鲁书社，2001，第344~345页。

祖宗的祭祀也就无法筹办。因此，法官否定了谢润堂的主张。在郭博告许世征等案①中，法官认为前任县令的裁判会导致"抑勒民间之交易"，"使富者润屋，贫者失巢"，当事人和大众不会接受这样的判决结果。在余份告张起明等案②中，法官不是仅就房屋产权作出判决，还计算前案中产生的实际的赌债金额和租金金额，从整体上判断债权债务关系。余份欠张起明的赌债早已被出租房屋的租金抵消，张起明主张的债权（房屋产权的基础）不复存在，房屋产权也就不存在了，法官因此否定了张起明的产权主张。

以上三起案件都体现了，在民间借贷、房屋买卖、债权债务关系中，法官倾向于实质正义，倾向于保护穷人和弱者。中国古代司法主张"天理国法人情"相统一，司法应当综合考虑道德、制定法、习惯法等多种价值规范。法官因此经常打破证据，从实质正义的角度作出判决。这种做法在"罪刑法定、疑罪从无、证据裁判、庭审中心、保障人权"等现代法治原则下有待商榷，但对于识别虚假诉讼可以提供有益的帮助。对当事人提交的虚假证据或虚假陈述，法官如果从实质正义的角度审查案件，可能更容易识别真假，作出公正判决。

（二）风俗教化为重

健讼和息讼是中国古代诉讼文化的主要矛盾。一方面，法律文化倡导"无讼""厌讼"，孔子云："听讼，吾犹人也，必也使无讼乎！"另一方面，两宋明清时期"健讼"风气盛行，社会大众积极诉讼，缠讼、好讼、滥讼不休。因此官方对诉讼采取恐吓、教化或打压的态度。在谢润堂占蒸税案③中，法官认为谢润堂"刁健显然"，"贪刁如润堂，实为宫墙秽物"，"夜郎自大，夺先人之祀田，与族人讦讼不休，不足为族望，反足为族蠹。伊祖有灵，方将切齿痛恨于地下，又安肯以三十桶蒸谷，饱孽孙之欲壑乎？"法官对当事人大加挞伐，可见其对当事人提起诉讼的痛恨。在李天

---

① 陈全伦、毕可娟、吕晓东主编《徐公谳词——清代名吏徐士林判案手记》，齐鲁书社，2001，第418~421页。
② 陈全伦、毕可娟、吕晓东主编《徐公谳词——清代名吏徐士林判案手记》，齐鲁书社，2001，第495~497页。
③ 陈全伦、毕可娟、吕晓东主编《徐公谳词——清代名吏徐士林判案手记》，齐鲁书社，2001，第344~345页。

告叶丑等案①中，法官还处罚被教唆的人，"将李天重责三十板，以为听唆刁诬者儆"。

中国古代虚假诉讼的另一个显著特点是讼师的参与。因为在民间纠纷中，很多农村当事人是文盲，他们打官司离不开讼师的参与。伪造证据、捏造事实、隐瞒真相、虚假陈述等手段往往由讼师出谋划策。讼师写词状夸大案情（编造案由），②"张大其词以耸宪听，不虑审断之无稽者，以待有投状一著为退步耳"③。讼师会教唆当事人打官司，利用司法裁判获取利益。讼师在中国古代法律文化中经常是负面形象。州县官会高度警惕讼师，如果讼师参与了虚假诉讼，会遭到法官的严厉惩罚。

在林联魁告翁希谦等案④中，法官认为林联魁"蠢然一物"，章广微"颓然老奴"，两人都未必能执笔写状词，可以想见，其状词和假契都是林联魁的讼师代为捉刀。在吴陶若告陈国等案⑤中，法官认为龙溪县民吴陶若，"以唆讼而得恶报者也"。"陶若挺然讼棍也！雍正七年，在南邑诬告吴铎抗断霸踞一案，蒙观风原批饬杖责，躲避未获。又为吴氏出力，构难家庭。刀笔能品，已可概见。此即吴氏卖契果真，亦不过陶若指称讼费，开销花账，以愚吴氏。……昔年密语于屋漏之中者，今日忽暴扬于法堂之下，名利两空，刑罚随之。是即讼师最奇最快之报应也！发谳立案，并贴照墙以示讼师。"

五 结语——虚假诉讼治理经验及启示

从古至今，虚假诉讼都是中国法律实践中的难题。虚假诉讼的识别需要法官提高警惕，穷尽各种手段，才能查明真相，作出公平正义的判决。

---

① 陈全伦、毕可娟、吕晓东主编《徐公谳词——清代名吏徐士林判案手记》，齐鲁书社，2001，第354~357页。
② 参见李典蓉《被掩盖的声音——从一件疯病京控案探讨清代司法档案的制作》，载《北大法律评论》（第10卷·第1辑），北京大学出版社，2009。
③ 林乾：《讼师对法秩序的冲击与清朝严治讼师立法》，《清史研究》2005年第3期。
④ 陈全伦、毕可娟、吕晓东主编《徐公谳词——清代名吏徐士林判案手记》，齐鲁书社，2001，第363~366页。
⑤ 陈全伦、毕可娟、吕晓东主编《徐公谳词——清代名吏徐士林判案手记》，齐鲁书社，2001，第469~471页。

中国古代法官识别虚假诉讼的手段包括证据鉴定、实地考察、常识判断等。总结古代虚假诉讼治理经验，能够为当代虚假诉讼治理提供理论和经验上的启发。

第一，常识判断。常识判断体现了"实质正义重于形式正义"的价值取向。法官应当总揽全局，不能仅仅依据形式证据作出判决，而是应主动站在实质正义的立场甄别真假，审查实质债权债务关系，以遏制虚假诉讼捏造证据的趋势。2021年《最高人民法院、最高人民检察院、公安部、司法部关于进一步加强虚假诉讼犯罪惩治工作的意见》第6条列出的八种情形有五种强调的是常识判断，法官应当严格审查："（一）原告起诉依据的事实、理由不符合常理，存在伪造证据、虚假陈述可能的；……（五）一方当事人对于另一方当事人提出的对其不利的事实明确表示承认，且不符合常理的；（六）认定案件事实的证据不足，但双方当事人主动迅速达成调解协议，请求人民法院制作调解书的；（七）当事人自愿以价格明显不对等的财产抵付债务的；（八）民事诉讼过程中存在其他异常情况的。"

第二，实地考察。为识别虚假诉讼背后的真实情况，首先，法官需要调查当事人之间的情况，调查真实的交易关系。法官需要调查当事人之间是否存在近亲属关系或者关联企业等共同利益关系、当事人的真实经济状况等，便于判断两造是不是真实的对抗关系。其次，除当事人外，法官还应当重点关注民事诉讼代理人、证人、鉴定人等诉讼参与人。《最高人民法院关于深入开展虚假诉讼整治工作的意见》第5条也写明，律师、基层法律服务工作者、鉴定人、公证人等制造、参与虚假诉讼的，人民法院可以向有关行政主管部门、行业协会发出司法建议，督促及时予以行政处罚或者行业惩戒。

第三，及时纠错，减少错判，维护司法公信力。迟到的正义非正义。冤假错案是司法公正的致命之伤，错判会对当事人造成巨大伤害，对社会公平正义造成严重负面影响，影响司法裁判的可接受性，破坏司法的社会公信力。因此，不论是古代司法还是现代司法都强调提高法官能力，减少错判。林联魁告翁希谦等案①历经几任县令，都没能查明真相。前任县令

---

① 陈全伦、毕可娟、吕晓东主编《徐公谳词——清代名吏徐士林判案手记》，齐鲁书社，2001，第363~366页。

县丞验契，只验字句，不验字迹，也没有将契约内的字迹、契约前后的字迹与其他状词比对，该县官"当场被欺"。还有一任县令也没能验明字迹，从而判错了产权。复审此案的上级道台认为，"该县不加详察，执此偏断，……信手乱写，节外生枝"。如此错判，可能会开启衅端，致使双方互相争夺产业，"长刁风而启讼端，自该县谳语始矣"。现代虚假诉讼治理中，法官也应当时刻意识到冤假错案发生的现实可能性，增强司法人员的风险意识，增强责任感。当代中国虚假诉讼治理也应当健全完善预防和纠正错案机制，从源头防范虚假诉讼，保证在庭审阶段查明事实证据，尽最大努力避免虚假诉讼发生。

四川东乡血案
——清末社会问题的缩影

牛驰宇*

摘　要：同光之际的四川东乡血案历时甚久、震惊朝野，案情复杂曲折。上至朝廷命官，下至州县长官，涉案人员众多，两度京控仍未平反冤案。从这一案件可以管窥清末司法中存在的问题。同光时期的司法制度是清朝司法制度的重要代表，也是中国传统政治制度的一个重要组成部分，对其作深入思考与研究对于我们现行制度之建设不无裨益。

关键词：东乡血案；司法制度；京控

"案悬四年，两被京控，三经纠参，两易督臣，三奉查办，而卒之舍首恶而不诛事无真是非。刑无真罪名此臣之所大惧也。"[①] 光绪年间，张之洞在其奏折中义正词严地痛斥了地方官员违法乱纪、草菅人命的行为，而引起张之洞如此愤慨的正是清末重案四川东乡血案。

一　东乡血案的背景和发生

（一）东乡血案的历史背景

田赋与丁役是清朝十分重要的国家收入，为了保证政府赋役收入，清政府于康熙五十一年（1712）规定：将康熙五十年的人丁数作为以后征收

---

* 牛驰宇，西北政法大学法治学院2021级硕士研究生。
① 张之洞：《张文襄公全集》第1册，中国书店，1990，第77页。

丁银的标准,把丁银固定下来,以后滋生人丁永不加赋,为摊丁入亩创造条件。康熙五十五年(1716),摊丁入亩首先在广东开始实行,随后各省纷纷题请,至光绪八年(1882),全国绝大多数省府都实行了此项赋役制度。这一制度的实行,减轻了无地、少地农民的经济负担,促进了人口增长,在当时有利于缓和社会矛盾、促进经济发展。

然咸丰以降,战争频仍,内有太平天国起义,外有英法等列强入侵,军饷匮乏,国家财政需求也不断增加。为了镇压农民起义,各地纷纷练兵筹饷,四川也背负了大量的军费。"查四川之捐输,与他省异。咸丰中叶,军饷无出,计臣议于四川钱粮之外,加收津贴。津贴者,按粮摊派。正赋一两,则津贴亦一两矣。咸丰末年,更议于津贴之外,加收捐输。捐输者,亦按粮摊派。"[①] 清政府在四川以"捐输""津贴"的名义加征税款,由官府在地方设公局进行征收,各乡局绅预垫缴官,又高抬银价,堆利滚算,"至斗厘、猪厘上不在内"。这使得本就负担沉重的四川民众雪上加霜,百姓陷入极端穷苦的境地,怨声沸腾。

(二) 东乡血案的发生

同治十年(1871),东乡居民十五甲乡民因粮账未清,要求核算粮账,赴县衙控告局绅,无果,并于同治十一年赴绥远府上控。知府判决东乡县进行清算,但久未清算,遂乡民准备进京具控。因不满县衙局绅浮加赋税,大力盘剥农民,袁廷蛟与其舅李经良于同治十二年八月京控,但被京城九门提督英桂以"鲁莽扣阍罪"咨送回了四川总督衙门。在川省发审局经过七八次刑讯后,时任四川提督吴棠以"违例上控"的罪名将李经良杖责一百大板,戴枷示众一月,袁廷蛟减一等,杖责九十,戴枷示众二十五天,交由地方官发落,二人被东乡县羁押四个多月。这是其第一次进京上控,虽失败受辱,但其为民申冤的斗志与决心未被磨灭。

光绪元年(1875)五月,袁廷蛟联合私盐贩马洪仑以及哥老会吴奉山等人,召集农民于城外,于县城南洲河对岸观音崖竖"粮清民安"大旗,欲向代清政府征缴粮税和捐输津贴的局绅们清算历年粮账,并要求免除各项杂税。绥定府知府易荫芝亲自带兵前往东乡镇压,但由于忌惮民众的威

---

① 张之洞:《张文襄公全集》第 1 册,中国书店,1990,第 75 页。

力，暂时答应"以次年粮价照廷蛟等所请"①，并承诺以后纳粮循此制，民众方散去。然局绅玩弄阴谋，袁廷蛟多次请求未果，最终矛盾激化。知县孙定扬夸张事实，两次向上报东乡袁廷蛟聚众谋反，知府易荫芝据禀请兵，时任四川总督文格认为东乡是白莲教首义之区，"盗匪渊薮"，随即命提督李有恒等带兵四千余人赴东乡"亟应速行剿捕，以靖地方"。② 起初总兵谢思友到东乡后尚能调查实情，并未擅自剿杀，并将实际情况向李有恒反映，然而李有恒并未采纳，想用百姓的鲜血实现自己所谓的政绩，于是谢思友和川北游击金德成各率所部离开东乡回归原处。

光绪二年（1876）三月二十日，四川总督文格向清廷上奏折称：

> 奴才伏查，该匪袁廷蛟居心叵测，诡诈多端。始则潜踪示弱，懈我军心，继则率众扑营，狡焉思逞。乃李有恒洞悉贼情，虽经出示招安，而仍整军待之，寓抚于剿，尤为办理得宜。该匪等乘间奔突，俱被立时击退，现又连破坚寨，大振兵威，贼胆已寒，歼除自易，奴才现又飞饬李有恒，会同各营乘胜进剿，务将袁廷蛟等一并擒斩，以竟全功，一面飞咨统带律武全军并汉中镇李辉武将派防交界之陕军两营由西乡入川，协力兜剿，以资应援而防窜逸。③

清廷即传谕"迅将此股匪及时扑灭，毋任蔓延"④。李有恒、雷玉春以搜索袁廷蛟为名，率兵"将一村一寨不分善恶、男妇、老幼而尽杀之"，"举无数无辜之老弱妇孺而屠戮之"，造成了震惊朝野的东乡血案。然而袁廷蛟逃往京城，想要再次进行京控。

清廷于光绪二年闰五月发布上谕："著文格秉公确查，知府易荫芝及统带虎威宝营之李有恒，有无办理不善及前项情弊，东乡县知县及该县局绅，如应提省审讯，并著查明究办。匪首袁廷蛟逃匿何处，现在已否弋获，著饬派出各员迅速访拿。"⑤ 广西道监察御史吴镇遣人报告，称四川东

---

① 《四川府县志辑·四川宣汉县志》卷10《武备·历代兵事·袁案》，巴蜀书社，1992，第359页。
② 《德宗景皇帝实录》第1册卷26，中华书局，1987，第398页。
③ 王澈编选《光绪初年清政府镇压四川东乡县抗捐史料》（一），《历史档案》1994年第2期，第54页。
④ 《德宗景皇帝实录》第1册卷26，中华书局，1987，第398页。
⑤ 《德宗景皇帝实录》第1册卷33，中华书局，1987，第484页。

乡县聚众滋事人犯袁廷蛟已经潜逃来京，住宣武门外，请求下旨查拿。"兹据巡视北城御史奎光等奏，袁廷蛟潜逃来京，现经拿获。"① 七月初五日，巡视北城御史奎光派人将其拿获。这在《清史稿》中也有记载："甲戌，东乡匪首袁廷蛟伏诛。"②

二　案件的审理与结果

（一）群臣上奏要求彻查

袁廷蛟的被捕并不是此次抗粮事件的结局，这一事件在清廷引起了轩然大波。时任广西道监察御史吴镇在镇压结束时上奏称："绥定府知府易荫芝办理不善，率行请剿，殊难辞咎。至统带虎威宝营之李有恒，挟嫌诈杀，残虐无辜，淫凶掳掠，其罪甚重，犹复张示扬威，冀图冒功，殃民误国，岂能容于盛世。"③ 他请旨对易荫芝、李有恒等进行问罪，认为当时的局面应归因于地方官的横征暴敛。若情况属实，除了袁廷蛟等人因聚众滋事应该受重惩外，东乡县的知县以及局绅等人，均应被提省严审。他还在附片中陈请皇帝裁撤四川各州县支应局，以平息民怨。此时，袁廷蛟被交由刑部讯问，亦在供词中称冤，说自己和众乡民并未实施扑营叛逆之事。

光绪二年（1876）七月二十八日，暂护四川总督文格上奏为这些地方官员的行为进行了辩解，称其复审后认为东乡县并无横征暴敛之事，且李有恒甚至有防剿之功。只有知府易荫芝"惟欠开展，办事颠顸，难胜表率之任，未便姑宽，相应请旨将绥定府知府易荫芝降为通判"④。文格反诬袁廷蛟"聚众谋叛"，"拟斩"。然而这一结果并未说服民众和大臣们。随后陕西道监察御史李廷萧、内阁中书萧宗瑀、中书科中书李乾羲以及朝中众多大臣上奏称此案"情形疑窦甚多""逢迎欺饰之状，历历如绘""其实

---

① （清）朱寿朋编《光绪朝东华录》，张静庐等校点，中华书局，1958，第248页。
② 《清史稿》第4册卷23，中华书局，1976，第857页。
③ 王澈编选《光绪初年清政府镇压四川东乡县抗捐史料》（一），《历史档案》1994年第2期，第55页。
④ 王澈编选《光绪初年清政府镇压四川东乡县抗捐史料》（一），《历史档案》1994年第2期，第59页。

所杀所掳确系良民,并无匪徒不法""亟应从严覆讯以成信谳",① 认为文格作为暂护四川总督,亦是原审之员,回护自己的下属恐怕难免,请旨"专饬李瀚章秉公严讯,抑或另简大员前往查办"②,以重视民命,彰显国法。翁同龢在自己的日记中也写道:"此案先经文格奏东乡县民袁廷蛟谋逆拒官,而袁廷蛟来京控诉,以提督李有恒纵勇殃民,该民人并无谋逆之事。御史亦交章言非民之罪,朝廷下其事于文格,文格奏言李有恒之勇敢而目该民等为匪,至是始自行检举。噫!若非该民人来诉,则冤莫雪矣,川事其可问耶?"③ 后文格为息事宁人,仅将李有恒、李道宗以"违例携眷随营"革职。文格自知罪责难逃,请旨将自己交部议处。

(二) 丁宝桢任四川总督

光绪三年(1877)正月,清廷将文格降任至山东巡抚,原山东巡抚丁宝桢升任四川总督,这一棘手的案子落入了丁宝桢手中。赴川任职后,丁宝桢对四川东乡安进行了复查。然而文格为皇室宗亲,丁在朝中无人,此番任职,福祸难测。为了自己的仕途,丁宝桢上奏称:"臣复查此案,袁廷蛟借粮滋事,实为起衅根由……"④ 东乡血案的根由为袁廷蛟抗粮滋事,且前任总督文格以及涉事四川官员在此次事件中"无所用其回护",并无包庇现象。

这一结果显然并未令人满意。光绪三年十月,皇帝鉴于舆论压力,令刑部再次进行审查。光绪四年二月,清廷指派在家养病的前任两江总督李宗羲"就近前往,确切查明,据实具奏"⑤。李宗羲奉旨与其子微服前往宣汉黄金口等地暗访,历时两月,目睹多处民房成为废墟,山野新坟垒垒,路少行人,田地荒芜。六月,据实上报。但四川官员为自己开脱罪责,编造伪证,指使李有恒的母亲易氏赴京为李有恒、孙定扬等"鸣冤",反诬李宗羲"收受乡民贿赂,并未亲临详查"。众多大臣接连上奏,要求严惩文格和李有恒等人。然而清廷竟然只判"丁宝桢轻纵案犯,降为四品顶

---

① (清)朱寿朋编《光绪朝东华录》,张静庐等校点,中华书局,1958,第292页。
② 翁万戈编《翁同龢日记》,翁以钧校订,中西书局,2012,第1286页。
③ 翁万戈编《翁同龢日记》,翁以钧校订,中西书局,2012,第1286页。
④ 王澈编选《光绪初年清政府镇压东乡抗捐史料选》(二),《历史档案》1994年第3期,第44页。
⑤ 《德宗景皇帝实录》第2册卷67,中华书局,1987,第24页。

子,仍署四川总督以观后效"①,并令丁宝桢再将前案悉心复核。不出所料,九月初八日,丁宝桢奏称"复核无异"。

由于李宗羲与丁宝桢的复核结果出入较大,清廷于光绪四年(1878)十月下谕旨:"著恩承、童华,即将此案详细查讯,秉公议结,据实具奏。务使水落石出,情真罪当,不得稍有含混。"② 命礼部尚书恩承及吏部左侍郎童华赴川查访真实情况。光绪五年四月,礼部尚书恩承及吏部左侍郎童华上奏称李有恒之母控李宗羲未赴川访查、李宗羲之子收受乡民贿赂等实属诬告,李宗羲的上奏与事实情况相符。但李有恒等人仍不停翻供,使得案件审理很难进行下去,未能得到最终结果。

东乡血案此时似乎已成定案,无人能翻案,亦无人敢翻案。

(三) 案件出现转机

正在东乡血案翻案无望时,时任国子监司业张之洞向清廷上了奏折。张之洞曾任四川学政,于光绪二年夏到绥定府主持府考,东乡县大多数考生的卷子上写的不是考试内容,而是有关东乡案件的内容,以此拒考,并为死难乡民申冤。其后,张之洞对案件进行了研究,在奏折中称:"伏思此案之查办由于滥杀,滥杀由于诬叛请剿,诬叛请剿由于聚众闹粮,聚众闹粮由于违例苛敛。"将此案的根由定性为违例苛敛,由此一步步导致了对乡民的滥杀。乡民在纳税时,先缴纳各项杂税,再是津贴、捐输,最后才是正税。"杂费不完,串票不可得,无串票,则官得治以抗粮之罪,其术亦巧而毒矣。"并且这些额外的赋税并非为朝廷征收,实则进入了地方官员自己的腰包:"故东乡之多收五百文,非勒捐富户也,乃加赋也。非为国聚敛也,乃肥己也。"张之洞在奏折中提出,东乡县知县孙定扬横征暴敛,捏造百姓叛乱围城,草菅人命,对百姓进行"剿杀",不使其伏法无法让袁廷蛟的冤情得到昭雪,"不诛孙定扬不惟无以谢东乡千百之冤魂"。③

为了平息民怨,维持统治,无奈之下,清廷再次下诏严查此案。

---

① 《德宗景皇帝实录》第 2 册卷 79,中华书局,1987,第 210 页。
② 《德宗景皇帝实录》第 2 册卷 80,中华书局,1987,第 230 页。
③ 张之洞:《张文襄公全集》第 1 册,中国书店,1990,第 75~77 页。

（四）东乡血案最终结果

光绪五年（1879）六月十日，刑部尚书文煜等上奏，指出东乡血案中罪名的关键总的来说以袁廷蛟是否叛逆为断。"兹据该尚书等查明，袁廷蛟聚起闹粮仇斗，并无叛逆情事。"① 由此确定了此案的性质并非袁廷蛟等人叛乱，东乡县知县孙定扬实为祸首，对孙定扬以及一众涉案人员拟定了罪名，请旨下诏处罚。

同年六月十一日，清廷下诏，判定"此案袁廷蛟引贼劫掠，罪犯应斩。惟起聚闹粮仇斗，并非叛逆，众寨民自非逆党"②，并对其他涉案人员进行了问罪处罚，主要官员判决如下：

> 已革知县孙定扬诬袁廷蛟为叛逆，致兵勇妄杀寨民数百命；已革提督李有恒奉札剿办，并不分别良莠，确查袁廷蛟所在，妄杀寨民数百，实与疑贼逞忿故杀无异；孙定扬、李有恒著斩监候，秋后处决。办理此案之前，护理总督文格函札内曾有痛加剿洗一语，且既经总兵谢思友禀报，查无叛逆情形，文格并不饬令会办，仍行檄调回省，实属办理粗率；总督丁宝桢拟罪轻纵，曾面谕两司将原详内李有恒轻视民命等语删去，迨经覆查，又不悉心斟酌，实属始终偏执；前两江总督李宗羲于雷公、凤头二寨系津武营筹办情形，未能分晰叙明，亦属疏忽；文格，丁宝桢，李宗羲著交部议处。恩承等原议罪名不符，惟请饬部详核，未经定案，均著免其议处。前绥定府知府易荫芝，前后各禀，请抚请兵，迄无定见，办理亦属游移，业经降为通判，著毋庸置议。③

随后，"文格革职；丁宝桢革职，赏四品顶带署总督，责成办盐务，饬吏治，有褒奖语"④。丁宝桢虽被革职，但仍署总督任要职。同年十一月，袁廷蛟及其子死于狱中，并以"病死"被上报朝廷。

---

① 王澈编选《光绪初年清政府镇压东乡抗捐史料》（四），《历史档案》1995 年第 1 期，第 44 页。
② （清）朱寿朋编《光绪朝东华录》，张静庐等校点，中华书局，1958，第 769 页。
③ 《德宗景皇帝实录》第 2 册卷 96，中华书局，1987，第 431～432 页。
④ 翁万戈编《翁同龢日记》，翁以钧校订，中西书局，2012，第 1471 页。

至此，东乡血案才算落下帷幕。

三 东乡血案中的法律问题

此案错综复杂，数次转审，历时弥久，涉及的法律问题众多。刑部在案结时指出确定罪名的关键是袁廷蛟是否叛逆，但袁廷蛟与东乡县民众并非叛逆其实是非常清楚的事实。所以说这次事件中的各级司法官吏对案件的走向有着极大的影响。

（一）清朝的司法审级

1. 一般规定

对于内地各行省，清朝地方行政区划分为县、府、省三级，司法审级则实行四级制度，从下至上分别为知县、知府、省提刑按察使司、总督巡抚。

知县为第一审级。其有权审决处以笞、杖刑的刑事案件以及户婚、田土、钱债等民事案件；徒、流、死刑等案件初审拟判后需将案卷、案犯一起解送至府级衙门复审。清朝实行逐级转审制度，徒刑以上案件一般要无条件上报，逐级审判。在清朝的刑事诉讼程序中，凡是应拟徒刑的案件，均由州县初审，经知府、省提刑按察使司逐级转审，最后由总督巡抚作出判决。《大清律例》规定："寻常徒罪，各督抚批结后，即详叙供招，按季报部查核。"①

知府为第二审级。其职责为复审州县上报的徒罪以上案件以及上诉、申诉案件。其中，直隶厅、州也负责辖区内的一审案件，以道为二审。知府、知州复审后，提出判决意见，再上报省按察司。府设通判、经历司、司狱司、推官等辅佐办案，但其无权单独受理案件。

省提刑按察使司为第三审级。其职责是对府（包括直隶厅、州）上报的刑案进行复审。徒刑案件人犯不押解至省，因而徒刑案件一般仅书面复核，但军、流、遣、死等案则需升堂讯问。若无异议，则加"审供无异"

---

① 马建石、杨育棠主编《大清律例通考校注》卷30《刑律·断狱下》"有司决囚等第"律第38条例文，中国政法大学出版社，1992，第1087页。

看语上报督抚；如有异议，则驳回重审或改发别州县更审。

总督巡抚为第四审级。其职责是对省按察司复核无异议的徒刑案件批准执行；对军、流案加以复核，如同意按察司意见即将案卷咨报刑部，由该省清吏司核拟，再呈刑部堂官批复后交各省执行。对死罪案人犯则当堂亲审，如与县、府、按察司意见相同，就"具题"向皇帝奏报，副本"揭帖"咨送刑部，再奉旨交"三法司核拟具奏"；如有异议，则驳回重审或另发他司更审。

在清朝的刑事审判中，逐级审转复核是必经的程序，以示下级对上级负责。清朝严格禁止越诉，《大清律例》规定："凡军民词讼，皆须自下而上陈告。若越本管官司辄赴上司称诉者，（即实亦）笞五十（须本管官司不受理或受理而亏枉者，方赴上司陈告）。"①

2. 特殊规定

"凡审级，直省以州县正印官为初审。不服，控府、控道、控司、控院，越诉者笞。其有冤抑赴都察院、通政司或步军统领衙门呈诉者，名曰京控。登闻鼓，顺治初立诸都察院。十三年，改设右长安门外。每日科道官一员轮值。后移入通政司，别置鼓厅。其投厅击鼓，或遇乘舆出郊，迎驾申诉者，名曰叩阍……京控及叩阍之案，或发回该省督抚，或奏交刑部提讯。如情罪重大，以及事涉各省大吏，抑经言官、督抚弹劾，往往钦命大臣莅审。"② 由此可见，州县为各类案件的第一审级，若不服，可逐级上控。如有冤屈可赴京控诉，京控和叩阍这两种特殊的诉讼方式是对清朝审级制度的一种突破。

但作为突破常规的特殊诉讼方式，京控与叩阍也必然有严格的限制。

首先，民事案件不允许京控。清代商品经济还不发达，权利意识也较为缺乏，民事纠纷被视为"细事"，一般来说州县自行审理，一审终审，即使不服也只能逐级上控，不得越诉，更不得京控。若提起，原呈发还、不予受理，即使该案被其地方审判机构受理，也要对当事人治以越诉之罪。其次，刑事案件虽允许京控，但不得直接向皇帝上告。案件的当事人应先到刑部，刑部不受理则赴都察院等中央司法机构告诉，若直接上告皇

---

① 马建石、杨育棠主编《大清律例通考校注》卷30《刑律·诉讼》"越诉"律，中国政法大学出版社，1992，第869页。

② 《清史稿》第12册卷144，中华书局，1976，第4211～4212页。

帝会受到严惩。《大清律例》中的"越诉"①一条也规定，如果经相关部门审查，当事人京控有故意陷害他人之意，则要按律治罪。

对于叩阍，规定亦严。"凡冤狱不得直于本省官长，则部控，又不能直，乃叩阍。然叩阍极难，其人须伏于沟，身至垢秽，俟驾过时，乃手擎状，扬其声曰冤枉。如卫士闻之，即时捉得，将状呈上，其人拿交刑部，解回原省。"② 由此可见，叩阍极难，即便成功将讼状呈上，当事人也会被逮捕至刑部，押解回省。

清代对于地方各省发生的案件，按照州县、府、司、督抚的顺序先后进行审理，根据案情的大小、处刑的轻重来决定审级。这种审级制度有层层监督的作用，旨在实现最大限度的公正。但由于司法官吏的法律素养等个体差异，冤假错案频出，百姓受枉后往往难以申冤。皇帝作为清朝的最高审级，有权监督其下级审级州县至督抚、中央等的所有审判活动，因此京控也是皇帝了解下级审级办案情况、避免冤假错案的重要方式，可见京控制度具有特别的功能与意义。

（二）东乡血案反映出的社会问题

在此案中，袁廷蛟及其舅李经良于同治十二年（1873）赴京控告，而却被九门提督英桂以"鲁莽叩阍罪"押解回川，提督吴棠以"违例上控"的罪名对李经良和袁廷蛟分别处以刑罚。此后袁廷蛟也曾逐级上控乃至京控，但地方官员相互包庇推诿，以至于官员难以正确审理此案。东乡血案事实清楚，情节十分明了，但清廷仍花费约八年时间，历经十数次审判才最终结案。

袁廷蛟等的冤屈在两次京控后仍未及时得到昭雪，这反映出清朝当时

---

① "外省民人凡有赴京控诉案件，如有州县判断不公，曾赴该管上司暨督抚衙门控诉仍不准理或批断失当，及虽未经在督抚处告有案而所控案情重大事属有据者，刑部都察院等衙门核其情节，奏闻请旨查办。其命盗等案，事关罪名出入者，即将呈内事理行知该督抚秉公查审，分别题咨报部，如地方官审断有案，即提案核夺，或奏或咨，分别办理。若审系刁民希图陷害，捏词妄控报复私仇，即按律治罪。其仅止户婚、田土细事，则将原呈发还，听其在地方官衙门告理，仍治以越诉之罪。"马建石、杨育棠主编《大清律例通考校注》卷30《刑律·诉讼》"越诉"律第17条例文，中国政法大学出版社，1992，第873页。

② （清）徐珂编撰《清稗类钞·狱讼类·叩阍》，中华书局，1984，第975页。

存在的一些问题。

首先，吏治腐败严重。京控之所以作为一种特殊的诉讼方式被应用，正是因为百姓的冤抑无处宣泄，寻求正义层层受阻。各级地方官员互相推诿庇护，使正常的审级制度无法发挥其应有的作用，百姓无奈下只得京控。两次京控仍未昭雪更加反映出吏治存在的问题。

其次，中央集权减弱。中国古代自秦汉以后政治体制的核心便是中央集权，至明清中央集权发展到顶峰。然而清末各种社会矛盾凸显，中央与地方的权力制衡也发生了变化。在此次东乡事件中，护理总督文格收到下级对案件实情的禀报并不理会，后上任的总督丁宝桢对皇帝谕旨不加重视，朝廷上下已非一心，皇帝的集权也有所减弱。

四 结语

综观东乡血案全程，从光绪二年（1876）李有恒率兵屠戮乡民开始，至清廷下诏宣布最终判决结果，这一案件历时近四载。若从同治十年（1871）东乡县民赴县衙控诉以及后来袁廷蛟、李经良京控起算，这一事件历时将近八年。最后袁廷蛟和乡民洗清了"叛逆"的罪名，但袁廷蛟及其子仍死于狱中。东乡血案中众多涉案官员被革职，其中一大批官员更被处以死刑、军流刑等重刑。这看似维护了公平正义，实则是清政府迫于民怨难息，为了维护自身统治利益而作出的无奈之举。这一惨案，并非简单的冤假错案，而是由背后的政治原因所导致。

导致东乡血案产生的原因，究其根源，主要有两方面。

首先，在经济上，清末内忧外患，太平天国起义与外国列强侵扰使得各地纷纷练兵筹饷，国家财政需求大大增加。然而地方官以"筹饷"之名行贪污之事，"资军饷者十之二三，饷私囊者，十之七八"[①]，收来的赋税被地方贪官污吏中饱私囊，东乡县的滥收浮收也并非出于偶然，所谓永不加赋之谕成了一纸空文。张之洞的奏折中也提到"川省杂派最多"[②]，这让

[①] （清）孙翼谋：《请除近日流弊疏》，载（清）陈弢辑《同治中兴京外奏议约编》卷1，上海书店，1985，第32页；沈云龙主编《近代中国史料丛刊》第13辑第128种，台湾文海出版社，1967，第75~76页。

[②] 张之洞：《张文襄公全集》第1册，中国书店，1990，第75页。

本就贫困的东乡县百姓难以生存。除此之外,"东乡自同治八年以后,局中有巨万之征收,无一纸之清账"①,更导致民情激愤,在诉求无果的情况下与官府爆发了直接冲突。这种局面的形成,责任必然在于清廷最高统治者,这也是东乡案件久久未能解决的原因。

其次,在政治上,内忧外患,使得清政府不得不反思,来挽救自己岌岌可危的统治。而清末政治的腐败、贪官污吏的横行以及最高统治集团的政治斗争,使社会环境无法安定。此时涌现出的以张之洞、李鸿藻等为代表的清流派正是国家所需,也是慈禧进行政治斗争的筹码。正是张之洞的奏折,使祸首孙定扬得到严惩,进而洗清袁廷蛟等人的"叛逆"罪名,对一众涉案官员问罪论处。

这一事件虽只是当时众多案件中的一个,但也是清末社会问题的缩影。实际上东乡血案的发生,并非由于川督文格、提督李有恒等人的"剿办",而是直接源于清廷在光绪二年(1876)二月三十日发布的上谕:"文格奏东乡匪徒聚众滋事现在筹办情形一折,著谭钟麟饬令李辉武暂驻汗南,居中调度,派得力员弁管带一二营前往认真防堵,与四川各营联络声势,合力剿洗,毋稍疏虞。"②可见若没有皇上下诏,文格不会指派下属"剿灭匪徒",李有恒也不会屠尽乡民,酿成此次东乡血案。这也是这一案件久久无人敢为之申冤的另一原因。最后这一案件所涉无辜乡民在清流派的勇于直言中,得到了清廷的昭雪,此案也推动了中国社会的进步。但是清王朝的衰落,已经是无法挽救了。

清代的京控是其政治制度中的一个重要的组成部分。对于皇帝而言,维护其统治是实施京控制度的主要目的。通过京控,朝廷可以更好地控制地方,使政令国策上通下达。京控虽然可以反映出许多社会问题,却无法从根源处真正解决这些弊端。尽管京控可能使冤假错案得以平反,但其代价过大,正义并未真正得到伸张。

以史为鉴可以知兴替,历史的经验可以为当今提供借鉴。对于清朝的京控,我们不仅要认识到它在清朝社会中的积极意义,也要对其所反映出来的司法制度弊端和背后的社会政治经济问题进行深入的思考研究。清朝

---

① 张之洞:《张文襄公全集》第1册,中国书店,1990,第76页。
② 《德宗景皇帝实录》第1册卷26,中华书局,1987,第398页。

虽有完善的一般审级制度和特殊的诉讼设计，但其所处的时代和社会制度使之不能够实现真正的公平，这一切也说明了法律所要求的平等及其效力的真正实现依赖于社会制度的根本变革。研究对比我国古代各朝的审级制度，吸取其中的经验教训，对于我们建立更为科学的司法制度，仍然具有十分重要的现实意义。

从原业另卖纠纷探清末奉天省不动产先买权的顺位习惯*

夏婷婷**

摘 要：元代已经出现了对典物先买权顺位的明文法规定。该规定对典物先买权的顺位是先及有服亲属，次及邻人，最后是典主，其中若有多名亲属争买典物，还要以服制亲疏为顺位的评判标准。元代的这一规定到明清时期，已经在从国家法中消失不见，但这并不能否定其仍以习惯法的形式在地方流行。从清末奉天省内与先买权相关的案例中可见，法院支持原主出典另卖时典主先买权的请求，法院支持同宗的先买权先于典主。此外，在奉天省内，先买权还要遵循先亲后疏的服制关系。可见，奉天省各级审判机构仍以此习惯为解决出典另卖纠纷的重要依据。

关键词：清末；奉天省；田宅典卖；先买权

一 引言

当原主基于某种原因欲在出典期内出卖不动产时，该不动产的现有使用权人即典主享有优先购买权（先买权）。这种典权人享有优先购买权的规定在宋代就已出现，到了元代，更是出现了对典物先买权顺位的明文法规定。《元典章》户部卷之五"典卖田宅须问亲邻"条中就明确了先买权的顺位问题，其规定："诸典卖田宅，及已典就卖，先须立限取问有服房

---

* 本文系 2019 年国家社科基金重大项目"满族民间历史档案资料整理研究与数据库建设"（19ZDA181）的阶段性研究成果。

** 夏婷婷，沈阳师范大学法学院副教授，硕士生导师，主要研究方向为法律史、法律文化学。

亲（先亲后疏），次及邻人（亲从等及诸邻处分典卖者听），次见典主。"①可见，典物优先购买权的顺位是先及有服亲属，次及邻人，最后是典主，其中若有多名亲属争买典物时，还要以服制亲疏为顺位的评判标准。只有前一顺位的购买权人明示放弃购买后，下一顺位人才享有先买权，此时明示放弃的购买权人不得再次主张先买权。元代的这一规定到明清时期，已经从国家法中消失不见，但这并不能否定其仍以习惯法的形式在个别地区流行。② 本文在对清末东北地区的民事纠纷进行考察时发现，奉天省各级审判机构仍以此习惯为审判时的重要依据来解决出典另卖时的纠纷。

二 法院支持原主出典另卖时典主先买权的请求

在收集的案例中，清末奉天省内各审级法院均有支持原主出典另卖时典主优先购买。如宣统元年（1909）承德第一初级审判厅对一起房屋出典后另卖的纠纷作出判决。该案案情与判决为：

> 缘，王均志于光绪三十四年十二月间，用价洋六百元，典得郎玉林住房一所，随带红契一纸，讲明二年期满，钱到准赎，立有典契为证，当时房未腾交，郎玉林又向王均志商允，租回等住，每月租洋二十一元，写立租契交与王均志收执，按月交租，并不短少。宣统元年七月间，郎玉林因无钱使用，欲将该房出卖，我向王均志告知，王均志以无力相却，郎玉林即将该房卖与王守金，议定价钱一万四千吊，得价后遂备齐典价向王均志抽赎房契，王均志不允，郎玉林患病，其妻郎田氏，状诉来厅，讯据王均志供称，郎玉林所需房，房价太昂，故不愿买，催红契借与高姓押借钱文，高姓一时无力赎取等语，当经给限半月，令找王均志，我向高姓商量，速将红契赎出，转交郎田氏具领，迄今逾限两月并不到厅禀覆，催令其妻王娄氏来案，异常狡

---

① 《元典章》卷 19 "典卖田宅须问亲邻"条，陈高华等点校，中华书局、天津古籍出版社，2011，第 692 页。
② 吕志兴教授在《中国古代不动产优先购买权制度研究》一文中认为，先买权发端于中唐，经五代的发展，于宋元时期形成制度性规定，至明清时期则融于交易习惯和家法族规中。该文发表于《现代法学》2000 年第 1 期。

展,案经讯明,未便久悬,应即判决。①

该案中,屋主郎玉林先于光绪三十四年(1908)十二月将房屋出典与王均志,双方约定典价为洋元六百元,并明确了回赎期限为两年,但郎玉林并未腾交房屋,而是向王均志回租此房屋,租金为每月洋元二十一元,双方重新订立了租契。到宣统元年(1909)七月,郎玉林因穷困无路,欲出售该房屋,此时其与王均志的典契尚未到期,属于回赎期内的另卖,郎玉林第一时间告知王均志,征询其购买意愿,但王均志觉得要价过高,放弃了优先购买权,于是,郎玉林另找买家,欲将该房卖与王守金。在该案中,针对典主对典物有优先购买权这一点,房主郎玉林是知晓的,所以他首先征询了典主王均志的购买意愿,郎玉林的此种做法也得到了法院的肯定。

再如发生在宣统元年(1909)的一起典地另卖而典主不允的纠纷,其基本案情与审判结果如下:

> 原主旗人佟金安有旗册地二十二日,先于光绪十四年间典与刘万明耕种,典价为辽市钱一万五千两百吊。后佟金安赴京当差,将册地交与妻子佟许氏管理。佟金安死后,光绪三十四年有李惠春见此地典价甚少,佟许氏现又无钱,他欲占有此地,便向佟许氏商议将此地亩由刘万明手赎回后转卖与他,除原典价外,再加价辽市钱六千六百吊。佟许氏同意,便向典主刘万明主张赎地,但遭到了刘万明的拒绝。李惠春于是教唆佟许氏赴承德第四初级审判厅控告,该厅于光绪三十四年十二月判令佟许氏将此地卖与原典主刘万明。随后李惠春在承德地方审判厅状诉,称佟金安嗣子法福里已将该地以价洋一千六百余元卖与他。承德地方审判厅审理后仍维持初级审判厅的判决,李惠春不服,最后上告到奉天省高等审判厅。该厅经审理后认为:"查价买已典地必须尽典户价买,如典户无力方可转售旁人,此等习俗处处

---

① 《承德第一初级审判厅民事案》,《盛京时报》宣统元年十一月初五日。收录于〔日〕宫内季子《满洲旧惯调查报告·典的习惯》,大同印书馆,昭和十一年(1936),"附录"第67页。

相同，现佟许氏无力抽赎，意欲出售，卖与典主刘万明方合情理。"①

此案中，李惠春作为第三人欲买案涉地的诉求没有得到法院的支持，无论是承德第一初级审判厅还是奉天高等审判厅，均依循典地先尽典户价买的习惯，因刘万明是此地的典主，其当然享有优先购买权。

从目前收集的案例情况看，奉天省内法院支持典主享有优先购买权的案例还有很多。在韩桂山案中，据原主韩桂山供称，其欲将典地卖与他人（案外第三人）是希图高价，遭到了典主韩发等人的阻挠。法院认为，"（典主）更不能以典阻卖，应即判令韩发等将此地准其韩桂山照价赎回，韩桂山如果系图价转卖，自必须先尽原典之人。"② 再如冯桂华案，法院在判决中明确指出："原主如欲出卖，必须先尽原当（典）之人，……应即照原判冯桂华所当之地，仍照王喜珍所出原价归其接买，不得再行争狡。"③ 此案后上诉到奉天高等审判厅，法院给出的判决理由同样强调"出卖地亩先尽典户接买，各处习惯皆然"④。奉天高等审判厅在判决理由中指出，不动产出卖应先尽典户，这是通识性交易习惯，认为原主欲行出卖土地，必先尽典户冯桂华，如果冯桂华有意留买，则第三人王喜珍不得与冯桂华争夺该土地的购买权。可见，在奉天省内，从基层法院到高等法院对典主与第三人之间的不动产争购案的审理均依据典主先买权这一民事交易习惯。

此外，在典契文本中，还发现了一份典主留买的样例：

> 立典契文约人陈元，因乏手无钱使用，今将祖遗王荒熟地一段计地二天五亩，坐落陈家窝堡村西台子，四至垄数，开列于左。自烦中人说允，情愿出典与新城堡民人韩廷俊名下耕种。同中言明典价市钱

---

① 《奉天省高等审判厅民事案》，《盛京时报》宣统元年五月初七日。转引自张勤《中国近代民事司法变革研究——以奉天省为例》，商务印书馆，2012，第274页。
② 《新民府地方审判厅民事案》，《盛京时报》宣统二年十二月十二日。收录于〔日〕宫内季子《满洲旧惯调查报告·典的习惯》，大同印书馆，昭和十一年（1936），"附录"第70页。
③ 《新民府地方审判厅民事案》，《盛京时报》宣统二年四月初六日。收录于〔日〕宫内季子《满洲旧惯调查报告·典的习惯》，大同印书馆，昭和十一年（1936），"附录"第70页。
④ 《奉天高等审判厅民事案》，《盛京时报》宣统二年十二月二十五日。收录于〔日〕宫内季子《满洲旧惯调查报告·典的习惯》，大同印书馆，昭和十一年（1936），"附录"第71页。

八百吊整，其钱笔下交足，分文不缺。立典三年为满，年满之后，钱到许赎；钱若不到，永远耕种。此系两家情愿，并无返悔，如有返悔者，有中保人一面承管。空口无凭，立字为证，按年每天地应纳官小租四千五百文。

此纸作废

此典契宣统元年十一月初一日，自烦族中人说允，卖与韩廷后名下，永远为业，卖价市钱一千二百。

计开四至垄数东西至廉姓东至僭主北南至道计垄七十条

族中人陈学亮
中保人郭廷秀周金孙
孙九如

净找一千一百

代字人刘连元

光绪三十年二月初十日　立典地契文约人陈元①

该契约中原主为陈元，其在光绪三十年（1904）二月时曾将祖遗地典给民人韩廷俊耕种，在典契中约定出典年限为三年，三年后若陈元不能回赎，并不影响韩廷俊的使用收益。后在宣统元年（1909），陈元将原典地卖与韩廷俊，这也遵守了典主享有先买权的习惯，所以在契约文本中可见"此纸作废"的字样，即原典契因典主的留买无效作废，典主变成该土地的新业主。总之，在清末的奉天省内，无论是民间的典交易环节还是司法审判环节，针对原主将典地另卖的情形，都遵循典主相对于第三人享有优先购买权的民事习惯。

在第三人与典主争买出典田宅时，典主享有优先购买权，这在奉天省内各法院的审判理由中得到了支持，并且各法院强调此民事习惯"各处皆然"，这里的"各处"指的是奉天省内，还是涵盖了其他省份？本文在查寻民国时期的《民事习惯调查报告》后，目前能够明确的是，除奉天省

---

① 韩鸽翮所藏，后收录于〔日〕宫内季子《满洲旧惯调查报告·典的习惯》，大同印书馆，昭和十一年（1936），"附录"第64页。

外，东北黑、吉二省同样遵行这一民事习惯。

三 法院支持同宗的先买权先于典主

典主是否享有先买权还需看参与竞买的第三人的属性，如果是原主的同宗第三人，则其先买权的顺位在典主之前。现以宣统元年（1909）"旗人索玉厚留买同宗索孙氏土地案"为例说明之。该案的基本案情与判决为：

> 缘索孙氏有索德勇领名册地五日，早年典与刘文会耕种，该地粮领向来归她的族侄索玉厚经手。光绪三十四年十二月间，索孙氏因无钱使用，欲将该地出卖，索玉厚因此项亩系索姓先人领名，不愿价卖旁人，找向商量接买，索孙氏不允。嗣后索孙氏又将此地卖与原典户刘文会营业，言明除典价外，再找辽市钱一万四千吊，并找索玉厚作保，索玉厚持价留买，索孙氏仍不允许。索玉厚无计可施，又恐刘文会更名投税，遂照索孙氏原卖之价自写买契一纸，赴度支司先行投税。① 刘文会因索孙氏不交地亩粮领执照，于宣统元年闰二月初一向承德第三初级审判厅呈诉。该厅以索玉厚捏写卖契，私自投税，将索玉厚罚工40日，将粮领缴还索孙氏转刘文会具领。索玉厚不服，赴承德地方审判厅控诉，但地方审判厅仍照原审办理，在判决中认为："查业各有主，典卖应由主便，索玉厚不得干预。"② 索玉厚仍不服，赴奉天省高等审判厅上告。高等审判厅在审理中认为，出卖产业，先尽本宗，如本宗无力价买，方能价卖他人，此等习俗，各处相同。此案索玉厚系索孙氏之从堂侄，索孙氏之册地粮领又归索玉厚经手，该处出卖，索玉厚出而留买，不得谓之非理。讯问索玉厚时，他声称并非故为争执，实因先人遗留，此地若非万分为难，子孙应当世守，如卖他姓，问心殊觉不安。该案后经高等审判厅改判，该地五日归索玉

---

① 《奉天高等审判厅民事案》，《盛京时报》宣统元年六月初二日。收录于〔日〕宫内季子《满洲旧惯调查报告·典的习惯》，大同印书馆，昭和十一年（1936），"附录"第68页。
② 《承德县地方审判厅民事案》，《盛京时报》宣统元年四月二十一日。转引自张勤《中国近代民事司法变革研究——以奉天省为例》，商务印书馆，2012，第275~276页。

厚照刘文会所买价值留买。①

该案经历了初级审判厅、地方审判厅、高等审判厅三级诉讼，承德初级与地方审判厅均以"典卖应以主便"为依据，支持索孙氏将地卖与典主刘文会。而奉天高等审判厅最终改判，索孙氏的堂侄索玉厚最终取得了索孙氏土地的留买权。此案中，承德初级与地方审判厅将审判重点落在了索玉厚自行捏写卖契、私自投税的行为过错上，对其进行了惩罚。二级法院并没有受到"出卖产业先尽本宗，如本宗无力价买，方能价卖他人"的典卖习惯的约束，反而将典地出卖的决定权赋予原主，认为典主与同宗的先买权等阶。但奉天高等审判厅则明确认为，同宗族人的优先购买权毋庸置疑，虽然索玉厚欲得到该地的行为手段过激，但其优先购买权不能因此被剥夺。所以，结合该案的终审判决理由可得推论：原主欲出卖田宅时，典主相对于第三人享有先买权，同宗族人相对于典主享有先买权，所以先买权的顺位应是先尽同宗族人，次尽典主，最后尽第三人。

索玉厚案不仅反映出同宗拥有优先购买权的事实，也体现出清代东北地区旗人防止祖业外溢的深层道德观念。根据索玉厚的供称可知他对先人所留地产的倚重。在他看来，后世子孙应尽力经营维护好祖业，不到万不得已时是不能将祖业卖与外姓之人的。索玉厚所言与传统的"祖上之财不可散"的伦理观念相吻合，在典卖交易习惯中，先尽同宗族人的做法也是为了遏制祖业快速分散的发展趋势。传统中国对财产的继承自古形成了诸子均分的大原则，多子继承本身就不可避免地会带来家族财产分散化的问题，主张在宗族内部消化吸收典卖关系，至少可以缓冲祖业流失，客观上完成的是宗族内部对祖业的重组。奉天高等审判厅对索玉厚案的改判也从侧面印证了司法层面对阻缓祖业外溢的传统道德观的支持与肯定。

四　从同宗回赎纠纷推得先买权还须遵循先亲后疏的服制关系

在对同宗内部先买权的优先顺位的考察中，本文发现在清末奉天省内仍有遵照先亲后疏的传统习惯做法。光绪三十四年（1908）奉天高等审判

---

① 《奉天高等审判厅民事案》，《盛京时报》宣统元年六月初二日。收录于〔日〕宫内季子《满洲旧惯调查报告·典的习惯》，大同印书馆，昭和十一年（1936），"附录"第68页。

厅受理了一起族内土地争买的案件，该案案情与法院判决如下：

> 缘王常喜从堂叔祖王坤早年身故，遗有册地十三日半。王坤生前业已典出六日在外，其余七日半。王坤无嗣，王常喜承受耕种。光绪二十九年间，王姓族人王文珍私自将王坤所典之地六日赎回耕种。王常喜查知，以王坤支派与伊最近，寻向王文珍索赎。王文珍不允。
>
> 王坤遗产应归王常喜承受，毫无疑义。地方初级两厅判令王文珍所赎王坤典地六日，应准王常喜备价赎回，极为公允。①

通过该案案情陈述可知，原主王坤是王常喜的从堂叔祖，王坤有祖遗册地十三日半，生前将其中的六日典出。但因王坤无嗣，故其余土地交由王常喜耕种。光绪二十九年（1903），同族中人王文珍私自将王坤出典的六日土地回赎耕种。王常喜得知后，以王坤与其血亲更近为由向王文珍索赎，王文珍不允，遂告至地方审判厅。地方、初级审判厅审理后，均支持王常喜索赎之主张，最终经奉天高等审判厅认定，王坤遗产应归王常喜承受毫无疑义，准王坤之典地六日由王常喜备价赎回。该案中原主王坤业已去世，其自留田地七日半由王常喜继承耕种。而王常喜和王坤本为同宗族人，但王坤是王常喜的从堂叔祖，"从堂叔祖"即王常喜的祖父是王坤的哥哥，二人都是王常喜曾祖父之子。王坤与王常喜属缌麻亲。而王文珍只是同宗族人，王常喜与之不在一个支派中意味着其与王坤的血亲关系较为疏远，法院实则是将王常喜视为该土地的继承人，在回赎程序上自然要优先考虑近亲属的请求权。

通过王常喜案可推知，在原业出卖问题上同样不能忽视同宗内部先买权的顺位问题，依照《元典章》以来确定的习惯，要遵照先亲后疏的服制关系来确定宗族内部的先买权。除了在回赎问题上，同宗中有服近亲享有先买权外，在清末奉天省的宗族内部，也出现了土地出典先尽近亲的交易意识，这在契约中也是有所体现的：

> 立转典契人夏恒辉，因正用不足，近将原典到胞兄夏恒秀地一段

---

① 《奉天高等审判厅民事案》，《盛京时报》光绪三十四年十二月初三日。收录于〔日〕宫内季子《满洲旧惯调查报告·典的习惯》，大同印书馆，昭和十一年（1936），"附录"第74页。

二日半，央人说允，情愿转典与夏恒阁名下耕种为主。同众言明典价市钱一仟一佰吊整，其价笔下交足，并无施缺。自典之后，钱到回赎，恐后无凭，立此存照。

计开

坐落毛家营子庄东湾泷子册地一段二日半，西南至道，东北至格沟

夏世恩　夏文奎
中证说合人　夏日胧　黄丕云
遇字人　　夏尊上

光绪十二年十二月十六日立转典契人夏恒辉[①]

从该转典契可知，夏恒秀与夏恒辉是胞兄弟关系。夏恒秀出典土地时，首先是将该地典与其弟夏恒辉耕种，后因夏恒辉手头紧，又将地转典给夏恒阁耕种。从契约的文本表述来看，夏恒辉与夏恒阁不是同胞兄弟，但是同祖同辈之人的可能性非常大。从这种出典关系中也不难看出，无论是从信赖利益角度还是从防止家族不动产外溢的角度，在土地出典时，都存在直系血属优于族内亲属的思维方式。由此也可确证，对原业的优先购买权也要遵循先亲后疏的服制关系。

有研究者认为："清代亲邻先买制已蜕变为民间习惯，且在一定程度上其有效性只局限于宗族内部。虽然清代国家法对田宅买卖中的先问亲邻制度持否定态度，但从实际情形来看，民间亲邻先买作为契约规则普遍通行，且田宅买卖中拥有先买权群体的范围比宋、元时期有所扩大。"[②] 该研究者所言的亲邻先买权只局限于宗族内部的结论，在本文的"夏恒辉转典契"中有所体现，但并不能得出此绝对观点。清代立法虽然略去了先买权的顺位规定，但综合王均志案、佟金安案、索孙氏案与王常喜案的判决结果可知，至少在清末奉天省内（无论是民人还是旗人），《元典章》中"诸典卖田宅，及已典就卖，先须立限取问有服房亲（先亲后疏），次及邻

[①] 金州夏恒阁所藏，后收录于〔日〕宫内季子《满洲旧惯调查报告·典的习惯》，大同印书馆，昭和十一年（1936），"附录"第74页。

[②] 范一丁：《清代宗族法中的田宅买卖先问亲邻制》，《文化学刊》2018年第8期。

人（亲从等及诸邻处分典卖者听），次见典主"的顺位规定①在司法层面得到了认可和尊重。

五 结论

通过对上述案例的分析，本文可以得出以下结论：奉天省各级审判厅对典主先买权的民事习惯基本取得一致认识，而宗族成员的先买权在地方与高级审判厅之间存在较大的差异，从索玉厚案可以看出，地方两级审判厅均坚持"业各有主，典卖应由主便"的判决理由，并不受同宗先买权先于典主的民事习惯约束，奉天高等审判厅则明确承认同宗先买权先于典主这一民事习惯的法律效力。

除上述详论的先买权中同宗亲族、典主的优先顺位外，个别地区还出现了地邻先买权的顺位问题。如《满洲旧惯调查报告》提到在奉天省内的锦州府、海龙府下设的各厅州县、开源县以及长春府等地，在同宗享有先买权外，还有对地邻即邻人先买权的确认。在这些地区，先买权的习惯是：同宗亲族为第一顺位，地邻为第二顺位，典主为第三顺位。② 南京国民政府主持编写的《民事习惯调查报告录》显示，吉林省榆树县有族邻优先留买权的习惯，"查买卖房地，承典之户固有优先留买权，然依地方习惯，于典户之外，又多认族邻亦有优先留买权。是以民间卖地，必先烦中

---

① 需要说明的是，因元代有贴军户制度，后对《元典章》所明确的先买权顺位规定作出了些许调整，并产生了新例。"至大元年十月，中书省枢密院呈：冠州贴军户张著，告正军周元，于大德八年欺昧本家，将泺下桑枣地伍拾叁亩，暗地卖与伊另籍军户房亲周二等为主。礼部议拟：即系违例成交，拟合改正，令张著依价收赎。周元侄周义却告张著，又将伯父周元节次卖与义等地土伍段，欲验旧价收赎。本院看详，正军贴户，验各家气力津助一同当军，破卖田产许相由问，恐损同户气力。今周元与周义等虽是有服房亲，却系另户。已后周元无力，累及张著。除例前已卖地土拟合革拨，例后合无依礼部先拟，同户张著验价收赎。今后诸军户典卖田宅，先须于官给据，明立问帐，具写用钱缘故，先尽同户有服房亲并正军贴户。如不愿者，依限批退。然后方向邻人、典主成交，拟不靠损军力。都省准呈。"见《通制条格》卷16，载杨一凡、徐立志主编《历代判例判牍》第3册，中国社会科学出版社，2005，第72页。

② 〔日〕宫内季子：《满洲旧惯调查报告·典的习惯》，大同印书馆，昭和十一年（1936），第52页。

人向族邻问其能否留买，如族邻不愿留买，方能卖诸他户"①。调查员强调按顺位决定典物优先购买权这一民事习惯已为吉林省一般民人所公认，唯独大理院判例尚不采用。对"大理院判例不采用"的原因，该调查员并未言明，但在《大清律例·典卖田宅》的附例中有"倘已经卖绝，契载确凿，复行告找告赎，及执行'动产归原'先尽亲邻之说，借端捏勒，希图短价，并典限未满而业主强赎者，俱照不应重律治罪"的记载。该例形成于雍正八年（1730），《户部则例》"置买田房"各条中均无此规定。依照户部侍郎王朝恩的原奏，订立该条的初衷是要明确限制原主不得于出典年限内强行告赎，现业主也不得在年限已满后借故捐赎。而针对已经绝卖后又重复找赎的情形，须执行动产归原主且同宗亲族、地邻享有优先购买权的习惯。但薛允升指出，原奏中并没出现"动产归原先尽亲邻"之说，何时何故添入并无明文可知。可见，此例中"先尽亲邻"的效力来源并不明确，清代法律仍然将其界定为民事习惯，并无严格遵守之要求。总之，《元典章》中关于先买权的顺位规定到了清代已经从法典中略去，在司法上也没有统一的执行标准。但从清末东北地区先买权的执行情况看，元代以来的这一民事习惯很好地保留了下来，在典交易行为甚至是产权纠纷的解决机制中得到了认可。

---

① 前南京国民政府司法行政部编《民事习惯调查报告录》上册，胡旭晟等点校，中国政法大学出版社，2000，第39页。

中华法系案例·文献与研究索引

一 主要文献

(一) 秦汉

睡虎地秦墓竹简小组编《睡虎地秦墓竹简·法律答问》，文物出版社，1990。

张家山二四七号汉墓竹简整理小组编《张家山汉墓竹简·奏谳书》，文物出版社，2006。

朱汉民、陈松长主编《岳麓书院藏秦简·奏谳书》（1~6），上海辞书出版社，2010~2020。

湖北省荆沙铁路考古队编《包山楚简》，文物出版社，1991。

湖南省文物考古研究所编《里耶秦简》，文物出版社，2012。

胡平生：《敦煌悬泉汉简释粹》，上海古籍出版社，2001。

(二) 魏晋南北朝、隋唐五代

中国科学院历史研究所资料室编《敦煌资料》，中华书局，1961。

中国文物研究所等编《吐鲁番出土文书》，文物出版社，1994。

刘俊文：《敦煌吐鲁番唐代法制文书考释》，中华书局，1989。

李昉等：《太平御览》，中华书局，1960。

王钦若等编《册府元龟》，中华书局，1960。

李昉等编《文苑英华·判》，中华书局，1966。

张鷟：《龙筋凤髓判》，田涛、郭成伟校注，中国政法大学出版社，1996。

和凝、和㠓：《疑狱集·补疑狱集》，中国书店，2018。

(三) 宋

《名公书判清明集》，中国社会科学院历史研究所宋辽金元史研究室点校，中华书局，1987。

宋慈编《洗冤集录》，贾静涛点校，上海科学技术出版社，1981。

桂万荣编著《棠阴比事》，浙江古籍出版社，2018。

(四) 明清

1. 地方档案

田涛等编《黄岩诉讼档案及调查报告》，法律出版社，2004。

张晋藩、朱勇、林乾编《清代冕宁司法档案全编》，法律出版社，2019。

吴密察主编《淡新档案》，台湾大学图书馆，2001。

四川省档案馆编《清代巴县档案整理初编·司法卷·乾隆朝》，西南交通大学出版社，2015。

四川省档案馆编《清代巴县档案整理初编·司法卷·嘉庆朝》，西南交通大学出版社，2018。

四川省档案馆编《清代巴县档案整理初编·司法卷·道光朝》，西南交通大学出版社，2018。

四川省南充市档案局编《清代四川南部县衙门档案》，黄山书社，2016。

刘伯山主编《徽州文书》，广西师范大学出版社，2004。

王钰欣、周绍泉主编《徽州千年契约文书》，中国社会科学院历史研究所收藏整理，花山文艺出版社，1993。

包伟民主编《龙泉司法档案选编》，中华书局，2012。

中国社会科学院近代史研究所中华民国史研究室、山东省曲阜文物管理委员会编《孔府档案选编》（上、下），中华书局，1982。

福建师范大学历史系编《明清福建经济契约文书选辑》，人民出版社，1997。

自贡市档案馆等编《自贡盐业契约档案选辑》，中国社会科学出版社，1985。

《盛京刑部原档》，中国人民大学清史研究所、中国第一历史档案馆译，群众出版社，1985。

2. 宫中档案

中国第一历史档案馆藏刑科题本。

中国第一历史档案馆藏奏折、军机处录副。

中国第一历史档案馆藏刑部档案。

中国第一历史档案馆编《康熙朝汉文朱批奏折汇编》，档案出版社，1984。

中国第一历史档案馆编《雍正朝汉文谕旨汇编》，广西师范大学出版社，2008。

中国第一历史档案馆编《雍正朝汉文朱批奏折汇编》，江苏古籍出版社，1991。

中国第一历史档案馆编《乾隆朝上谕档》，中国档案出版社，1991。

中国第一历史档案馆编《嘉庆朝上谕档》，广西师范大学出版社，2008。

中国第一历史档案馆编《道光朝上谕档》，广西师范大学出版社，2008。

中国第一历史档案馆编《咸丰朝上谕档》，广西师范大学出版社，2008。

中国第一历史档案馆编《同治朝上谕档》，广西师范大学出版社，2008。

中国第一历史档案馆编《光绪朝上谕档》，广西师范大学出版社，2008。

中国第一历史档案馆编《宣统朝上谕档》，广西师范大学出版社，2008。

中国第一历史档案馆编《康熙朝满文朱批奏折全译》，中国社会科学出版社，1996。

中国第一历史档案馆编《雍正朝满文朱批奏折全译》，黄山书社，1998。

台北故宫博物院：《宫中档康熙朝奏折》，台北故宫博物院，1976。

台北故宫博物院：《宫中档雍正朝奏折》，台北故宫博物院，1977。

台北故宫博物院：《宫中档乾隆朝奏折》，台北故宫博物院，1982。

中国第一历史档案馆：《光绪朝朱批奏折》，中华书局，1996。

中国第一历史档案馆编《乾隆朝惩办贪污档案选编》，中华书局，1994。

上海书店出版社编《清代文字狱档》，上海书店出版社，2007。

中国第一历史档案馆译注《满文老档》，中华书局，1990。

3. 案例汇编

祝庆祺等编《刑案汇览三编》，北京古籍出版社，2004。

郑克编，刘俊文译注《折狱龟鉴译注》，上海古籍出版社，1988。

樊增祥:《樊山政书》,中华书局,2007。

陈全伦、毕可娟、吕晓东主编《徐公谳词——清代名吏徐士林判案手记》,齐鲁书社,2001。

汪辉祖、蒯德模:《病榻梦痕录》,江西人民出版社,2012。

杨一凡主编《清代秋审文献》,中国民主法制出版社,2015。

宋北平编《秋审案例》,社会科学文献出版社,2018。

杨一凡主编《清代判牍案例汇编》(甲编),社会科学文献出版社,2019。

杨一凡主编《清代判牍案例汇编》(乙编),社会科学文献出版社,2019。

杨一凡、徐立志主编《历代判例判牍》,中国社会科学出版社,2005。

杨一凡编《清代成案选编》(甲编),社会科学文献出版社,2014。

杨一凡、陈灵海编《清代成案选编》(乙编),社会科学文献出版社,2016。

许梿、熊莪纂辑《刑部比照加减成案》,何勤华、沈天水等点校,法律出版社,2009。

杨一凡编《古代判牍案例新编》,社会科学文献出版社,2012。

周守赤辑《刑案汇编》,天津人民出版社,2018。

祝庆祺等编撰《刑案汇览全编》,法律出版社,2007。

沈家本辑《沈家本辑刑案汇览三编》,凤凰出版社,2016。

全士潮等纂辑《驳案汇编》,何勤华等点校,法律出版社,2009。

故宫博物院编《驳案新编》,海南出版社,2001。

二 研究成果

(一) 法的本质

1. 判例法

赵晓磊:《秦汉时期司法审判形成的"比"考析——兼驳中国古代存在判例法之说》,《法律与伦理》2018年第1期。

胡兴东:《宋元断例新考》,《思想战线》2018年第1期。

蓝云广:《中国古代判例法演变探析》,《科技资讯》2018年第1期。

詹婷：《中国古代判例的司法适用研究——以汉、明两朝为重点》，硕士学位论文，湖南工业大学，2015。

王熠珏：《中国古代"判例法"省思》，《湖北警官学院学报》2014年第11期。

朱敏玲：《中国古代判例法研究》，《法制与社会》2014年第27期。

姜方毅：《对有关清代成例制度研究的阅读探讨》，载里赞主编《法律史评论》（第六卷），社会科学文献出版社，2014。

胡俊华、葛天博：《中国古代法律特征及出现的判例》，《兰台世界》2014年第15期。

胡兴东：《判例法传统与中华法系》，《法学杂志》2012年第5期。

胡兴东：《元朝判例法创制程序问题研究》，《内蒙古师范大学学报》（哲学社会科学版）2010年第1期。

胡兴东：《元代司法中判例适用问题研究》，载徐昕主编《司法》（第四辑），厦门大学出版社，2009。

张春：《清代成案研究》，硕士学位论文，内蒙古大学，2012。

张本顺：《论中国古代判例法的风格、成因及其现代意义》，《湖北社会科学》2009年第7期。

刘宁：《属辞比事：判例法与〈春秋〉义例学》，《北京大学学报》（哲学社会科学版）2009年第2期。

王贵东：《我国古代判例法的特征及其启示》，《湖北广播电视大学学报》2007年第6期。

张玉光：《判例法在传统中国社会的历史变迁》，《社会科学家》2005年第6期。

陈坚纲：《中国古代判例法研究》，《甘肃行政学院学报》2004年第3期。

余海民：《中国传统判例制度及其现代价值研究》，硕士学位论文，对外经济贸易大学，2004。

蒲娜娜、饶艾：《古代中国判例的几个基本问题》，《西南交通大学学报》（社会科学版）2003年第6期。

吴秋红：《秦汉时期判例适用的方法及得失》，《海南师范学院学报》（社会科学版）2003年第4期。

吴秋红：《论汉代的判例法》，《黄冈师范学院学报》2001年第2期。

何勤华：《秦汉时期的判例法研究及其特点》，《法商研究（中南政法学院学报）》1998年第5期。

崔永华：《中国古代判例法成因及经验教训》，《求是学刊》1998年第2期。

郑秦：《康熙〈现行则例〉：从判例法到法典法的回归》，《现代法学》1995年第2期。

胡兴东：《宋代判例问题考辨》，《云南师范大学学报》（哲学社会科学版）2016年第1期。

张晓永、张英杰：《试论我国明代判例技术的应用及其启示》，《山西大同大学学报》（社会科学版）2015年第6期。

韩瑛慧：《从"春秋决狱"看中国式判例》，《法制与社会》2011年第7期。

柏桦、于雁：《清代律例成案的适用——以"强盗"律例为中心》，《政治与法律》2009年第8期。

周成泓：《古代中国判例传统：成因及启示——案例指导制度的另一观察视角》，《黑龙江省政法管理干部学院学报》2008年第3期。

杨思斌：《中国古代判例制度的演变与基本特征》，《法学杂志》2008年第2期。

赵玉环：《我国古代判例制度及其特征》，《政法论丛》2005年第5期。

2. 情理法

霍存福：《汉武帝对问与傅隆议迁徙两案的"情理法"》，《法律适用》2017年第6期。

周泽夏：《黄霸断案中的"察情"及其现代启示》，《法律适用》2019年第24期。

蒋铁初：《哀敬折狱与古代中国案件审理的传统》，《法律适用》2020年第2期。

赵晓耕：《北魏朝卖女葬母案》，《中国审判》2007年第12期。

范依畴、范忠信：《从两姓械斗案妙判看于成龙巧用情理法》，《法律适用》2017年第10期。

邓勇：《论中国古代法律生活中的"情理场"——从〈名公书判清明集〉出发》，《法制与社会发展》2004年第5期。

徐忠明：《清代中国司法裁判的形式化与实质化——以〈病榻梦痕录〉所载案件为中心的考察》，《政法论坛》2007年第2期。

崔明石：《事实与规范之间：情理法的再认识——以〈名公书判清明集〉为考察依据》，《当代法学》2010年第6期。

柏桦、崔永生：《"情理法"与明代州县司法审判》，《学习与探索》2006年第1期。

康建胜：《情理法与传统司法实践》，《青海社会科学》2011年第2期。

张正印：《事实的敞开：情理法判案模式的合法性构造》，《东方法学》2008年第3期。

杜军强：《法律原则、修辞论证与情理——对清代司法判决中"情理"的一种解释》，《华东政法大学学报》2014年第6期。

康建胜、卫霞：《传统司法中的"能动"主义及其价值——以情理法为视角》，《甘肃社会科学》2012年第2期。

柏桦、袁红丽：《户绝与财产继承：清代民事审判中的情理法》，《天津师范大学学报》（社会科学版）2009年第3期。

康建胜：《汪辉祖的司法实践及"情理法"观》，《兰州学刊》2015年第7期。

王斐弘：《中国传统法文化中的情理法辨析——以敦煌吐鲁番唐代法制文献为例》，载范忠信、陈景良主编《中西法律传统》（第七卷），北京大学出版社，2009。

张杰：《中国传统情理法的法理重识与现代转化——以〈驳案新编〉为切入点》，《北方法学》2020年第4期。

张正印：《还原与反思：清代情理法判案实践的"民、刑"差异》，《甘肃政法学院学报》2011年第2期。

里赞：《司法或政务：清代州县诉讼中的审断问题》，《法学研究》2009年第5期。

李启成：《"常识"与传统中国州县司法——从一个疑难案件（新会田坦案）展开的思考》，《政法论坛》2007年第1期。

陈小洁：《中国传统司法判例情理表达的方式——以〈刑案汇览〉中裁判依据的选取为视角》，《政法论坛》2015 年第 3 期。

3. 调解

刘道胜：《明清徽州的民间调处及其演变——以文书资料为中心的考察》，《安徽师范大学学报》（人文社会科学版）2008 年第 4 期。

韩秀桃：《〈不平鸣稿〉所见明末徽州的民间纠纷及其解决》，《中国文化研究》2004 年第 3 期。

田涛：《徽州地区民间纠纷调解契约初步研究》，《法治论丛（上海政法学院学报）》2009 年第 1 期。

徐忠明：《小事闹大与大事化小：解读一份清代民事调解的法庭记录》，《法制与社会发展》2004 年第 6 期。

邓建鹏：《清代州县讼案的裁判方式研究——以"黄岩诉讼档案"为考查对象》，《江苏社会科学》2007 年第 3 期。

邓建鹏：《清代州县讼案和基层的司法运作——以黄岩诉讼档案为研究中心》，《法治研究》2007 年第 5 期。

俞江：《明清州县细故案件审理的法律史重构》，《历史研究》2014 年第 2 期。

吴佩林：《清代地方民事纠纷何以闹上衙门——以〈清代四川南部县衙档案〉为中心》，《史林》2010 年第 4 期。

陈金全、侯晓娟：《论清代黔东南苗寨的纠纷解决——以文斗苗寨词状为对象的研究》，《湘潭大学学报》（哲学社会科学版）2010 年第 1 期。

陆娓：《清代乡里调解制度研究——以"黄岩档案"与"巴县档案"为例》，《求索》2013 年第 11 期。

魏顺光：《清代坟产争讼中的"民间调处"——以巴县档案为中心的考察》，《江汉论坛》2013 年第 4 期。

张本顺：《论宋代亲属财产争讼的司法艺术风格与精神》，《四川师范大学学报》（社会科学版）2014 年第 4 期。

4. 法与习惯

孙明春：《约法之争：明清乡约与律法的融合及冲突》，《法律适用》2018 年第 22 期。

伏阳：《乡约司法职能探析——以清末吐鲁番厅为中心》，《新疆地方志》2022年第1期。

常建华：《清代乾嘉时期的四川赶场——以刑科题本、巴县档案为基本资料》，《四川大学学报》（哲学社会科学版）2016年第5期。

段自成：《明清乡约的司法职能及其产生原因》，《史学集刊》1999年第2期。

王雪梅：《官方与民间合力，制定法与习惯法并用——清末民初债务问题的解决途径与方式探析》，《四川师范大学学报》（社会科学版）2012年第6期。

张萍：《从〈徽州千年契约文书〉看清代徽州民间纠纷和诉讼》，硕士学位论文，厦门大学，2006。

张萍：《从明清徽州谱牒与文书看当时社会的民间纠纷与诉讼》，《怀化学院学报》2007年第11期。

张光红：《鸣神与鸣官：清代清水江流域民间纠纷多元解决机制试探》，《贵州大学学报》（社会科学版）2017年第2期。

万振凡、周声柱：《清以来鄱阳湖区民间纠纷处理的历史惯性——以都昌、鄱阳两县为中心》，《南昌大学学报》（人文社会科学版）2011年第1期。

龙圣：《试析清代湘西苗疆天王神判延续的因素》，《民族论坛》2010年第8期。

刘振宇：《清代黔东南苗族社会变迁与民间纠纷解决——以文斗寨解纷文书为研究对象》，《江苏警官学院学报》2011年第3期。

潘志成、梁聪：《清代贵州文斗苗族社会中林业纠纷的处理》，《贵州民族研究》2009年第5期。

张晓蓓：《清代冕宁诉状与西南少数民族地区的纠纷解决机制》，《法学研究》2009年第4期。

周琳：《产何以存？——清代〈巴县档案〉中的行帮公产纠纷》，《文史哲》2016年第6期。

邱澎生：《法学专家、苏州商人团体与清代中国的"习惯法"问题》，《北大法律评论》2009年第1期。

李启成：《法律近代化过程中的外来规则与固有习惯——以祭田案件为例》，《中国社会科学》2008年第3期。

李启成：《功能视角下的传统"法"和"司法"观念解析——以祭田案件为例》，《政法论坛》2008年第4期。

尹伟琴：《论民国时期基层法院判决依据的多样性——以浙江龙泉祭田纠纷司法档案为例》，《浙江社会科学》2010年第5期。

5. 法与礼教

李德嘉：《"徐元庆复仇"案所蕴含的法理争议》，《法律适用》2018年第8期。

张一民：《北魏"殴主伤胎"案中的司法适用问题探析》，《法律适用》2020年第4期。

逯子新、赵晓耕：《北魏卖女葬母案之再思索》，《法律适用》2019年第10期。

李驰：《唐前期"王子犯法"案中的法律与政治分析——从张鷟〈龙筋凤髓判·左右卫率府二条〉展开》，《法律适用》2018年第24期。

张世菁：《由张家山汉简〈奏谳书〉的两个案例试析礼制与法律的冲突与运作》，载武汉大学历史学院主编《珞珈史苑》，武汉大学出版社，2020。

（二）类案

（甲）民事

1. 婚姻

史永丽：《对一份清代判词的解读及当代启示——以〈徐公谳词·张有声主婚强卖案〉为例》，《法律适用》2018年第14期。

赵娓妮：《晚清知县对婚姻讼案之审断——晚清四川南部县档案与〈樊山政书〉的互考》，《中国法学》2007年第6期。

汪毅夫：《性别压迫："典卖其妻"、"买女赘婿"和"命长媳转偶"——闽、台两地的部分证言、证物和案例》，《福建论坛》（人文社会科学版）2007年第6期。

魏兆池：《清代"义绝"案例研究》，硕士学位论文，黑龙江大学，2019。

2. 继承

柴荣：《宋朝未成年人"国家监护制度"——以"叔父谋吞幼侄财产

案"判词为引子》,《法律适用》2017 年第 4 期。

张京凯:《宋代户绝财产的纠纷解决及其史鉴价值》,《法律适用》2019 年第 6 期。

马子政:《从〈建昌县刘氏诉立嗣事〉分析南宋遗产继承的法律适用》,《法律适用》2020 年第 10 期。

陈蔼婧:《家事中的处断:再探明代妇女的财产权——以契约文书和州县判例为例》,《法律适用》2019 年第 8 期。

王奥运:《清代异姓不嗣案的审理及其启示》,《法律适用》2020 年第 20 期。

童光政:《明末方氏家族"并立二嗣"案》,《中国审判》2007 年第 7 期。

张小也:《从分家继产之讼看清代的法律与社会——道光、光绪年间陕西相关案例分析》,《清史研究》2002 年第 3 期。

吕宽庆:《从清代立嗣继承个案看清代地方官对法律正义的救济》,《清史研究》2004 年第 1 期。

赵胜男:《南宋纠纷解决的法律文化特质——以〈名公书判清明集〉立嗣案件为视角》,载里赞主编《法律史评论》(第五卷),社会科学文献出版社,2012。

包呼和木其尔:《清朝蒙古例财产相关规定再考——以内蒙古喀喇沁地区财产继承纠纷案为例》,载达力扎布主编《中国边疆民族研究》(第十一辑),中央民族大学出版社,2018。

张加培:《晚清四川南部县"招赘立嗣"案件与审理》,《成都大学学报》(社会科学版)2017 年第 6 期。

赵胜男、王华:《〈名公书判清明集〉立嗣案件中的纠纷解决文化特质之探析》,《东南大学学报》(哲学社会科学版)2013 年第 S1 期。

杜正贞:《晚清民国时期的祭田轮值纠纷——从浙江龙泉司法档案看亲属继承制度的演变》,《近代史研究》2012 年第 1 期。

张本顺、牛春景:《南宋户绝立嗣继产讼案中的司法"利益衡平"艺术及其当代价值》,《淮北师范大学学报》(哲学社会科学版)2015 年第 1 期。

陈景良、欧阳紫荆:《南宋法官刘克庄巧判田氏立嗣分家案》,《中国社会科学报》2022年1月19日。

柳立言：《妾侍对上通仕：剖析南宋继承案〈建昌县刘氏诉立嗣事〉》，《中国史研究》2012年第2期。

李士祥：《18至20世纪中期清水江地区分家析产探析——以〈清水江文书考释·天柱卷〉分关文书为中心的考察》，《贵州大学学报》（社会科学版）2013年第2期。

杜正贞：《晚清民国时期的祭田轮值纠纷——从浙江龙泉司法档案看亲属继承制度的演变》，《近代史研究》2012年第1期。

3. 田土、契约与产权

春杨、杨舒然：《宋代一则田业典卖纠纷案的现实启示——"禁步内如非己业只不得再安坟墓起造垦种听从其便"案例分析》，《法律适用》2018年第6期。

张文勇：《从宋代田宅案件看中国古代法官对民事证据的审查判断》，《法律适用》2019年第16期。

王帅一：《明清时代对土地契约纠纷案件的认识及处理》，《法律适用》2017年第24期。

邹亚莎、李亚：《从"因遭火灾斫准存案"看明清时代土地"管业"案件中证据的效力及认定》，《法律适用》2020年第18期。

袁辉、彭奕菲：《以安徽休宁县租山纷争案为例看清代棚土纠纷的国家应对》，《法律适用》2018年第2期。

张玲玉：《清代旗民交产案件所见旗地管理之法令变迁》，《法律适用》2018年第20期。

张小也：《清代的坟山争讼——以徐士林〈守皖谳词〉为中心》，《清华大学学报》（哲学社会科学版）2006年第4期。

张小也：《从"自理"到"宪律"：对清代"民法"与"民事诉讼"的考察——以〈刑案汇览〉中的坟山争讼为中心》，《学术月刊》2006年第8期。

徐晓光：《锦屏林区民间纠纷内部解决机制及与国家司法的呼应——解读〈清水江文书〉中清代民国的几类契约》，《原生态民族文化学刊》2011年第1期。

沈菊芳：《明清徽州坟山、祀田状况及其纠纷研究》，硕士学位论文，华东政法大学，2008。

李哲：《作为证据的家谱——以清代坟山买卖及纠纷解决为例》，《证据科学》2016年第2期。

龚雪：《清代徽州坟产纠纷研究》，硕士学位论文，华东政法大学，2014。

童光政：《明朝依律决讼载盐船沉没赔偿案》，《中国审判》2007年第2期。

春杨：《清代民间纠纷调解的规则与秩序——以徽州私约为中心的解读》，《山东大学学报》（哲学社会科学版）2008年第2期。

韩秀桃：《明清徽州民间坟山纠纷的初步分析》，载曾宪义主编《法律文化研究》（第四辑），中国人民大学出版社，2008。

魏顺光：《清代的民事法源问题再探析——以巴县档案中的坟产讼案为中心》，《湖南警察学院学报》2013年第3期。

张朝阳、曹树基：《法律与市场：乾嘉时期鄱阳湖区"曹杨讼案"研究》，《清史研究》2017年第1期。

王玉朋、张帅：《晚清时期的衍圣公与微山湖地区的"湖团案"》，《中国国家博物馆馆刊》2021年第8期。

4. 商业

吴媛媛：《从粮食事件看晚清徽州绅商的社会作用——以〈歙地少请通浙米案呈稿〉和〈祁米案牍〉为例》，《安徽史学》2004年第6期。

邱澎生：《"是官当敬"？——检视十八世纪重庆商业诉讼的政治风险问题》，《清史研究》2020年第6期。

邱澎生：《〈大清律例〉如何影响商业习惯——试析十八、十九世纪苏州的度量衡诉讼》，《法律史译评》2017年第1期。

支果：《传统盐业契约价值探析——以近现代四川自贡地区盐业诉讼纠纷为例》，《西南民族大学学报》（人文社会科学版）2008年第12期。

周琳：《城市商人团体与商业秩序——以清代重庆八省客长调处商业纠纷活动为中心》，《南京大学学报》（哲学·人文科学·社会科学版）2011年第2期。

张渝：《清代重庆的商业诉讼及其审理》，《重庆师范大学学报》（哲学社会科学版）2009年第3期。

(乙) 刑事
1. 总则

肖鹏：《从"刘縻子案"看中国传统法律文化中"赦幼"原则的限度——基于法律文本与司法实践的分析》，《法律适用》2019 年第 4 期。

高旭晨：《中国古代僧人犯罪的刑事法律处罚之原则》，《法律适用》2017 年第 12 期。

常红星：《从清〈刑案汇览〉看法律层面的以儒摄佛》，《乐山师范学院学报》2010 年第 10 期。

严曦：《清代士人司法特权与犯罪——以〈刑案汇览〉为中心》，《华侨大学学报》(哲学社会科学版) 2006 年第 4 期。

吴佩林：《清代四川南部县民事诉讼中的妇女与抱告制度——以清代四川〈南部档案〉为中心》，《中国乡村研究》2010 年第 2 期。

关康：《理藩院题本中的蒙古发遣案例研究——兼论清前期蒙古地区司法调适的原则及其内地化问题》，《清史研究》2013 年第 4 期。

周磊：《浅析清代的存留养亲制度——以〈刑案汇览〉八十一个案例为蓝本》，《知识经济》2012 年第 14 期。

2. 吏治

黄海：《"醴阳令恢盗县官米"案与汉代的官员监守自盗犯罪》，《法律适用》2020 年第 24 期。

吕丽、孙祺祺：《清代集体贪腐第一大案"捐监冒赈案"检视》，《法律适用》2017 年第 14 期。

付宁馨：《清代浮收案件的论罪和启示》，《法律适用》2018 年第 18 期。

杨芹：《清末吏部听人贿买案及其影响》，《法律适用》2019 年第 22 期。

翟家骏：《清代"戊午科场案"的法律适用解读》，《法律适用》2019 年第 12 期。

方华玲：《从"虚报"到"冒销"：乾隆朝乌鲁木齐粮石采买冒销案探析》，《史林》2014 年第 4 期。

孙文杰：《从满文寄信档看"高朴盗玉案"对清代新疆吏治的影响》，《北方民族大学学报》(哲学社会科学版) 2017 年第 1 期。

3. 思想和文字

姚宇：《"禁止师巫邪术"与明末清初的天主教案：以南京教案和康熙"历狱"为例》，《法律适用》2019年第8期。

肖飞：《曾静案体现的清朝文化主义主张及其适用》，《法律适用》2018年第10期。

孙光妍、宋鋆：《清代文字狱案例评析——以数据统计为中心的考察》，《法律适用》2018年第16期。

4. 命盗重案

陈新宇：《转型司法的困局——以清季陕西赵憘憘故杀胞弟二命案为例》，《法律适用》2019年第2期。

闫晓君：《一桩命案引起的妇女离异争议》，《法律适用》2017年第8期。

陈重业：《白居易理断郡守专命案》，《中国审判》2007年第8期。

徐忠明：《明代争水群殴致人死亡案》，《中国审判》2007年第11期。

周蓓：《清代盗匪案的类型与成因》，《南都学坛》（人文社会科学学报）2013年第5期。

何海锋：《"失盗又遭官"的逻辑——从"讳盗"现象看清代地方司法》，《云梦学刊》2014年第2期。

陈志武、林展、彭凯翔：《清代命盗重案的统计特征初探——基于10.6万件案件的分析》，《新史学》2020年第1期。

石泉：《清代"强盗"案中主从犯归责标准及启示——以〈刑案汇览〉中"孙倡读"案为例进行分析》，《保山学院学报》2020年第1期。

铃木秀光、李冰逆：《论清代嘉庆、道光时期的盗案裁判》，载里赞主编《法律史评论》（第十一卷），社会科学文献出版社，2018。

赵青娟：《清代拐卖妇人案件的法律规定及实践——以〈巴县档案〉为中心的研究》，《青海师范大学学报》（哲学社会科学版）2020年第6期。

闵冬芳：《清律中的图财害命概念探析——以清代的典型案例为基础进行分析》，《理论月刊》2009年第1期。

李永甜、刘贡南：《光绪、宣统年间新疆拐卖妇女现象的社会分析——以清代新疆档案选辑为中心》，《山西档案》2016年第4期。

闵冬芳：《清代法律和司法实践对共同谋杀之首犯与从犯的认定》，《北方法学》2011年第4期。

王斌通：《从晚清"故杀胞弟案"看陕派律学的司法贡献》，硕士学位论文，西北政法大学，2017。

徐忠明：《台前与幕后：一起清代命案的真相》，《法学家》2013年第1期。

潘洪钢：《清代驻防八旗的民族关系问题研究——从荆州旗、民的几次斗殴事件入手的探讨》，《江汉论坛》2005年第2期。

薛文超：《司法裁判结果责任的古今之辨——以〈红楼梦〉自杀事件的解读为例》，《东方法学》2017年第5期。

王应瑄：《从国渊、王安礼验字破案看古代的投匿名书告人罪、诬告罪、诽谤罪、投书诽谤罪》，《法学评论》1987年第3期。

姚志伟：《清代刑事审判中的依法判决问题研究——以〈刑案汇览〉的诬告案件为基础》，《社科纵横》2007年第12期。

朱声敏：《从诬告案判牍看儒法矛盾及其调和》，《创新》2013年第3期。

姚志伟：《清代诬告案件依法判决情况的原因分析》，《黄石理工学院学报》（人文社会科学版）2011年第2期。

曾潆逸：《〈驳案汇编〉之诬告案及其量刑研究》，硕士学位论文，郑州大学，2017。

5. 干名犯义

吕娟：《清代卑幼对尊长刑事犯罪案件的法律适用研究》，硕士学位论文，云南大学，2020。

钱泳宏：《清代刑科档案中"妻犯夫"现象的考察》，《南通大学学报》（社会科学版）2014年第2期。

钱泳宏：《清代夫权的法定与恣意——基于〈大清律例〉与刑科档案的考察》，《北方法学》2011年第3期。

钱泳宏：《〈大清律例〉"夫尊妻卑"对夫犯妻的影响——以"夫因生活琐事杀妻"案为考察中心》，《北方法学》2014年第4期。

李月、颜吾芟：《北宋庶子告母的意外结局》，《中国人大》2009年第3期。

王小丹：《浅析清代子孙违犯教令罪——以〈刑案汇览〉为中心》，《经济师》2011 年第 4 期。

6. 犯奸

张晓霞：《清代巴县档案中的"休妻"与"嫁卖生妻"》，《甘肃社会科学》2014 年第 2 期。

张晓霞：《清代巴县档案中的 54 例犯奸案件分析》，《中华文化论坛》2013 年第 8 期。

颜丽媛：《清代性侵害案件中男性受害者的法律保护——以清代法律实践为中心》，《中国刑事法杂志》2012 年第 10 期。

颜丽媛：《对清代因与人通奸后杀死本夫案中妻子的量刑例外的考察》，《中国刑事法杂志》2015 年第 1 期。

颜丽媛：《因奸杀夫案中妻的消极法律保护传统》，《天津法学》2015 年第 2 期。

骆威：《清代犯奸案件的审理依据及原则——基于司法判例的考察》，《社会科学家》2013 年第 5 期。

赖惠敏：《情欲与刑罚：清前期犯奸案件的历史解读（1644—1795）》，载范忠信、陈景良主编《中西法律传统》（第六卷），北京大学出版社，2008。

艾晶、黄小彤：《清末女性奸情杀人案研究（1901—1911）——以第一历史档案馆馆藏档案为例》，《宁夏大学学报》（人文社会科学版）2007 年第 2 期。

江照信：《以史立论：案件与法学的认识问题——以大清律"杀死奸夫"之案件为例》，载陈金钊、谢晖主编《法律方法》（第八卷），山东人民出版社，2009。

胡祥雨：《嘉庆帝对一起宗室犯奸案件的审判》，《历史档案》2014 年第 3 期。

张小也：《清代司法档案中的"行奸复拒奸"》，载徐世虹主编《中国古代法律文献研究》（第八辑），社会科学文献出版社，2014。

梅欢：《从〈折狱新语〉看晚明女性诉讼》，硕士学位论文，西南政法大学，2016。

侯庆斌：《晚清上海陋俗治理中的司法困境与中西矛盾——以法租界内的台基案为例》，《安徽史学》2020 年第 2 期。

周琳、唐悦：《秦氏的悲情与野心——乾隆末年一桩离婚案中的底层妇女》，载里赞主编《法律史评论》（第十一卷），社会科学文献出版社，2018。

黄心瑜：《奸情犯罪女性的形象塑造——以〈资政新书〉37 例判词为中心》，《南京大学法律评论》2019 年第 2 期。

张勇：《晚清通奸百案考——以〈刑案汇览〉为视角》，《法制博览》2015 年第 35 期。

7. 司法

沈玮玮、徐翼：《唐太宗纵囚归狱案再评》，《法律适用》2020 年第 12 期。

祖伟、邱玉强：《"案验"与"覆推"：从我国古代案例看监察官对疑难案件的司法监察——以〈疑狱集〉〈折狱龟鉴〉（补）所载案例为例》，《法律适用》2020 年第 16 期。

王若时：《"慎刑"原则在清朝秋审中区分"实"、"缓"的运用》，《法律适用》2019 年第 18 期。

李超、张生：《从三则司法案例看中国古代对刑讯的规制》，《法律适用》2017 年第 18 期。

王平原：《元代烧埋钱无法追缴案》，《中国审判》2007 年第 6 期。

王小丹：《清代越诉案件多元样态之解构——以〈刑案汇览〉为中心》，《黑河学刊》2014 年第 2 期。

陈雪明：《盗葬与越诉：清代徽州盗葬诉讼程序研究——以康熙年间程元谭墓盗葬案为例》，《档案》2020 年第 4 期。

8. 行政

况腊生：《玄奘偷渡出境案与唐律中的关防制度》，《法律适用》2018 年第 4 期。

龚汝富：《清代江西赋税讼案浅探——以〈名花堂录〉为例》，《中国社会经济史研究》2005 年第 2 期。

龚汝富：《清代江西讹扳漕运军丁讼案浅析——以〈康熙四十五年讹扳军案集录一本永远存据〉为例》，《清史研究》2006 年第 4 期。

肖丽红：《从官诬闹漕案看清代地方官漕政理念与地方社会治理——以陆名扬闹漕为中心的考察》，《安徽史学》2010 年第 5 期。

黄心瑜：《难以触及的真相：一起清代知县隐匿灾情弹劾案的分析》，《交大法学》2022年第4期。

（三）典型案例

1. 春秋决狱

高汉成：《春秋决狱与法律解释——以董仲舒春秋决狱案例为中心的考察》，《厦门大学学报》（哲学社会科学版）2022年第5期。

李宗敏：《论"孝"与"法"——以"秦鸾犯盗"案例为研究重点》，《湖北工程学院学报》2022年第2期。

武黎嵩：《始推阴阳、为儒者宗：董仲舒"春秋决狱"的"忍杀"一面——西汉中期淮南、衡山之狱探微》，载邓正来主编《复旦政治哲学评论》（第九辑），上海人民出版社，2018。

律璞：《儒、法、道三家思想在汉代春秋决狱个案中的体现》，《前沿》2015年第10期。

刘洋：《"春秋决狱"现象之研究——以司法官自由裁量权为视角》，《法制与社会》2020年第15期。

郭成伟、杜学亮：《汉代春秋决狱的判例机制新探》，载中国法律年鉴编辑部编辑《中国法律年鉴（2000年）》，中国法律年鉴社出版，2000。

黄震：《汉代"春秋决狱"的判例机制管窥》，《中央政法管理干部学院学报》1999年第6期。

王友才：《董仲舒〈春秋〉决狱案例评析》，《河北学刊》1998年第5期。

刘琼：《汉代司法实践中的"春秋决狱"研究》，硕士学位论文，新疆大学，2019。

陈玉婷：《论秦汉律中不孝罪的认定——从杜泸女子甲和奸案到春秋决狱》，《山西警察学院学报》2019年第3期。

韩瑛慧：《从"春秋决狱"看中国式判例》，《法制与社会》2011年第7期。

姜晓敏：《西汉真假卫太子案》，《法律适用》2017年第16期。

2. 阿云狱

陈立军：《论北宋阿云案的流变及影响》，《历史教学》2017年第

9 期。

古戴、陈景良：《宋代疑难案件中的法学命题及其反思——以"阿云案"为分析文本》，《河南大学学报》（社会科学版）2017 年第 3 期。

陈林林：《古典法律解释的合理性取向 以宋"阿云之狱"为分析样本》，《中外法学》2009 年第 4 期。

赵晓耕、赵启飞：《从"阿云之狱"看北宋变法之争》，《中国人大》2009 年第 16 期。

苗苗、赵晓耕：《从"阿云之狱"看宋代刑法中的自首制度》，《河南省政法管理干部学院学报》2005 年第 3 期。

赵晓耕：《宋代阿云之狱》，《山东人大工作》2007 年第 5 期。

黄开军：《阿云案与北宋慎刑重刑之争》，《社会科学论坛》2011 年第 2 期。

彭乾：《从阿云案谈宋朝按问自首法的功利性与公正性》，《常熟理工学院学报》2011 年第 7 期。

郭东旭：《论阿云狱之争》，《河北学刊》1989 年第 6 期。

郭成伟：《从阿云狱的审理看宋神宗年间的"敕律之争"》，《政法论坛》1985 年第 4 期。

3. 杨乃武与小白菜案

石泉：《正义的分歧——以清代"杨乃武"案为例分析中央与地方的司法博弈》，《宁波大学学报》（人文科学版）2018 年第 3 期。

陈华丽：《〈申报〉与杨乃武案：近代审判公开理念启蒙的表达》，《社科纵横》2017 年第 8 期。

郭小佳：《从杨乃武案看清代重刑案的实际司法运作》，《法制与社会》2017 年第 21 期。

李平：《传统中国审判机制的法理与道理——从刘锡彤断杨乃武小白菜案说起》，《法制与社会发展》2017 年第 4 期。

虞佳臻、赵婷婷：《从"杨乃武与小白菜案"透视晚清法律文化》，《西安文理学院学报》（社会科学版）2015 年第 2 期。

郑香妞：《从杨乃武与小白菜一案透视清代法律制度》，《兰台世界》2015 年第 3 期。

周姗姗：《从杨乃武与小白菜案看清朝的刑事审判制度》，硕士学位论文,天津师范大学,2011。

陆永棣:《仵作的迷惑与衙门的迷失——晚清杨乃武案成冤的一个侧面》,《法治研究》2007年第3期。

张忠军、秦涛:《艰难的洗冤之路——杨乃武一案复杂原因的程序性探析》,《理论月刊》2007年第2期。

徐哲:《从"杨乃武案"透视晚清司法制度之弊病》,硕士学位论文,吉林大学,2006。

陈翠玉:《清代刑事司法实际透视——杨乃武与小白菜案件评析》,《中国刑事法杂志》2006年第2期。

徐忠明、杜金:《杨乃武冤案平反的背后:经济、文化、社会资本的分析》,《法商研究》2006年第3期。

潘巍松:《试论司法鉴定的独立性——以清末"杨乃武与小白菜案"为例》,《法律与医学杂志》2005年第4期。

刘练军:《冤案与话语权——围绕女性立场而对杨乃武案的一个分析》,《法学》2005年第11期。

郑定、杨昂:《不可能的任务:晚清冤狱之渊薮——以杨乃武小白菜案初审官刘锡彤为中心的分析》,《法学家》2005年第2期。

4. 刺马案

刘盈辛:《清末刺马案:清代刑事司法实践的合理性指向》,《法律适用》2019年第20期。

袁昭昭:《晚清司法运作实态之试析——以刺马案为例》,《文物鉴定与鉴赏》2018年第6期。

陈新宇:《规则与情理——"刺马"案的法律适用研究》,《清华法学》2009年第4期。

5. 杨月楼案

赵春燕:《对清末杨月楼一案的法理学分析》,《江苏警官学院学报》2007年第6期。

石泉:《"罪""责"相异——清末"杨月楼案"的差异性归罪现象分析》,《天中学刊》2019年第4期。

董啸:《金桂何如丹桂优 礼法旧章一笔勾——评名伶杨月楼冤案》,《中国审判》2015年第12期。

编辑部章程

第一章 总则

第一条 《法律文化研究》是由中国人民大学法律文化研究中心与北京市法学会中国法律文化研究会组织编写、曾宪义法学教育与法律文化基金会资助、社会科学文献出版社出版的学术集刊。

第二条 《法律文化研究》编辑部（以下简称编辑部）负责专题的策划、征稿、审定、编辑、出版等事宜。

第三条 《法律文化研究》为年刊或半年刊，每年出版一辑或两辑。

第二章 组织结构

第四条 编辑部由编辑部主任一名、副主任两名、编辑若干名组成。编辑部主任负责主持编辑部的日常工作，统筹《法律文化研究》刊物的总体策划与协调。

第五条 《法律文化研究》实行各辑主编责任制，负责专题的拟定、申报（或推荐）和稿件编辑工作。每辑主编采取自荐或者他人推荐的方式，经编辑部讨论后确定。

第六条 编辑部成员须履行下列义务：(1) 遵守编辑部章程；(2) 积极参加编辑部的各项活动，连续两年不参加活动者视为自动退出。

第七条 编辑部每年召开一次编务会议，审议稿件并讨论第二年的工作计划。

第三章　经费使用

第八条　编辑部经费来源于曾宪义法学教育与法律文化基金会。

第九条　编辑部给予每辑主编一定的编辑费用，由各辑主编负责编辑费用的管理、支配和使用，并按照主办单位的财务要求进行报销。

第十条　编辑部不向作者收取任何费用，也不支付稿酬。作品一旦刊发，由编辑部向主编赠送样刊 30 本，向作者赠送样刊 2 本。

第四章　附则

第十一条　本章程由《法律文化研究》编辑部负责解释。

第十二条　本章程自 2014 年 4 月 1 日起施行。

征稿启事

  《法律文化研究》发刊于2005年,是由曾宪义教授主编,中国人民大学法律文化研究中心、曾宪义法学教育与法律文化基金会组织编写的学术集刊。自创刊以来,承蒙学界同人的支持,至2010年已出版六辑,并获得学界的肯定,在此向支持《法律文化研究》的各位专家学者致以诚挚的感谢。

  自2014年度起,《法律文化研究》改版续发,每年年底由中国人民大学法律文化研究中心、北京市中国传统法律文化研究会组织,编辑部审议所申报的选题,并决定次年的出版专题。《法律文化研究》由曾宪义法学教育与法律文化基金会资助,社会科学文献出版社出版,每年出版一辑或两辑。选题来源于各位同人的申报以及编辑部成员的推荐,申报者自任主编,实行主编负责制。

  改版后的《法律文化研究》,向海内外学界同人诚恳征稿。

图书在版编目（CIP）数据

法律文化研究.第十六辑,中华法系司法案例专题/王立主编;付宁馨副主编.--北京:社会科学文献出版社,2024.3
ISBN 978-7-5228-3494-8

Ⅰ.①法… Ⅱ.①王…②付… Ⅲ.①法律-文化研究-丛刊②法律体系-研究-中国 Ⅳ.①D909-55

中国国家版本馆 CIP 数据核字（2024）第 071070 号

法律文化研究　第十六辑：中华法系司法案例专题

主　　编／王　立
副 主 编／付宁馨

出 版 人／冀祥德
责任编辑／芮素平
文稿编辑／齐栾玉
责任印制／王京美

出　　版／社会科学文献出版社·法治分社（010）59367281
　　　　　地址：北京市北三环中路甲29号院华龙大厦　邮编：100029
　　　　　网址：www.ssap.com.cn
发　　行／社会科学文献出版社（010）59367028
印　　装／三河市尚艺印装有限公司
规　　格／开本：787mm×1092mm　1/16
　　　　　印　张：22.5　字　数：365千字
版　　次／2024年3月第1版　2024年3月第1次印刷
书　　号／ISBN 978-7-5228-3494-8
定　　价／149.00元

读者服务电话：4008918866

版权所有 翻印必究